PSICANÁLISE DE CRIANÇAS

Blucher

PSICANÁLISE DE CRIANÇAS

Relatos à luz das teorias de Klein, Bion, Meltzer

Marisa Pelella Mélega

2ª edição revista e ampliada

Psicanálise de crianças: relatos à luz das teorias de Klein, Bion, Meltzer

Publisher Edgard Blücher
Editor Eduardo Blücher
Coordenação editorial Rafael Fulanetti
Coordenação de produção Andressa Lira
Produção editorial Thaís Costa
Preparação do texto Bárbara Waida
Diagramação Thaís Pereira
Revisão de texto MPMB
Capa Laércio Flenic
Imagem da capa Acervo pessoal da autora

Blucher

Rua Pedroso Alvarenga, 1245, 4º andar
04531-934 – São Paulo – SP – Brasil
Tel.: 55 11 3078-5366
contato@blucher.com.br
www.blucher.com.br

Segundo o Novo Acordo Ortográfico, conforme 6. ed. do *Vocabulário Ortográfico da Língua Portuguesa*, Academia Brasileira de Letras, julho de 2021.

Dados Internacionais de Catalogação
na Publicação (CIP)
Angélica Ilacqua CRB-8/7057

Mélega, Marisa Pelella

Psicanálise de crianças : relatos à luz das teorias de Klein, Bion, Meltzer / Marisa Pelella Mélega. – 2. ed. - São Paulo: Blucher, 2024.

512 p.

Bibliografia
ISBN 978-85-212-2042-8

1. Psicanálise infantil I. Título

23-6929 CDD 618.928917

Índices para catálogo sistemático:
1. Psicanálise infantil

Dedico este livro a Márcia, Paulo e Roberta, meus filhos.

Agradecimentos

Este livro não teria sido possível sem o trabalho conjunto de muitos colaboradores. Assim, agradeço em primeiro lugar às crianças que atendi durante anos e que me deram a possibilidade de escrever os relatos que apresento. Agradeço também aos supervisores e ao Instituto de Psicanálise da Sociedade Brasileira de Psicanálise de São Paulo (SBPSP), que, ao criar o Curso de Formação em Psicanálise de Crianças e Adolescentes, ofereceu-me um contexto enriquecedor de estudos e pesquisa. Por fim, agradeço aos leitores psicoterapeutas e psicanalistas que, de algum modo, promoveram esta segunda edição.

Conteúdo

Comentários de doze vozes de analistas de crianças

"Marisa Mélega é uma referência no nosso meio psicanalítico e tem contribuído ao longo de sua vida profissional para a formação dos analistas do Brasil, dos quais faço parte. Possui uma capacidade analítica muito consistente que podemos constatar ao ler os relatos de seu livro *Psicanálise de crianças: relatos à luz das teorias de Klein, Bion, Meltzer*. Neste livro, a autora descreve casos de crianças pequenas, latentes, púberes e adolescentes, trazendo questões relacionadas à técnica com as quais nós, analistas de crianças, deparamos na nossa clínica. Outro ponto importante a destacar refere-se à apreensão refinada da autora em relação aos movimentos transferenciais e contratransferenciais. Marisa é muito generosa, pois, além dos relatos clínicos, oferece-nos suas ponderações teóricas, e os relatos nos transportam para a situação descrita, nos sentimos envolvidos. Entendo que o que chega ao leitor é a vivacidade da clínica da autora."

Niracema Kuriki

"Mais uma vez, os relatos de Marisa Pelella Mélega, em sua obra *Psicanálise de crianças: relato à luz das teorias de Klein, Bion, Meltzer*, impactaram-me profundamente. Em cada caso descrito pela autora, foi possível notar a força interna de cada paciente para expor, de variadas maneiras, seus medos, anseios, angústias e tudo mais que envolve o sentir. O modo como os pacientes analisados expressam seu mundo mental é fiel e detalhadamente interpretado e comunicado pela autora, possibilitando, por meio da elaboração, mudanças no paciente. Marisa, obrigada por me alertar por meio de sua obra de que 'o que deveria interessar ao psicanalista é contribuir para o crescimento da capacidade de aprender com a experiência emocional, desenvolvendo assim a mente simbólica do analisando.'"

Janir Messias Gonzalez Rocha

"O livro *Psicanálise de crianças: relatos à luz das teorias de Klein, Bion, Meltzer* traz para o leitor uma oportunidade rara na atualidade: a de acompanhar relatos clínicos dos atendimentos feitos pela autora, seguidos de apreensões, reflexões e supervisões feitas por ela com analistas de profunda experiência clínica e produção teórica, entre os quais o próprio Meltzer. A autora, por meio de uma atitude científica que lhe caracteriza, documentou as sessões mediante observações detalhadas das linguagens pré-verbais, verbais e expressivas – ilustradas por palavras e por desenhos. O acontecer na sessão analítica revela a capacidade de apreensão e contenção de Marisa, o que reflete sua habilidade ímpar para promover transformações do material sensorial em pensamento simbólico, evidenciando a especificidade e a riqueza do trabalho analítico."

Aparecida M. Andriatte

"Neste livro, Marisa imprime sua marca: a generosidade, tanto na apresentação dos relatos clínicos como no convite que nos faz para acompanharmos o desenvolvimento da sua atitude analítica no trabalho com crianças, além de nos pôr diante de suas indagações, hipóteses e supervisões. Ela nos fornece um modelo de vir-a-ser analista e, especialmente neste livro, vir-a-ser psicanalista de crianças. No relato da análise de Anna, por exemplo, deparamos com uma importante capacidade de Marisa, a de ser continente, na medida em que recebe, pela sua capacidade de *rêverie*, os conteúdos tão angustiantes e avassaladores sentidos e atuados por Anna e os transforma, dando-lhes um significado e comunicando-os a Anna de uma tal maneira que ela consegue ouvir. A autora nos apresenta, de um jeito claro, a estrutura da personalidade de Anna e todas as turbulências na maneira de lidar com tal personalidade. Sofremos ao ler esse relato, assim como Marisa e Anna sofreram. Aparece aqui uma clínica viva, com todos os seus êxitos e percalços. Além disso, os relatos dos sonhos, revelando os aspectos confusionais da mente de Anna, as alucinações, a masturbação anal e o medo de enlouquecer, compõem um precioso material revelando a dinâmica analiticamente trabalhada por Marisa."

Edilaine Zamberlan Serra

"Marisa Mélega compartilha nesta obra um volume significativo de conhecimentos adquiridos em sua prática psicanalítica com crianças. Debruçando-se sobre nove casos selecionados do acervo de mais de trinta casos por ela documentados, acompanhamos sua clínica emoldurada por reflexões acerca das teorias de Klein, Bion e Meltzer. A autora também relata com generosidade as contribuições que resultaram do seu contato profissional com os analistas Donald

Meltzer, Virgínia Bicudo, Irma Pick e Wilfred Bion. As observações aqui contidas permitem acompanhar o que assomou nas sessões e os caminhos escolhidos por ela para a investigação e o desvelamento do psiquismo dessas crianças em análise."

Zélia Vieira Simão

"Marisa nos apresenta de modo claro como pode ser rica a possibilidade de trabalhar com o início da vida psíquica de crianças bastante pequenas. Por exemplo, a discussão apresentada na sequência do caso Gianni, sobre constituição *vs.* ambiente, aclara amplamente o olhar que se pode dar a essas relações, bem como à possibilidade de intervir."

Beatriz Montans

"Ressalto aqui o momento da terceira sessão de Gianni em que ele está sentado no sofá, então desce ao chão e engatinha até debaixo da mesa. Fica bem sério e, de lá, dirige sons a Marisa como se fosse um discurso, mas incompreensível. Marisa lhe responde que o que ele está falando é coisa importante e só dele com ela. Mostra-lhe que está percebendo o que ele está dizendo. Em vários momentos das sessões seguintes, Gianni vai até esse lugar para "conversar" com ela. Em pouco tempo, o garoto retoma seu desenvolvimento. Acredito que essa experiência possa ter sido um dos fatores que inspiraram Marisa a desenvolver a técnica da intervenção terapêutica conjunta pais-bebê, tão fundamental e ampliadora das possibilidades de atendimento para quem trabalha com crianças."

Ana Rosa Pernambuco

"Elegi o caso Carlos por se tratar de menino na latência, período pouco descrito na clínica psicanalítica. O que me chamou a atenção foi a forma como Marisa relata as sessões, fazendo com que vivenciemos e acompanhemos a experiência emocional vivida por ambos. Interessou-me também ver e acompanhar, por meio do relato e dos desenhos, o que e como se trabalha na transferência com crianças, resultando numa criação a partir da qual pode ocorrer a separação da fantasia, expressa no jogo, e da realidade, fazendo com que a criança entenda e discrimine entre a sua fantasia e a realidade. Outro ponto de interesse neste capítulo é a oportunidade de se entrar em contato com as supervisões da dra. Virgínia Bicudo, descritas de forma a se apreender os conceitos kleinianos para serem aplicados às vivências na sessão."

Graça Palmigiani

"O caso Breno, que narra a primeira experiencia de análise de Marisa, enfatiza a vivência inicial de um analista de crianças, composta por inseguranças e angústias... Como alcançar a vida mental por meio de uma comunicação tão diferente do modo verbal de um adulto? Como construir sentidos dentro desse contexto que se dá na dupla analista-analisando sendo o analisando uma criança que se expressa por meio do brincar e do desenhar? Marisa mostra, por meio da narrativa dessa análise, experiências que todo analista de crianças pode viver e sentir em seus inícios, como no trecho em que Marisa ressalta: 'penso e fantasio coisas que inibo por estar totalmente insegura a respeito.'"

Cristiane Cadan

"Agradeço a oportunidade de comentar sobre esse rico trabalho de Marisa Pelella Mélega, que nos apresenta um pouco da sua vasta experiência no atendimento de crianças. Acompanho seu trabalho já há alguns anos e pude evoluir muito no meu atendimento com crianças por meio da formação que fiz com ela sobre avaliação e intervenção conjunta na relação pais-crianças. No caso de Gianni, de 1 ano e 10 meses, encontro muito daquilo que pude entender sobre a intervenção conjunta pais-filhos e todos os benefícios que essa técnica pode trazer ao ser aplicada, no consultório, às relações familiares e ao desenvolvimento psíquico da criança. Nesse exemplo, fica muito nítido como, por meio de um espaço onde puderam aparecer as angústias tanto dos pais quanto da criança, foi possível observar transformações psíquicas significativas em Gianni, com a retomada do seu desenvolvimento."

Sueli Pesco

"Considero a contribuição de Marisa neste trabalho muito útil para os psicanalistas de crianças, tanto para quem está começando quanto para quem já tem experiência na área. Após uma introdução em que faz um resumo dos principais aportes de três dos mais importantes psicanalistas de língua inglesa, Klein, Bion e Meltzer, apresenta-nos relatos detalhados de sua experiência clínica com crianças de diferentes idades e adolescentes, em que é possível vê-la trabalhando e compartilhando com o leitor o desenvolvimento de sua prática clínica. Uma rara oportunidade de acompanharmos de perto os desafios e as especificidades envolvidos na psicanálise de crianças."

Tereza Pinheiro Castelo

"Um livro muito bem-vindo, pois atende a profissionais em diferentes estágios de sua formação, dos iniciantes aos mais experientes, em virtude de sua riqueza teórico-clínica em articulações claras e profundas. Um livro que nos ensina a trabalhar, pois 'vemos' a analista trabalhando. Marisa, por meio de uma transmissão generosa de sua experiência clínica e sua competência teórica, nos brinda com relatos transparentes e sensíveis."

Angélica Braga de Oliveira e Alves

Introdução
O lugar da psicanálise de crianças no movimento psicanalítico

A psicanálise de crianças desenvolveu-se em São Paulo a partir da clínica da Seção de Higiene Mental Escolar, onde Virgínia Leone Bicudo e Lygia Alcântara do Amaral, pelos idos de 1950, passaram a ter supervisões periódicas com o didata argentino Emilio Rodrigué. Em 1956, Décio Soares de Souza escreve um artigo enfatizando a importância da análise de crianças na formação de todo psicanalista. Por convicções teóricas, as primeiras analistas de crianças (às já citadas, une-se Judith Seixas Teixeira de Carvalho Andreucci), que aprenderam a técnica kleiniana, passam, em 1959, a transmiti-la nos cursos de Especialização em Psicologia Clínica da Faculdade de Filosofia da Universidade de São Paulo (USP), dirigida então por Durval Marcondes. Na mesma época, em 1961, Virgínia Bicudo vai a Londres e conhece mais de perto os ensinamentos do grupo kleiniano, trazendo-os para o mesmo curso.

Em 1964, a analista argentina Arminda Aberastury inicia seus seminários teóricos e supervisões mensais no Rio de Janeiro e em São Paulo para um número crescente de interessados no trabalho analítico com crianças. A partir de 1970, volta a ministrar um curso de dois anos no Instituto da Sociedade Psicanalítica do Rio de Janeiro (SPRJ) a título de Especialização em Análise de Crianças. De 1972 a 1974, Eduardo Kalina e Mauricio Knobel vêm da Argentina para dar um curso regular (também com seminários teóricos e supervisões), contratados pela Associação de Candidatos do Instituto de Psicanálise da Sociedade Brasileira de Psicanálise de São Paulo (SBPSP). Contemporaneamente, Raquel Soifer vem, em 1974, dar um curso sobre terapia familiar, patrocinado pela Associação de Candidatos, que teve frequência de 77 profissionais da área de psicoterapia infantil de orientação analítica. O grupo remanescente desse curso manteve contato discente com os professores por mais dois anos.

Finalmente, em 1976, inicia-se um curso de dois anos para analistas já qualificados, ministrado pelos analistas uruguaios Luiz Prego Silva e Vida M. de Prego. Só então, em 1980, oficializa-se o Curso de Analistas de Crianças e Adolescentes do Instituto de Psicanálise da SBPSP, sob orientação dos professores Virgínia Leone Bicudo, Lygia Alcântara do Amaral e Frank Julian Philips.

Sem saber precisamente nem procurar pormenorizar as razões de tão lenta implantação – especialmente quando se sabe que, na Associação Psicanalítica Argentina, o curso já existia desde 1948, inicialmente a cargo de E. Rodrigué e A. Aberastury –, impressiona a resistência do meio especializado a assumir essa modalidade de trabalho que já se fazia solicitar em nossa cidade, onde os problemas sociais decorrentes da densidade da população, com consequentes modificações na estrutura familiar e interferência nos primeiros anos da criança, tendem a se agudizar. Estranha-se mais ainda por se saber que, aos que persistiram no esforço de dar assistência a essa carência social não escapava a importância, na vida do indivíduo, do atendimento dos distúrbios o mais cedo possível como profilaxia da doença mental.

Para começar, talvez tenham se repetido aqui os entraves que surgiram em Londres. Sempre se considerou a posição de Freud como um legado inibidor: para ele, a psicanálise não era um método aplicável ao atendimento de crianças. Pessoalmente, Freud reputava as autoridades familiar e médica como auxiliares indispensáveis ao bom andamento do processo junto a criança.

Melanie Klein vai trabalhar sobre essa nova circunstância. No Colóquio sobre Análise de Crianças, em 1927, ela pode indicar como motivo para a lentidão do desenvolvimento da análise de crianças o que chamou de "uma atitude de resguardo quanto à pesquisa livre e sem preconceito nesse campo". Demonstrando que o assunto ainda é um tema polêmico em 1981 em Paris, o Quarto Grupo[1] dedica um colóquio para discutir se existe uma psicanálise de crianças.

A vida emocional da criança havia sido objeto de algumas descrições e elaborações por Freud, em seus apontamentos sobre os sonhos infantis, as recordações da própria infância, o caso do pequeno Hans, a observação dos próprios filhos e netos e a infância dos seus analisandos adultos. Usados inicialmente para legitimar as teorias sobre os instintos, o papel da sexualidade infantil e da repressão na etiologia das neuroses e as estruturas inconscientes, esses cativantes relatos levariam inelutavelmente os estudiosos da psicanálise à investigação direta das formas manifestas das neuroses infantis.

É conhecido que Anna Freud e Melanie Klein se empenharam no desenvolvimento dessa especialização – a psicanálise de crianças –, em uma discussão sobre a técnica e o uso da transferência no trabalho com crianças que marcou época dentro da Sociedade Britânica. Os reflexos dessa controvérsia marcaram o início da difusão desses

---

1 Quarto Grupo é como se autodenomina o quarto grupo de ensino psicanalítico em Paris, de tradição lacaniana.

ensinamentos nas principais sociedades psicanalíticas filiadas à International Psychoanalytical Association (IPA); dela temos notícias por meio de relatos publicados pela Associação Psicanalítica Argentina e, com ela, temos convivido na Sociedade Brasileira de Psicanálise de São Paulo e do Rio de Janeiro (vide Klein, 1927/1970).

Mais que uma posição sobre como atender crianças em análise, essa polêmica significava um ajustamento da teoria geral da psicanálise, dita freudiana, às novas contribuições, direções e desenvolvimentos que o grupo kleiniano estava procurando processar. Freud, persistente pesquisador, principalmente de si mesmo, foi encontrar, nos refolhos das ansiedades e das fantasias dos adultos, algo que apontava para momentos privilegiados do desenvolvimento infantil. A descrição, documentada por Spitz, ofereceu mais pormenores sobre o desenvolvimento emocional do ser humano em seus inícios. Melanie Klein, já de posse dos conhecimentos freudianos e com a experiência peculiar de viver, com seus filhos, essa relação inicial dual profunda, pôde examinar ainda com mais minúcia as ansiedades intensas e caóticas que sentem os bebês, desde o início de suas vidas.[2]

A díade mãe-bebê tornou-se o ponto, por excelência, da preocupação dos que trabalham com crianças, com uma tonalidade nostálgico-idealista sobre a relação boa que produziria anticorpos (como a amamentação) contra todos os distúrbios físicos e mentais que poderiam incidir sobre a pessoa no decorrer de sua vida. Mas, ao mesmo tempo, torna-se o fundamento de uma formalização da chamada relação de objeto como substrato da relação transferencial. Privilegiando a transferência como instrumento para operar transformações e reparações, Melanie Klein demarca o trabalho analítico como um produto do par analista-analisando.

---

2 A discussão sobre esse início tem levado alguns psicanalistas a retroceder até o período fetal para descrever experiências emocionais mais precoces.

Então, a imagem da unidade bebê-cuidados maternos vai desdobrar-se nas novas reflexões e conceituações da chamada escola inglesa de psicanálise, que vai deixando de pensar a análise como busca de não nomeadas ou esquecidas lembranças da infância. A interpretação chamada transferencial visa afastar a experiência clínica do vezo intelectualizante e torná-la mais vizinha das emoções originais, da alucinação, da satisfação de necessidades primárias, da dramatização, das primeiras frustrações.

A esse modelo de interpretação se contrapõem os teóricos de formação francesa, ao considerar que não é a reprodução do quadro dos cuidados maternos que tem função terapêutica na análise, e sim o que é ouvido na palavra.[3] Seguem outra vertente do trabalho clínico de Freud, centrada nas formações do discurso e suas circunstâncias, sem, contudo, desmerecer o lastro afetivo do relacionamento.

A pesquisa psicanalítica com crianças, trabalho que começou com o estudo dos processos mentais mais primitivos, transformou-se em instrumento sensível para o exame dos distúrbios neuróticos, psicóticos, psicossomáticos, caracterológicos e instrumentais do desenvolvimento, como: fobias, rituais obsessivos, compulsões, dificuldades de aprendizado em alguma área do conhecimento, anorexia, encoprese, inibição intelectual geral, pavor noturno. Podendo-se relacionar tais distúrbios com condições especiais presentes em determinados momentos do desenvolvimento, criou-se uma tendência a compreender como menos circunscritas as fronteiras entre as diversas organizações psicopatológicas. Essa tendência, levada para a análise de adultos, abriu o campo para uma compreensão mais profunda e dinâmica dos processos mentais, em suas múltiplas manifestações, e representou uma mudança na abordagem técnica das psicoses.

3 "É na Metáfora que algo pode ser 'reparado' ou antes, 'restabelecido'", pondera Pierre Fédida, e mais: "holding (disposição receptiva do analista) não é análise. E, talvez, só a sua fenomenologia".

No entanto, com o tempo, verificou-se a complexidade de se definir o significado e o valor prognóstico dos sintomas infantis, das fixações e das regressões. A evolução dentro dos limites de variação da normalidade, as interferências da família na melhora de certos quadros, a cura espontânea vêm colocando os psicanalistas em penoso impasse frente à decisão de encaminhar ou não uma criança para análise. Permanece o critério de intervir quando os sintomas expressam uma regressão permanente que empobrece o desenvolvimento da personalidade e quando o processo patológico – fixação – tem um caráter destrutivo que impede a organização mental.

Portanto, quando se enfatiza a importância do trabalho com crianças na formação de todos os psicanalistas, tem-se em mente vários motivos:

- Essa experiência tem produzido recursos mais apropriados para a abordagem de formas mais severas de psicose em adultos com dificuldades na comunicação e no estabelecimento de relações objetais.
- Sendo as criações imaginárias do adulto mais poderosas e envolventes, muitas vezes sob a forma bem articulada de teorias e ideologias, o trabalho com crianças torna o ouvido do analista mais sensível para discernir fantasia e conteúdo episódico.
- A importância da restauração histórica operada pela elaboração analítica também é atenuada no trabalho com crianças, em que o aqui e o agora podem ser o ponto central das vivências e das reflexões e o passado é recente e pouco compactado.

Um breve aceno às características do trabalho com crianças[4]

A criança, com suas formas específicas de expressão e seus recursos verbais limitados para dar conta de suas fantasias, que se revelam em imagens, necessita e usa outras vias de expressão que não a palavra. Melanie Klein percebeu que o fluxo associativo da criança durante a sessão analítica era expresso no brincar, no desenhar e em várias formas de comportamento. Incluiu, então, material lúdico: alguns brinquedos e materiais gráficos numa caixa individualmente para cada criança (Klein, 1932/1964, cap. II). Assim, o analista de crianças coloca-se à disposição da criança, acompanhando-a em suas atividades durante a sessão. E sua participação será inferir as fantasias da criança expressas ao brincar e buscar compreendê-las, oferecendo um significado.

Nem sempre o analista de crianças pode oferecer intervenções verbais, mesmo se adaptadas ao vocabulário da criança. Com alguma frequência, a sua intervenção será por meio de uma conduta lúdica ou de um comportamento em resposta a uma dramatização imposta pela criança num jogo de papéis.

Já a interpretação de desenhos requer anos de experiência para não incidir em modelos estereotipados de explicação simbólica. O desenho da criança, se não for apenas uma defesa contra o contato com o analista, será visto, em primeiro lugar, como uma manifestação de sua fantasia, de sua experiência emocional ao estar com o analista; será visto na situação transferencial.

---

4 Klein, M. (1921/1970). A importância da formação de símbolos em desenvolvimento do ego. In M. Klein, *Contribuições à psicanálise*. Mestre Jou.

Há situações em que o analista apenas vai seguindo "o desenhar" da criança, observando e às vezes se perguntando em voz alta: como será que "surgiu em sua imaginação este desenho?", o que pode ser um convite para caminharem juntos, criança e analista, na compreensão do que estaria ocorrendo com a criança. Essa atitude do analista não está longe daquela do trabalho com adultos quando é narrado um sonho, em que buscamos escutar e investigar junto com o paciente suas associações, para chegarmos à compreensão do sonho tanto em seu nível transferencial quanto em seu nível genético. (Pois o brincar da criança se equivale ao sonhar do adulto.)

A rapidez com que a imaginação infantil materializa suas fantasias exige do analista de crianças rapidez na compreensão das atividades projetivas constantemente mudando. Outra dificuldade é que a revelação de significados que produzem inicialmente perturbação e dor pode levar a obstáculos na relação com o analista, impedindo o aprofundamento, ou mesmo levar a atuações junto aos pais, forçando uma interrupção da análise.

É também importante que o analista de criança possa suportar as angústias dos pais e suas intromissões. Do nosso ponto de vista, é necessário inicialmente avaliar a família em sua dinâmica, dando condições aos pais de refletirem acerca de suas funções parentais e da relação com os filhos.

Por que a criança brinca?

É seu meio de expressão, de comunicação e de interação com o meio ambiente, constituindo seu instrumento para o desenvolvimento emocional.

O brincar possibilita a externalização dos conteúdos mentais e a exploração do meio ambiente e de recursos para com estes relacionar-se. A dramatização repetida de várias experiências da criança tem a função de externalizar o que não é suportável conter dentro de si. O "gosto" pelo horrível e pelo assustador durante a sessão é a maneira de dividir seus medos e confrontar a fantasia com a realidade da relação atual, agora com o analista.

A criança que não brinca mostra ter sérias dificuldades que impedem seu desenvolvimento emocional e podem levar a uma parada no desenvolvimento. A relação com o analista e a resposta que este dá vão "desintoxicando" estados mentais que nunca tiveram possibilidade de ser compartilhados, contidos e significados.

Apresentação

Este livro reúne relatos clínicos de crianças que atendi a partir do ano de 1973, período em que iniciava minha formação analítica na Sociedade Brasileira de Psicanálise de São Paulo (SBPSP), embora minha prática no atendimento infantil tivesse iniciado em 1967. Tais relatos foram selecionados dentre os mais bem documentados do meu acervo de quarenta casos, que me possibilitaram acompanhar a evolução da transferência e da contratransferência da dupla analista-analisando ao longo do processo de análise.

A análise de cada uma das crianças que vou descrever a seguir mostra particularidades tanto da parte da criança, com seus meios de expressão e suas defesas, como da minha condição de trabalho com cada uma delas, à medida que ia me desenvolvendo em minha prática analítica.

1º caso: Breno, 10 anos e 6 meses, início em 1973

Esse menino se expressava durante a sessão fundamentalmente por desenhos, o que me levou inicialmente à condição de "ter que decifrar o que ele fazia". Na verdade, eu esperava que ele se manifestasse usando a minha presença para ajudá-lo a compreender suas emoções. O adulto busca a análise com essa intenção e procura ir construindo um vínculo de confiança com o analista servindo-se da parte adulta de sua personalidade, que se manifesta com predomínio do verbal. Mas a linguagem da criança para falar sobre o que sente, seus conflitos, medos etc. não será verbal, e o analista de crianças tem de aprender a linguagem do brincar e do desenhar, como quando escuta um sonho do adulto, a linguagem do inconsciente.

A criança, como o adulto, pelo mecanismo da identificação projetiva, transfere inconscientemente para o analista seus aspectos perturbados e sofridos. Espera-se que o analista receba tais projeções e responda a elas buscando um significado que seja próprio da vivência daquela criança. Esse movimento de receber e acolher é descrito por D. Meltzer em *O processo psicanalítico* (1967/1971) como o estabelecimento do seio-*toilette* na relação transferencial, resultando no alívio das ansiedades da criança. Nas separações analíticas, a falta do seio-*toilette* externo (o analista) produz ansiedades frequentemente atuadas pela criança.

A linguagem gráfica de Breno me impressionou a ponto de ter fotografado a enorme produção que ele chamou de "obra prima" e se constituiu por oito a dez folhas que aos poucos iam sendo agregadas e representavam o "fundo do mar". Tal execução foi acontecendo no período em que eu estava grávida e continuou por algum tempo na volta da interrupção para dar à luz.

Interrompemos o trabalho no terceiro ano de análise, quando Breno mostrava ter alcançado "certa estabilidade" de sua identidade, tornando-se muito mais sociável e seguro de si, o que foi testemunhado também pelos pais. Voltando a pensar a respeito de minha contribuição para a evolução de Breno, recorro às palavras de Meltzer (1967/1971) quando afirma:

> *Embora a interpretação possa ser importante para a mudança psíquica e para a compreensão interna (*insight*) não constitui a tarefa principal do analista para o estabelecimento e manutenção do processo analítico. Isto é feito por meio da criação do contexto (*setting*), no qual os processos transferenciais da mente do paciente podem encontrar expressão. A palavra "criação" dá ênfase à natureza desta parte técnica do trabalho, pois parece clara a necessidade de um processo constante de descoberta por parte do analista, por um lado, com relação à modulação da ansiedade e, por outro, com relação à minimização de interferências. A modulação ocorre por meio da repetida experiência do paciente, na análise, de que há um lugar onde a expressão de seus processos transferenciais não será satisfeita mediante a atividade de contratransferência, mas somente pela atividade analítica, a busca da verdade. (pp. 3-4)*

2º caso: Alex, 8 anos, início em 1976

Persistiam em meus atendimentos minhas indagações a respeito da dificuldade de contato verbal da criança que se expressava predominantemente pelos desenhos. Eu tentava compreender essa via de comunicação a partir da relação que se estabelecia em cada sessão e, frequentemente não conseguindo, verbalizava a defesa de Alex contra o contato comigo. Com o caminhar da experiência, fui conseguindo inferir algumas fantasias inconscientes de Alex a partir de seus comportamentos na sala de análise.

Esse segundo caso me ajudou a refletir e a elaborar meu sentimento de que ele "me deixava num prolongado estado de não saber o que estava se passando". Na verdade, estava atribuindo a ele a minha dificuldade de compreender seus estados de mente.

Relatei essa experiência e "Relato da análise de um latente" (Mélega, 1979).

3º caso: Carina, 12 anos, início em 1976

Este atendimento pôs em evidência a cisão entre funcionamento consciente – a verbalização de episódios e narrativas de fatos que Meltzer chama de nível discursivo – e funcionamento inconsciente, que é pré-verbal – comportamentos, desenhos, brincar, o que Meltzer chama de nível apresentacional.

No caso de Carina, a divisão era nítida: primeiro desenhava e, ao terminar, deixava o desenho de lado e passava a conversar sobre fatos ocorridos com ela ou em geral. Apresentei este caso, juntamente com um pôster, em "Imagens durante a experiência analítica" (Mélega, 1996a).

4º caso: Carlos, 7 anos e 6 meses, início em 1977

Fui procurada para a análise de Carlos por ele apresentar cacoetes que tinham começado havia um ano.

Pertence a um grupo de meninos maiores com quem jogar bola e é competitivo como o pai, lutando com ele até se descontrolar e o pai precisar limitá-lo. Então passa a se sentir vítima e diz não gostar mais do pai, pois acha-o injusto. Diz gostar mais da mãe.

Certa vez a mãe interrompeu uma briga dele com um menino que tinha o dobro de sua idade e nesse momento ele começou a piscar, virou o pescoço e rangeu os dentes.

Segundo a mãe, Carlos sempre foi muito fechado e "muito adulto", não aceitando ajuda para não se sentir fraco. Parece se dar a tarefa de substituir lutos e perdas (no relato do caso será possível acompanhar a história de vida dele com os pais).

Carlos luta para sair desse esquema de fracos e no jogo ele tortura o fraco. Aparece a imagem de uma mãe desvalida que é para ele uma enorme sobrecarga (sessões de 1977: 19/09, 18/10, 19/10).

Na sessão de 23/11, ele se pergunta se não é louco!

Na sessão de 14/12, busca comparar o tamanho de adulto-criança, mas a fantasia é que ele e eu somos iguais, uma defesa obsessiva da latência para lidar com sentimentos de inveja e rivalidade. Esse também é o tema da sessão de 28/03/1978.

Quando ele faz uma representação em que triunfa sobre todos (pai, mãe, irmã) no jogo de futebol, em um certo momento começa a piscar (sessão de 14/04).

Nas sessões seguintes, faz um jogo de "imagina se" que daria um espaço para separar a fantasia da realidade (sessão de 24/05).

Na supervisão, a profa. Virgínia Bicudo aponta uma situação edípica circular, a do pai e a do filho. Se os pais resolvem seus Édipos isso ajuda a criança, se não, dificulta.

Descrevo também um seminário com o dr. W. Bion em que apresento uma sessão de Carlos de 28/02/1978 e faço conjecturas sobre a supervisão (ver Mélega, 1996b).

5º caso: Anna, 6 anos e 6 meses, início em 1983

Quando os pais a trouxeram para análise, Anna fazia "operação tartaruga" para comer, para os cuidados higiênicos, para dormir e mantinha a mãe ocupada e irritada. Sugava diariamente duas mamadeiras de leite como o irmão, de 3 anos, e não usava o banheiro fora de casa.

Os pais entendiam que Anna estava reagindo ao nascimento do irmão. A mãe sentia-se culpada por ter sido muito técnica quando Anna era um bebê: retirava-lhe o peito quando completava o tempo recomendado pelo pediatra e se preocupava com contaminações, exagerando nos cuidados de higiene. A relação entre os pais era precária, combinaram de continuar juntos para criar os filhos.

No primeiro contato Anna disse que Deus punha uma semente na mãe e o bebê nascia. Mudou de assunto quando perguntei qual seria então a participação do pai.

O relato de sua análise vai revelando estados de mente confusos e alucinações, parecendo haver uma intrusão de partes conflitivas da mãe que foram assimiladas ao *self* dessa criança, levando a identificações patológicas com o objeto invasivo. De fato, Anna parece ter sido receptáculo de identificações projetivas maciças da mãe, resultando em estados de confusão quanto à sua identidade.

As falhas e os traumas ambientais iniciais são associados atualmente a estados *borderline*. No caso de Anna, a permanência na situação ambiental intrusiva manteve seus estados de confusão, que se agravaram com a interrupção da análise decidida pelos pais. Ao chegar à adolescência, Anna retornou à análise.

Apresentei esse caso em "Aspectos clínicos del análisis de Anna en la niñez e en la adolescencia" (Mélega, 1996c).

6º caso: Miro, 15 anos, início em 1979

Os pais buscaram tratamento pois ele apresentava rituais e pensamentos obsessivos, que se iniciaram aos 9 anos e pouco depois desapareceram, voltando com força aos 13 anos. Os pensamentos, que os pais desconhecem, são de que a mãe ou os pais venham a sofrer um acidente que ele evita fazendo rituais: tiques e movimentos com olhos, boca, cabeça e pescoço; entrar e sair várias vezes de uma sala; abrir e fechar a porta várias vezes, o que o faz se atrasar para compromissos e estudos.

A hostilidade consciente é em relação ao pai, sentido como "o vilão". A mãe acha o pai "bruto" e, segundo a descrição dela, a família do pai a maltrata muito.

O trabalho analítico com Miro foi essencialmente o do "aqui e agora na transferência" (ver sessões de 09/09/1980, 18/03/1981, 08/04/1981 e 14/04/82). As supervisões de Irma Pick, ocorridas em abril de 1982, são sobre as seguintes sessões: 18/03/1981, 14/04/82 e 17/04/1982.

Relato também um *paper* que organizei para apresentar em Londres durante um grupo de estudos com o dr. Arthur Hyatt Williams em 1994.

7º caso: Hugo, 8 anos, início em 1982

Este caso foi por mim revisto e teorizado em 2014 à luz do conflito estético descrito por D. Meltzer (1988/1990). O conflito estético comporta a visão do crescimento mental como uma função estética fundamentada na reciprocidade entre a mente - interna, com seus objetos internos - e a resposta do bebê à mãe, enquanto o mundo seria o protótipo de todas as explorações mentais sucessivas. Portanto, a experiência complexa da beleza do mundo junto ao desejo de conhecê-la põe em movimento a atividade de formação simbólica, uma função do nível estético da mente.

No início, a essência divina é o seio como objeto combinado (descoberto por Klein) que é fonte de confiança e desconfiança.

Sua beleza é a fonte da qual surgem a riqueza emocional e as qualidades éticas. Mas o impacto da beleza sensorial é obscurecido pela ambiguidade do interior desconhecido da mãe.

A urgência de conhecer (curiosidade) diante do objeto estético pode se tornar perigosa, feia, dolorosa. Mas o retirar-se da urgência de conhecer também é perigoso (como a lenda de Palinuro, contada por Bion). Assim Meltzer (1988/1990) enuncia sua tese:

> *a bela mãe abnegada comum apresenta a seu belo bebê comum um objeto complexo de incrível interesse, interesse tanto sensual como infrassensual. Sua beleza externa concentrada, como deve estar, em seu peito e em seu rosto, complicada, em cada caso, pelos mamilos e pelos olhos, o bombardeia com uma experiência emocional de caráter apaixonado, consequência de estar capacitado para poder ver esses objetos como "belos".*
>
> *Mas o significado do comportamento da mãe, da aparição e desaparecimento do peito e da luz de seus olhos, de um rosto pelo qual passam as emoções como sombras de nuvens por uma paisagem, é desconhecido para o bebê. A mãe é enigmática para ele, exibe a maior parte do tempo um sorriso de Gioconda, e a música de sua voz muda sem cessar de uma clava maior para uma menor. Como "K" de Kafka, o bebê deve esperar as decisões do "castelo", do mundo interno da mãe. Mesmo nos momentos de comunicação mais satisfatória, do mamilo na boca, ela envia uma mensagem ambígua, pois se bem lhe tira as cólicas, lhe põe uma coisa que ele tem que expulsar . . .*

Este é o conflito estético que pode ser enunciado com mais exatidão em termos do impacto estético do exterior da mãe "bela", à disposição dos sentidos, e o interior enigmático que deve ser construído mediante a imaginação criativa . . .

O elemento trágico na experiência estética reside não na transitoriedade, e sim no caráter enigmático do objeto: sua experiência central de dor reside na incerteza, tendendo à desconfiança, chegando à suspeita . . .

Creio que M. Klein se equivocou ao supor que a posição esquizoparanoide nas relações de objeto era anterior à posição depressiva. . . . Creio que desde esta postura se invertem os valores humanos, já que se olha para trás, para o objeto abandonado, em lugar de olhar para diante, para o desenvolvimento e a possibilidade de um objeto enriquecido que a própria renúncia torna alcançável; uma imagem complexa capaz de reunir imediatamente o passado e o futuro de uma experiência presente. O desejo de saber é visto como estímulo ao conhecimento e não como ânsia de gratificação e controle sobre o objeto. Se o impacto estético saúda a aparição do bebê no mundo fora do ventre, então a posição depressiva seria primária para o desenvolvimento, e a posição esquizoparanoide, secundária, por fechar as aberturas perceptuais frente ao "resplandecer da saída do sol". (Em termos de Platão, o bebê se apressaria a retornar à caverna.) Daí decorre que o conflito com o objeto presente precede em significação as inumeráveis angústias referidas ao objeto ausente . . . (pp. 28-33)

Hugo, paralisado no início da análise, como veremos nas primeiras sessões, nos fez pensar que diante do objeto novo, a analista, adota a defesa de retirar-se da urgência de conhecer, invertendo a situação: eu devo adivinhar o que há dentro dele, mostrando que ele não desenvolveu uma condição de conhecer o que há dentro da analista pela imaginação, e sim por identificação projetiva intrusiva.

No material de 02/07 aparece a defesa obsessiva do latente de separar dois corpos, equivalente a impedir a visão do objeto combinado, que em sua beleza desperta inveja e destrutividade. No entanto, os movimentos de Hugo diante do "novo objeto", a analista, são também de investigação para conhecer.

Nas sessões seguintes, Hugo evolui da paralisia para a violência, e então é possível ver um menino extremamente mobilizado emocionalmente. Os movimentos de violência corporal em relação a mim mostram que Hugo está impactado diante desse objeto que lhe dá continência, e reage com violência por não suportar a beleza dessa experiência.

É preciso avaliar o quanto as dificuldades de Hugo de superar o conflito estético diante da beleza do objeto combinado ocorreram pela associação de uma mãe insegura para manter seu bebê com vida com um bebê que não consegue introjetar um objeto carregado de angústia. Pensamos que essa relação inicial não pôde contribuir adequadamente para a superação do conflito estético de Hugo.

No material de 16/09/1982, conjecturamos que diante da emoção frente à beleza do funcionamento da mente da analista, com seu método e seu *setting*, Hugo no início reage com violência, querendo penetrar à força para conhecer por identificação projetiva intrusiva, pois não tem ainda condições de conhecer por meio de sua vida imaginativa, de sua atividade simbólica. Ele só sabe conhecer onipotentemente, tendo poder para intrusivamente se apropriar dos conteúdos internos.

Nas sessões a partir de 04/04/1983, aparece a pornografia e o ataque ao casal combinado, manifestação de aspectos de sua sexualidade perversa. Aparecem também suas confusões zonais (descritas por Meltzer em *O processo psicanalítico*), que o impedem de progredir em sua capacidade simbólica.

A partir da sessão de 20/09/1983, a violência chega a seu ponto máximo, até um limite em que eu suspendo a sessão. A partir daí vamos construindo a condição de conter sua destrutividade para preservar a relação com a analista, que o compreende e que pode ajudá-lo a dar significado às suas emoções.

A capacidade simbólica agora progride, como podemos acompanhar em seu brincar durante o quarto semestre de análise – o que indica o começo da superação do conflito estético.

8º caso: Mário, 12 anos, início em 1978

Revelou aos poucos uma organização pós-autística da personalidade. O atendimento durou sete anos e recebeu a supervisão de D. Meltzer por um longo período.

Em 1999, transformei seu historial num livro: *Pós-autismo: uma narrativa psicanalítica*. O caso clínico também foi apresentado durante o Congresso Internacional de Psicanálise de Madrid em 1983 e publicado em Mélega (1984).

9º caso: Gianni, 1 ano e 10 meses, início em 1986

Foi trazido ao meu consultório com uma parada de desenvolvimento: não andava, não falava, recusava toda a alimentação e, no quadro agudo, não aceitava nem mamadeira, tendo sido hospitalizado para receber alimentação parenteral.

A mãe de Gianni mantinha com ele uma relação com predomínio de angústia de separação e medo da morte, levando-a a manter um vínculo adesivo com ele.

Com a oferta do continente analítico, Gianni retoma imediatamente seu desenvolvimento interrompido, mostrando total capacidade de usar o que necessita para o seu crescimento, o que indicaria uma constituição favorável para a formação de uma mente simbólica. É o que podemos acompanhar no relato de suas sessões.

Esse caso levou-me a pensar a respeito do interjogo de fatores constitucionais e ambientais para a estruturação inicial da personalidade, do diálogo entre natureza e cuidados ambientais (*nature vs. nurture*), que descrevi em Mélega (1993).

Teorização de minha prática psicanalítica a partir das contribuições de Klein, Bion e Meltzer

Meu ponto de partida serão as primeiras descobertas de Freud acerca dos primórdios do desenvolvimento psíquico e então vou seguir com as contribuições de Melanie Klein acerca da fantasia inconsciente e dos mecanismos de defesa das posições esquizoparanoide e depressiva. Ilustro as aplicações clínicas de tais descobertas com material de sessões de duas crianças pequenas, um adolescente obsessivo-compulsivo e um menino pós-autista.

A ansiedade foi para Melanie Klein "a pista que a conduziu ao labirinto" do conteúdo psicológico do medo. Desde o início de seus trabalhos, a ansiedade e as defesas contra ela foram o acesso para a compreensão dos fenômenos mentais. Foi assim que ela descobriu a existência e a importância dos elementos agressivos na vida emocional da criança, o que a levou às formulações sobre as ansiedades persecutória e depressiva e as defesas que o eu primitivo usa contra elas.

A mente é um todo e as funções superiores não atuam independentemente; por sua vez, o inconsciente é o órgão ativo em que funcionam os processos mentais. A atividade mental primária original que geralmente permanece inconsciente é chamada de fantasia inconsciente. Por conseguinte, há uma fantasia inconsciente atrás de todo pensamento ou ato.

A obra de Melanie Klein se caracteriza por reconhecer que a mente funciona primariamente com a fantasia e que o bebê tem muitas fantasias sobre o que está se passando com ele. Os instintos do bebê fazem-no tirar significados de suas experiências, mas para o investigador é difícil reconhecer ou apreciar tais conteúdos porque eles não têm relação com a realidade externa ou material. Ou seja, as sensações do bebê e o significado que dá a estas têm pouca ou nenhuma relação com a realidade externa objetiva.

Klein, por meio da análise da transferência, explorou o inconsciente indo até as primeiras relações de objeto. Ela descobriu que o jogo, atividade lúdica das crianças, correspondia às associações livres dos adultos na sessão. É brincando que a criança expressa suas fantasias, seus desejos e suas experiências, numa linguagem semelhante à dos sonhos. Por meio do brincar, a criança vai desenvolvendo a capacidade de discernir o que são suas fantasias, de pensar e de aprender a ser realista, processo este que se estende até à vida adulta.

É importante distinguir quando uma criança está "brincando" e exteriorizando fantasias de quando a criança faz coisas com os brinquedos, mas tem uma inibição da fantasia. Uma criança com tais inibições estaria numa situação mental preocupante, pois para ela externalizar suas fantasias não seria um "como se", mas a própria realidade externa, acarretando muito medo das consequências reais.

Vamos ilustrar essa situação com uma vinheta clínica. Um adolescente contou-me no início de sua análise que "aparecia em sua mente subitamente um pensamento" de que sua mãe ia sofrer um acidente e morrer. Então ele se via obrigado a desfazer aquele acontecimento por meio de um ato, um tipo de ritual, pois, caso contrário, estava convencido de que sua mãe morreria. Ele vivia sob essa ameaça constante.

No momento em que lhe ocorriam tais pensamentos, ele vivia uma fantasia muito onipotente, que tinha tanta "realidade" para ele que usava dessa mesma onipotência para realizar atos que, em sua crença, reparavam magicamente o que ele "tinha realizado".

Como é sabido, a fantasia inconsciente da morte da mãe faz parte do desenvolvimento psíquico da criança. Contudo, quando a criança necessita ter a mãe sempre junto não é somente para convencer-se de que ela não morreu, mas também para que não se transforme numa "mãe má" que a ataca. O objeto real, a pessoa da mãe, combate o medo dos aterradores objetos internalizados.

Melanie Klein descobriu que a transferência na análise ocorria e se desenvolvia mesmo em crianças pequenas, já que as figuras dos pais estavam interiorizadas na realidade psíquica. Essas figuras é que formam a base da transferência na análise de crianças e de adultos. O que a criança e o adulto em análise transferem para a situação analítica e para a pessoa do analista são as relações de objeto inconscientes expressas por meio das fantasias inconscientes. Portanto, a transferência é um fenômeno inconsciente e cabe ao analista torná-lo consciente. As fantasias inconscientes não são verbalizadas, mas "atuadas".

Um bebê com a mãe (ou um paciente com o analista) vai se "comunicar" fazendo com que ela (ou o analista) sinta o que ele não aguenta sentir pela enorme aflição envolvida. Essa forma de comunicação primitiva, que é também um recurso defensivo, Klein (1946/1971) denominou identificação projetiva.

Lúcia, uma menina de 7 anos, no início de sua análise preparava grandes quantidades de "suco e leite" que eram destinados a alimentar bonecos. Na maioria das sessões ela se entretinha com o preparo desses alimentos e tinha grande dificuldade "para que ficassem bons", acabando por derramar "acidentalmente" parte dos líquidos fora de seus recipientes. Geralmente ela queria ter um volume muito grande de suco e leite e empregava muito tempo em sua preparação. Quando conseguia alimentar os bonecos, o fazia despejando grandes quantidades em suas bocas, encharcando-os. Molhava assim a mesa e o chão e só parava de despejar quando via vazio o recipiente que continha o líquido.

Durante esse jogo Lúcia exigia que eu fosse uma ajudante, que executasse ordens, ela sempre muito atenta, tentando ver o tempo todo o que precisava para fazer os sucos, e não queria de maneira nenhuma que eu falasse com ela a respeito daquilo. Quando, por exemplo, eu lhe dizia que, sendo ela uma mãe autoritária e eu uma criança submissa às suas ordens, fazia-a sentir-se menos angustiada de estar comigo, ela me mandava calar a boca, dizendo para eu "trabalhar" e colocando-me no papel que de ajudante que me atribuía no jogo. Eu dizia a ela que, daquele modo, pela inversão de papéis, podia ficar menos angustiada por estar comigo, pois me dava a função de ser uma criança esfomeada que nunca se satisfaz, e ela, uma mãe autoritária que sabe tudo. Ela então respondia gritando para não me ouvir, ou saía da sala caso eu não parasse de falar. Então eu lhe dizia que quando eu falava tornava-me muito perigosa, pois ela via que eu não estava sob seu controle e tampouco era a boca passiva que ela representava com os bonecos.

Desse modo, Lúcia manifestava, na transferência e por meio do jogo, sua fantasia inconsciente das primeiras relações com o seio e com a mãe: um peito inundante, sufocante, que força sua incorporação no bebê, e uma boca impotente, passiva, que nunca se satisfaz. Ao depositar em mim um bebê invadido, e ao fazer com que me sentisse como ele, punha-me em contato com o que era ter uma mãe interna autoritária e invasiva como aquela.

Essa identificação projetiva é tão maciça que as interpretações são experimentadas como ataque, pois lhe devolvem o aspecto que nela está tão cindido e que foi projetado em mim. As interpretações a põem em contato com a dor que ela mantém à distância por meio dessa expulsão. Penso que essa experiência de experimentar repetidamente o objeto, uma analista, capaz de receber suas partes angustiadas - as de um bebê forçado a incorporar um peito que só dá leite e não transforma suas angústias - e ir devolvendo-as menos marcadas pela angústia vai permitindo a instalação de um objeto continente, capaz de manter coeso o seu psiquismo.

Para o analista kleiniano, o *setting* e a função do analista dentro do *setting* podem fornecer ao paciente a experiência de um objeto que contém. Parte essencial da experiência de conter reside na função do analista de observar a transferência e colocar os sentimentos e as experiências da criança em palavras, para capacitar a criança a compreender-se e a internalizar um objeto que a ajude a conter as experiências na sua mente.

Melanie Klein reconheceu plenamente que o instinto de morte opera desde o início da vida psíquica e que o bebê necessita lançar mão de mecanismos poderosos para se defender da ação interna aniquiladora desse instinto. Toda vez que o bebê sofre uma privação, física ou psíquica, a intensidade da ameaça que ele sente vai depender da tolerância do bebê à frustração. Sentir essa ameaça pode gerar no bebê um estado de fúria que é vivenciado como uma desintegração corporal do eu.

Para Klein, a primeira situação, o primeiro modelo de ansiedade de aniquilamento é a experiência do nascimento. Ao contrário, a experiência intrauterina sem privação das necessidades é o primeiro modelo do objeto ideal, usado para fazer frente àquela angústia. Essas "situações mentais do bebê" foram denominadas por Melanie Klein "seio mau e seio bom" (transformados em objeto persecutório e objeto idealizado). Para o bebê, pela ação do *splitting*, "tornam-se objetos diferentes".

O *splitting* do objeto em bom e mau é o que no início põe ordem num caos de estímulos e mantém com certa estabilidade as experiências com o seio bom. É fundamental que seja assim para que o bebê possa se fortalecer e "acreditar" na sua pulsão de vida, pela introjeção de um bom objeto continente de suas angústias. Desse modo, ele aprende a lidar com suas pulsões de ódio, as destrutivas. (O que no exemplo de Lúcia não acontecia.)

Aquele adolescente de que falei na primeira vinheta clínica entrou numa sessão e permaneceu sentado em silêncio durante 10 minutos, me olhando frequentemente, como que "se apoiando" na minha presença física. Em seguida começou a dizer que tinha sentido "aquilo da sessão anterior" de estar "se diluindo", "perdendo massa" se esbarrasse nas paredes. De fato, eu observei que ele estava tentando se aproximar, "encostando-se" em mim por meio dos olhos.

Diluir-se e perder massa, penso, refere-se à fantasia inconsciente de sentir corporalmente um fenômeno que na verdade é mental. Para ele eu sou "algo" que ele leva embora e traz no outro dia, estado mental que é uma defesa contra a percepção de sua dependência, de sua necessidade de cuidados, percepção que ele vive catastroficamente. O objeto do qual ele depende está destruído em sua mente. Ele confunde o que sente em relação ao objeto com o próprio objeto. Mas, quando me encontra, "esbarra" na realidade. Percebe que o objeto (a analista) é real e que em sua fantasia foi destruído. Isso o faz sentir culpa persecutória e a ameaça de ser retalhado, fantasias das quais se defende com a onipotência de pensamento e os rituais.

Apoderar-se do peito é uma fantasia universal que existe na trajetória de qualquer bebê e que aos poucos vai sendo superada. É uma defesa narcísica onipotente de que o peito é dele. Com a evolução psíquica, o bebê pode perceber que o objeto, o peito, está fora do *self.* À medida que o bebê progride, vai alcançando a possibilidade de perceber que o seio mau e o seio bom são duas experiências emocionais – vividas com uma mesma pessoa, a mãe. O bebê passa então a temer ter destruído a mãe, pelos ataques já feitos quando de sua experiência com o seio mau, e teme perdê-la e perder o bom objeto. Essa é a posição depressiva. É quando a culpa e a necessidade de reparação fazem surgir na criança angústias muito intensas.

À medida que a maturação do sistema neurológico progride, a capacidade perceptiva vai crescendo e, se as relações com o objeto materno estiverem correndo satisfatoriamente, o bebê será capaz de "encarar" um fato que aconteceu desde o nascimento: ele está fisicamente separado da mãe. É nessa situação que o narcisismo é "balançado" e ele é capaz de ver a mãe como uma pessoa.

Ele agora interpreta (faz fantasias) a ausência da mãe à luz de outra fantasia: "se não está com ele, está com o pai". Se antes a ausência do seio bom – frustração oral – era igual à presença do seio mau, agora é igual à mãe junto ao pai desfrutando dos prazeres orais negados ao bebê – concepção oral da cena primária.

As noções das relações sexuais dos pais derivam dos próprios impulsos corporais do bebê sob a pressão de intensos sentimentos. Numa configuração esquizoparanoide, ele reage com ódio e sadismo aos pais unidos Na mente primitiva do bebê, a cena é a mãe incorporando o pênis do pai durante a cópula oral. Isso o impulsiona para uma fantasia de penetrar no corpo da mãe para ver o que existe lá (instinto epistemofílico) e apossar-se do pênis, dos bebês e dos bons conteúdos. A frustração oral do bebê afasta-o do seio da mãe e toma o pênis do pai como objeto gratificador que na fantasia inconsciente está dentro do corpo da mãe. Essa frustração oral é dos bebês de ambos os sexos.

A fantasia agora é de ataque ao corpo da mãe para saqueá-lo e dele retirar tudo de bom. Essa fantasia de destruição e roubo produz uma enorme ansiedade que, na menina, é o temor de ser roubada e destruída pela mãe e, no menino, de ser castrado por ela.

Guto, um menino de 7 anos, não queria permanecer na escola, saía correndo de lá para ficar com a mãe. Esta fobia escolar se deu numa época em que a família atravessava várias "mudanças", estando ele sujeito a uma maior privação da companhia da mãe. Era enurético, mas não foi esse o sintoma que motivou os pais a trazerem o menino à análise.

Guto mostrou desde o início uma ansiedade quanto a "entrar na sala". Nas primeiras vezes entrou com a mãe e nas seguintes trouxe-me presentes para aplacar-me, reassegurando-se assim de que eu não ia atacá-lo ou separá-lo da mãe. Mas este "estado de mente" a qualquer momento se rompia e o estado persecutório emergia com toda a força. Ele apresentava então a seguinte conduta: atirava coisas contra a parede e contra mim, tapava a torneira para que espirrasse água pela sala, jogava bolas de papel higiênico molhado contra o teto, empurrava os móveis, desorganizando sua posição na sala, esvaziava os armários... Era um verdadeiro "surto psicótico" em que ele lutava contra "perseguidores" e se defendia deles. Eu procurava segurá-lo fisicamente e ao mesmo tempo falar. Ele gritava para não me ouvir, mas se acalmava com a contenção física. Às vezes ele saía da sala e voltava com "outras armas", coisas obtidas na sala de espera.

Houve uma fase da análise em que, assim que eu o chamava para a sessão, ele tinha um comportamento contrafóbico, assim caracterizado: vinha correndo chutando dois bancos redondos da sala de espera até mim, ou vinha com o tapete servindo-lhe de anteparo numa posição de luta contra mim. Frequentemente corria até mim e se atirava no chão, sentando-se com toda a forca.

A ansiedade persecutória intensa parecia ser originada por uma fantasia inconsciente de "estar se encontrando com uma mãe (a analista) que ia retalhá-lo por ele tê-la atacado"! O que estava consciente para ele era o medo de ser atacado e destruído, mas estavam inconscientes suas fantasias de ataque e destruição ao objeto materno que o frustrava e que ele transferia para mim. Na configuração mental primitiva, o desejo e o ato se confundem até que se adquira alguma noção de realidade. A linguagem primitiva da fantasia inconsciente, tão bem descrita por S. Isaacs em "Natureza e função da fantasia" (1952) ("Quero que minha mãe se afogue com minha urina") , é uma verbalização em nível adulto para expressar uma fantasia que na mente primitiva já aconteceu.

Quando o indivíduo projeta maciçamente no outro sua fantasia inconsciente, o outro passa a ser receptáculo desta pelo mecanismo de identificação projetiva. No caso de Guto, ao atacar-me para se defender e sadicamente tratar-me como a mãe de sua realidade interna, destruída e atacada, que na fantasia dele contra-ataca, essa retaliação poderia ser atuada por mim, contra-atacando-o ou expulsando-o da sala. Assim estaria se concretizando sua fantasia inconsciente. Se eu assim procedesse, ele não poderia discriminar que a analista de cujo ataque retaliativo ele se defende é um produto de sua realidade psíquica.

Com o progredir da análise, foi se configurando que os ataques a mim e à sala, em sua mente representante da minha pessoa e de meu corpo, estavam sendo feitos por um Guto-pinto-maluco, que, ao entrar na sala/corpo da analista, externalizava a fantasia inconsciente primitiva de entrada no corpo da mãe para roubá-la de tudo de bom e destruí-la. A contraparte do "pinto-maluco" era a "mulherzinha fresquinha" (palavras dele), aspecto mental dele atacado e esvaziado, que ele depositava em mim.

Guto, em sua situação edípica, queria ser feminino com o pai, mas viver tal experiência o ameaçava, pois para ele ser feminino significava ser atacado e roubado. Quando, pelo processo analítico, diminuiu essa ansiedade, ele começou a mostrar, timidamente, desejos de cuidar de suas coisas, trazer pequenos animais para a sessão, admitir e aceitar minhas intervenções e minha função continente sem tentar arrebentá-las como fazia anteriormente, destruindo-as e atacando-as pela rivalidade e pelo sadismo, com grande ameaça de ser retaliado por mim.

Gostaria agora de falar sobre o "mundo mental" do início da vida, caracterizado pelo domínio das sensações e que vem sendo investigado por vários analistas, entre eles Francis Tustin e Donald Meltzer, por meio da análise de crianças psicóticas e autísticas e da observação de bebês por Esther Bick. Este é o período da vida em que o bebê não percebe que está separado da mãe. Segundo F. Tustin (1972), para o recém-nascido, todas as experiências são "eu", sendo que o "não eu", o mundo externo, é experimentado em termos de "eu". É um estado em que as sensações predominam e os modelos inatos como o de sugar (inicialmente o mamilo) conduz a sugar dedos, punhos, xales, chupetas, que dão sensações semelhantes.

Nesse estágio a criança não distingue entre sua própria boca e o mamilo-seio, que é experimentado como um conjunto de sensações. A língua, sentida como um mamilo na boca, produz uma sensação equivalente à do mamilo na boca, e é um dos primeiros objetos autísticos. Quando o recém-nascido é afetado em seu estado de "eu", os objetos autísticos são usados para impedir a entrada do desconfortável "não eu", pois seu contato produz sensações satisfatórias. Esse é o uso normal dos objetos autísticos.

Uma mãe deprimida ou insegura não consegue manter firmeza para ir tirando o bebê do "deleite ilusório" com seus objetos autísticos e trazendo-o para os reais prazer e satisfação com o peito. É só quando o bebê é tirado desse "deleite ilusório" que vai aprendendo gradualmente que está separado corporalmente da mãe. Ao fazer um uso excessivo de objetos autísticos, o bebê priva-se de experiências reais de confrontação da fantasia com a realidade, com consequente atraso em seu desenvolvimento mental.

Um bebê que tenha uma mãe que não vai ao encontro de suas necessidades, que o deixa exposto a estados sensoriais muito desagradáveis que ameaçam a sua integridade, usará como recurso agarrar-se às sensações agradáveis que o contato físico com os objetos provoca, prolongando assim seu estado narcísico ("eu"). Tustin (1972) dá o exemplo de David, um menino autista em análise que não empurrava seu carrinho ao longo da mesa nem brincava com ele na sala como crianças normais ou neuróticas poderiam fazer, mas o mantinha apertado na palma da sua mão, chegando a fazer uma marca. Peter [1] carregava um chaveiro com várias chaves que não serviam para abrir portas ou armários, mas era usado apenas para ser segurado. Vistos pelo observador, o carro e o chaveiro eram inúteis e sem sentido, mas do ponto de vista da criança eram essenciais.

Os objetos autísticos em geral não são acompanhados por fantasias e, se houver fantasia associada ao seu uso, ela é muito próxima à sensação corporal. Isso porque o objeto autístico não representa algo ausente, mas presentifica-o por meio da sensação produzida pelo contato. Os objetos autísticos podem ser substituídos e, se perdidos, repostos sem pesar. A incapacidade da criança psicótica de sentir pesar e depressão com a perda de um objeto é a consequência de ter experimentado uma tristeza inconsolável pela perda de uma parte significativa de cuidados maternos, o que é sentido como perda de parte de seu corpo.

A captação sensorial de uma criança psicótica mostra que ela não diferencia claramente as diversas modalidades sensoriais; visão e ouvido, por exemplo, podem ser experiências tácteis – de estar sendo tocado pelo objeto. Palavras com o mesmo feitio são sentidas como semelhantes, assim como objetos, sons, ilustrações; cantar jingles ou

1 Outro exemplo de Tustin (1972).

repetir histórias podem também ser usados com finalidades autísticas. Para crianças psicóticas, os objetos autísticos não representam seus sentimentos, mas são partes presentes de objetos, pois seu uso não deixa "entrar" qualquer sentido de falta.

A pseudoproteção desses objetos na verdade impede a criança de entrar em contato com o cuidado humano que poderia ajudá-la a modificar o terror do aniquilamento. Seu uso constante mantém um estado primitivo de modelos congênitos elementares pouco modificados pela humanização. Quando a frustração se impõe, as crises de raiva atravessam músculos e veias e a criança vive essas sensações como uma perda do estado de unidade e um aniquilamento. Prevenindo-se desses estados emocionais, a criança se agarra ao objeto autístico, se afasta da experiência e não aprende a lidar com a "irritação" corporal e mental de uma maneira pensante.

Isso muda a visão que habitualmente se tem dessas crianças, que parecem não sentir e não ter medo. Na verdade, há um terror tão grande que não pode ser expresso. Isso necessita ser colocado em palavras pelo terapeuta que apoia a criança no sentido de experimentá-lo. Por outro lado, é necessário desencorajar e até interromper o uso desses objetos assim que a criança tenha desenvolvido outros meios de aliviar suas tensões, sempre dizendo para a ela que entendemos o sentido de tais condutas.

Mário, um menino que começou análise comigo aos 12 anos, falava incessantemente na sessão, numa sequência estabelecida por ele, notícias internacionais, noticiário esportivo, aventuras de Pinóquio. Essa sequência era usada em determinado número de sessões até ele mudar a programação. Mas ele não falava diretamente comigo e tampouco demonstrava ouvir o que eu lhe dizia, pois não parava de falar. Quando eu o interrompia pondo-me de pé no meio da sala, ele ficava furioso e aos gritos falava que eu estava estragando tudo e que devia ficar quieta e parada.

Segurava constantemente uma almofada enquanto estava no meio da sala fazendo suas programações. Costumava muitas vezes fazer listas infinitas de nomes, datas e números. Percebi que eu era representante na transferência de um bebê sem lugar, sem poder ser ouvido, sem poder se movimentar sozinho, sem ter a quem recorrer. Esse aspecto dele de desamparo, de abandono, de desespero, depositado em mim, estava praticamente sem comunicação, quase totalmente vedado do outro aspecto que ele vivia na sessão e com o qual estava identificado: o de uma mãe que se comunica falando sobre as coisas, mas não leva em conta os sentimentos da criança, uma espécie de mãe-rádio.

Esse menino teve seguramente um episódio de autismo em torno dos 18 meses. Mas, desde o início da vida, parecia ser frágil para as relações de objeto: não pegava o mamilo facilmente, levava muito tempo para sugar, a mãe tentava espremer o seio na boca dele e tinha a impressão de que ele não gostava do seio, até que, aos dois meses, passou a ser alimentado por mamadeira. Nos primeiros três meses de vida chorava muito de dia e à noite; pareciam ser cólicas. Depois se tranquilizou e onde a mãe o colocasse ficava calmo, desde que ela estivesse por perto. A mãe não o pegava no colo para que ele não se acostumasse, a não ser nas horas de amamentá-lo. Com dez meses começou a falar algumas palavras: "dada", "mama", "coca", imitou o pai falando "sai daí". Nunca foi uma criança alegre, mas parecia inteligente. Andou com 13 meses.

Então, aos 18 meses, segundo os pais, levou um susto brincando de esconde-esconde com o tio e reagiu chorando e rindo, e daí em diante mudou de comportamento. Parou de falar, não olhava para a mãe ou outras pessoas, sempre muito agitado. Ficava andando o dia inteiro movimentando os braços, batendo com a mão nas orelhas, que chegavam a ficar vermelhas. Não se interessava por brinquedo nenhum, parecia um boneco que andava e comia. Quando era contrariado, batia a cabeça na parede, fazia movimentos de girar em torno de si mesmo, abria e fechava portas. Ficou totalmente indiferente às pessoas e mesmo na hora de se alimentar não fazia contato com a mãe nem olhava para ela.

Passou a se apegar a objetos, segurando-os o dia inteiro. Primeiro foram latas, depois fita métrica, tampa de liquidificador e revistas, com as quais chegava até a dormir. Quando uma revista se desmanchava ele passava para outra. Até os 9 anos manteve esse hábito, e depois disso continuou mantendo as mãos sempre ocupadas com algo, como bainha de camisa, botão etc.

Aos 22 meses foi levado a um neurologista, que fez o diagnóstico de autismo e prescreveu medicamentos. Aos 38 meses, quando nasceu o irmão, os pais notaram outra mudança: ele começou a despertar, a mostrar certo apego ao irmão, à mãe e ao pai. Começou a tentar comer sozinho, a se comunicar por gestos e a mostrar muita preocupação com o irmão, que passou a ser "propriedade dele" (expressão dos pais).

Não gostava que o abraçassem ou beijassem nem queria ficar no colo. Passou a se interessar por números e letras e apontava para que a mãe os nomeasse. Parecia que já sabia o nome dos meses do ano, dos dias da semana, das cores e os números até 50. Recomeçou a falar com 5 anos e 2 meses. Aos 7 anos e meio foi para o pré-primário. Aos 8 anos e meio passou a frequentar o Ciam – uma escola especial –, onde continuou até 1980.

Em 1978, lê e escreve muito bem. A sociabilidade é periférica. Fica assistindo às brincadeiras das outras crianças, se isola bastante e conta histórias fazendo uma espécie de teatro. Mário recuperou-se do autismo propriamente dito adquirindo linguagem e capacidade de aprendizado intelectual, apresentando, no entanto, um atraso no desenvolvimento emocional e uma organização da personalidade característica dos pós-autistas, que consiste num sistema organizado para controlar e separar onipotentemente os objetos internos. Por exemplo, na relação comigo: se eu for falar, tem que ser após o "programa", quando ele já tiver falado tudo, para não haver aproximações. Usando o modelo da boca-seio, ele está com a boca sempre ocupada com um sucedâneo do mamilo-seio, criação dele, e não há espaço para a outra experiência real, comigo.

A sequência de histórias mantida por ele é um sucedâneo da necessidade de estar aderido a um objeto. A necessidade de aderir-se fisicamente ao objeto ou de ter o mamilo na boca foi substituída por um "produto mental" feito de histórias, que mantém sua mente unida. É um objeto autístico ao qual se adere que o protege do desamparo e talvez da iminente catástrofe de cair num abismo se "surgir o espaço" entre ele e o objeto. Porém, o mantém detido, pois o impede de ter um intercâmbio vivo de projeção-introjeção, que só acontece em algumas ocasiões. Mas na maior parte do tempo ele está dentro das suas histórias e toda a sua mente fica nessa experiência, parecendo "não sobrar mente" à qual eu possa falar e estabelecer contato.

A sequência de histórias, além disso, tem a finalidade de estabelecer um objeto contínuo estável, que não "desaparece de repente", que não o deixa entregue a si mesmo, ameaçado de aniquilamento. Constitui dessa forma um objeto autístico. Mantém uma barreira protetora contínua e uniforme que suas emoções que emergem pelo contato com o outro não podem atravessar, protegendo-o de estados de ameaça. Essa barreira, como todas as defesas, falha, e quando ele se desorganiza, passa a usar recursos que refaçam essa barreira por meio de sua verbalização contínua de números, códigos, listas, uma segunda pele, de acordo com o conceito de Esther Bick.

Na relação comigo, Mário usa essas defesas que têm uma qualidade obsessiva e parece ter sido este o modo de ele se organizar a partir do episódio de autismo (Mélega, 1979). Ele tem uma grande quantidade de conhecimentos inúteis, como saber todos os vencedores das taças de ouro desde 1960, ou todos os graduados do Ciam, sua escola, desde 1974 etc. Mostra também conhecimentos de história, geografia, da Bíblia, mas parece que faz uma leitura e um uso para validar suas fantasias e ter certeza de seu domínio frente à ameaça de invasões.

Esses conhecimentos estão aprisionados em sua organização e separados uns dos outros, servindo mais para serem guardados e catalogados do que usados para crescimento. Os processos onipotentes de possessão invasora e de controle vinculam-se à sua equação simbólica: separação do objeto materno = morte.

Essa equação simbólica está ligada à sua dificuldade de introjetar o objeto materno deixando-o vivo para se movimentar. Os objetos aprisionados na sua organização e separados uns dos outros não podem ser usados nem unidos. Esta é a gravidade de um pós-autista: a perturbação da organização do espaço mental (Meltzer, 1979), da diferenciação entre o que é interno e externo ao *self*, e dentro e fora do objeto. O que se busca ao fazer uma análise num caso como esse é ir restabelecendo o intercâmbio de projeção e introjeção, movimentando as emoções "trancadas" na organização obsessiva, para que esse menino se anime a manter comigo uma "relação alimentar" e possa ir gradativamente abandonando a relação com os seus objetos autísticos.

Foi pena que ele tenha chegado tão tarde à análise. As possibilidades de recuperação do desenvolvimento já eram bem difíceis. Os que trabalham com crianças psicóticas sabem como é vital que estas recebam tratamento antes dos 7 ou 8 anos. Após essa idade, as dificuldades de abordagem vão aumentando mais e mais até um ponto em que tudo pode ficar perdido sob uma aparência de deficiência mental.

Parte I

Esta parte contém relatos de sessões de análise como se fossem "velhas fotografias" de uma analista iniciante com seus pacientes. Nesse tempo podemos acompanhar uma analista buscando muito mais explicar a atividade lúdica da criança do que seguir a transferência da criança e a contratransferência da analista, assim proposto pelo método psicanalítico.

Incluo aqui dois casos do início de meu atendimento: caso Breno e caso Alex.

1. Relato da análise de Breno, 10 anos e 6 meses

Sexo masculino; primeiro filho de prole de dois, um irmão menor.

Vem a tratamento porque é gordo e não faz regime nem esporte. Sente-se inferior, inseguro, não tem amigos. Foi tratado dos 3 aos 8 anos em ludoterapia individual. Aos 5 anos teve convulsões que foram remitindo com medicação que o próprio pai controlava. Toma remédios até hoje.

As relações mãe-filho são bastante alteradas; mãe implica com Breno para começar uma briga. Se ele não briga, mas chora, ela diz que ele é covarde, submisso etc. Se ele se defende, ela diz que ele é malcriado, que a faz sofrer e chorar. Depois ela faz as pazes e vai assistir à TV com ele na cama. A mãe organiza os passeios de Breno e controla suas amizades, incentivando-o a ser mais sociável, mais agressivo etc.

A mãe domina a situação familiar e assume o papel de psicóloga no grupo familiar. O pai se envolve menos com questões familiares, mas se submete à mãe. Há grande competição também profissionalmente entre mãe e pai, principalmente no que tange ao comportamento de Breno. Ele foi submetido ao Rorschach em 05/12/1972 (9 anos). Foi repetido o Rorschach em 04/10/1974 (11 anos) (pedido pelos pais).

Nota: essa última aplicação repercutiu em seu comportamento na terapia. Provocou uma resistência acentuada de Breno, ainda mais que a aplicação dos testes aconteceu durante meu afastamento para dar à luz (de mais ou menos vinte dias).

Iniciou a análise em 21/03/1973, aos 10 anos e meio, com a frequência de três sessões semanais de 45 minutos de duração e duas interrupções anuais regulares: duas semanas em julho e, em dezembro, desde o Natal até a primeira semana de fevereiro.

Sessão de 21/03/1973

Na primeira sessão, apresenta-se com aspecto agradável, ligeiramente gordo, simpático. Mostra um misto de interesse e ansiedade. Toma logo contato com a caixa de ludo e diz que vai desenhar. Coloca-se, porém, atrás da caixa com o bloco de papel escondido, de maneira que não posso acompanhar seu desenho. Intervenho perguntando se lhe incomoda afastar a caixa para que eu possa vê-lo desenhando. Breno faz sinal que não com a cabeça.

Faz um leão iniciando pela cabeça, que parece um sol. Depois faz grades fechando o leão. Ao lado, na parte superior da folha, faz um gorila que por fim também fecha com grades.

Figura 1 21/03/1973, desenho 1.

Ao terminar diz: “acabei”. Olha para mim, espera um instante, vira a folha e começa o segundo desenho. Pergunto o que é. Responde que “são fogos de São Joao”.

Figura 2 21/03/1973, desenho 2.

Nota: entendo que Breno tem noção de forças agressivas, que ele tem de “trancar” e que extravasam daí por meio de “fogos coloridos” ou “convulsões” (?). Procura canetas mais grossas na caixa, mas não tem.

Figura 3 21/03/1973, desenho 3.

Ele explica o terceiro desenho: "Os dois elementos de cima são monstros. Este é o coelho fantasiado de diabo que está em circuito com um foguete e este outro é um pintinho vesgo".

Enquanto ele continua a desenhar, comento que parecem "monstros bonzinhos" (parecem personagens de história em quadrinhos).

Breno responde: "mas este (aponta para o que tinha desenhado) é bem bravo".

Termina a hora e, enquanto guarda o material na caixa, pede-me para deixar o bloco bem em cima para quando voltar.

Sessão de X

Na segunda sessão, Breno manipula massinha: faz um leão, o transforma em uma baleia e em seguida desmancha-a. Pergunta se aqui tem jogos. Respondo que não tem. Mais tarde faz um dado de massinha. Persiste a atitude de terminar uma produção e ficar alguns segundos na expectativa após me avisar que acabou. Ainda o sinto constrangido.

Sessão de 27/03/1973

Na terceira sessão, entra sorrindo ao meu chamado. Logo procura papel na caixa e diz: "vou desenhar um monstro". Ao terminar avisa que terminou e vira a folha.

Digo que ele acha desnecessário desta vez contar o que está representando.

"Já contei que era um monstro. É um homem que de tanto fumar e tomar pinga virou monstro." Silêncio.

Inicia um desenho dizendo não saber o que fazer. Usa a caixa de canetas hidrográficas para contornar o desenho. Quando termina me olha e diz que não sabe se vai pôr mais coisas e como vai continuar. Coloca florezinhas nos quadrados.

Digo: "Parece-me que este segundo desenho você fez sem muita vontade, apenas para fazer algo aqui comigo" (o desenhar como defesa contra o contato emocional).

"Eu não sabia o que fazer" (e passa para o terceiro desenho). Termina e explica "é uma máquina de fazer patos. Esses raios entram na máquina e fazem a cabeça, estes as patas, estes o cérebro, estes o corpo".

"É uma mãe-monstro-máquina de fazer patos?"

"É, patos mecânicos, mas com cérebro." Faz depois modelagem de círculos, com massinha. Dá a entender que sumiu um pouco de massinha azul.

"Você está sentindo falta da massinha. Está em dúvida se eu tirei sua massinha, não é?" (eu retive, não dei toda a interpretação que precisava?).

"Mas não pode ser, porque a senhora disse que só eu mexo aí."

"De qualquer forma você está em dúvida se o que eu digo eu cumpro."

Sorri. Novamente leva alguns minutos para guardar todas as coisas com vagar e tenta limpar a mesa que sujou de massinha.

Essas atitudes, como veremos depois, vão persistir por muito tempo.

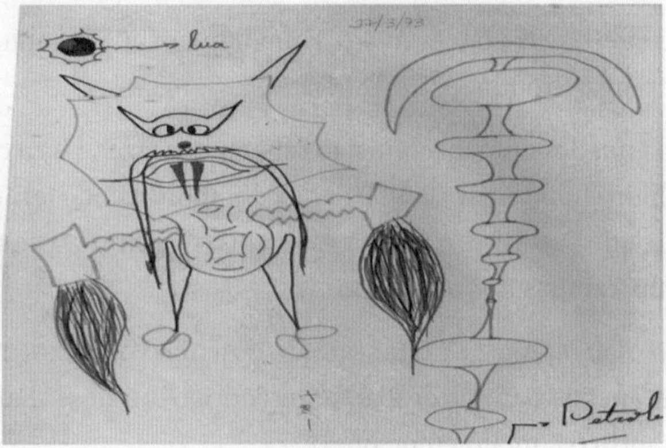

Figura 4 27/03/1973, desenho 1.

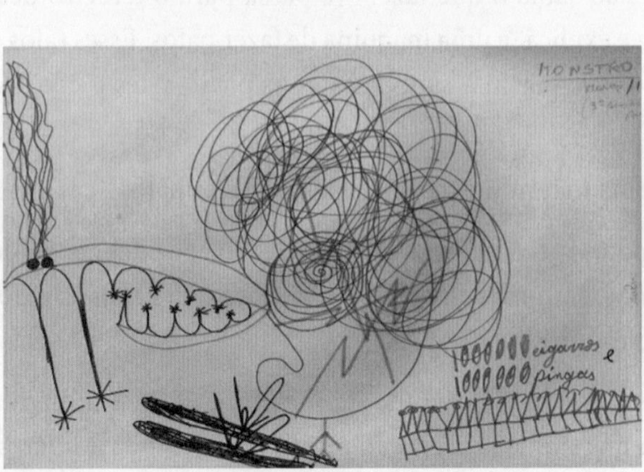

Figura 5 27/03/1973, desenho 2.

Figura 6 27/03/1973, desenho 3.

Sessão de 28/03/1973

Na quarta sessão, atrasei 15 minutos. Desculpo-me e digo que vou repor este tempo. Ele aceita.

Começa fazendo um polvo com massinha. Cruza suas pernas: "ficou preso". Desmancha-o e torna a fazê-lo, agora se demorando muito mais. Depois diz que aquilo é cabelo e ao terminar trança-o e coloca-o na cabeça, sorrindo. Em seguida fica sendo uma auréola; olha-me sorrindo e diz "anjinho" (não entendi bem se tinha alguma relação com meu atraso).

Termina e quer guardar a massinha (uma bola) na caixa original (que é chata e quadrada). Pergunta: "como vou guardá-la?".

"Como você quer guardá-la?"

"Assim não cabe na caixa."

"Hoje, Breno, você ficou em dúvida se precisa mesmo deixar tudo como encontrou para não ficarem 'marcas suas.'"

"Então vou deixá-la assim" (e guarda-a solta na caixa de ludo. Amassa as embalagens e joga-as no lixo).

Sessões de X

Quinta e sexta sessões, sem anotações detalhadas.

Eu incluí a família de bonecos na caixa. Breno usa-os dramatizando sentimentos agressivos entre os elementos da família.

Sessão de X

Na sétima sessão, escolhe três velas, as acende e diz que vai ser uma festa. Ele inclui no "cenário" carros, aviões e barcos e diz que vai ser uma exposição de meios de transporte. Coloca progressivamente as figuras da família e dramatiza novamente situações de perigo e de agressão. Termina este jogo e me pergunta as horas (fez o mesmo nas últimas sessões).

Pergunto-lhe o que ele fica pensando quando me pergunta as horas.

Breno: "À toa!".

"À toa?"

"É que não gosto de vir aqui; do outro tratamento também não gostava."

Respondo-lhe algo no gênero: "deve ter sido chato para você durante todo esse tempo se sentir assim e não poder dizê-lo".

Mostra surpresa com essa minha intervenção.

Nas sessões seguintes, passa a brincar de derreter lápis de cera e também as próprias velas. Diz que são experiências e centra bastante o seu interesse no resultado (as formas e cores que resultam da operação; placas de cera que endurecem quando esfriam).

Síntese

Nesse primeiro período de terapia aparece uma criança se comunicando, essencialmente, pelos desenhos, uma comunicação por imagens, e a analista sente-se incapaz de entender essa via de comunicação da criança.

Breno é uma criança inibida, esquiva, silenciosa, que faz produções em geral bonitas, cuidadosas quanto à forma, e cheias de significados, com conteúdos nos quais predomina o agressivo. Oferece, portanto, suas produções como contato. Ou melhor, se relaciona com a analista por meio de suas produções, e não por ele mesmo.

Houve no final dessa fase uma acentuação da necessidade de Breno de ir se esmerando quanto à forma de suas produções, fazendo-me pensar que crescia a necessidade de ser aceito, admirado e, por fim, até invejado.

A analista procurou removê-lo desse modo de comunicação "forçando" que usasse a comunicação verbal. Ficou claro mais adiante que não era possível!!!

Passa-se um período sem minhas anotações. Breno só desenha. Primeiro a série de monstros. Ao se aproximarem as férias de julho, abandona o desenho e começa a fazer aviões de papel, paraquedistas, e os põe em funcionamento levantando-se e circulando pela sala pela primeira vez. Conta-me que irá nas férias para a Disney World.

Na volta (início de agosto), desenha alguns motivos sobre a viagem das férias e é a partir daí que ele conta alguns acontecimentos sobre a viagem.

Ocorre uma mudança: transfiro o consultório para outro endereço, ao lado de minha residência.

Sessão de 27/08/1973

Entra sorrindo, abre a caixa, pega canetas hidrográficas e papel. "Vou fazer pegadas de um homem fantasma."

"Vai desenhar pegadas?"

"Não, vou fazer no dedo, assim" (e vai carimbando a folha com seu dedo).

"Um homem fantasma."

"É, só aparecem as pegadas dele" (primeiro ele faz pegadas menores, que dão uma volta).

"Estão andando em círculo?"

"É. Deu uma voltinha aqui e saiu por aqui."

"Vem pra cá? Aqui pro meu lado?

Ele sorri.

Eu: "E isto o que é?".

"São as pegadas de cachorro... Estão saindo iguais às do fantasma, tem que pôr diferente." Ao terminar, começa a experimentá-las com os dedos; primeiro as do fantasma, depois as do cachorro.

"Você já tinha pensado em fazer isto ao entrar na sala?"

Ele continua seguindo com os dedos as pegadas, fazendo som: tum, tum, tum. Percebe que para o cachorro deveria usar quatro dedos (quatro patas), experimenta, mas fica difícil e desiste. Desenha uma corda com laço e diz: "Aqui tem um homem segurando a corda, um homem, um fantasma, e aqui está a cabeça do cachorro. É, é dele, o cachorro está preso."

"Ah! É uma coleira."

"É."

"E por que cada um está andando numa direção?"

"Porque a corda ainda está solta, mas quando ficar justa..."

"Ah, por enquanto cada um está andando na sua. Quando amarrar no cachorro eles vão andar juntos."

"É. Não, mas está amarrado o cachorro."

"Ah! Já está. Ah, que engraçado. (Eu sorrio.) Como é que consegue. É difícil, né."

"O quê?"

"Se um está andando assim, o outro assim (referindo-me ao desenho)..."

"Mas a coleira está solta. É que não tinha pensado nisso antes."

Ele para, pensa e começa a desenhar.

Fundindo a cuca (ele fala)

Eu comento: "Até agora este me dá a ideia de uma coisa desencontrada, assim, na sua cabeça".

Ele ouve.

Continuo: "É possível que aqui seja assim pra você, que você veja as coisas desencontradas. Você na sua e eu na minha. Cada um vai por um lado".

"Eu sabia fazer outro tipo de, como é, de..."

(Eu) "De pegadas."

"É. Esqueci. O cachorro, este sai voando. Uma cadeira, voando, já está lá."

"A cadeira de quem é?".

"Do fantasma. Ah!! Isto não vou fazer com o dedo (começa a desenhar uma corrente com uma bola). É uma corrente pra amarrar o fantasma, só que este fantasma não é que nem esse daqui que aparecem as pegadas. Este vai voando e vai fazendo assim. E vai arrastando as correntes que nem casa mal-assombrada." (Sorri.)

"Que nem aquela que você viu na sua viagem?"

Ele sorri e continua desenhando. "Um velho, só a cabeça de um velho, está saindo sangue da cabeça dele, morreu feliz." (Está sorrindo.)

"Tenho a impressão de que você... já viu que interessante? Você desenha uma cadeira cor de laranja." (É a cor da cadeira onde me sento.)

"Eu sei."

"Você sabe? Como a cadeira onde eu estou sentada."

"Mas não foi por isso; é pra aparecer bem, laranja dá pra aparecer bem."

"A mim me parece que você está me vendo como um fantasma, me parece que você precisa mais da minha presença, e que eu fale e que lhe dê uma direção."

Imediatamente desenha riscos na cadeira. "Tá saindo sangue da cadeira."

"Sangue amarelo."

"É, se é de cadeira, tem que ser diferente."

"Você se manifesta em relação à cadeira. Ela está morta, que nem o velho."

"Esse aqui está voando, o velho está pregado na parede. Está saindo do cachorro (e desenha). Mas só que ele é invisível. Ah! Agora vem o mais importante! (Está desenhando.) Esse vai ser um detetive. Essa é a lente. Só que tem uma coisa muito estranha. O detetive também é fantasma. (Pausa.) Ah! Descobri!"

"O detetive fantasma descobriu?"

"Sei lá o que está tentando descobrir! Se é fantasma também. Que ele tem que ver outros fantasmas. Ah! Aqui podem ser as pegadas dele. (Pausa.) Minha assinatura."

"Esta não é fantasma."

"Minha assinatura: uma caveira (e faz). Ninguém pode saber quem eu sou. Sou detetive."

"Você, detetive?"

"Isso mesmo. Só que eu era fantasma. Só aparece o sapato e luva."

"Parece que você resolveu virar detetive pra não permitir que eu seja detetive. Você está com uma ideia de que eu sou que nem um detetive, e que eu tenho que descobrir coisas em você e sabe se lá o quê? Talvez seja isso que faça com que nós dois estejamos nos dando como fantasmas."

"Agora, agora me apareci!"

"Agora você se apareceu?"

(Continua desenhando.) "As minhas pegadas. Que é que você escolhe ser?' (se referindo ao desenho).

"Você que manda."

"Não, não, veja aí."

"Aquilo que mais se aproxima do que você pensa a meu respeito."

(Titubeia.) "Isso aqui (aponta com dedo). Esse fantasma (o inicial). Quero saber o que é que ele não aparece."

"É. Está se queixando que eu não apareço. Não dá pra saber o que é que eu sou."

"Aqui é bom, aqui bam... Os passos do detetive. Fazer o sino desta casa. Nem o sino fica direito. Aí, caiu a bolinha do sino."

Em outra folha vai escrevendo o título: casa mal-assombrada saindo sangue e o ponto-final é de fogo. Depois desenha e recorta um fantasma e começa a colar suportes de papel. Quando termina a hora, Breno reclama: "Xi! (Ri.) Justo agora!".

Comentário: cansada, sem ter entendido nada da sessão, meio apressada para terminar e fazer uma supervisão correndo. Pensei bem depois que toda essa expressão lúdica de Breno estava relacionada à mudança de consultório, que passou a ser um anexo à minha residência. E vemos Breno querendo investigar, sendo detetive, as razões e as particularidades dessa mudança, questões que não podia verbalizar.

Nessa sessão percebo minha angústia em encontrar uma linha de trabalho a partir do material que invariavelmente Breno apresenta em forma de desenho, aliado à tênue atuação de conduta dele. Essa sessão ocorre após ter tentado várias abordagens para forçar outra via e no fim ocorre um cansaço e certa impotência em lidar com Breno, não entendendo o material.

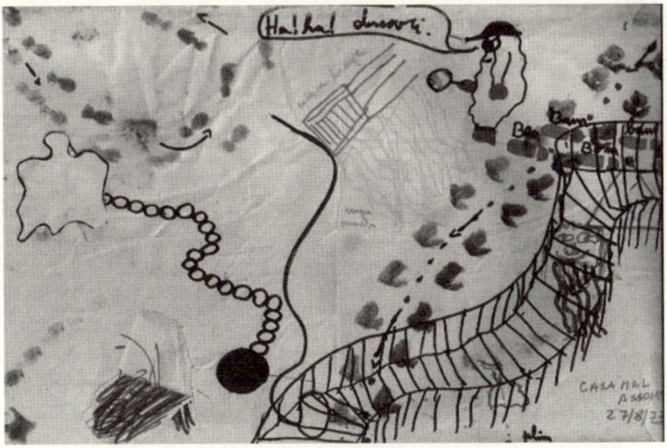

Figura 7 27/08/1973.

Sessão de 29/08/1973

Entra sorrindo, abre a caixa, revê o desenho da sessão anterior. "Ah! Ah! Descobri." E começa a colar o fantasma que já estava pronto.

"Este é o fantasma que você conseguiu prender?"

"Eu não."

"Você não era o detetive fantasma?"

"É. Mas eu não ia prender, se eu também sou fantasma, fantasmas tem que achar pessoas. (Pensa e começa a desenhar.) Vou manter o meu laboratório."

"Laboratório do quê?"

"Sei lá." (Continua desenhando, faz nuvens.)

"Laboratório de fazer nuvens."

Começa a desenhar e explicar os líquidos que vão passando na máquina para chegar e fazer as nuvens. Vou acompanhando a explicação.

Ele: “É um laboratório maluco”.

“É?”

“É. Eu sou dr. Lelé, da revista.” (Depois faz o amigo, o Mickey, Pardal.)

É assim até o fim da sessão. Acompanho a criança em seu desenho sem saber ainda o que ele está, de fato, expressando.

Figura 8 29/08/1973.

Sessão de 30/08/1973

Abre a caixa e retira folhas de papel. Uma folha escorrega pela mão e desliza pela mesa, quase caindo. Breno se surpreende e começa a fazer deslizar a folha voluntariamente, rindo da brincadeira e me olhando.

Eu: “Folha fugitiva?” (brincando com Breno).

Quando digo isso Breno volta à folha e a prende a meio caminho com um tapa na mesa, dizendo: "Tapa certo, é um jogo que tem".

"Como é o jogo?"

"Não sei direito. Mas é com umas figurinhas em placas que nem as de sabonetes, tem umas de sorte e outras de azar." (E continua no tapa certo.)

"Você está com vontade de jogar hoje?"

Faz que não com a cabeça e noto que continua no "tapa certo" com a folha. Para, ajeita a folha e diz: "Deixa ver o que vou fazer... acho que outro laboratório químico". Começa a desenhar. "O que é que você acha que isto aí é?"

"Eu não sei, você gostaria que eu adivinhasse?"

"Não. Parece um vaso, mas não é, é um negócio de soltar fogo."

(Acompanho o desenho.) "É um negócio de soltar fogo."

"É um caldeirão da bruxa."

"Hum!"

(Continua desenhando.) "Vou colocar a bruxa no caldeirão. Vai se queimar inteira. Pof!"

"O que é isso?"

"A perna dela." (Continua o desenho.) "Que rosto bonito!!! Essa daqui é ela, tem duas elas."

"Ah. Tem duas."

"É. A outra está trabalhando, a outra traz pra fritar cenourinha, alface (no caldeirão)."

"A outra está cozinhando?" (Estava desenhando algo embaixo do caldeirão.)

"Esta aqui (a que está na panela). A outra não está aí, é igual (as duas bruxas são iguais)." (Continua o desenho, cantarolando.) "Vai na vassourinha, está fazendo uma vassourinha, vassourinha (enquanto desenha), vassoura, fogo (desenha fogo no rabo da vassoura). Ela está na janela (continua o desenho), o vidro está todo quebrado, está entrando vento."

Peço explicação sobre a janela, pergunto se a bruxa está fora ou dentro.

"Está lá fora... Este é o quadro delas. Bonito quadro, né? (Continua desenhando.) Gostou do quarto delas? A porta num lugar, a fechadura noutro lugar e a chave noutro. Viu como o quarto é grande? (É bem pequeno!) Aqui está um quarto, aqui outro quarto. As portinhas dos quartos. Essa é uma porta (bem grande) e essa aqui é a lente (continua o desenho) que dá pra fazer menor, mas menor mesmo e com a lente maior, uma coisinha destas aparece só uma parte e nessa lente aparece só um monstro delas (está usando a lente pra diminuir)."

"Você está usando a lente para o monstro caber na casa delas."

(Começa a desenhar.) "Nossa, que confusão! Ih! Quem não está entendendo sou eu. (É um monte de linhas se cruzando, e procura retomar o fio para eu entender.) Aí chega a nenhum lugar, abre esta porta e chega a nenhum lugar. (Sorri.) Cientista é com S ou com C?"

"Com C."

(Escrevendo.) "Cientista maluco, se encontrar um... aí, vai direto no vermelho (???). Cientista maluco. Agora meu nome é este. (Termina este e começa a desenhar outro.) É um cigarro. As válvulas de gás. Cigarro com gás. Aqui é 1-5-10-15 (para regular o fogo do desenho). É um só (desenha), o fósforo."

"Como que você se lembrou de fazer este cigarro?"

"Eu vi aqui (apontando o meu sobre e mesa). Pra fumar um cigarro desse só se o homem tiver a boca desse tamanho. (Continua o desenho.) Olha quantas toneladas – milhão, depois, bilhão, trilhão e depois...

"Quadrilhão."

"Pesa tudo isso pra levar esse cigarro pra casa. Fogo hein, levar pra casa. (Não acha uma das canetas e procura-a, com muito ruído, no chão, atrás dos bancos, no fim acha-a.) Cadê aquele relógio de bolinha (se referindo a um meu de pendurar no pescoço)?"

"Hoje estou usando este (apontando o do braço)."

"É, eu vi que você estava com este (continua desenhando). É um reloginho."

"Você fez um relógio..."

"É, pra esse homem aí. Vou fazer o braço dessa grossura. (Ri.) Nossa! Meu Deus! E essa é a mãozinha (continua mais um pouco)."

"Você tentou me desenhar?"

"Qual!?"

"Você; tentou me desenhar."

"Ah, não! Só o cigarro."

"O cigarro, o relógio..."

(Vai guardando os desenhos e separa os dois das sessões anteriores a esta.) "Esses dois são os mais legais."

"São os mais legais que você fez até agora."

"É, mais legais que todos (e os deixa em cima, fora da pasta de desenhos dentro da caixa)." Então, pega os tais desenhos e os modifica um pouco. No desenho do laboratório químico diz: "Aqui chovia, entrava água de novo e voltava, fazia a nuvem e recomeçava tudo de novo. (Vê outro desenho.) Ah! Ah! Descobri. (Vai modificando o primeiro desenho, faz uma porta.) Esqueci. Enquanto fazia a porta estava pensando em fazer outra coisa. O que era mesmo?? Faz de conta que entra uma pessoa, lá, lá, lá, lá, na casa mal-assombrada e... (ao entrar, faz voz de susto). Agora ninguém mais sai daqui (vozeirão). Oba, agora vou brincar, vou brincar (voz de criança). Um cartaz, deixa ver o que está escrito: 'A, casa, mal = mal, a casa mal, ei! A casa mal-assombrada, e tem sangue. Ei, socorro, o que faço agora, a casa mal-assombrada: ninguém mais sai daqui (vozeirão)! (Imita passos.) Deixa subir escada (voz de criança). Socorro, pegadas de cachorro, pingos de sangue. Ih! Olha só a cadeira dele. Puxa, um homem está segurando, o quê? O cachorro fantasma: socorro, socorro. É um fantasma que voa. Um fantasma que voa. Socorro! Uma cadeira voando, voando: socorro e socorro, cortaram a cabeça de um homem. Este é o detetive. Ei! Não é sangue, não..."

Na saída, Breno diz ao abrir a porta: "Uma porta, já sei que tem outra porta...".

Comentário: Breno expressou suas fantasias de poder ser atacado pela proximidade com a casa e os familiares da analista, verificando portas, entradas e saídas da sala de ludo. É uma expressão lúdica de fantasias de Breno ao se encontrar comigo na sala daquela casa que ele sabe que moro com minha família.

Figura 9 30/08/1973, desenho 1.

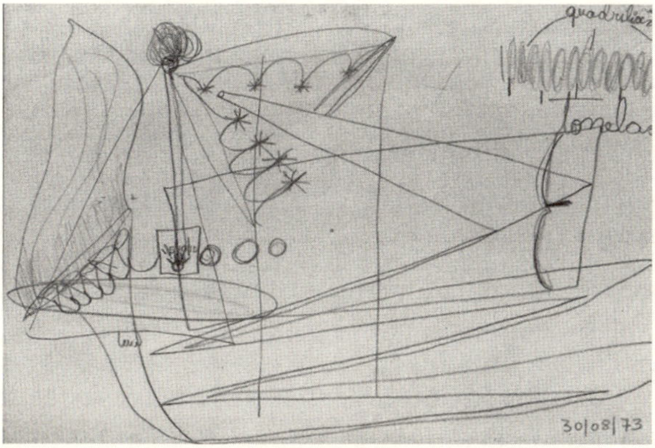

Figura 10 30/08/1973, desenho 2.

Sessão de 03/09/1973

Ele estranha o Eucatex na porta e me pergunta o que é. Eu explico. Pega novamente os dois desenhos mais legais e estão colados, formando uma casa na frente e no fundo o laboratório do dr. Lelé, se comunicando por uma porta.

Eu: "Toda vez que você volta, você pega neles, fica vendo, modificando alguma coisa, né?".

Ele tenta colocar o conjunto em pé, dando-lhe as três dimensões. Fica difícil, porque é papel, e cai.

Pergunto: "Você quer que a casa fique em pé?".

"É." (E inventa um jeito com estacas de papel dobrado e colado. Após várias tentativas, consegue.)

Comento que é importante que fique; está difícil e chego a sugerir uma maneira de tentar (isso leva uns 20 minutos).

Ele coloca uma folha embaixo formando o assoalho da casa e diz que depois vai desenhar teias de aranhas. Dobra a fachada de tal modo que fica um sobrado. Depois desenha uma escada por fora, na fachada, para ir ao andar superior. Estuda a circulação do laboratório para a casa e acha que precisa de outra porta. Depois pensa em fazer o quarto dele embaixo. Daí diz que não, que é em cima (nesta descrição vai olhando para mim, um tanto provocativo). Acha que colando as duas partes – laboratório e casa – para dentro é melhor e tenta descolar tudo. Consegue e recoloca como queria.

Eu: "Você juntou dois desenhos, fez uma casa que tem duas fachadas. Essa casa que você montou dá a ideia, assim, de um lugar como o que você está agora. Talvez você tenha essa ideia por causa daqui."

"Não, não é por isso, não, é que eu gosto de coisas assombradas."

"Eu sei. A noção de uma casa que é duas coisas: ali é casa e aqui é consultório."

Depois ele pensa em fazer o quarto do personagem. Coloca duas folhas em pé, coladas, dobrando-as para fazer cantos, e pensa usar mais uma folha. Comento que é um quarto bem grande, maior que a casa.

(Sorri.) "É, assim cabe bastante coisa."

Não termina porque vê que já está na hora. Na saída, me diz que quarta-feira termina o quarto dele. Pergunta se tem barbante para fazer as teias de aranha, e diz que ele está voando, com a cadeirinha, pensa em fazer outra porta, depois a escada e o quarto dele.

Sessão de 19/09/1973

Ao entrar na sala, pergunta: "Que cheiro é esse?"

"Que cheiro?"

"Não sei."

"Você quer saber o que se passa na sala antes de você entrar."

Não diz nada e abre a caixa. Começa a desenhar. "Este desenho, amanhã eu explico o que é."

"Por quê?"

"É que precisa de uma coisa que não tem aqui. É um papel vermelho." Explica que é um celofane vermelho que faz desaparecer o que está em amarelo ou laranja e só fica o que foi desenhado em preto.

"Mas, qual seria o desenho de hoje?"

Explica e vai fazendo outro desenho (no mesmo estilo de poder desaparecer).

Eu: "Tenho impressão de que você está seguindo um caminho para se livrar dos 'monstros', que amanhã, daqui a algum tempo, você está seguro que eles vão desaparecer".

Faz outro desenho (terceiro) que tem o dia e a noite ao mesmo tempo. O que desaparece com o celofane é a noite, a lua. No segundo desenho faz uma mulher de perfil, olhando para uma criança, que está quase sendo atropelada, e um homem com roupa que vai desaparecer, assim como o carro.

Interpreto que ele quer se livrar das coisas incoerentes, das coisas que não existem ao mesmo tempo, femininas e masculinas, e que tem que prevalecer o masculino. Que ele assim espera, desde que não sinta o masculino como muito ruim, agressivo, um monstro.

Interpreto o desejo que ele tem de fazer desaparecer a parte menina dele e que fique só a parte menino (material já interpretado em outras ocasiões, ligado à confusão dele com os papéis femininos e masculinos).

Essas interpretações Breno entendeu e confirmou.

Ainda a respeito dos aspectos masculinos, interpreto que ele espera um dia poder funcionar como homem, assim como o papai funciona.

Ele não traz o celofane na sessão seguinte. Faz a última coisa do terceiro desenho, que é uma parede quebrada com coveiro e fantasma em laranja (para desaparecer). Termina esta atividade e começa uma dramatização, que já havia ensaiado algumas vezes, usando a cadeira e um boneco do qual tirara a roupa logo no início do tratamento e que faz voar...

Figura 11 19/09/1973, desenho 1.

Figura 12 19/09/1973, desenho 2.

Figura 13 19/09/1973, desenho 3.

Sessão de 26/09/1973

Está muito perplexo e um tanto perdido ao entrar. Pega a máscara de monstro que fez no fim da sessão anterior e a coloca num boneco pai. Depois pega o boneco mãe e o boneco filho e os coloca nos olhos da máscara (não digo nada). Em seguida vai para a lousa, contorna os olhos da máscara e diz que são vesgos. Do lado faz a cabeça de um boneco mandando raios e diz que isto deixou os olhos vesgos (não digo nada). Apaga e faz a cara de um monstro que tem a boca maior que a cara (não digo nada). Apaga e faz um desenho que diz que é um Super-Cebolinha e completa: "Está pensando num monstro (igual ao da máscara) e, agora, de pensar no monstro, ele veio (pega a máscara, colocando-a em frente ao Cebolinha) e o assustou".

Penso enquanto isso que o desenhar monstros seria uma projeção. Quando ele os faz, se livra deles internamente e passam a não ser seus. Ele pode então vivê-los e fazê-los agir.

Interpreto que ele não aceita as partes feias, ruins, que tem dentro dele. Precisa deixá-las muito separadas como se não fossem dele. Digo que ele se assusta quando começa a perceber que elas são dele.

Ele apaga e desenha duas caras de monstro iguais às da máscara. Diz: "São gêmeas, só que uma tem muito cabelo, outra só um pouquinho".

Continuo a mesma interpretação: "Tenho a impressão de que você precisa dos desenhos dos monstros para me proteger, você acha perigoso viver 'seus monstros' diretamente comigo".

Ele para, joga a máscara na caixa; parece estar aborrecido. Pega uma caneta e a contorna na lousa, depois faz o mesmo com todas as canetas do estojo. Em seguida desenha na lousa e me diz que é que nem os desenhos do outro dia, que coloca celofane por cima e desaparece uma parte do desenho que está errada.

Penso que Breno está com a ideia mágica de fazer desaparecer as incoerências. Em seguida penso que ele comunica que aconteceu algo errado que quer corrigir, verbalizo isso para ele.

Ele, perplexo, pensa em algo para fazer e parece visivelmente angustiado por não encontrar.

Comento sobre a necessidade que Breno tem de fazer coisa atrás de coisa para que não se dê conta de que está aqui comigo.

Ele começa a mexer na caixa. Encontra meia cara de bruxa de cera que fez há muito tempo (nos inícios do tratamento) e me mostra.

Comento que isso é uma coisa bem antiga.

Pede-me fósforo para acender a vela e começa a derreter um pedaço de lápis de cera branco (atividade antiga dele).

Penso que talvez ele tenha retomado a mesma atividade porque não foi bem visto este material e começo a pensar que significado tem isso tudo. Não é uma atividade destrutiva, pois a cera do lápis derrete e muda de forma apenas, e depois ele guarda. Enquanto as ceras correm na mesa e formam desenhos, pergunto o que ele imagina que seja.

"Parece um sinal de carta de baralho (e desenha na mesa com o dedo como seria)." Ao apagar a vela, amassa o pavio e diz: "Gozado, matei o pavio, amassei a pavio. Ah!"

Ao pôr a vela diretamente na mesa, ele verbaliza que aquilo estava esquisito. Pergunto por quê.

Ele: "Uma vela, numa mesa tão grande..."

"Dá à sensação de estar meio perdido."

Esperamos secar. Termina a hora e ele sai correndo, não se surpreendendo com o fim, pelo contrário, parecendo aliviado.

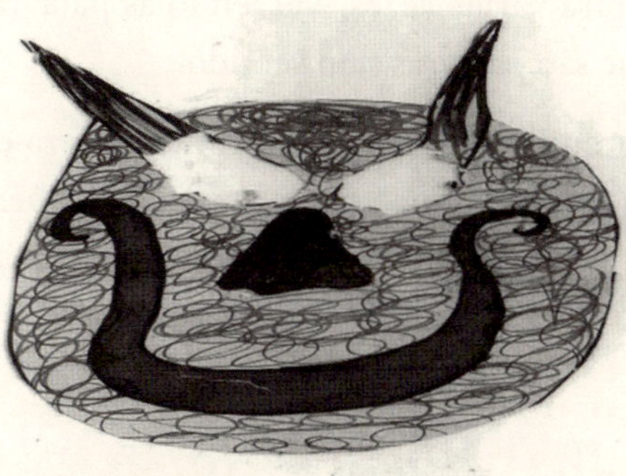

Figura 14 26/09/1973.

Sessão de 08/10/1973

Começa fazendo avião de papel e vai cortando os pedaços e experimentando como voam, até que fica apenas o eixo principal do avião. Coloca-o em cima do meu cigarro dizendo que é um novo cigarro.

Começa a desenhar um avião e se detém em pintá-lo e borrar um pouco. Temos duas atividades nesta sessão: experimentar se sujar e sujar a mesa e o desenho do avião, que me pareceu uma defesa contra um início de manifestação agressiva na conduta (avião picado).

Sessão de 15/10/1973

Eu o atendi alguns minutos atrasada, pois a mãe de outro cliente ficou falando comigo. Quando o chamei, não me ouviu da primeira vez, veio com macacão de corredor de automóvel. Tive a impressão de que estava aborrecido.

Foi fazendo desenho do meio da folha e a outra parte do desenho para cópia dobrando a folha (não localizei o desenho). Não me contou o que fez (desenho de nuvem, mais coração, mais fogo, mais avião).

Depois começa a desenhar letras e lhe pergunto o que fez. "Não sei." Mais tarde diz que procura letras que, ao carimbá-las, formem sentido. Suspira várias vezes. Vai lendo as palavras que as letras formam e que são palavras sem sentido.

Digo-lhe que ficou aborrecido com a espera e se sentiu "por fora", e agora está fazendo isso que me deixa também por fora, sem poder compreender o que faz. (Aliás, fizera referência ao meu atraso, perguntando-me a que horas iria soltá-lo.)

No final acabou sujando a mesa com canetas e disse que queria saber com o que se formavam manchas que nem aquelas. E começou a tentar reproduzi-las.

Disse-lhe que isso eu não sabia, mas estava notando que ele estava se sentindo mais à vontade para sujar a mesa e que podia me mostrar seu aborrecimento desta forma.

No fim perguntou-me quanto faltava, questionei se estava apressado, disse que não, que queria limpar a mesa antes de terminar (faltavam três minutos), e o fez.

Sessão de 17/10/1973

Continuou a carimbar letras formando palavras sem sentido e lendo-as para mim. Quando começou com isso, lhe respondi com uma palavra sem sentido. Ele deu risada e começou uma brincadeira de conversa de marcianos. Queria que eu lesse, e o fiz, inicialmente o espelho das palavras já escritas. Depois separou o meio da folha e passou a escrever, a fazer palavras diferentes, para mim e para ele, para que pudéssemos continuar a conversa.

Soltou-se tremendamente e riu muito com a esquisita conversa incompreensível.

Quase no fim pediu que o ajudasse a escrever o texto dele até preencher a folha, enquanto ele preenchia o meu. Inicialmente, para mim, o sentido do jogo foi o de quebrar a resistência frente à conduta dele de fazer coisas incompreensíveis. Depois pensei que nós dois podíamos não entender coisa alguma e ainda assim continuarmos juntos. Penso que ele tomou consciência disso.

Na sessão seguinte, continuou com o mesmo jogo.

Sessão de 22/10/1973

Continuou o jogo de falar como marciano. Mostrei-lhe que ele quer se comunicar comigo e está tentando encontrar uma forma. Também me quer participante de seu jogo.

Sessão de 29/10/1973

Fiquei com a impressão de que a necessidade de aceitação supera em 100% a necessidade de exteriorizar agressividade.

Sessão de 12/11/1973

Faz o desenho de um animal com um pedaço de cada animal. Parece um cruzamento curioso. É um bicho-monstro. Depois passa a cruzar palavras, por exemplo: SOL/ESTRELAS.

Digo-lhe que está preocupado em saber quem é ele e de onde vem. Ele sorri.

Depois passo a me referir à via de comunicação dele e ele boceja. Mostro-lhe que se aborrece com o que lhe digo.

Continuo falando e Breno diz que, se eu continuar, ele vai acabar dormindo. Mostro-lhe que ele deu um jeito engraçado de me mandar calar a boca, pois o aborreço com isso.

Sessão de 14/11/1973

Coloquei uma caixa nova para trocar pela dele, já que a sua quebrou (havia avisado na sessão anterior).

Começa a fazer a mudança das caixas. Aviso que, como na quinta-feira é feriado, não vai ter sessão. Ele responde que não vinha mesmo porque vai viajar. Digo-lhe que se incomoda cada vez que lhe aviso isso, pois prontamente me responde que não tem importância, que não viria mesmo.

Não responde nada e continua a fazer a mudança. Revê os desenhos fazendo alguns comentários. Joga fora o desenho do detetive e do laboratório do dr. Lelé, dizendo que já está velho. Desfaz-se também da máscara, do avião-pinguim, do homem anatômico composto aos pedaços e do desenho da ventania que despedaça casa e prédio (a ventania é provocada por um homem); de toda a cera derretida de velas e lápis de cera; do calção de um dos bonecos dizendo que não vai dar mais para pôr, então ele vai ficar pelado; e das folhas de jornal dizendo que só usa as brancas da pasta que lhe dei para guardar os desenhos, achando que com o prendedor de papéis fica melhor.

Quando termina a mudança, fecha a caixa velha e me pergunta onde põe. Eu a coloco em cima da escrivaninha e comento que, com a limpeza que fez, encheu o cesto de lixo da sala. Quando pega a nova caixa, já cheia, e a apoia no banco, diz que fez um barulhinho e ele pensou que fosse a caixa quebrada (achou que na mudança havia se enganado). Começa a fazer um avião de papel bem complicado, duvidando que vá voar. (De fato não voa.)

Depois quer fazer um avião complicadíssimo e está duvidando que consiga. Aposta com ele mesmo que, se conseguir, ganha dez cruzeiros. Começa a conseguir e já se paga no "como se" os dez cruzeiros. Quando termina, aposta 100 cruzeiros se vai voar. Como não voa, diz que perdeu cem cruzeiros, mas ficou contente porque não gastou cem cruzeiros (Competição Inter Breno).

Dos restos dos recortes denteados, aproximando-os, faz uma boca com dentes que morde. Continua a dramatizar isso, faz uma escova de dente em papel para escová-los e diz que em cada escovada a escova vai gastando até que na sexta escovada acaba (e ele vai aparando a escova com a tesoura).

Depois, como se fosse um anúncio, aconselha a comprar outros dentes, de borracha, mais moles, só que não servem para comer coisas duras.

Depois, com o retalho do outro recorte do avião que se encaixa em duas metades, faz a cara de um homem. Começa a dizer que não adianta levantar o nariz porque tem outro embaixo, não adianta (e faz) levantar a boca, não adianta virar de costas porque tem outro do outro lado. E assim faz uma cara que não pode sumir ou se esconder de qualquer jeito que é colocada.

Quase no fim lhe digo se não prefere pôr nome na caixa, e ele escreve: Breno.

Sessão de 19/11/1973

Faz uma gaivota complicada (lhe digo isso), levando muito tempo, pela necessidade de se mostrar formidável. Erra algumas vezes e não acerta fazer os pés, pois não seguiram a gaivota em pé, e desiste, cortando-os.

Antes tinha experimentado fazê-la voar na minha direção e lhe perguntei se a gaivota era para mim. Ele sorri e responde que não está pronta ainda, faltam os pés. A gaivota é colada, ele comenta que pôs muita cola.

Os pedacinhos de papel que sobram, dobra e cola e diz que é dinamite. Puxa o pino e a joga na minha direção.

Eu: "Você quer me estourar?".

Logo após ele se levanta e faz na lousa dois prédios saindo fumaça, nuvens de fumaça (molha o giz para dar a impressão de ser escura).

Digo-lhe que, fazendo isso, ele procura que seu desenho dure mais tempo na lousa pra que me lembre dele após ele sair (interpretação rotineira).

Digo que está na hora. Ele se surpreende e pede para terminar o que ia fazer. Era a gaivota soltando dinamite destruindo os prédios da lousa, e ele vai apagando. Depois começa a guardar tudo no estojo das canetas (tesoura, cola, lápis e borracha), vê que não cabe e desiste. Digo-lhe que ele gostaria de outro estojo. Ele responde que tem a caixa (de papelão).

Digo-lhe que ele não gosta desta caixa, mas ainda não pode me dizer isso. Responde ao meu cumprimento na saída (coisa rara).

Comentário: revendo o caso de Breno até o presente, eu não conseguia aceitá-lo com seus desenhos e, quando começo a me sentir perdida, a não entender o que ele expressa, reclamo dele (ver sessão de 12/11/1973, por exemplo), apontando sua dificuldade em ser claro, em verbalizar e manifestar o que sente, responsabilizando-o pelas suas inibições que prejudicam o meu bom desempenho como terapeuta.

Sessão de 22/11/1973

Ao entrar encontra os bancos virados e estranhos. "Ué, por que eles estão assim?"

Faço cara de nada. Ele os vira na posição habitual. Senta-se, abre a caixa. Ao puxar o bloco de folhas, novamente se surpreende porque uma parte delas não está presa no prendedor. Diz que as tinha deixado todas presas.

Digo que novamente está surpreso e pergunto o que ele acha que aconteceu com elas. Ele não responde. Puxa uma folha e, com cara fechada, começa a fazer pequenos desenhos que não me conta o que são. Depois pega a gaivota da sessão anterior e começa a fazer uma hélice.

Dá sinais de estar com raiva; desentope o vidro de cola com a tesoura jogando os restos de cola para trás, pica papel e displicentemente joga no chão. Bufa de vez em quando!

Digo que ele dá sinais de estar bravo, e que acha que eu não vou aceitar a raiva dele e vou ficar brava com ele. E que por isso ele ficou com uma ideia desde o início de que alguém mexeu na sua caixa, assim como havia mexido nos bancos.

Após um momento em silêncio, mexendo na gaivota, faz o seguinte: pega um lápis que estava no estojo em cima da mesa, olha a ponta que está meio azul (porque ele sujou anteriormente) e meio vermelha e diz: "Ué, olha! Pensei que fosse de duas cores." (Sorri.)

Achei neste momento que ele dramatizou a resposta à intervenção, dizendo-me que ele estaria enganado.

Sessão de 25/11/1973

Inicialmente com fisionomia "fechada". Continua pintando as asas da gaivota e a experimenta depois dizendo estar "mole". Começa a sujar-se e a sujar a mesa com tinta de caneta (não propositalmente, mas depois não se incomoda com isso). Faz uma chave amarela, diz que não serve e pinta por cima com outra cor; não cobre e faz outra por cima em outra cor; não cobre e assim por diante até furar o papel. Suja a mão com tinta e limpa com uma folha, e nesta faz uma mosca, e depois uma formiga estranha, carregando uma folha. Explica-me esse desenho e as "manchinhas" anteriores.

Pergunto-lhe se pertencem à mosca e à formiga, ele sorri. Faz em seguida uma lagartixa gigante que no fim parece uma cobra. Quando lhe digo isso, ele fala que é uma centopeia. Começa a fazer os pezinhos, cinco de cada cor. A certa altura para cansado e escreve etc.

Começa a falar com uma caneta que não quer parar em cima da mesa: "Cuidado, vai cair no abismo". E para uma segunda caneta: "Fica aí, boba, você não precisa cair junto no abismo".

Faz daí um avião com uma folha meio suja, acho que de um desenho da sessão anterior que ele não me explicou porque estava bravo.

Primeiro coloca a ponta do avião para dentro, depois para fora, depois novamente para dentro dizendo que assim voa melhor. Faz o avião bater no lustre dizendo que vai dinamitar. Depois o dirige a mesa, cadeira etc., com a intenção de "atacar". Diz que tem um jeito, que o colega dele ensinou que nunca bate o avião no alvo que quer e chegando perto, desvia. Experimenta fazer isso. No fim da hora se surpreende: "Já?".

Guarda as coisas e deixa a mesa suja. Ao sair olha para a mesa e diz: "Povo civilizado é povo limpo" (como crítica a ele). Antes, ao guardar o avião, fala que na próxima sessão fará mais. Digo-lhe que ele escolhe aqui fazer como quiser.

Nas sessões seguintes, até chegar a interrupção para as férias de verão, constrói e faz voar aviões pela sala e desenha um menino numa prancha de surfe, alusão às férias. Também uma torneira pingando, alusão à interrupção, com a separação, de um processo ainda em curso. Volta em fevereiro de 1974.

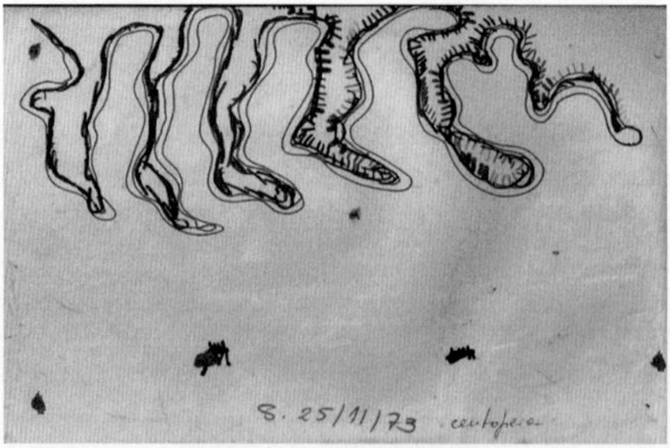

Figura 15 25/11/1973.

Ano de 1974

Está sem anotação das sessões, e guardei dezessete desenhos. É o ano em que, após as férias de janeiro, eu volto grávida. Penso que em abril, o tema da gravidez entra nas sessões de Breno. Vejamos alguns desenhos deste período (dei à luz em 3 de outubro e reiniciei as atividades quinze dias depois).

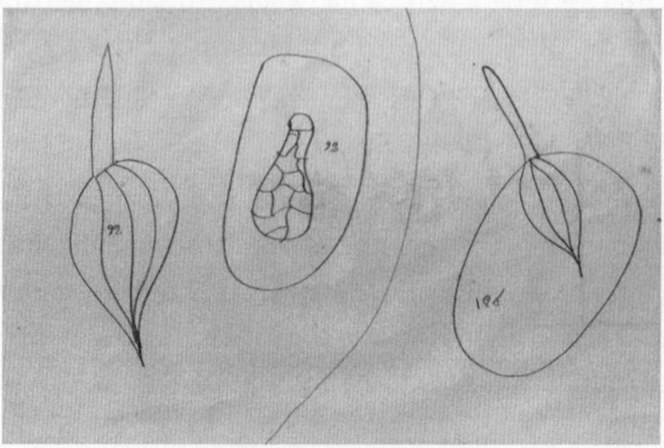

Figura 16 1974, desenho 1.

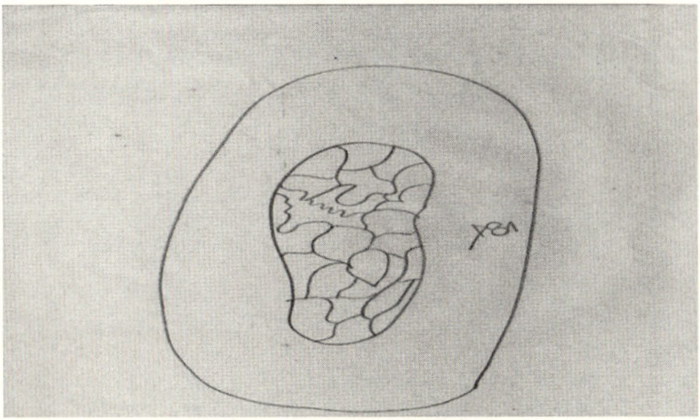

Figura 17 1974, desenho 2.

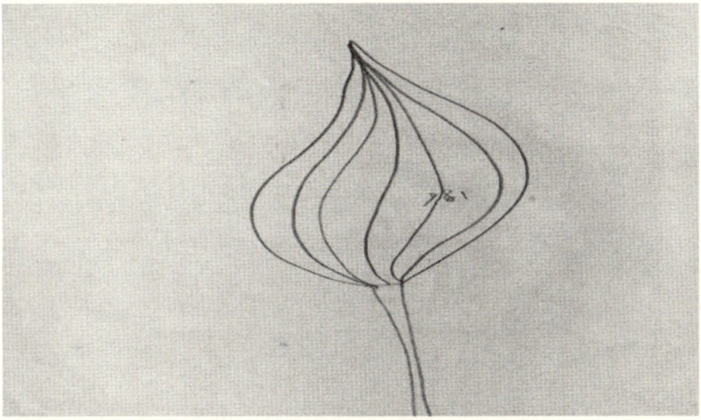

Figura 18 1974, desenho 3.

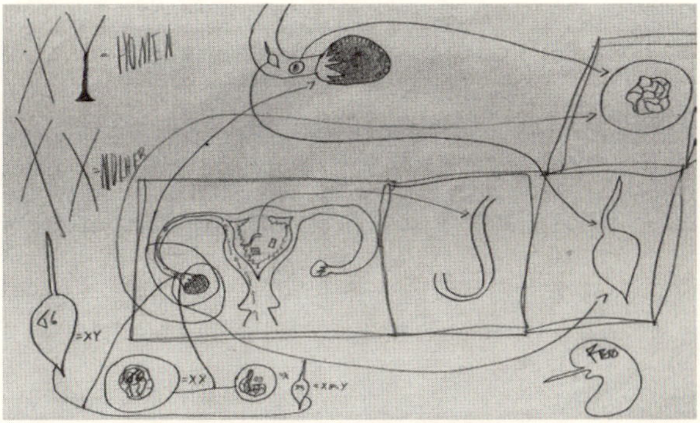

Figura 19 1974, desenho 4.

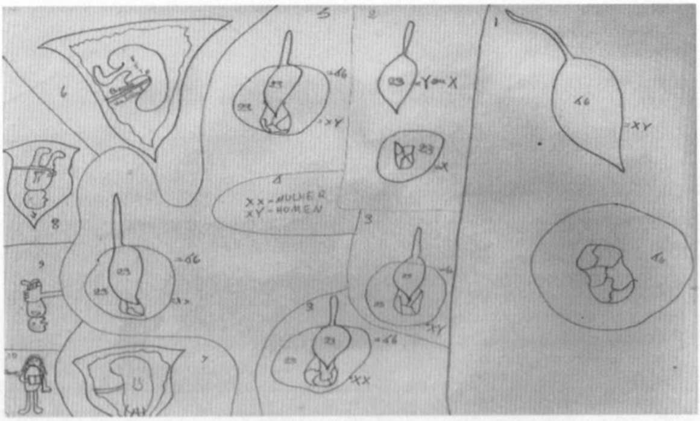

Figura 20 1974, desenho 5.

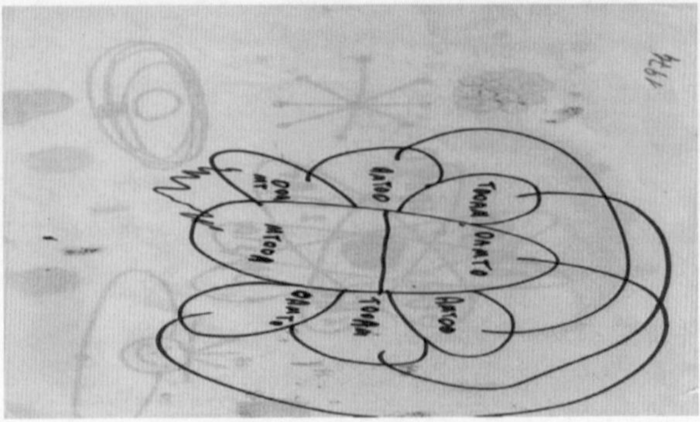

Figura 21 1974, desenho 6.

Figura 22 1974, desenho 7.

Figura 23 1974, desenho 8, início do desenho de fundo do mar que ocupou várias sessões.

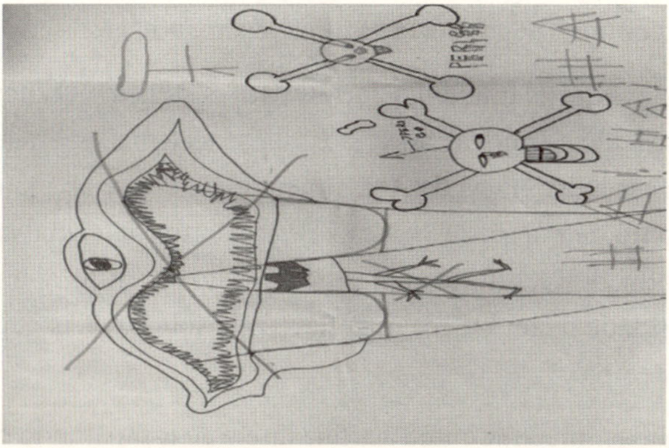

Figura 24 1974, desenho 9.

Ano de 1975

As sessões reiniciaram em 24 de fevereiro, após 66 dias de interrupção de férias por viagem ao exterior. Entrava no terceiro ano de tratamento e eu chamei os pais de Breno para me certificar da disponibilidade para continuar a terapia.

Eles foram solícitos e rapidamente quiseram me colocar a par das grandes melhoras de Breno, dizendo ser "outro menino", principalmente no aspecto da sociabilidade, tanto com crianças da idade dele como com todos, se desligando facilmente dos pais para ir a excursões etc. Breno permitiu a entrevista, demonstrou até certo agrado pelo encontro.

Esta é a questão da analista inexperiente! De que forma aconteceram as "melhoras" contadas pelos pais, já que pouco eu conseguia compreender de suas expressões lúdicas e fantasias?? Mais tarde, em 1980, quando li *O processo psicanalítico*, de D. Meltzer (1967/1971), passei a valorizar o *setting* criado pelo analista de crianças por ser um instrumento modulador de ansiedades, pela escuta e pela aceitação das identificações projetivas, não respondendo a elas como numa relação comum (julgando, criticando, ensinando etc.).

A partir daí há um longo período de resistências. O silêncio foi sendo vencido e fomos alcançando uma relação mais aberta e afável. Ele começa a dar sinais de "crescimento". Refere-se ao material da caixa como não necessário; a caixa está muito cheia, mal cabendo suas produções; e, timidamente, incentivado por mim, aponta para a necessidade de ter outros materiais. Fala sobre aviões de montar como exemplo.

Breno empreende então a árdua tarefa de ir separando das suas produções (os desenhos) aquelas de que acha que não vai mais precisar (antes disso tinha organizado os desenhos em categorias de mais e de menos, talvez antes das férias).

Nas sessões de 19, 21, 24 e, finalmente, 25 de março, separou também brinquedos dele e disse não precisar mais. Desse modo, sua caixa ficou contendo: um caminhãozinho, uma bola, canetas hidrográficas, lápis de cor preto, borracha, apontador, cola, barbante, durex, tesoura e papel. Nessas sessões é abordado seu crescimento, sua necessidade de se livrar de coisas velhas, sem função, para dar lugar às novas.

Ele começa a verbalizar durante a atividade de desenhar.

Essa nova fase da terapia se apresenta assim: Breno apresenta nítidas "tendências de púbere a adolescente"; mostra preocupação com o crescimento e desejo de que aconteça; mantém contato verbalizando com mais frequência; aparecem interesses na sexualidade, na formação de casais; certo reconhecimento de ser sozinho nesse aspecto e certa pesquisa indireta a respeito de si próprio, como seria ele, seus modos etc.

Sessão de 24/02/1975

Nesta primeira sessão após as férias, reata tentando terminar a última produção, que é um pássaro com boca e língua enormes, com vários tipos de olhos: de sono, de raiva, com mãos amarelas e asas azuis. Só que a segunda asa ele não faz. Diz que não está igual à outra e a inutiliza. Começa a recortar outra, mas abandona o intento. Acaba a tinta da caneta azul. Pede outra.

Não tenho anotações das sessões seguidamente. Há desenhos de fevereiro/março.

Sessão de 10/03/1975

Volta ao desenho "obra prima" de várias folhas (iniciado em 1974 a partir de abril, quando eu aparecia visivelmente grávida), sobre a família de peixes. Diz que vai pintar a baleia que está sendo pescada. Que está muito branca. Põe batom, cílios. Faz vários outros retoques, relembra detalhes do desenho e vai falando. Decide por fim colar mais uma folha para fazer os filhotes da "irmã louca", que são três, de 1 ano, de 3 anos e de 2 anos. Percebe que não tem a boca como a mãe "louca", que tem turbinas e é mais uma máquina.

Vou acompanhando estimulando a comunicação verbal por meio do interesse acerca de seu desenho.

Figura 25 1975, fundo do mar.

Sessão de 12/12/1975

Chegamos ao final de 1975, quando ele manifesta maior segurança em "ser ele mesmo" e diminuíram as ansiedades em relação às separações. Predomina ainda o desenhar como expressão de seus estados emocionais.

Minha impressão é de que Breno está podendo se separar, mais seguro de si e mais tranquilo. Tenho também a impressão de que ele percebe algumas de suas "melhoras".

Os pais solicitam uma entrevista, querem ser informados sobre a evolução do tratamento.

A entrevista decorre num clima agradável, de compreensão, cooperação. Houve um reconhecimento do meu trabalho pelos pais de Breno e eles ficaram aliviados por trocar ideias comigo, praticamente só agora desde o início do tratamento.

A situação atual é a seguinte: os pais veem Breno como estando muito melhor no relacionamento social, afetivo e escolar. Sua produção melhorou e seus interesses também aumentaram. Desinibido, luta pelo que acredita, é sentido pela mãe como muito forte psicologicamente e o pai concorda que ele é a pessoa em maior evidência em casa.

Como área de atrito, citam comportamentos de provocação de Breno (por exemplo: no horário de tomar banho, cortar a unha, assistir à TV etc.). A mãe diz que sempre foi assim e faço-lhe notar que Breno mostra comportamentos mais amadurecidos, mas os pais se mantém mais infantil . Os pais dizem que ele atende quando recebe uma bronca ou um castigo em determinadas situações. Eles acham que não sabem colocar limites adequadamente, principalmente a mãe, e que Breno tem percepção das falhas deles e de seus pontos de provocações (me parece agora ser este um modo de exteriorizar hostilidade, o modelo sadomasoquista). Dizem que Breno gosta de receber limites ou de ser castigado. Em certos momentos parece tranquilizar-se quando os pais tomam essa atitude.

Contam que há dois meses mais ou menos ele está oferecendo certa resistência à análise. Reclama para vir, mas se arruma no horário e acaba vindo. Queixa-se que não gosta de vir; conta para o pai que um colega dele disse para a mãe que não ia mais à psicoterapia e tanto insistiu que a mãe suspendeu o trabalho.

Debato então um pouco a alta e sua programação para junho de 1976, aponto para os cuidados com a idade de Breno, as transformações da adolescência, e lembro que ele ainda não alcança um nível satisfatório de comunicação verbal. Ele se comunica muito mais graficamente que verbalmente e a hostilidade é pouco manifesta na relação.

Os pais me informam sobre aspectos neurológicos: Breno tem um foco "occipital" e toma Primidona e Epelin. Fará um eletroencefalograma na semana seguinte para então começar a diminuir a medicação gradativamente.

Aos 6 anos teve a primeira crise, a mãe não estava em casa. Não conseguia falar nem andar e teve hemiparesia. Os sintomas duraram quase 24 horas e se repetiram por duas vezes. Foi medicado em pronto-socorro. Lembra que não conseguia falar, que a mãe chorava muito, e acreditou que não sairia mais daquela situação. Nos dias seguintes ele falava, mas de repente lhe faltavam as palavras, como se as tivesse esquecido.

Teve de novo mais duas crises com fobia, cegueira e hemianopsia enquanto a mãe não estava em casa. Teve ainda uma na escola e outra na casa de um amigo.

Quando começou a medicação, durante uns dois meses houve um incremento da exteriorização agressiva: jogou um garfo na testa do pai, que começou a sangrar. Batia na empregada e destruiu vários objetos da casa.

A mãe diz que, após ter iniciado a medicação (o pai concorda), ele mudou muito, deixou de ser o menino submisso e apático que era. A mãe informa que quando Breno estava no pré-primário, a professora os chamou para saber o que ocorrera, já que baixara muito a produção e a criatividade dele.

Apareceu também a preocupação da mãe (sobre a qual ela já estabeleceu alguma crítica) quanto a tendências homossexuais de Breno. A ideia que ela tem é que ele se identifica com ela por ser a mais atuante, a que dá as broncas etc., e conta que às vezes ele a abraça e diz que quer se casar com ela, outras vezes rebola, para gozá-la. O pai capta essa preocupação dela.

Neste momento tento orientar a mãe no sentido de que se comunique com ele de maneira a que se possa delimitar o que são as "suas tranqueiras" (expressão dela) e as de Breno. (A mãe em outros momentos verbalizou a dificuldade que sente e a tensão que lhe traz quando estão juntos.)

O pai fala para a mãe que ela ganhou a noite. Que foi revelado que o filho não é gay e vai ter alta. A mãe me abraça e me beija na saída.

Ano de 1976

São sessões difíceis, pesadas para mim. Ele pouco fala, e eu também fico em silêncio, pois me parece que o que me ocorre dizer só serve para "criar mais problemas no vínculo". Contudo, aos poucos Breno vem se chegando.

Sessão de 18/02/1976

Breno volta após dois meses de férias. Está difícil o contato, a entrada é sem cumprimento, sem olhar, senta e vai abrindo a caixa, quase desviando o olhar de mim. Revê seus desenhos, recomeça a desenhar. Em silêncio, parece cumprir uma formalidade, mas tenho dúvida se está muito hostil e não pode exteriorizar, ou se sente-se incapaz de entender o que se passa com ele.

Começa a fazer bolinhas numa folha de papel, preenchendo-a toda. Leva duas sessões fazendo isso. Explica-me que começou fazendo uma flor (e mostra o meio da página) que depois foi indo, foi indo e ficou assim (esta é a única verbalização da sessão).

Sessão de 09/03/1976

É um exemplo de contato difícil.

Começa desenhando a lente de aumento iniciada na sessão anterior. Parece-me entretido com a própria execução, que obedece a uma ideia de preencher cada pedaço-imagem da lente com uma representação diferente. Quando termina diz: "Nesta lente não aparece o preto".

Digo algo na linha de que não pode aparecer tudo como é, mas algo tem que ficar sem aparecer. (Penso: preto = ódio, tristeza, perda.) Continuo dizendo como ele tem ficado "sem aparecer" porque talvez se sinta "preto", que entra e sai do mesmo modo, não diz quase nada, parecendo que cumpre uma formalidade de vir à sessão.

Ele inicia um desenho: riscos coloridos e, quando pergunto, diz é uma TV colorida quebrada. Digo que precisa focalizar para que apareça a imagem, mexer nos botões, está fora do ar, talvez como ele se sente aqui.

A seguir desenha laços e nós, em vários tamanhos, e escreve NÓS. Pergunto o que fez, e ele responde: "somos NÓS".

Digo que porque ele não quer falar, despreza as palavras, me diz coisas desenhando. Que é como se tivesse criado um pacto entre nós segundo o qual eu fico com todas as palavras e ele fica mudo, precisando de desenhos para dialogar comigo.

Enquanto eu falo, ele vai desenhando no S (dos NÓS) como se fosse uma luz em amarelo. Em seguida (e sem me dizer nada) desenha uma lâmpada. Diz que funciona a gás carbônico e não está ligada em nada.

Digo-lhe sorrindo que é assim que ele se vê, como ele funciona. Ele sorri.

Figura 26 09/03/1976, desenho 1.

Figura 27 09/03/1976, desenho 2.

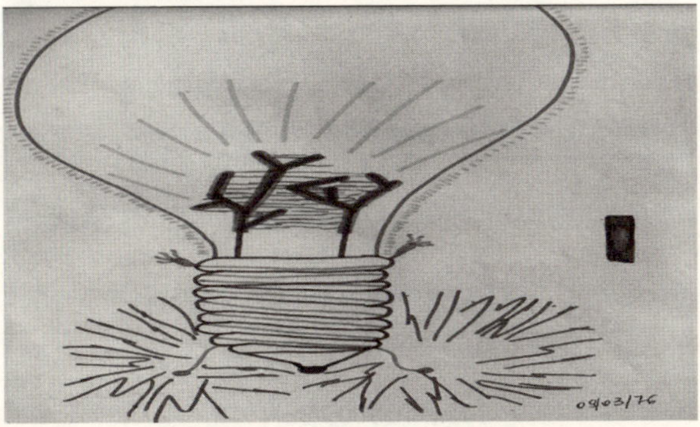

Figura 28 09/03/1976, desenho 3.

Sessão de 05/05/1976

Vem desenhando um monstro a algumas sessões e hoje continua o desenho dos pingos do chuveiro. Ao acabar, parece haver um jato fininho que sai por outra parte, no cano (a água alcança "o rabo" e duas partes do corpo do monstro). Faz um vidro pela metade.

Quando pergunto, diz que é pasta de dente e tentou fazer a mesma cor da pasta que estava passada na escova de dente já representada.

Acho que nesta altura já havia falado, ou falei neste momento, da entrevista com os pais sobre a possível alta dele – como lembrete – e que ele poderá participar se quiser.

Ele faz então a torneira (metade de uma torneira) com poucas gotas saindo. Pergunto se está entupida. Diz que não, está mal fechada, fica pingando. Depois faz um pente com dentes enormes iguais aos da boca do monstro e, quando aponto para a semelhança, diz que pode ser uma dentadura.

Parece-me que tudo ele faz incompleto hoje, que é isso é seu recado em relação à entrevista.

Figura 29 05/05/1976.

Sessão de 10/05/1976

Na entrada usa o banheiro. Faz o possível para não me encarar. Pega o desenho do monstro (três folhas). Vejo aí o mosquito que pica, que representou na última sessão, antes de conversar com os pais sobre sua alta ser adiada. (Da conversa com os pais, eles ficaram de pensar e sugeri que conversassem também com Breno a respeito.)

Pega outra folha. Começa a fazer algo que abandona. E mais embaixo faz outro desenho. Diz que é filho do monstro, e o outro saiu errado.

Digo-lhe que algo aconteceu com ele que fez com que o monstro ficasse pequeno.

Termina e daí pega caneta preta. Faz duas cascas de ovo; em uma treina fazer o lugar para o monstrinho e na outra fica sendo mesmo . Aí recorta o monstrinho e o põe em cima do "monstrão".

Ocorre-me que nesta folha que está desenhando ficaram as coisas erradas ou superadas. Pensei em aborto, em que ele sentiu que eu faria isso com ele. A fantasia de ser "interrompido" (???). Falo-lhe isso.

Ele faz no canto da folha um sistema que diz vire, e quando vira, diz vire, e quando vira etc. e não para mais. Aí começam os sinais de irritação dele. Fica ponteando perto do ovo abandonado pelo monstrinho que nasceu.

Digo-lhe que me parece que está me mandando duas mensagens opostas: uma que não precisa continuar, outra, que não acabe.

O pai me telefona à noite pare avisar que resolveram terminar no fim do semestre e que conversou com Breno.

Sessão de 24/05/1976

Faz uma bola amarela, no meio, vermelho dividindo-a na metade, e saem dela riscos e água (azul). Está muito triste. Quando pergunto, diz que é um sol artificial.

Quando lhe digo que não sei o que lhe ocorre, mas parece estar triste, quase "se arrastando", ele coloca esse desenho do "sol" junto com o das plantas aquáticas e o dos quatro elementos, feito recentemente.

Quando lhe pergunto, diz que agora não faz mais parte desse desenho (o sol artificial).

Digo que parece haver uma assimetria na árvore (desenho de plantas marrons e roxas), que está mais carregada para a esquerda, que foi cortada à direita; que uma estava continuando, mas houve um corte que me parece representar como sente a possível interrupção de seu tratamento, como uma mutilação.

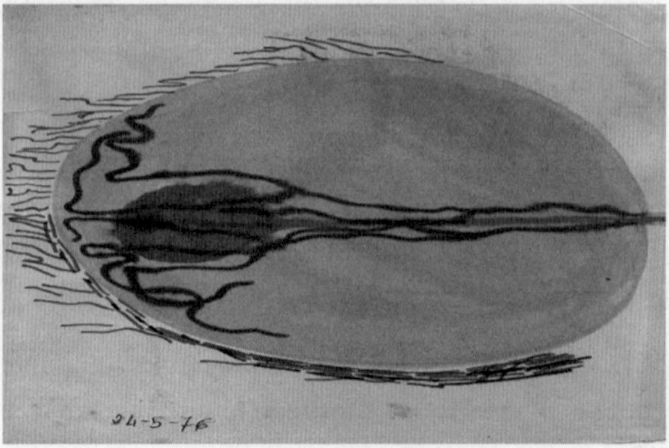

Figura 30 24/05/1976.

Quando pergunto do desenho, me diz que o azul é porque está virando lua e tudo vai ficar lua. Quando termina a sessão, deixa este desenho (o do sol) sobre a mesa dizendo que não o quer.

Sessão de 25/05/1976

Faz outros detalhes no mesmo desenho: gotas verdes e naves com funções de andar, fazer buraco etc. (preto). Uma nave se aproxima do MP (monumento proibido) e os raios (azuis) que saem dele a destroem. Faz inúmeros pontinhos (em cor-de-rosa) e diz que são pedras preciosas.

Penso que ele estaria expressando um sentimento de perda, que mostra uma área não atingida pelo tratamento, que se sente decepado e a cabeça da árvore ele deu para mim.

Não consigo abordar o que pensei.

Sessão de 26/05/1976

Desenha o chão com três valetas, que preenche e diz serem "bolachas", como estrelas do mar. Faz um siri e plantas. Depois um risco que vai preenchendo de marrom e fica parecendo uma figura humana, totem, animal. Os pontos vermelhos queimam; inicialmente faz um parecendo um olho e outro, o buraco do nariz, depois acrescenta outros. Em preto são ouriços.

Digo-lhe que é algo semelhante ao MP do qual não se pode aproximar. Que esta é a ideia que faz a seu respeito, talvez. Que vai embora sem que "se tenha" chegado perto de algumas partes da mente dele, e acha que ele contribui para que eu não me aproxime.

Faz no desenho o peixe-elétrico e depois o polvo. Pergunta-me onde é o olho. Digo-lhe que é embaixo, e ele diz sorrindo que então não precisa colocar. O polvo solta o preto. Passa então para uma folha e faz bocas nas laterais e bocas de tubarão (é como um treino). Daí faz a baleia no desenho anteriormente descrito.

Sessão de 31/05/1976

Pega novamente o desenho da baleia. Enquanto isso pergunto se ele pode transmitir aos pais o horário para a entrevista. Ele me olha interessado. E também gostaria de saber exatamente quando vamos interromper, já que eu tiro férias em metade de julho. Breno diz que na escola vai até dia 02/07, mas que só vai viajar na metade de julho. Então poderemos trabalhar até esta data.

Pega também o desenho-rascunho onde há tubarões no meio, baleias e a boca de um tubarão grande, desenha sangue neste e aí faz a mesma boca-tubarão no desenho da baleia, vazio. Eu estava fazendo alusão à sua preocupação com o "vazio", o "espaço" que ia ficar quando ele fosse embora daqui. Que o medo é que se enchesse de perigos-tubarões, de raiva e destruições, mas que mostrava a possibilidade de que este perigo fosse diminuindo pela proteção de baleias-analista. Ele então coloca sangue, muito sangue, saindo da boca e uma lança no tubarão, e diz: "o tubarão foi morto ".

Desenha então uma figura humana e diz que é um mergulhador que está nadando, e faz muitas bolhas azuis até preencher o espaço até o perfil, o totem. (Pausa.) Faz uma medusa toda colorida e uma lula. Depois uma concha e uma lagosta.

Digo que uma vez abolido o perigo maior, com a destruição do tubarão, o espaço-separação pode se encher de vida. Faz duas manchas amarelas, são peixes miúdos. Imediatamente circunscreve o espaço que contém a concha, o caranguejo e parte do polvo desenhado anteriormente. Preenche tudo com marrom. Observo que ele está fechando algo.

Ele diz: "Fechando".

"É. Parece uma pedra."

"É uma pedra."

"É." (Encerrando o assunto.)

Em cima da pedra faz outra concha, diferente, que se abre em duas partes: uma pérola dentro, uma pérola caiu. Faz a concha, erra, vai treinar na folha-rascunho, volta e a conserta. Vai treinar uma raia e a faz do lado do polvo. Termina a sessão.

Figura 31 Desenho de 1976.

Sessão de 14/07/1976

É a última sessão antes da interrupção da análise. Durante mais ou menos dez minutos não me olha e pega suas molas (com elas gastou todo o papel que tinha na caixa). Disse nas outras sessões que são molas para apoiar um desenho no outro. Este é apenas uma folha pintada de preto, que disse ser o computador da cidade (folha de baixo onde vai apoiá-la).

Os três desenhos que fez são: linhas, riscadas com a régua que me pediu, e pontos coloridos ladeando-as. Dá a ideia de certa direção, linhas de organização, e acabam por falta de papel, dando a noção de que o papel é pequeno para aquela representação.

Inicia por pontos coloridos nas bordas do papel e daí são feitas linhas que se cruzam ou ficam paralelas (com a régua) e outras são fios que unem partes azuis, partes amarelas (não sabe se escolas ou casas), uma cruz vermelha (que é um hospital). Algumas bolas estouraram e no canto da folha um quadrado raso que diz ser o rei da cidade. Então esse desenho representa uma "cidade" sobre a qual "faria" um computador.

Após unir todas as molas numa só (vem fazendo essa operação desordenadamente há alguns dias e ontem tinham ficado três molas, uma bem grande que continha as duas outras; ele brincava muito assim com as mãos e as molas), aperta-a e a deixa em pé segurando-a no dedo, e me diz que assim parece um monte de papel empilhado.

"Sim, mas nós dois sabemos como está organizado, colado, imbricado aí por dentro de você." Ele pega o desenho da cidade e por cima põe a mola. Cola a folha preta na das linhas com bolas, uma de costas para a outra. Como se fossem duas faces. Deixa a face preta por cima, apoiada sobre a mola. Neste momento me dou conta de que Breno trabalha nessa sessão como se fosse exatamente mais uma a continuar com outra. Faltam quinze minutos; ele pensa e pega da caixa os últimos desenhos.

Eu pergunto e ele diz que vai fazer um cenário para... (e aponta a cidade-mola-computador). Digo que aparece mais uma vez a cisão entre o que comunica fazendo e o que não pode dizer e fica mudo. Falo vou lhe deixar meu telefone para ele se comunicar comigo quando quiser. Digo também que vou guardar sua caixa por um tempo caso possa voltar.

Ele então começa a unir os desenhos para fazer o cenário, com alças de papel, e cola um enfileirado ao outro.

Termina a hora, mas não termina o que tinha se proposto a fazer. Dou-lhe o papel, ele o examina, pergunta do outro telefone; explico-lhe que mudarei dentro de três meses. Ele entende, fecha a caixa e se dirige para a porta enquanto eu a abro e lhe digo tchau. Nunca mais voltamos a nos ver.

2. Relato da análise de Alex, 8 anos

Alex, 8 anos, é o quarto filho de uma prole de seis. Os pais informam "é uma criaturinha totalmente desligada, conversa com os brinquedos, brinca sozinho porque prefere ficar só, parece estar em outro mundo".

Na escola vai mal, não faz as lições, quando brigam com ele não responde ou então dá risada, debocha dos pais. A mãe bate para que ele faça as lições. Faz as contas bem, mas tem dificuldade nos problemas, em português vai mais ou menos, mas é relaxado. Não tem medo de ninguém e debocha dos pais se apanha, mas não chora. Também não guarda rancor. Segundo a mãe, "De todos os irmãos é o que tem o melhor relacionamento".

Aos 40 dias de idade teve um quadro estranho, parecendo convulsão. Aos 2 anos e meio teve convulsão tipo psicomotora, gritou, mastigou, repuxou de um lado. Toma Gardenal até hoje. Eletroencefalograma foi sempre negativo. Gestação normal, a termo, pesou 4 kg, chorou logo ao nascer. Amamentado até 40 dias, quando foi internado por causa do episódio convulsivo, por dois dias. A mãe achava que ele ia morrer.

Desenvolvimento neuropsicomotor: sentou-se aos 6 meses, andou aos 12 meses, falou aos 18 meses.

Gosta muito de futebol. Os pais acham que ele já se masturba. É pornográfico, fala que se imagina estar "fodendo com as colegas da escola, com as meninas". Muito voltado para o sexo. Os irmãos o chamam de tarado.

O que o atrapalha é a disciplina. A mãe fica muito desesperada com os filhos. Fala: "vou me matar, vou embora de casa, vou pôr todo mundo em colégio interno". A mãe não conseguiu aceitar a individualidade dos filhos e não suporta os filhos. Sonha que os filhos estão morrendo. "Não sei como existem pessoas que podem viver com filhos grandes." A mãe sempre fala: "Por que eu tive filhos?".

Nenhum dos filhos quer casar nem ter filhos. Não gostam do ambiente de casa. Todos acham que a mãe é chata e louca.

Para o irmão de 5 anos o pai é mãe e pai para ele. Fala: "pai, vamos casar comigo", "vamos dormir comigo". O pai não consegue diálogo com a filha.

Pais casados há catorze anos após namoro e noivado de um ano. Casamento antecipado em função da gravidez da mãe. O casal se sentiu culpado pelo relacionamento sexual e foi assumir a gravidez perante as próprias famílias. A gravidez foi absolutamente rejeitada pela mãe, que até hoje preferiria ter abortado. O pai não admitiu isso por suas convicções religiosas e parece que existia a fantasia de que a gravidez justificaria as relações sexuais. Mãe cursava último ano de Medicina e o nenê ficou aos cuidados da avó materna. Mãe tinha ciúmes da ligação da avó com seu filho.

Durante a observação familiar, em novembro de 1975, Alex mostrou-se arredio ao contato comigo, só me aceitou no final. Muito agressivo, os outros irmãos provocam-no, dizem que é o bobo da família. A mãe acha-o inconveniente, bobo e chato.

Essa observação mostrou-me como as crianças lutam por uma individualidade. Mãe entra em contato com os filhos por meio de tarefas. Mãe disputa com os filhos a atenção do marido e chora quando este não toma seu partido. Pai tem contato superficial com os filhos, mas sustenta o mito de que tem paciência e é amoroso. Frisa que os filhos gostam dele e não da mãe. Nega os problemas nos filhos (homens). Só aceita os problemas da filha e da mulher, mas os considera constitucionais, portanto, nada mudará.

Aparentemente o relacionamento do casal é bom, porém existe muita agressividade não manifesta. A mãe considera que ele a obrigou a ter os sete filhos que não queria. Talvez o pai controlasse a mãe por meio do "ter filhos".

Os pais tinham sido orientados pelo psiquiatra para que o paciente tivesse recuperação pedagógica e fizesse análise.

Sessão de 20/11/1975

É o meu primeiro contato com Alex. Vou chamá-lo e a mãe me avisa que está no banheiro, "mas não está fazendo nada", ela diz enquanto abre a porta. Fala-lhe para lavar as mãos.

Ao entrar ele diz que "aqui tem brinquedos bacanas" (os que estão sobre a mesa). Olha insistentemente para uma tomada do lado da mesa de jogos. Está preocupado com o que fazer ao estar aqui. Pergunta se pode desenhar. Respondo que pode brincar como quiser.

Enquanto faz o primeiro desenho, vai lançando olhares aos brinquedos, à tomada quebrada e a mim. Quando acaba me entrega o desenho e explica que fez o avião, o barco e as pessoas (copiando os brinquedos da mesa). Diz que o avião vai atacar e os barcos estão indo para a Suíça atracar. Pede-me licença para colorir o desenho.

Passa a fazer o segundo desenho, agora tem o porto. Continua a se preocupar com seu comportamento e com o meu, pois me olha com frequência enquanto desenha.

Eu penso que vou tomá-lo em análise e o aviso que só precisa combinar com os pais. Ele aceita vir. Agora faz o terceiro desenho: é o presidente dos EUA voltando de viagem. Termina a hora.

Após o contato com o menino, o pai deixou agendado o início da análise, mas, na véspera, me procurou para avisar que no momento não poderia se comprometer com a análise do filho e deixaria isso para mais tarde. (Fez alusão aos outros tratamentos a que o menino teria que se submeter.)

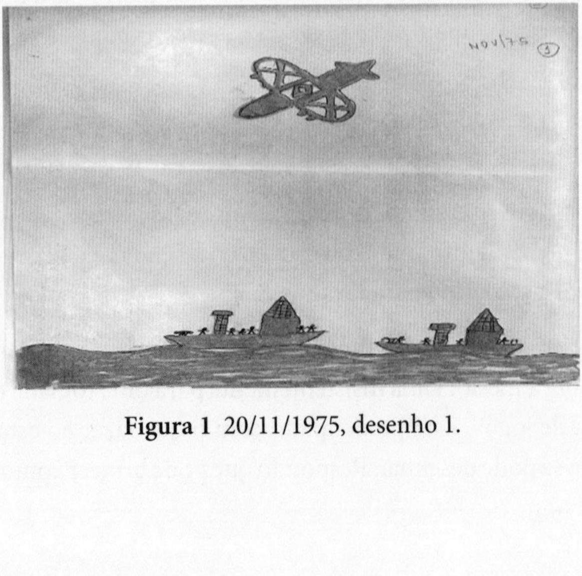

Figura 1 20/11/1975, desenho 1.

Figura 2 20/11/1975, desenho 2.

Figura 3 20/11/1975, desenho 3.

Ano de 1976

Em outubro de 1976, os pais me telefonam e, após entrevista com ele e os pais, combinamos iniciar com três horários semanais.

Nota: Nesta ocasião a analista estava grávida de 5 meses de seu terceiro filho.

Sessão de 21/10/1976

A mãe o traz para a primeira sessão. Entra, pergunta onde se sentar e ainda em pé, enquanto olha para os brinquedos sobre a mesa, o que deve fazer. Senta-se e pede diretrizes durante uns cinco minutos com certa insistência: "É para desenhar? Ei! Tia? O que devo fazer?".

"Você quer saber o que deve fazer para poder continuar vindo, para que não aconteça como da outra vez que você veio e teve que esperar um ano para voltar."

Ele levanta a cabeça e olha para mim, surpreso.

Começa a desenhar: *primeiro, aviões e várias pessoas e um sozinho. Aviões decolando e pilotos se jogando com paraquedas.* Segundo, árvore de Natal, um abajur aceso e vários embrulhos de presente. Terceiro, começa fazendo algo que parece um vidro.

A hora termina, falo que os brinquedos são para ele e a caixa também, e pode guardá-los para continuar a tê-los nas próximas sessões.

Ele guarda tudo com muito cuidado (como se estivesse lidando com ovos, ou copos cheios de água).

Intervenho dizendo-lhe que está se sentindo assim comigo, como quem ganhou um presente, e está com cuidado para não o estragar.

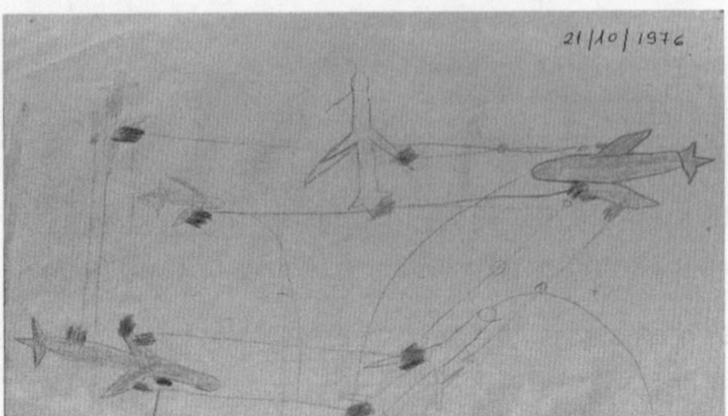

Figura 4 21/10/1976, desenho 1.

Figura 5 21/10/1976, desenho 2.

Sessão de 22/10/1976

É trazido pelo pai. Está arrumado, penteado, de relógio.

Procura na caixa o desenho que havia iniciado ontem. Completa-o fazendo uma garrafa e faz listras coloridas, um cálice e um vinho com comprimidos.

Faz o quinto desenho. É um sinaleiro. Enquanto desenha me pergunta se o vermelho é em cima. Homens subindo na escada. Postes da Light, um homem segurando uma bandeira do São Paulo.

Faz o sexto desenho. É um gol com goleiro, que segura uma bola que deixa cair, e que outro chuta e marca gol.

Faz o sétimo desenho. Um posto de gasolina, um homem pondo gasolina, outro desceu e está conversando, dentro está a mulher. O menino está sendo levado pelo homem que vai buscar um pirulito para ele (ele explicou tudo isso).

Digo-lhe que ele se esforça para se comportar como um menino de sua idade, e tem receio de não conseguir. Escuta o que lhe digo. Começa a desenhar um barco.

Aviso que está na hora do término da sessão. Pergunta se virá amanhã (é sábado, seria um provável horário para a quarta sessão). Diz que está achando bom vir. Guarda tudo e na saída, antes de abrir a porta, me dá um beijo.

Figura 6 22/10/1976, desenho 1.

Figura 7 22/10/1976, desenho 2.

Figura 8 22/10/1976, desenho 3.

Figura 9 22/10/1976, desenho 4.

Sessão de 27/10/1976

É a primeira sessão da semana, na quarta-feira. Da sala de espera, parece inquieto para entrar, chega a dedilhar a porta.

Ao abri-la vejo que está sozinho (sem acompanhante). Olha-me, me cumprimenta e faz um gesto, que não leva ao final, de querer me beijar. Logo abre a caixa e pega o desenho iniciado na última sessão dele. É um peixe com a boca aberta e dentes aparecendo. Faz uma pessoa, um barquinho e uma boia salva-vidas em volta do corpo. Não dá para entender onde a pessoa estava, mas não está em barco nenhum, parece estar no mar.

Enquanto faz o desenho digo-lhe que me pareceu muito aflito em me reencontrar após tantos dias, pois não sabia se o "monstro" (me referindo ao desenho) tinha me engolido e sumido comigo e com tudo aqui.

Ele me olha surpreso, sorri. Agora coloca no desenho uma pessoa com bola e o barquinho.

Eu: "Quando você chegou, sentiu-se só e em perigo, como pulando de um barco e não alcançando o outro ainda, o nosso barco".

Novamente ele sorri. A impressão que tenho dele é que sente medo de perder o que está tendo no momento.

Termina o horário.

Figura 10 27/10/1976.

Resumo de dezembro de 1976

Encerramos no dia 23 de dezembro.

Jogava futebol de botão, até irradiando o que ia fazendo.

Inicia, depois, uma atividade usando a família de bonecos. Faz cenas domésticas: eles comem, tomam banho, trocam de roupa, vão dormir, levantam, tomam café, uns saem, outros vão lavar roupa etc. Passa a querer mudar a roupa dos bonecos. Usa algumas sessões nesta atividade.

Pede-me outras roupas para costurar, tira a roupa das bonecas numa atitude de curiosidade, de pesquisa. É um momento importante. Parece-me que pode mostrar curiosidade, investigar.

A isso está associado o fato de eu estar grávida. Quer saber a respeito. Ofereço explicações de como nascem as crianças, como se formam e como se concebem. Isso vai acontecendo em duas sessões sucessivas.

Numa sessão (15 de dezembro), relata no final que tem vários times de futebol de botão e o irmão tem 25, e joga com o irmão dois anos mais velho, que em geral ganha dele. "Mas aqui em geral você ganha", lhe digo. Ele sorri.

Termina o horário.

Figura 11 dezembro de 1976.

Sessão de 23/02/1977

Faz um desenho começando pelo primeiro general, depois o segundo general (erra ao escrever) numa fileira, e na outra acima desta: coronel, capitão, tenente, sargento cabo, soldado e recruta, diminuindo os tamanhos. São nove figuras: nove meses de gestação que ele percorre ao contrário.

Figura 12 23/02/1977.

Sessão de 24/02/1977

Faz um novo desenho com a sala do capitão, a sala de controles e escreve: "que robô vai partir da sala do médico". Tem um robô gigante.

Um segundo desenho tem três figuras: uma com controle de ligar e desligar, uma deitada pedindo socorro e outra em pé atrás. Abaixo delas um vulcão, acima delas pedras caindo.

Figura 13 24/02/1977.

Sessão de 25/02/1977

Desenha um carro enguiçado. Dentro, um neném acende a luz dos faróis; embaixo do carro um macaco, pois furou o pneu; mãe e pai estão embaixo do carro.

O cenário é um caminho que dá numa fazenda com casa, piscina, cercas com animais.

Figura 14 25/02/1977.

Sessão de 28/02/1977

Última sessão antes de eu dar à luz. Faz desenhos preenchendo totalmente as duas folhas, uma em azul e outra em vermelho: são clubes com quadras, vestiários.

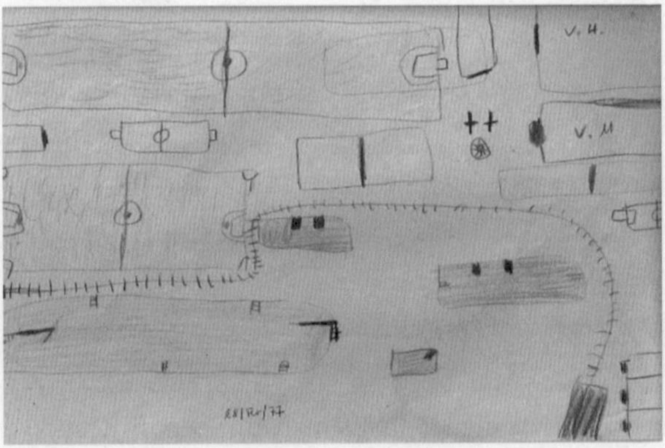

Figura 15 28/02/1977.

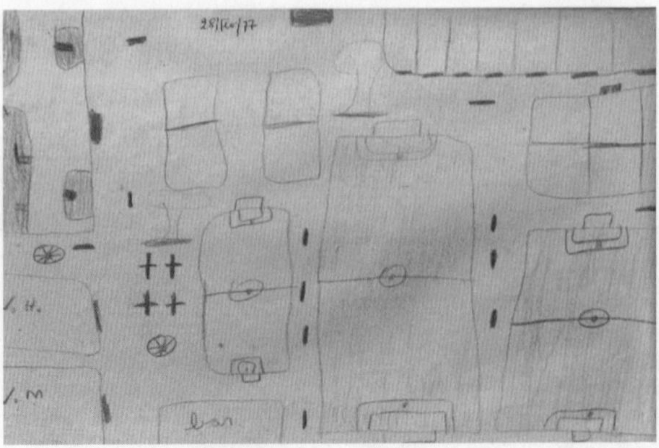

Figura 16 28/02/1977.

Sessão de 23/03/1977

Primeira sessão após a interrupção de três semanas para eu dar à luz.

Chega uns cinco minutos atrasado. Vou chamá-lo. Ele está no banheiro. A mãe se levanta para cumprimentar-me e saber se foi tudo bem, pergunta o sexo da criança.

Alex sai do banheiro e vai entrando. Eu fecho as portas, enquanto ele se acomoda e vai abrindo a caixa. Olha para mim e diz: "Oi, tia, hoje estava brincando com meu irmão maior e ele me empurrou do sofá, bati a cabeça e fez um galo..." (e coloca a mão no lugar).

Penso que quer que eu saiba como se sente "machucado" por ser menor (identificando-se como pequeno bebê?), mas não falo isso.

Não pergunta sobre o parto e o bebê. Começa a desenhar. Faz uma fazenda: primeiro a casa, um caminho onde há casais de cavalos (égua e cavalo) e pasto. Faz um casal de cavalos saindo da cerca. Ligado a esse cercado desenha outro onde há vacas e bois (faz a diferença pela cor marrom e preta). Faz outra cerquinha menor com boi e vaca (só que erra e faz outros animais em marrom). Estão separados lá porque são bravos.

Então desenha algumas pessoas tentando laçar o casal de cavalos que está pulando a cerca. Filho maior, pais, vovô, mãe, filho menor. Faz um córrego (azul) que sai do cercado dos cavalos e vai ao dos bois e vacas e põe no final uma pedra para não sair. Põe uma cerca na lateral da casa e em volta de toda a fazenda. Termina a hora.

Parece-me que o modo de fazer o desenho mostra preocupação em não deixar escapar, tentar confinar, prender o que tenta escapar. E parece que o que vai escapar é novo, e precisa também ser deixado separado do restante.

Figura 17 23/03/1977.

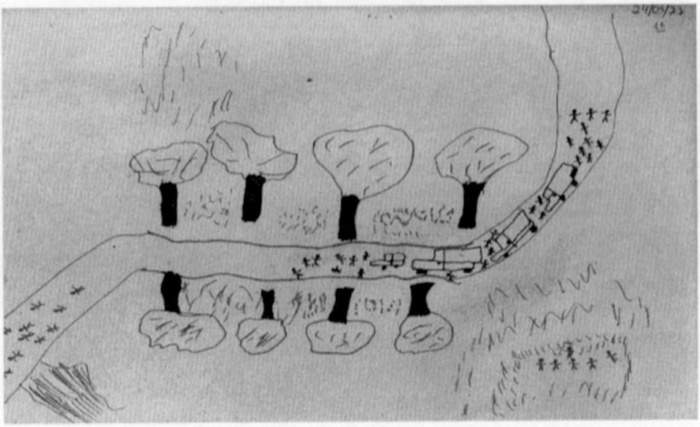

Figura 18 24/03/1977, desenho 1.

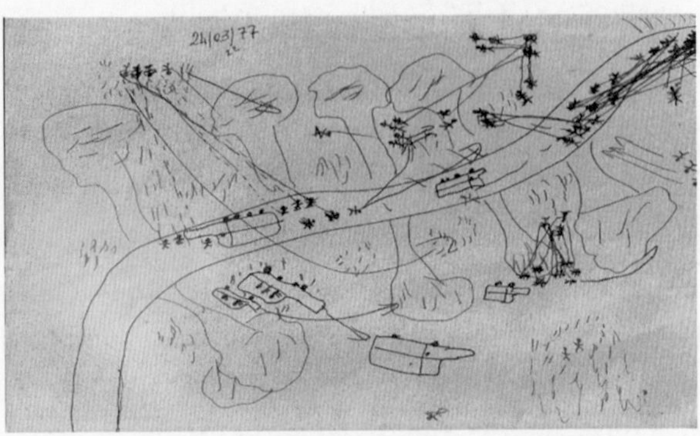

Figura 18 24/03/1977, desenho 2.

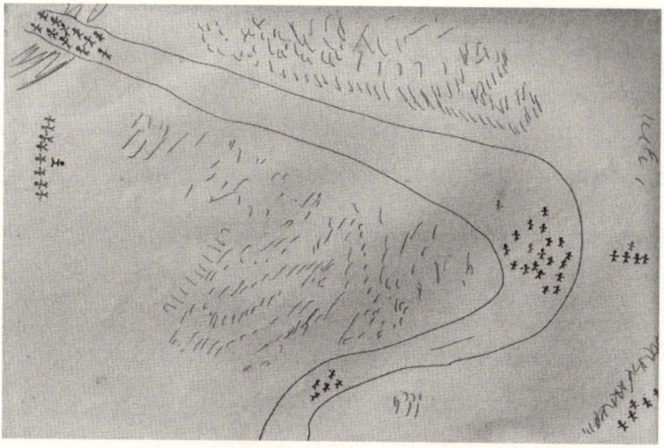

Figura 19 25/03/1977.

Sessão de 06/04/1977

É a primeira sessão da semana. Vai entrando e dizendo que a mãe quer saber se amanhã tem sessão, que talvez ele não possa vir se for à fazenda de um amigo. Digo que vai haver sessão.

Começa então a desenhar.

Faz contorno de montanhas e pessoas espalhadas por estas. Faz aviões jogando e atirando bombas em cima das montanhas. Faz duas bússolas e só entendo o que são ao perguntar-lhe. Parece um tanto envergonhado quando lhe pergunto acerca das bússolas.

Até este momento eu via Alex desenhando guerra, ataques, perigo, sem saber acompanhar o que ia dentro dele. Realmente estava desorientada e talvez ele se sentisse assim também, comigo. Digo-lhe isso.

Imediatamente ele pega outra folha e faz outro desenho. É um lobisomem = cabeça e boca com dentes enormes, e numa mão faz os pelos. Dá muita ênfase à boca. Quando vai colorir me diz que vermelho é sangue, preto é morte, e amarelo não lembro o que diz. Diz que o lobisomem chupa o sangue.

De cabeça para baixo em relação ao lobisomem, faz um homem. Diz que é do tamanho do lobisomem, e com pelos.

Chama-me a atenção enquanto desenha o aspecto transformações.

Explica uma sequência, creio eu, do que ocorre com o lobisomem e vai numerando:

1. Chupa o sangue.
2. Escova o dente.
3. V.
4. I.
5. A.
6. P.
7. A.
8. Homem (aí cometeu ato falho, quis dizer lobisomem e pôs homem no lugar).
9. Dormir.
10. Acordar.

Termina e guarda tudo. Após ele ter saído é que vejo uma caneta no chão, esquecida por ele.

Figura 20 06/04/1977.

Sessão de 13/04/1977

Fala da caneta que "perdeu" e pede para que eu recupere. Diz que quando sabe que lhe tiraram mais coisas, não se permite reclamar. (Eu lhe tinha "tirado" a quarta sessão e não tínhamos ainda conseguido outro horário.)

Enquanto fala ele monta uma cena: dois gols e uma bola (que é um quadrado de madeira e parece um obstáculo). Põe quatro caminhos de cada lado com jogadores.

Quando termina a fala anterior, ele separa um carro (rosa) do campo dele e o leva embaixo da mesa, diz que foi para o conserto.

Sessão de 15/04/1977

Ao abrir a caixa, verificamos que não é dele. Vou trocá-la no armário enquanto me desculpo pelo engano. (No dia anterior eu tinha guardado a caixa em lugar errado.)

Pega uma folha de papel e um boneco para servir como molde, mas rapidamente o substitui por um carrinho. Faz o contorno do carrinho com o lápis preto. Termina o desenho e me mostra: "É um carro que pode virar avião, que na frente tem..." (e lhe falta a palavra; explica que é para furar o chão).

Pergunto se é uma britadeira (mas penso em hélice também).

Ele responde: "É sim, e da traseira saem tiros".

Indago que tanto medo tem este homem.

Ele diz que de nada. "É para chegar mais depressa."

Faz outros dois helicópteros, um de frente para o outro, quase iguais. O restante da folha preenche com um enorme desenho. O interessante é que ele não diz o que é, não está claro se é um avião ou qualquer outra coisa. Há uma certa ambiguidade na representação gráfica e no relatar do que está fazendo.

Ele diz que aquele é o mais forte e que vai atacá-los.

Parece-me que é um seio cheio de sujeira soltando gotas-bombas, mas não chego a nenhuma formulação.

Alex pega outra folha e faz o segundo desenho: a torre do Dr. No (ele solta gases enquanto faz o desenho). Com o lápis vermelho (tinha usado o preto até agora), faz os fantasmas e um enorme monstro-bicho de língua para fora. Da traseira sai um menor, pendurado no grande.

Ele deixa os dois desenhos na mesa, e faz no segundo (o do Dr. No e Monstro) um boneco, com a cabeça rabiscada. Escreve três palavras enquanto fala: V de vitória e N de Nana.

Passa então para uma terceira folha onde faz: (espada) (bota) (bola) esp + - revol + - la + + na = padaboverbovia, diz que está tentando formar uma palavra.

Digo que está tentando me dizer algo muito importante e confuso e tento lhe transmitir o que ele me faz pensar com isso.

Ele faz outra palavra embaixo e pede para eu decifrá-la: En + + + + + da = encruzilhada. (Sente-se assim e necessita que lhe mostre o caminho?)

Com as folhas sobre a mesa e um carrinho, corre fazendo-o andar a esmo e por fim o coloca embaixo do barco para protegê-lo do sol (parece-me protegido na asa do barco, como o monstro com seu filho no desenho).

Aumenta o cenário com todos os carrinhos, tampa da caixa, seus desenhos feitos agora e vários lápis. Tenta caminhos etc.

Ao terminar a hora diz: "Já? Passou tão rápido... Ontem também".

Digo-lhe que necessita de mais tempo. Diz que não sabe. Vai se aproximando da porta e toca os tijolos, examinando-os.

Figura 21 15/04/1977.

Sessão de 22/04/1977

Ao abrir a caixa, estranha e me pergunta: "que cheiro é este, tia?".

Digo que é das pastas, cheiro de tinta.

Pega uma folha e começa a desenhar. É um desenho do monstro do Dr. No. A torre dele, o supercarro, os soldados do Dr. No (que são bandidos), os que vão atacar os superdínamos 1 e 2 (3, 4 e 5 ele diz que não estão no desenho, nem o Super-Homem).

Põe-letras no monstro e diz que errou, que saiu super-cachorro. Apaga passando vermelho por cima e escreve SC.DDZ (super--cachorro do Dr. Zero).

"Agora vem o que vai perfurar e soltar bombas e do carro saem bombas de água."

Comparando com um desenho feito em 15/04/1977, vê-se que o monstro e a torre estão bem menores. Agora este desenho mostra menos perigo. Interessante que usa o lápis preto e o vermelho mais ou menos com a mesma distribuição.

Terminando ele tem o impulso de rever seus desenhos e separa os feitos com lápis e com canetas hidrográficas. Relembra-se de alguns desenhos, de quando os fez.

Eu falo para ele pôr a data no desenho, pois é interessante para o nosso trabalho.

Neste clima, pega outra folha e começa a desenhar. Com o lápis preto vai formando uma linha sinuosa.

O lápis está quase sem ponta. Pergunto-lhe pelo apontador, mas parece que não tem. Vamos ver na caixa e realmente não tem. Digo que lhe trarei na próxima sessão.

Ele escolhe uma caneta e continua o desenho. Fala que às vezes sonha que tem vários brinquedos e quando acorda fica triste em ver que não tem.

Digo-lhe que fica triste quando não pode ser criança.

Fala do General Custer, e que num sonho houve um engano, o recruta ficou de general e o general de recruta e ele tinha uma namorada e, quando se casou, aí morreu: porque ele só chegaria a casar quando fosse general.

Digo que ele pensa nessas coisas de crescer e se casar, mas que isso poderia ser a morte.

Ele continua contando outro sonho no qual estava sendo perseguido por um ladrão que queria roubar a chave da casa e atirou nele. Quando o tiro ia chegando ao peito, ele acordou. E contou ainda outro sonho, no qual tinha descoberto ouro (talvez me contando sobre a impressão que tem de mim, forçando-o a que abra sua mente para vermos o que ele tem e ele sabe que tem muitas coisas, mas faz de conta que não tem e não usa. Tem medo de ser "roubado?").

Toda essa verbalização (conta um filme e mais sonhos) acontece enquanto vai finalizando o desenho e o guarda na caixa. Então se lembra de me avisar que na próxima quarta-feira não poderá vir porque vai ao Paiol Grande com a professora na segunda, terça e quarta e volta na quinta-feira cedo. Pergunta se sua mãe já me avisou. Eu penso e lhe digo que talvez dê para repor a sessão na próxima semana.

Figura 22 22/04/1977.

Sessão de 04/05/1977

Peço que aguarde um instante e trago-lhe o apontador de que precisava. Olha e diz "Ah, por isso, a senhora trouxe o apontador". Mas pega a carta e faz como se fosse uma composição escolar.

Trata-me por senhora, você e tia em três momentos sucessivos. Aponto-lhe a confusão em que sente não saber quem sou para ele, a quem se dirige, e o que estaria fazendo aqui.

Diz que um colega de escola consegue fazer desenho de X melhor, e que ele não.

Digo que quer que eu o ajude, por exemplo, a entender certas coisas para que possa ser mais capaz e conseguir fazer coisas de que gosta.

"É", diz ele, "gostaria de saber fazer elefantes, mas só sei de costas." (Sorri.)

Faz o desenho dos dois elefantes com suas conversas. No final inclui o pequeno, que é irmão do magro. Não sei que conversa é esta. Tento conversar com ele e ele dá risada.

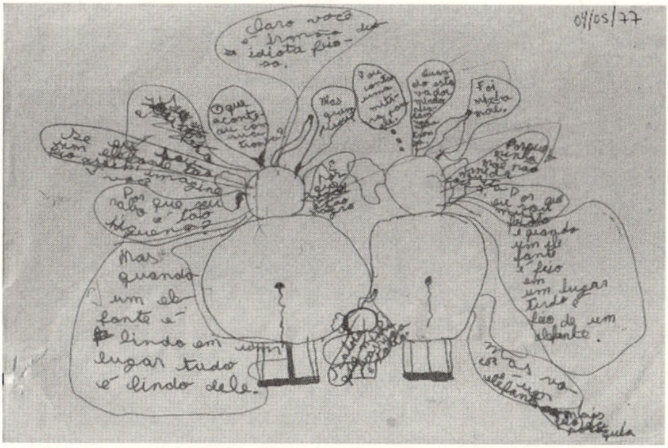

Figura 23 04/05/1977.

Sessão de 05/05/1977

Entra sério e diz: "Boa tarde".

Ignora o desenho dos elefantes que deixou bem em cima da caixa, com as hidrográficas. Pega os lápis de cor e uma folha e faz em silêncio um carro na parte inferior da folha.

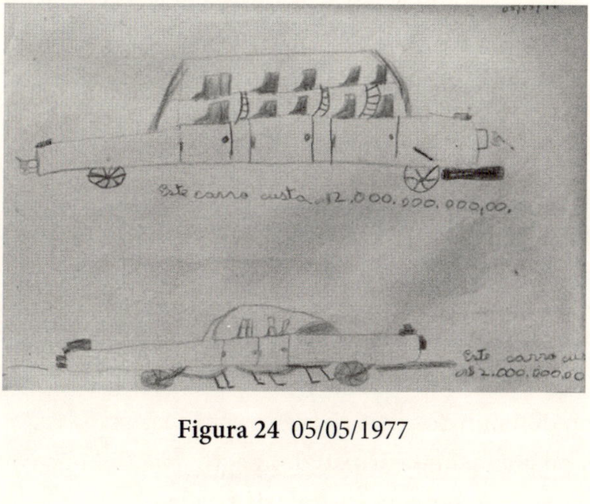

Figura 24 05/05/1977

Material de junho de 1977

Figura 25 Desenho de junho de 1977.

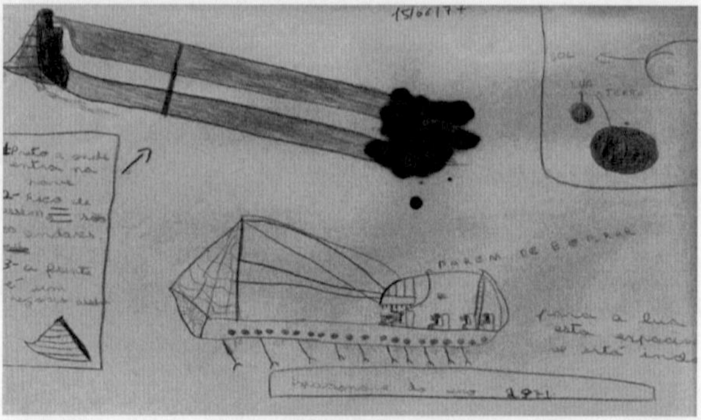

Figura 26 15/06/1977.

Figura 27 17/06/1977.

Figura 28 24, 27 e 29/06/1977.

Material de agosto de 1977

Figura 29 02/08/1977.

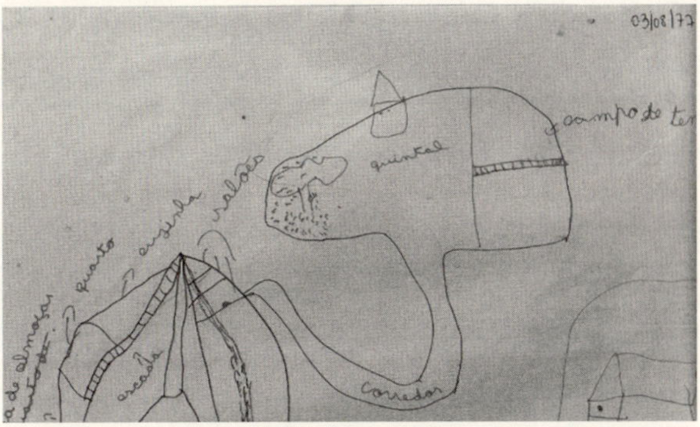

Figura 30 03/08/1977, desenho 1.

03/08/1977, desenho 2

Depois do primeiro desenho representando o interior da casa de Drácula (a penetração repetidamente desenhada por ele), chega a cena de execução: alguém sendo decepado por um homem (alguém sem cabelo). Há dois planos neste desenho, o plano fantasmático e o plano mais real (azul). A cena está ligada à representação de uma figura feminina e um menino na água. Mas, me parece ser a história que ele faz de seu nascimento e de sua união com a mãe, que, por sua vez, está voltada para o Drácula. Os elementos são orais: cabeça no prato, na mesa, para comer, o sangue nas bocas do fantasma e da mãe, bem com os dentes grandes. No verso, um cemitério.

O desenho da sessão anterior a esta (02/08/1977) parece ser a concretização da fantasia mais desenvolvida e expressa em 03/08/1977.

Figura 31 10/08/1977.

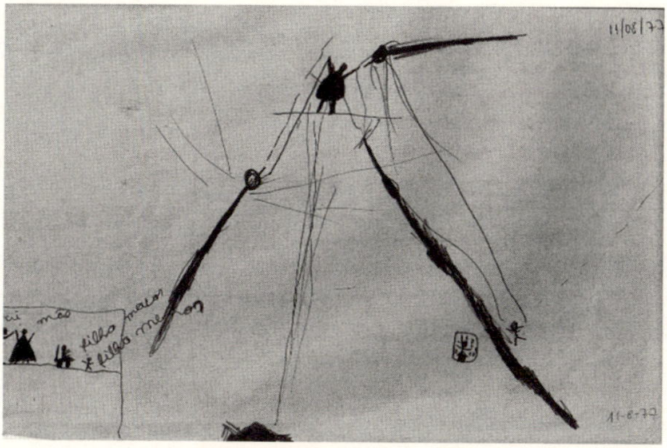

Figura 32 11/08/1977.

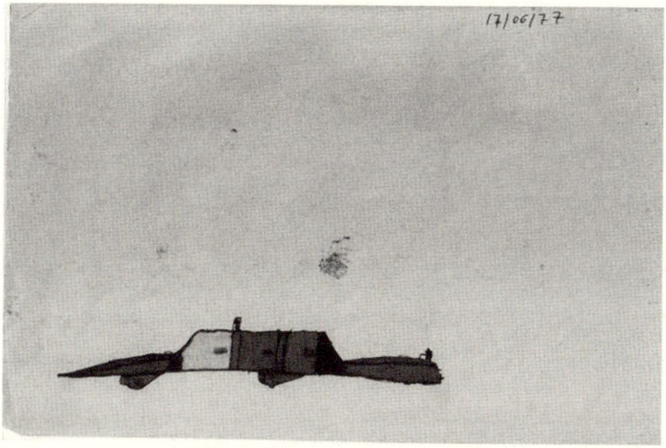

Figura 33 17/08/1977.

Sessão de 14/09/1977

É a primeira sessão da semana. Pega um urso, apoia no papel e o contorna, fazendo dentões. Embaixo faz um bicho com cinco patas.

Então é URSO + TATURANA = TATURURSO.

Usa o verso de um desenho já feito e continua com este jogo de cruzar: CAMA + SAPATO = SACA, PONTE + RIO = PORIO.

Comento com ele que está experimentando cruzar um com o outro para ver no que dá. Que pode estar com vontade de saber ele + eu no que vai resultar (me referindo à angústia decorrente da experiência de estar comigo). Ele não diz nada.

Então faz duas pistas se cruzando e o primeiro carro se chocando com o décimo. Digo que o cruzamento-soma virou cruzamento--choque com trombadas. Que pode ser que esteja com medo de que, ao estar comigo e mais próximo, ocorra algo assim, como uma trombada.

Ele faz uma figura que nomeia de rocambole e faz andar primeiro uma pessoa sem pernas até chegar ao centro, "vai chegar no rocambole". Agora é a segunda que vai, esta vai mais depressa porque tem pernas. Depois outra, que ninguém viu, vai cortando caminho sem dar as voltas (e a caneta vai penetrando no papel fazendo pontos no rocambole).

Ele mantém uma certa agitação corporal quando se encontra comigo e que tenta reprimir. Penso serem descargas motoras em consequência de emoções que não pode demonstrar diretamente comigo.

Percebo sua vontade de se manifestar, se "explodir", jogando a tampa da caixa no ar. Mas parece ficar muito assustado ao se dar conta dessas vontades. Quando lhe digo que estou observando suas vontades, ele se refugia dizendo "não, tia", sorri e vai adiante, "não sei, tia".

Sessão de 16/09/1977

Utiliza a tampa da caixa para ser um gol. Pega um boneco menino e um boneco homem (ambos estão sem roupa porque assim ficaram de outra vez que brincou de família), chama-os de Pelé e Raul. Pelé-homem chuta para o gol e Raul-menino é o goleiro.

Há um verdadeiro massacre de gols em cima do menino. É o grandão massacrando o menino, digo eu, o menino tendo que se defender das "penetradas" (palavras dele).

Alex fica irradiando essa disputa o tempo todo. Num determinado momento saem estas palavras: "o menino não queria, foi obrigado" (e, apesar de eu ter pensado há algum tempo em uma disputa para ver quem penetra quem, quem enraba quem, eu não achava o modo de transmitir isso para ele).

Ele começa a chutar pelas costas. Há luta corporal, um por trás do outro. Parece-me claro demais que Alex quer aludir a possíveis experiências de "troca-troca" e que precisa conversar a respeito. Digo-lhe isto. Ele sai da sala enquanto vou lhe falando. Não faz contato neste momento como em outros em que me dirijo a ele. Não dá resposta que possa orientar-me para prosseguir: a reação dele me deixa sem saber se continuo a falar, se não, se falei besteira, ou se ele está envergonhado. Enfim, o problema principal desta terapia é o modo como se efetua o contato.

Outubro de 1977

Fragmento de sessão que me chamou a atenção pela expressão lúdica: campo de futebol com gol e um homem e uma mulher (os bonecos estão pelados) disputando a bola, que é um nenê.

Num outro momento a bola passa a ser duas enormes panelinhas que contêm uma cobra (e as panelas se fecham como uma cápsula).

Usa o futebol como cenário constante para projeção de suas fantasias. Lembro que há mais de um mês fez um jogo assim: um gol só, um homem e um menino disputando, mas o menino no gol e o homem tentando fazer gol. Frequentemente lutavam para disputar a bola e várias vezes o menino atacava o homem por trás numa atitude de "enrabar".

Outra vez fez o seguinte jogo: canguru e mãe de um lado, búfalo e pai do outro lado, o nenê sendo a bola.

Novembro de 1977

Chama a atenção o modo "silencioso" como se conduz na relação comigo.

O desenho das "palmeiras" é feito na véspera do feriado de finados (ficou uma semana sem vir), quando falei em distância-separação houve uma aproximação.

As sessões se passam de modo a produzir uma distância para mim excessiva, pois me distraio e comento a respeito deste fato. Parece-me que assim tem que ser. Aos poucos ele vem vindo, desde que não o perca de vista nessa distância.

Na sessão de quinta-feira esqueceu o bloco com todos os desenhos embaixo da caixa. Eu só percebi quando fui guardá-la.

Na sessão de sexta, comento o acontecido propondo-lhe que talvez algo tenha "ficado esquecido" entre nós, ou melhor, que algo foi escondido para não ser visto. Após esta abordagem, faz algo sinusal, que é colocar um boneco como robô (e agora me lembro de que o pai o trouxe na sessão, por ser um novo horário) que está sendo atacado por dois grupos (ou dois times) de animais. Ele o ataca: "Ele é robô, mas não sabe. Tem que conseguir prendê-lo" (mas passa o resto da sessão tentando e não conseguindo, até que abandona e guarda o boneco na caixa).

Passa a fazer quatro vezes por semana.

Alex silenciosamente, ou desapercebidamente, vai se abrindo ao contato.

Medo de ser alvo de emoções de outrem sobre ele, penso eu. Aquele robô que está apreendido deve ter uma inveja enorme, mas não sabe. Ele tem conhecimento de que a inveja destrói.

Sessão de 16/11/1977

É a primeira sessão da semana. Já havia conversado com ele na sala de espera enquanto aguardava terminar a hora de paciente que faltou.

Ao chamá-lo, diz: "Boa tarde".

Enquanto me dirigia à minha cadeira, me conta: "Quando vinha para cá, sabe aquela curva para virar no fim da avenida? E chegou lá e a gente furou. E furou o pneu do carro do meu avô. Aí nós viemos à pé para cá e meu vô voltou lá para consertar. Acho que já está quase consertado" (está abrindo a caixa).

Eu comento que foi difícil chegar e quando chega não o atendo logo e fica esperando, e que talvez ele não gostasse.

Ele, sorrindo: "Não sei".

"Como não sabe? Acho que sabe, mas tem medo de saber. Afinal, com quem estou conversando, com seu irmão, com seu pai? Não é com você, Alex?"

(Sorri.) "É, acho que sim. Um pouco."

"É que este 'não sei, acho que sim, pode ser, um pouco' serve para não afirmar que é você mesmo, e que não pode ser um outro menino!"

Pega um boneco (menina) e espeta um alfinete nela. Diz que morreu.

Eu: "Agora você sente que minhas palavras são como alfinetes que entram em você?".

(Sorri.) "Não, tia" (que absurdo, tia)."

Pega os outros dois bonecos (pai e mãe) e espeta alfinetes. Diz que a guerra começou.

Pergunto a que guerra ele se refere. Se ele acha que, quando ficamos juntos, é guerra, que eu o ataco e ele tem que sobreviver. Se ele sai ganhando e sobrevive como o "Alex não sei". "E o 'Alex sei sim', como fica?"

Ele escuta, sua fisionomia se torna mais séria, mas me transmite a sensação de eu estar "no escuro": não sei se estou tendo um contato real com ele e se estou sendo receptiva às suas dificuldades de ser.

Ele intensifica, no jogo, a situação de ataque aos três personagens. Há quem se salve, há quem consiga sobreviver e ganhe um bilhão.

Falo-lhe que ser Alex e sobreviver merece um prêmio, e o prêmio é viver, é ser ele mesmo.

Ele então fecha a menina dentro de uma cabine de caminhão. Diz que ela está viva, mas está presa, não pode sair. Depois ela sai e coloca "o pai" dentro da cabine e a "mãe" presa por cima.

Durante este jogo, mais complexo e cheio de outras manipulações que não consigo descrever, ele responde com outro jogo no qual um comanda e outro age.

Lembro-me neste momento e digo a ele que lhe dei no início o papel com a data das férias e que o pai avisou que não daria para ele voltar em 23 de janeiro.

"Ai", ele responde, "não sei o que dizer, não é comigo, não participo, não é da minha conta".

Ano de 1978

Neste ano ocorre a mudança de endereço do consultório, e as sessões agora acontecem três vezes por semana: na quarta, na quinta e na sexta.

Sessão de 29/03/1978

Na semana anterior trabalhamos só na quarta-feira (por causa do feriado da Semana Santa).

Entrego-lhe um bilhete para que ele dê à sua mãe, com sugestão de um novo horário. Ele lê interessado. Abre a caixa e "inadvertidamente" o papel cai no chão. (Ele tem tido uma movimentação física de quem está se segurando para, por exemplo, não jogar a tampa da caixa no chão ou na minha cabeça: apontados os impulsos, ele ri e diz "imagina". Parece-me que este menino vive a hostilidade, os desagrados, ao nível físico, muscular, havendo uma distância entre as representações emocionais e suas ações musculares.)

O papel voa algumas outras vezes em forma de pássaro, até que é abandonado.

Três bonecos (pai, mãe e filho) são colocados na grade do circulador de ar Bomclima. Diz King-King eles permanecem "pendurados". Depois pega um dos desenhos, o amassa como se fosse uma tocha e o enfia no Bomclima. Passa a fazer um ruído que ele diz ser de motocicleta, que ele acompanha com movimentação corporal, como se estivesse numa motocicleta.

Ocorre-me uma imagem de que Alex, inconscientemente, procura manifestar o "barulho" que produz a intrusão de um elemento novo num aparelho que representa um continente (a caixa do Bomclima) e um conteúdo (as pás do ventilador visíveis); talvez esta seja a concepção que ele tem da intromissão de sua família na relação com a analista.

Falo-lhe do desagrado que sente pela intrusão do bilhete que eu estava enviando à mãe. Ele não diz nem que sim, nem que não. Continua a "brincadeira", agora pegando aquele papel feito "tocha" e batendo-o na mesa como se fosse um pequeno chicote. A cena tem certa violência e prazer. Termina a sessão.

Sessão de 30/03/1978

Ao entrar, diz que está todo dolorido porque fez teste de *cooper* na escola, e dói tudo, os músculos.

Falo que talvez se refira a como se sentiu dolorido após a sessão de ontem, em que teve que fazer um grande esforço. Ele sorri. Diz que vai poder vir naquele horário das 14h30 (que estava escrito no bilhete de ontem).

Sessão de 03/05/1978

Conduta manifesta: cuidadoso para sentar-se e fazer barulho, lento. Senta-se e, com a tampa da caixa na mão, guarda dentro da camiseta o crucifixo que tem pendurado ao pescoço, dizendo que, quando ele fica pulando, sai; faz movimentos como que procurando um lugar para colocar a tampa da caixa. Procura enfiá-la entre a mesa e a parede, mas muda de ideia e, segurando-a na mão, fica movimentando-a. Bate com ela várias vezes nas suas costas.

Indago o motivo de estar se batendo. Ele sorri e apoia a tampa no banco. (A conduta informa a respeito de sua realidade psíquica, que ele está tentando de todos os modos que não "pule para fora" de si mesmo, para o exterior, uma fantasia de exibir seu pênis e me seduzir. Mas tem medo de reconhecer este desejo.)

Tira o boneco homem de dentro da caixa e lhe empresta movimentos com uma das mãos. Com a outra mão faz como uma bola e ele dribla, até que o dedo faz gol no boneco-homem.

O boneco-homem sai de cena e entram o boneco-mulher, o boneco-menino e uma bolinha de massa de modelar. Passam a bola, há uma disputa, há uma luta física e uma manipulação entre os dois bonecos (pegar, apertar, dobrar, cutucar) acompanhada por expressões faciais de Alex.

A bola se achata a certa altura, e vai cobrir parte do rosto do boneco-mulher.

Ele diz: "A bola virou monstro".

"A bola agora está viva se movimenta sozinha, e é monstro?"

"E virou monstro por uma hora." (E a bola-monstro age e se desmancha ora pelo corpo e pelo rosto do boneco-mulher, ora do boneco-menino.)

"Este monstro 'apareceu' quando você se encontrou comigo e você diz que vai durar o tempo que fica comigo. Penso que você está falando que se passam ideias monstruosas em sua cabeça quando está junto comigo."

Nota: o menino está em excitação genital, que é o modo como ele está experimentando proximidade com a analista, e isso lhe causa conflito, pois sente como monstruoso.

Na sequência, ele compete e ganha do pai e tira-o de cena, e agora ele está só com a mãe e a situação é de disputa e depois de luta corporal, e depois há uma transformação: os dois têm que se defender do monstro que está atacando. (Ele é capaz de produzir onipotentemente um objeto que tem qualidades de satisfazer o seu desejo de unicidade, de posse exclusiva, fantasias orais.)

Comigo presente, ele pode criar os monstros, concretizar sua realidade interna, pois eu sou protetora, dou-lhe um ambiente favorecedor para ter suas experiências. Esta seria uma sequência de experiências em que ele parte do mais organizado (que, porém, não se mantém por angústia excessiva) e progride para um funcionamento mais primitivo. E dá a sua versão da relação mãe-filho: ele quer a mãe só para si. Ele tapa os olhos, a boca que possam estar voltados para outro, fica só para ele. Este modo de possuí-la é monstruoso. O monstruoso é ele querendo unicidade, os dois uma coisa só (uma única cabeça, boca, olhos).

Ao concretizar a fantasia onipotente, sufoca a mãe. O monstro é "recolhido", se torna a massa amorfa que ele amassa e está de posse para quando quiser usá-la para concretizar uma ilusão que está se tornando insustentável.

Após esta sessão, Alex sofre um acidente, cai e quebra o braço esquerdo. Avisa que não pode comparecer.

Sessão de 05/05/1978

Um dia depois, ele comparece à sessão com o braço engessado e explica que vai ficar assim só dez dias.

Faz uma dramatização: os personagens são o bezerrinho, o nenê e toda a família de bonecos.

Faz uma cama com massinha, pega o nenê, mas o nenê passa a pisotear e estragar a cama, ele está com raiva porque não conseguia dormir.

A "massinha" surge nesta sessão novamente, agora como concretização de qualidades reparatórias. (Ele admite a responsabilidade do impulso e a quebra do instrumento onipotente.)

A cama é consertada, virando um embrulho, envolvendo o nenê – os bonecos pai e mãe são vestidos, coloca cabelo (de massinha) na cabeça do pai. Agora corta o cabelo do pai – o pai não quer que corte muito e pede para a mãe não deixar cortar. A mãe é aliada do Alex e diz que é para seguir cortando. Alex demonstra um prazer imenso em ir cortando.

Depois com a agulha fura repetidamente o cabelo de massinha do pai.

Ele diz que o corte de cabelo se repete três vezes por ano.

O monstro é a fantasia onipotente de unicidade. É um objeto autístico?

Sessões de 21, 22 e 23/06/1978

No início dessas sessões faz contato verbal e procura manter uma conversa até iniciar um jogo de futebol com os bonecos.

Há um desenvolvimento progressivo da comunicação ao nível verbal até que, na última sessão, de 23 de junho, ele só conversa e nem chega a abrir a caixa.

O contato se faz contando-me como está na escola. "Terminaram as provas! Tirei 8 em matemática, ciências e estudos sociais." Diz que agora está melhor na escola, que está bem. "Mas em português tirei 5. E neste bimestre muitas notas foram mais baixas que no bimestre passado."

Enquanto conversa mantém uma movimentação física: de joelhos em cima do banco, balança-se para trás (e chegou a cair na sessão anterior, indo de encontro ao armário onde guardo as caixas ludo). Falamos desta atividade física dele.

Falamos também de como ele acha que tem algumas coisas que vem tratar aqui e outras não.

Que escola é o assunto predileto para ele, pois acha que me interesso muito. Ele diz que pensa outras coisas, mas é bobagem, não interessa, e que não sabe o que falar.

Então lhe digo que se ele não fala o que acha bobagem, o que tem vergonha e acha feio, então sobra pouca coisa para dizer.

Ele conta um sonho que se repete muito: tem um vampiro que o persegue, ele corre, mas se deixa pegar. E o vampiro chupa seu sangue e o mata. Aí ele acorda. Outras vezes ele está tentando se defender e acorda.

Pergunto-lhe como se sente quando acorda. Ele não consegue se expressar.

Sessão de 23/08/1978

"Meu amigo foi atropelado. Machucou só a perna. Ainda bem."

"E o que você pensa disso...?"

"É, ele estava de moto e bateu num carro."

"As pessoas gostam de falar de acidentes, mortes, trombadas, incêndio, tem repercussão para cada uma de um jeito. E para você? O que quer dizer com isso? O que sentiu?"

"É... (Pausa.) Fiquei... triste."

"Então, mas agora você não está triste, você talvez queira me contar algo para me impressionar, para me emocionar."

(Pausa.) "É, pode ser. (Pausa.) Tirei 8 de matemática na última prova. (Silêncio.) Não sei o que falar (defesa)."

"Então você está falando de um progresso seu."

Começa um movimento com as mãos sobre a mesa, pega uma na outra, cruza um braço sobre outro, está todo enrolado com os braços como se cada um deles fosse um brinquedo.

Ele fala: "O que acontece se uma cobra fica comendo a outra?". E mostra: "como se fosse assim (uma comendo o rabo da outra)".

Lembra-se de um menino comendo pipoca e chegou um outro, por trás, deu um empurrão e caiu toda a pipoca que ele estava comendo.

Eu: "Então você quer conversar comigo sobre esses pensamentos e está preocupado se é um menino ou se pode ser visto como menina quando tem esses pensamentos".

Ele pega um alfinete e limpa as unhas, tirando todo o preto.

Digo que ele sente que pode tirar um pouco de sujeira dele agora que podemos conversar um pouco mais sobre seus pensamentos e desejos.

Ele passa a enfiar uma agulha e costurar um pano.

Sessão de 27/09/1978

Entra e vai olhando para trás. Eu fecho a porta e ele se senta no banco, de costas, e põe as mãos no armário.

E lhe digo que olhou como quem deixou para trás algo, que notou e que a frente dele agora é as costas.

Ele sorri e me diz que é porque estão queimadas (as costas).

Digo que está se lembrando do passeio e que faltou na sexta-feira, então essa sessão ficou para trás, mas para ele está presente.

Ele abre a caixa e fica com a tampa na mão, movimentando-a para cá e para lá, na cabeça e na nossa frente. Diz que se lembrou do outro consultório, que entrava (vai mostrando) e o armário era ali, e a pia, com a porta (pela qual eu saio) atrás e assim por diante. Que no outro ele ia melhor na escola, que este é novo e então, depois que ele mudou aqui, foi mal na escola (e continua a movimentar a tampa para cá e para lá). Fala das notas etc.

Eu digo que o que está presente hoje é o novo, que está ruim, está pior, sem valor, que hoje me sente assim, como uma coisa ruim que não lhe serve, que o atrapalha na escola; que ele lembra de quando fui boa e lhe ajudei na escola. Que ter estado longe, todos esses dia, me fez ficar assim dentro dele.

Ele associa com um colega da escola que tem 16 anos e gosta de uma menina. Pediu em namoro, mas antes ficou investigando o que ela fazia o dia inteiro, onde morava, se tinha namorado etc. Aí ela não aceitou. Ele ficou chateado. Diz: "Eu também achei chato, fiquei chateado por ele; ele parece ter uns 18 anos... Ele pede todo mundo em namoro".

(Vou me inteirando da narrativa.) "E você?"

"Bem, eu não fico pedindo assim, só se for muito bonita."

"Muito?"

"É, um pouco. Às vezes na TV."

"Você namora pela TV?"

Ele ri, sugerindo que eu seja namorada dele. Pergunta se eu aceito.

Eu: "Então a distância você namora, na TV e comigo, mas quando você está próximo e gosta, pensa que é para namorar. Mas antes investiga, como aqui, hoje, você fez comigo, e fica descontente porque eu tenho namorado agora, antes não, antes você gostava mais, tem saudade, porque lá você me via sem namorado, você ia bem na escola."

"Lembrei do Natal (que está perto) e do meu aniversário." (Ri.)

"Agora o futuro, antes o passado, o presente é complicado."

(Ri.) "É, passando devagar o tempo, demorando para chegar o fim do ano. Nem lembro o que fiz no Natal passado!"

"Mas lembra do consultório passado."

Ele pega um cavalo cor-de-rosa e pedaços de pano, que começa a picar com a tesoura.

Eu: "Fiapos picados como um negócio estragado que está saindo... E até o fim do ano que saia tudo, que enquanto estiver aí dentro de você não te deixa bem, te atrapalha", e aí ligo com o que já tinha falado de uma parte dele cindida que funciona mexendo a tampa e o corpo, para descarregar e deixar livre outra parte para funcionar, falar comigo, pensar. "A excitação do corpo, a masturbação que toma seu tempo de você se ocupar com os estudos, se concentrar."

Ele vai picando mais e mais o tecido com a tesoura e vai juntando-o na barriga do cavalo como se tivesse que entrar dentro.

Eu: "Como se estivesse picando tudo que te atrapalha para ficar livre e se ocupar do que você precisa para continuar crescendo". (Como se estivesse picando o pai e a mãe que estão grudados, juntos, namorando, e os estragou dentro dele, e tem que acabar com os dois para se ver livre, para poder se ocupar dele mesmo?)

No final joga tudo no lixo, pegando parte por parte com a tesoura, sem tocar com as mãos.

Sessão de 28/09/1978

Está lento, preso, engasgado. Propõe jogar *Stop* (já havíamos jogado em outras sessões). Está muito pouco empenhado, cai o lápis, não pensa nos nomes. Aponto-lhe isso e paramos. Ele concorda que não tem vontade.

Aponta os lápis e as raspas ficam na mesa. Ele anda com o lápis como se fosse um carro, abrindo caminho entre as raspas, desviando do que ele diz serem as árvores, os obstáculos.

Fala do dente que está mole, que vai cair, e fica cutucando-o com a língua até que cai e ele me mostra o dente. Diz que fica um buracão, mas o outro dente está crescendo embaixo. Quando termina o horário sai, deixando as raspas na mesa.

Sessão de 29/09/1978

Fala que está mal na escola. Este bimestre foi mal. Está preocupado. Que neste próximo, está arriscado a perder o ano.

Eu: "Você me diz estas coisas que tem a ver com nós dois, como se sente comigo, e acha que ir mal na escola é assunto nosso".

Enquanto estamos falando ele assume uma atitude corporal em que, sentado, tem o corpo por cima da mesa, falando, conectando-se comigo. As mãos estão escondidas embaixo da mesa e os pés se agitando, embutidos, ou sendo palco de uma fantasia, mas que tem algo a ver com a notícia que me dá de que não pode estudar.

Pede para jogar *Stop*.

Eu: "Você quer ver como faz: para parar e adivinhar, conhecer, concentrar-se".

Após ele ter saído, vou arrumar a sala, guardo a caixa e vejo que o cubo onde ele se sentou está sujo de cocô. (Penso em masturbação anal.)

Segundo semestre de 1978

Primeiro movimento: aborrecido, contido, comunicação ao nível físico, de movimentação corporal; "eu não sei o que dizer, eu não sei o que fazer".

Segundo movimento: alterna-se com o primeiro, mas há um crescimento desse segundo, uma "progressão": joga de completar palavras e de ter que achar com uma letra sorteada um carro, cigarro, cidade, cor, flor etc. Leva tempo e passa a ser a atividade central das sessões. Volta a cada sessão dizendo que viu uma marca de cigarro, ou que treinou com seu irmão para jogar hoje. Às vezes envergonhado em desejar jogar, é preciso que eu analise esse aspecto para que ele jogue.

Outro jogo é a corrida de lápis. Há crescimento da relação verbal comigo. Conversamos sobre ele como um menino, sobre o que gosta e do que tem medo. Quando emudece recorre ao brinquedo para se expressar.

A dissociação dele é grande. Há um menino que entra prontamente e cumprimenta, outro menino que se senta aborrecidamente e se contorce em silêncio, provocando barulhos, queda de tampas, banco, ele mesmo caindo, e outro ainda que conversa comigo sobre a escola, suas melhoras ou pioras, parecendo representar este personagem menino bonzinho e educado, mas escapando um outro: o dos barulhos, das quedas, das provocações a mim, da raiva, da impotência. O menino da evasão é silencioso, não se expressa verbalmente e por vezes dramatiza cenas com bichos ou bonecos.

Na sessão de 23/11/1978, imagino que vai embora para sempre, que não gosta de estar comigo, que tanto faz vir como não vir. (Não verbalizo esta fantasia que tive sobre ele.) Quase no final da sessão ele espeta um bebê com agulhas e o recobre de massinha.

Terceiro movimento: na sessão seguinte a essa do dia 23, ele não vem, mas no lugar dele está o pai. O pai conta que Alex não está querendo vir desde o começo do semestre. Várias justificativas: aula de inglês, de natação, também dificuldades econômicas.

"O medo é que volte a piorar se ele não continua", diz o pai. "Já entendi pelo que a senhora diz que precisa continuar, não tem jeito. Eu vou dizer que a senhora disse que não dá, que precisa continuar!

O pai me conta ainda a resistência criada na família em relação à análise, as privações econômicas e a imagem que fizeram de mim, de alguém que só quer o dinheiro.

Digo ao pai que esta é uma ideia que tem de mim e da análise e que provavelmente ele não está "satisfeito com os resultados".

O pai diz que não, que Alex melhorou muito, tanto na escola como em casa; conversa, tem opinião, antes era amuado, desligado, não tinha amigos etc.

Digo ao pai que a própria decisão de Alex em não vir mostra progresso neste sentido de estar mais diferenciado, mas que agora ele tem dificuldade em comunicar hostilidade e está assustado com o que "viu rapidamente nele". Então seria conveniente continuar, pois há o que trabalhar. Quanto à dificuldade econômica, ponho à disposição fazer reajuste até quando tiver condição. Então decidimos que Alex continua.

No entanto, Alex não aparece nos dias da sessão e na terceira falta, novamente aparece o pai.

Diz que está uma dificuldade, há muitas justificativas, será operado em fevereiro, o sogro não poderá trazer Alex, e ele insiste nas aulas de inglês e natação. Pergunta então o que eu acho de parar um pouco e depois ver (mas o pai está com medo de parar).

Digo que ele quer que eu o reassegure de que Alex pode parar e que nada de ruim vai acontecer, mas faz como um pedido de que eu não o recrimine pelo que vai fazer. Mas não se trata disso, ele pode parar quando quiser, não se pode forçar ninguém a se analisar.

O pai diz que errou, que quando Alex estava com dificuldade de vir à análise ele se aliviava convencendo-o a ficar até o fim do ano, que prometeu depois tirá-lo, que sabe que é duro e tal, mas é para o bem dele. Então vê que ele mesmo contribuiu para criar esta imagem da análise.

Eu apenas insisto que se Alex não vier mais mesmo, se resolver tirá-lo, se seria possível trazê-lo a algumas sessões para que possamos conversar e lidar um pouco com a hostilidade dele, para que essa hostilidade seja vista por ele mais realisticamente, mais de frente, sem tanto medo de ele ser destrutivo.

O pai concorda. E também combinamos, depois de duas sessões com Alex, uma conversa entre Alex, eu e os pais na terceira sessão, quando o pai pode comparecer.

Alex comparece nas duas primeiras sessões, de 6 e 7 de dezembro.

Conversamos o tempo todo. Ele tenta "romper amistosamente". Mostro-lhe o medo que ele tem de que eu o tenha hostilizado porque ele sente-se hostil a mim; abandona-me para não perceber que precisa de mim. Tem medo de progresso, de se tornar mais capaz e, assim, passar a ser mais que o pai, ou a mãe, ou a mim.

Sessão de 08/12/1978

É a sessão familiar; sentam-se os três no divã. Quando me sento na cadeira ao lado da mesa,

Alex se levanta e vem se sentar em frente a mim, como de costume durante as sessões.

Fica cabisbaixo enquanto o pai e a mãe conversam comigo. Falam que ele decidiu não continuar, que quer inglês, natação, que é difícil a psicoterapia. A mãe diz que não tolerou continuar após algumas sessões. O pai diz que de qualquer modo quem faz psicanálise é malvisto, que o diretor da escola diz que não podia ser psicanálise, devia ser ludoterapia, que os irmãos reclamaram do custo da análise, que aperta muito o orçamento, que esta é uma imagem negativa que venderam e alimentaram para os filhos etc. Dizem que Alex melhorou muito, que vai bem melhor na escola, que sempre passa meio raspando, mas passa, que agora ele sabe as lições que tem que fazer, que os colegas telefonam para ele para saber, que agora tem mais amigos...

(Neste momento Alex começa a discordar do que o pai fala, dizendo que suas melhoras são uma mentira.)

O pai continua dizendo que Alex era um menino amuado, e que o pai e a mãe acham que ele deve continuar até terminar a análise, e então agora vamos ver o que Alex quer dizer.

Alex está calado, de cabeça abaixada, e a mãe espera que ele fale. Quando pergunto, ele não responde. A mãe entra em ansiedade. Diz que Alex está com uma reação tão diferente, que ela nunca o viu assim... Que ela não tem paciência, não entende como eu tenho, ela tem vontade é de sacudi-lo para que fale. Alex começa a chorar baixinho. As lágrimas correm pelo seu rosto, sempre abaixado. A mãe está mais ansiosa, o pai interfere, há angústia. Sugiro para a mãe que pode se sentir livre e sair da sala se não tolerar. Ela sai.

O pai volta a tentar "convencê-lo" de que deve continuar. Alex tenta dar aquelas razões "mais simples", natação etc.

Eu digo que análise não impede que ele cresça e se desenvolva como ele está dizendo. Pelo contrário.

Ele então diz: "Não é nada de horário. Não posso. Definitivamente. Quero interromper".

O pai continua insistindo.

Eu: "Se você não quer, não há o que fazer. Você sabe qual é a minha opinião".

Ele levanta o olhar para mim.

O pai segue tentando convencê-lo.

Ele responde: "Se você acha tão bom assim, porque não vem você no meu lugar?" (ainda choroso).

Digo-lhe que quer mostrar para o pai como sou ruim, e, para ver o que "é bom", que o pai venha na sessão dele.

Alex: "Ela que só vê ruim, só tem críticas".

Eu: "Mas você se sente assim, Alex! Você não gosta de você".

Ele: "É, pode ser".

Digo que o assunto dele só ele pode resolver, o pai não o substitui, esta é a decepção dele, assim como eu não posso substituí-lo na sessão, e esta é outra decepção que o enche de raiva provavelmente. Mas nós dois vimos que ele é capaz de ser ele mesmo e não precisa que falem no lugar dele. Que ele progrediu com o trabalho que fizemos juntos até agora, que tem hora que não gosta, mas tem hora que gosta de estar aqui comigo.

Ele me olha e sua fisionomia "se abre". Decide ficar até o final de dezembro.

Eu digo que será como ele quiser. Que eu estou à disposição.

Na saída o pai me pergunta: "Então, como vai ficar?".

"Naturalmente, como acabamos de resolver nós três juntos!", respondo-lhe.

Nessa conversa, percebo o quanto o pai está "defasado" no tempo quanto ao progresso de Alex e me arrependo do trabalho que não fiz com os pais.

Alex falta às duas sessões seguintes, sem aviso, e na terceira vem o pai novamente.

"Não dá mesmo. Ele não quer", diz o pai.

Mostro ao pai que, assim, Alex mostra que há um progresso, uma definição. Sobretudo porque ele tem medo de se definir e ser hostil. Sugiro que tenhamos algumas sessões para que se desfaça dessa fantasia de que, para ser ele, é preciso destruir o outro, e também que pais e Alex venham para mais uma conversa comigo.

Sessão de 13/12/1978

É o encontro após a conversa com os pais.

Eu: "Então como é? Resolveu interromper?".

"É que eu queria estudar inglês no ano que vem. E vai ser muito puxado na escola. Também queria entrar na natação."

"Alex, vejo que você está com medo de ser você mesmo, agora sozinho comigo, sem seu pai. Medo de que eu não aceite que você queira interromper, que você faça sua escolha."

"É." (Sorri.)

Sessões de 14 e 15/12/1978

No relacionamento, Alex está cada vez mais presente, "tendo" o que fazer e o que conversar.

Mantém por um lado a fantasia de que não vai interromper, de que não vou deixar que interrompa (esta fantasia não é verbalizada, mas transmitida por um comportamento, por exemplo, ele começa a discorrer sobre sonhos, medos e outros problemas dele, coisa que jamais tinha feito em sessão).

Por outro lado, ele chega a verbalizar algo contendo a ideia de que precisa parar para ver se a "melhora que ele teve" é dele ou é minha.

E eu lhe digo que ele não quer admitir ainda que é separado de mim e que eu não faço parte dele, mas é justamente por sermos dois que podemos agora conversar.

Sessão de 20/12/1978

Ele: "Começou a sessão (entrando). Em cima da hora (conferindo no relógio)".

"Foi dada a partida... (a disputa começou)."

(Ri.) "Passei de ano, tirei 8 em tais matérias e preciso de 6,5 e 7,5 em outras duas. Fiquei de recuperação, mas agora já passei."

"Passou e está satisfeito que foi capaz."

(Pausa.) "Esta noite tive um sonho." (Ri.)

"Por que riu?"

"Porque não é esta noite... é a noite passada... É de ontem para hoje. Sonhei que entrava no hospital onde meu pai trabalha, e todos me cumprimentavam e falavam que eu era médico, e me levaram para a sala de cirurgia operar. Eu fui. Parecia que eu espetava pra cá e pra lá e o fulano morreu. Mas eles me deram os parabéns, como se tivesse feito bem. Aí eu saí do hospital e a rua estava deserta. Andava e eu só via pingos no chão em vermelhos."

"Como pingos vermelhos? De sangue?"

"É. De sangue. Aí eu fui olhar para trás para ver e tinha um sujeito me apontando uma arma e pegou e atirou e eu morri. E acordei."

Fico surpresa com o sonho dele.

Ele: "Eu sonho muito estas coisas, de tiros, lutas...".

"É, me lembrei de um sonho que você me contou tempos atrás em que você era perseguido por um monstro..."

"É, meus sonhos são assim."

Nota: nesta sessão, desde que entrou, está mais desperto para ele mesmo e por dentro dele muita coisa está em luta de morte. Há movimentos de se esticar, como quem está empurrando para dar mais espaço.

Nesta sessão comete vários atos falhos dos quais ri ao perceber. Brincando com o relógio, chamou a atenção para o tipo de relógio "mater proof" (não *waterproof*), diz que é à prova de "golpes" e que o irmão tem um "revólver", isto é, um relógio igual. (E quando fala revólver em vez de relógio está como que abrindo o fecho, faz um barulho igual um tiro.)

Toda esta movimentação é lenta e constitui o que predomina quando em silêncio, ganhando a mesma importância que sua comunicação verbal.

Ele: "Dia 22 meu pai vai trazer o cheque. Tá bom, tia?".

"Deste modo você me comunica que aquela será sua última sessão."

"É, decidi ficar até o Natal porque depois vou viajar."

"Mas quer que eu concorde. Você sabe que minha opinião é diferente da sua, mas eu posso respeitá-la sem que briguemos."

Conta episódios ligados ao pai. Primeiro, que o pai não escuta a empregada. Segundo, que nas férias passadas o pai foi no mar, tirou o calção e falou: "É! Bundão branco".

Em sua mente ele me deixa com "seu monstro" e vai embora. O medo é que eu lhe devolva o monstro (ver o sonho). Ele vive tudo isso ainda como muito destrutivo: é matar e morrer. (Na realidade lhe faço ver que ele pode se separar sem que um mate o outro.)

Ele quer se separar, mas a angústia é porque não quer se separar de mim. É um *acting*, um resultado da confusão: separar-se psiquicamente significa ir embora. Se não vai embora sente-se aprisionado por uma ordem e não cresce, se vai embora não lida com esta angústia e também não cresce.

Sessão de 21/12/1978

Entra e me cumprimenta. Senta-se e me olha. "Mudou o penteado?" (De fato sim.)

Eu comento que me observa.

Ele: "E o ventilador, ontem não estava ligado, não é?".

"Então você vê 'mudanças' em mim, e observou bem estas mudanças. E eu observo mudanças em você, pois você pode falar destas coisas."

Ele lembra do cheque. Que deixou lá fora. Olha para mim como que esperando que eu tome alguma atitude. Pergunta se pode sair para ir buscá-lo.

Eu pergunto se ele quer ir buscar o cheque.

Ele diz que não sabe.

Digo que quando "aperto" algo ele tenta não se responsabilizar, talvez para não enfrentar o fato de que quis deixar o cheque lá fora. Pergunto quais seriam os motivos dele. Não me pagar? Não terminar a análise? Qual seria a mudança?

Ele então diz que vai buscar (se levanta, vai e volta). Entrega o cheque.

"No entanto, houve uma mudança", eu digo, "pois você me avisou que seu pai viria entregar o cheque em 22 de dezembro."

Ele diz que trouxe hoje porque a mãe foi ao banco e aí achou melhor já fazer o cheque.

Conversamos de outras coisas que não estão anotadas.

Sessão de 22/12/1978

Ele: "Hoje é a despedida".

Mostro-lhe que ele quer ir embora de bem comigo. Quer que eu aceite sua partida.

Ele me fala que quer tentar sozinho.

O progresso que teve nestas seis sessões foi importante. Quer saber se pode voltar.

Despede-se visivelmente emocionado, quer me apertar a mão, me beija e diz: "Até qualquer hora, se precisar". Termina.

Relato da análise de um latente

O que chamou especialmente a minha atenção no caso que acabei de descrever foi um determinado modo de Alex se relacionar comigo, modo este que me deixou num prolongado estado de não saber o que estava se passando. Eu me sentia "por fora". Tinha a impressão de não estar alcançando o que ele me comunicava "cifradamente", despertando em mim um sentimento de estar sendo insuficiente.

Para tentar transmitir algo dessas minhas vivências com ele, me ocorre uma imagem: a de um bebê que, quando posto ao seio, pega o bico e "adormece". Então a mãe permanece um tempo com ele esperando que mame. Mas quanto tempo a mãe vai esperar? Será que ele quer mamar? O que estaria se passando neste tempo com esse bebê e essa mãe? Que experiências o bebê estaria tendo e que experiências estaria despertando na mãe enquanto os dois esperam?

Durante meses Alex se mostra "silencioso" e desenhando. Os temas são agressivos, de lutas, guerras, e depois de robôs, lobisomens, bichos-monstros atacando e sendo controlados por super-heróis e torres de controle.

O que significam tantos desenhos? Parece ser o meio de expressão possível para ele. Expressar o quê? O que se passa com ele quando está comigo. A experiência de contato comigo o "obriga" a afastar-se, desenhando como forma de externalizar suas fantasias? Posso dizer que a minha presença o faz sentir medo pelo que experimenta?

Ou digo que ele, assegurando-se de que estou lá, pode lidar com a sua destrutividade. Então a experiência de contato real comigo é interrompida, emergindo, no lugar, uma outra experiência de relacionamento, conhecida dele, que é a do perseguido-perseguidor.

Quando tento estabelecer um nexo entre os temas dos desenhos agressivos e a atitude pacífica dele na sala comigo, a reação dele é de estar ouvindo de mim absurdos e maluquices. Dou-me conta neste momento de como a desconexão e a distância são grandes entre o menino dócil, tranquilo, sem angústia, observável e as lutas e horrores que manifesta no brincar.

À medida que progredimos, vou tendo dele uma impressão de desamparo. Ele lá, "desligado" de mim, enquanto desenha gente despencando pelos morros e escadas; ventanias que varrem tudo; circuitos e labirintos em que vai entrando e encontrando horrores, decepamentos, mortes.

O que está se passando? Que função ele me dá?

O que investigo me leva a uma resposta: que é necessário continuar no estado de "não saber o que está acontecendo". Pois ele parece não me escutar quando falo com ele das lutas, das dramatizações.

Durante a apresentação deste trabalho, foram levantadas dúvidas quanto a eu dizer "permanecer no estado de não saber o que estava acontecendo". Na situação analítica estamos num contínuo não saber. De acordo! Mas eu não estou tratando desta postura aqui, estou me referindo a ter que permanecer me encarregando de parte do seu *self*, não podendo tomar contato com uma parte de seu *self* que está cindida e projetada na analista. Estou me referindo ao papel que ele me dá para vivermos o "jogo analítico".

Parece que ele precisa brincar e "ser daquele modo" na minha presença pelo tempo que ele acha necessário. O problema passa a ser meu de permanecer com ele na sala com os recursos que tenho. A questão é como me comunicar com ele do lugar em que me coloca.

Uma sessão ocorrida pouco menos de um ano após o início da análise talvez seja um exemplo de como eu tentava permanecer com ele. Ele vem prontamente quando o chamo, me cumprimenta, senta-se e abre a caixa. Pega um urso de plástico, apoia-o sobre uma folha de papel e, com a caneta, desenha o contorno. Erra, risca as patas e faz outro contorno do lado. Pergunto o que desenhou na cabeça e diz que são dentes. Embaixo faz à mão livre um outro urso que sai com cinco patas. Aí ele escreve: URSO + TATURANA = TATURURSO. E continua com o jogo: CAMA + SAPATO = SACA, PONTE + RIO = PORIO.

Eu comento com ele que ao brincar de cruzar dois e ver no que dá, está tentando saber o que vai resultar de ele mais eu, se ficar mais próximo de mim. Ele passa a desenhar duas pistas de duas mãos cada uma, e dois carros, nº 1 e nº 10, que acabam se chocando e causando confusão (rabiscos), e um boneco-robô que parece estar controlando os carros. |

Eu lhe digo que o cruzamento-soma virou cruzamento-choque. Que ele sente que ter maior proximidade comigo é perigoso como um "cruzamento" ou um "choque". Ele então passa a desenhar o que chama de rocambole e, enquanto vai pontilhando com a caneta faz andar uma pessoa sem pernas até que chegue no centro; em seguida a segunda pessoa vai mais depressa porque tem pernas, depois outra que, como ninguém viu, vai cortando caminho sem dar voltas.

Nesta sessão estou desde o início "carregando o problema" de como me comunicar com ele. (É claro que nestas condições a possibilidade de observar e analisar diminui.)

Ele está experimentando ser criativo. Acontece provavelmente um erro (faz um urso com cinco patas), e parece-me que ele transforma o erro numa "outra criação", um produto esdrúxulo resultado de um cruzamento igualmente esdrúxulo.

Mas lá na sessão o que eu pretendia dizer a ele é que estava tentando ter contato comigo, mas substitui a experiência presente pelo conhecido, e o conhecido para ele é "ser com perseguição". Ser simplesmente é desconhecido para ele. É um conhecimento para o qual ele está caminhando, mas muito atemorizado (a influência bioniana da época na Sociedade Brasileira de Psicanálise de São Paulo).

Nessas condições tento restabelecer o que para mim é sentido como uma "quebra da situação de análise", e o faço dizendo-lhe que nós dois estamos juntos para ir tomando conhecimento sobre ele, com a intenção de poder lhe ser útil, já que está com dificuldades.

Mas que ele está com tanto medo de reconhecer que está comigo que num determinado momento tenho a impressão de que não temos como continuar.

Quando atuo desta forma ele “me responde” retomando a comunicação comigo. Acho notável a mudança! E suponho num primeiro momento que ele está me explorando, deixando de usar suas capacidades e me impondo esforço adicional. Depois passo a pensar numa outra possibilidade, a de precisar ter uma experiência como ele está propondo. Que é a de necessitar ficar com ele mesmo, na minha presença.

Retomando aquela imagem do bebê que adormece, vejo-me agora como a mãe que sacode o bebê: “acorde, você tem que mamar”. Mas há uma necessidade anterior à de mamar que precisa ser cumprida! É a de estar seguro, de saber que o seio real está lá, que ele existe.

Como se comunicam estes estados de mente revividos na situação transferencial? Porque não há palavras para comunicá-los. Mas no caso de Alex, tenho a impressão de que ele me pôs numa situação de não saber o que estava acontecendo. Esta é uma comunicação primitiva que ele usa até agora. Lembro-me de uma cena: ele e a mãe no consultório para conversarmos sobre a continuidade da análise, que ele quis interromper. Ele com a cabeça baixa, em silêncio. A mãe irritada diz: “Fala menino! Que aflição esse menino dá! Tenho vontade de sacudi-lo para ver se responde. Não sei como a senhora aguenta”.

Então, começa a aparecer nas sessões uma movimentação corporal aparentemente sem conexão com o que está sendo expresso. Também passa a fazer dramatizações com os bonecos, brincando sozinho, em silêncio. Quando falo com ele, muitas vezes para de brincar para ouvir-me e em seguida retoma a brincadeira. Deste modo, aparentemente, me mostra como é inadequado ou inútil que eu lhe diga o que penso a respeito do que se passa entre ele e eu.

Quando continuo indagando, ele responde com: "não sei", "pode ser", "acho que sim".

Quando lhe digo que assim ele faz de conta que não é ele que está lá comigo, ele "me responde" fazendo uma dramatização com os bonecos: espeta alfinetes no boneco-menina. Diz que morreu. Espeta alfinetes no boneco-pai e no boneco-mãe e diz: "a guerra começou". Eu: "Qual guerra? Você acha que agora nós dois estamos em guerra e eu estou te atacando? Acho que o perigo que você está sentindo agora é de ser descoberto como o 'Alex que sabe', que fica escondido pelo 'Alex não sei'". Ele fica mais sério. Intensifica o ataque aos três bonecos. Aí diz que agora a menina está viva, mas está presa, não pode sair (da cabine de um caminhão). Depois a tira de lá para prendê-la junto com o boneco-mãe e o boneco-pai.

Parece-me evidente nesta "resposta" que ele se sentiu vulnerável e em perigo. E tenta lidar, na dramatização, com a angústia de ver-se sem controle sobre mim por meio de uma fantasia de controle de vida, morte, mobilidade. Ele está comigo, mas eu estou sob controle dele. Se não me comporto conforme ele espera, passo a ser perigosa porque ele não sabe mais quem eu sou (e quem ele é). Então as "condições" que ele propõe são que eu me preste àquele jogo, ao jogo de ser controlada sem que eu o seja de fato, conservando a função de analisá-lo. Uma vez aceita a condição que ele propõe, diminui sua angústia, o que permite momentos de contato real comigo. Nesse sentido, ficar presente e quieta tem para ele a função de fazê-lo viver a experiência de fusão comigo (experiência regressiva)?

Winnicott fala de comunicação silenciosa quando está havendo uma regressão. Para alcançar o ser, há necessidade de que haja um *splitting* e uma identificação projetiva maciça no analista das partes do *self* indesejáveis. A relação de objeto neste caso é predominantemente subjetiva e se o analista, como objeto subjetivo, fala, ele mostra sua objetividade e interrompe a experiência de regressão.

Alex tenta "passar despercebido" e "sonolento" e desligado, despertando no outro a atitude de assumir o que ele não assume. Por quê? Que angústias "acordam" se ele deixar de usar essa defesa? ("Não sei", "tanto faz", "você é que sabe por mim"). Como ele se pensa?

A mente dele projetada me informa que ele tem um "monstro" forte e agressivo que ataca a existência dele. Contra este (parte cindida de sua mente) cria defesas, aparelhos de controle. Usa de uma fantasia onipotente para se defender de uma situação interna de ver-se sem recursos suficientes para se responsabilizar por seus aspectos destrutivos e agressivos. Mas para isso está renunciando a uma parte do seu viver psíquico (se ausentando) para não ter que viver a angústia constante de estar sendo decepado, aniquilado!

Como se "constroem" fantasias tão poderosas? A partir de que experiências? A do nascimento? A do desmame? A experiencia dos ataques convulsivos no início da vida? A quebra da ilusão onipotente de continuidade bebê-mãe numa época em que essa ilusão é tão necessária ao desenvolvimento quanto permitir que o bebê tenha suas próprias experiências?

Voltando à imagem daquele bebê... se a mãe não permite, se a mãe submete continuamente o bebê ao seu gesto, ele deixa de ter uma experiência importante para o sentimento de ser: a experiência que, partindo do desejar, vai ser expressa num gesto pelo bebê.

Volto ao material. Na sessão de 3 de maio de 1978, ele está tentando que "não pule para fora" um desejo de se exibir (para me seduzir?). Assim, faz uma sequência de dramatizações com bonecos. Primeiro com o boneco-homem numa mão e com a outra fazendo o papel de bola, o boneco-homem jogador vai driblando até que com a mão/bola faz gol e tira de cena o boneco-homem. Segundo, entram em cena o boneco-mulher e o boneco-menino e uma bolinha de massa de modelar. Há uma disputa de bola, depois luta física com manipulação entre os dois bonecos (pegar, apertar, dobrar, cutucar).

Ele vai acompanhando a dramatização com mímica. A certa altura a bola se achata e vai cobrir parte do rosto do boneco-mulher. Ele diz "a bola virou monstro".

Eu peço explicação e ele diz que ela está viva e se movimenta e vai ficar assim por uma hora. E enquanto fala, a bola-monstro age e se desmancha e vai cobrir ora o corpo e o rosto do boneco-mulher, ora do boneco–menino. Eu lhe faço notar que o monstro "apareceu" agora que está comigo e que acho que ele quer me contar que, quando está comigo, surgem ideias monstruosas.

Ele parece ouvir-me e continua a luta, agora acompanhada de movimento de cintura e pernas (está sentado) que lembra alguém "apertado" ou em excitação genital. Quando lhe digo o que estou observando, ele, visivelmente transtornado e "mudando de cor", pede para ir ao banheiro e vai saindo já aliviado por poder ir. Nem fecha as portas, urina, lava as mãos e ao voltar me agradece.

Ele continua o jogo e o "monstro" sufoca o boneco-mulher (ele faz sons de sufocação). Reaparece o boneco-homem para salvar e começa a retirar a massa do boneco-mulher e do boneco-menino, junta-a e a manipula. Estende-a em cima da mesa amassando-a e batendo-a com os dedos. Eu indago o que aconteceu. Ele diz que não sabe, que é massa de pastéis.

Termina a hora.

Aqui Alex está em excitação genital, que é o modo como está experimentando a proximidade comigo, e isso lhe causa conflito, é monstruoso para ele. A intimidade do relacionamento é vivida como excitação genital.

Na sequência do jogo, ele compete e ganha do pai e o tira de cena. Agora está só com a "mãe" e é então que ele faz aparecer o "monstro". E os dois tem que se defender do monstro, ele empurrando-o para ela, ela para ele. O "monstro" tapa os olhos e a boca da "mãe". Ele a quer só para si (esse modo de possuí-la é monstruoso, ele querendo unicidade). Concretiza a fantasia onipotente produzindo um objeto que tem qualidade de satisfazer o seu desejo de unicidade, de posse exclusiva. Ele sufoca a mãe. E faz aparecer o pai para salvá-la. O "monstro" é recolhido e se torna a massa amorfa, a qual ele amassa e da qual toma posse (quando ele quiser pode voltar a usá-la).

Na sessão seguinte avisa-me que não virá. Sofreu uma queda e quebrou o braço esquerdo. Na próxima sessão ele vem engessado e me visa que ficará assim dez dias. Faz uma dramatização: um bezerro, um nenê e toda a família de bonecos. Com a massinha faz uma cama para o nenê: "o nenê fica pisoteando a cama até estragar, está com raiva porque não dormia".

A cama (massinha) é consertada, virando um embrulho que envolve o nenê. Pede-me ajuda para vestir os outros bonecos. Coloca cabelo no pai (de massinha). Aí ele corta o cabelo do pai (o pai não quer, mas a mãe diz que é para continuar a cortar) e em seguida, com a agulha, fura repetidamente o cabelo-massinha do pai com prazer, e continua fazendo isso.

Muitas vezes enquanto conversamos o corpo dele é cenário de "outra conversa": movimentações de pernas, braços que se esticam, tampa da caixa jogada no ar correndo o risco de cair no chão etc. Por exemplo, enquanto me conta que está indo mal na escola e que um amigo não conseguiu a namorada que queria, ele vai esfiapando um pedaço de pano tentando talvez lidar com a excitação genital que não está podendo conter.

Os encontros continuam e sessão após sessão ele fica se estirando, contorcendo mãos, braços, provocando queda de objetos. Ele próprio chega a cair do banco. E olha para mim: "não sei o que fazer"; "não sei o que falar".

É aflitivo! Parece que ele está tentando se "desamarrar" com grande esforço sem que eu possa ajudá-lo. Pelo contrário, parece-me que é um desafio conseguir se "soltar" na minha presença, sozinho. (Para dar nascimento a certos aspectos de sua mente?) O que eu vejo é que ele está "destacado e desamarrado", com espaço para se movimentar. Mas não parece ser esta a sua experiência.

Ele avisa na chegada que provavelmente não virá amanhã. (Há uma certa satisfação, um triunfo de poder dizer que não vem.) Vai numa reunião na casa de um colega. Eu tenho a fantasia de que ele quer parar a análise. Quase no fim da sessão ele pega um boneco-nenê, o cobre de massinha e espeta alfinetes nele. Digo-lhe que ele não quer que "este nenê" viva e se sente triunfante de eliminá-lo como fez com a sessão de amanhã.

No dia seguinte vem o pai no lugar dele: "Ele não quer vir mais". Dá inúmeras justificativas: natação, inglês, problemas econômicos, o sogro que não pode trazê-lo. Ele está bem melhor. Mas completa: "Eu sei que ele deve continuar e tenho medo de que ele volte a piorar se parar".

No outro dia vêm o pai, a mãe e ele. Ele, de cabeça baixa, chora. "Não quero mais! Não é pelo horário, nem a natação ou o inglês. Não gosto de vir. Nunca gostei! Só vê ruim! Só tem críticas." (Aqui ele aponta e usa meus fracassos em aceitá-lo, mas também em se aceitar.)

Eu: "Você não gosta do que vê em você. Sente que é muito difícil continuar e ódio de mim que não te substituo. E por ver que não tem outro jeito, tem que ser você mesmo! E por funcionar. É o que você está fazendo! Mas ainda com esforço, para aceitar e gostar de você, de mim, de como as coisas são".

Ele marca o final de dezembro para interromper. Temos seis sessões pela frente.

Marcada a data de separação, ele passa a estar presente como nunca esteve antes: tendo o que fazer, o que falar. Está mais desperto para ele mesmo.

Conversa o tempo todo comigo e tenta "romper amistosamente". Mostro-lhe o medo que ele tem de que eu não aceite sua escolha. Numa sessão seguinte ele conta que teve um sonho.

"Sonhei que entrava num hospital onde meu pai trabalha e todos me cumprimentavam e falavam que eu era médico. Me levaram para a sala de cirurgia para operar. Eu fui. Parece que eu espetava para cá, espetava para lá e o fulano morreu. Mas eles me deram os parabéns como se tivesse feito bem. Aí eu saí do hospital e a rua estava deserta. Andava e só via pingos no chão, vermelhos, de sangue... Aí eu fui olhar para trás e tinha alguém me apontando uma arma, atirou e eu caí, e acordei."

Em sua mente ele me deixa com "seu monstro" e vai embora. O medo é que eu lhe devolva o monstro (como no sonho). Ele vive tudo isso ainda como muito destrutivo: é matar ou morrer. (Na realidade lhe faço ver que ele pode se separar sem que um mate o outro.)

Ele: "Dia 22 meu pai vai trazer o cheque (alusão à interrupção), está bom?"

"Você quer que eu concorde. Seu medo é que eu fique violenta se você me deixa sem que eu concorde. Você sabe que minha opinião é diferente da sua, mas nem por isso temos que nos matar. Talvez você esteja com medo de se tornar violento se eu não te deixar ir embora, te obrigar a ficar!" (Ele quer se separar, mas a angústia é porque não quer se separar de mim. A angústia é porque, se não vai embora, sente-se aprisionado por uma ordem e não nasce, mas, se vai embora, não lida com essa angústia e também não nasce.)

"Hoje é a despedida... Quero experimentar sozinho. (Me beija na saída.) Até qualquer hora, se eu precisar."

Retomando aquela imagem do bebê que, quando posto ao seio, pega o bico e adormece (usada para falar do vínculo que Alex estabeleceu comigo), fica a questão do bebê e da mãe juntos na relação da mamada...

Porém, queria focalizar a questão que se põe antes! A de que o bebê manifesta uma necessidade a ser cumprida antes que ele possa mamar. A necessidade de permanecer em presença do seio. Com que função?

Melanie Klein fala que os impulsos agressivos do bebê com o seio tendem a convertê-lo, em sua mente, em um objeto devorador ou um objeto semelhante a um vampiro. Esta ansiedade poderia inibir a voracidade e o desejo de sugar. O "bebê sonolento satisfeito" pode manejar essa ansiedade refreando o desejo de sugar até que se estabeleça uma relação libidinal segura com o seio, chupando-o e colocando-o na boca. Assim, ele controla a ansiedade persecutória pelo seio "mau" estabelecendo uma relação "boa" com o seio.

A ausência do seio é vivida como presença de um seio "mau". A ansiedade persecutória decorrente produz tensão que precisa ser evacuada, o que só pode ocorrer na presença do seio real. A ausência do seio é, portanto, vivida como uma coisa presente (é uma condição própria do desenvolvimento num primeiro momento). Então, o que não é discriminado na mente do bebê é que o "mau" é sua necessidade não satisfeita.

Agora, a "presença do seio mau" implica numa não discriminação eu-não eu. Implica que o sujeito não está integrado, em estado de unidade (eu). Por outro lado, a discriminação e o *insight* da necessidade não satisfeita tendem a acionar um pensamento – que fica no lugar da ausência do seio desejado. Nessa tendência a manter esses estados de mente, parece haver um fator constitucional. Uma intolerância maior a suportar frustração da ausência do seio pode ser experimentada como um estado de aniquilamento, de estar morrendo.

Melanie Klein afirma ainda que o estado pré-natal acarreta sem dúvida um sentimento de unidade e segurança. A aspiração universal é este estado pré-natal. Podemos considerar que, durante a vida, o impulso à idealização é uma expressão dessa aspiração pelo estado pré-natal. Se investigarmos esse impulso, poderemos considerar que uma de suas fontes é a ansiedade persecutória que surge como consequência do nascimento ou do desamparo em que se encontra o bebê ao nascer?

O elemento de frustração por parte do seio entra obrigatoriamente na relação precoce, pois mesmo uma alimentação feliz não pode substituir totalmente a unidade pré-natal com a mãe.

A aspiração da criança por um seio inesgotável e sempre presente de modo nenhum se origina somente nos desejos libidinosos e na necessidade de alimento. O impulso para obter evidências constantes do amor da mãe, mesmo nas épocas mais precoces, tem sua raiz fundamental na ansiedade. A luta entre os instintos de vida e morte e a consequente ameaça de aniquilação de si mesmo e do objeto pelos impulsos destrutivos são fatores essenciais na relação inicial da criança com sua mãe. Seus desejos são de que o seio e logo a mãe suprimam esses impulsos destrutivos e a dor da ansiedade persecutória.

Esses comentários representam para mim associações que andei fazendo a partir da experiência com Alex. São pontos de encontro de algo que vivi com algo já dito por outros autores.

Parte II

Já tendo superado os inícios, quando eu queria entender o significado da atividade lúdica da criança, como relatei na Parte I, agora passo a ter minha atenção na observação dos comportamentos verbais e pré-verbais da criança e a buscar acompanhar e compreender a transferência e minha contratransferência, no aqui e agora da sessão.

3. Relato da análise de Carina, 12 anos

A queixa é que não tem responsabilidade com os estudos e o pai exige produção. Carina faz conluio com a mãe escondendo notas ruins do pai, por ser enérgico.

A atitude da mãe com ela é dúbia. Acha Carina infantil, sem malícia, por exemplo, quando esta "puxa a calcinha da mãe" para vê-la.

É adotada e sabe disso desde sempre.

Sessão de 15/05/1976

É nosso primeiro contato. Chega vinte minutos antes, estou no horário da sessão de outro paciente que não chegou. Peço para esperar.

Quando chega a hora, arrumo alguns brinquedos sobre a mesa: lápis, papel, tesoura etc.

Na entrada exclama: "Ah! Não tem ninguém aqui??". Explico-lhe que aguardava outro paciente em sua hora e que não veio.

Senta-se numa cadeira que eu coloco no lugar dos banquinhos, que são para crianças menores. Pega os lápis e diz: "Quer que eu desenhe?" (tateia o que eu gostaria que ela fizesse). Em seguida diz que na próxima vez pode trazer seus lápis ou o material (?).

Digo-lhe que aqui eu pus brinquedos e que ela pode usá-los se quiser, também pode fazer outras coisas.

Diz que então ela quer desenhar. Faz a menina. Diz que é uma camponesa.

Eu: "E o que tem na cabeça?".

"Não sei... É milho? Fruta não! Senão parece baiana."

Pergunto se é uma cesta.

"É!" (parece dizer que não tem quase nada dentro).

Enquanto pinta quer saber o que é aquilo embaixo da minha mesa, que parece que vai cair (é o trilho de uma gaveta que não está lá). Novamente ansiosa, quer saber o que deve fazer.

Digo-lhe que ela pensa que eu espero coisas dela, que desenhe, que brinque etc., mas que ela é livre para decidir.

Fica um minuto em silêncio. Olha para os bonecos e pergunta onde os comprei.

Eu sorrio e digo que ela está estranhando as coisas que lhe digo, quer saber onde as arranjo.

"É!", responde sorrindo.

Pega o boneco-homem e o põe na cadeira sentado. Pega o boneco-mulher com o nenê (costurado no colo) e pergunta se fui eu que o prendi aí. (Puxa vida, penso eu.)

Respondo que se ela quiser pode soltá-lo, está preso por um fio.

Tenta fazer o boneco-mulher ficar em pé. (Antes tentou abrir outra cadeirinha da mobília, mas não conseguiu, passou para outra e conseguiu.) Aí tenta que a moça fique em pé e por fim se senta de novo. Vê o boneco-homem e o põe sentado na mesma cadeira.

Pega os bonecos. Tenta colocar o menino dentro do barco, não cabe. Se frustra e eu comento que o boneco é grande.

Nesta hora, enquanto lida com os bonecos, examina-os e me pergunta se eu sou alemã.

Digo-lhe que ela quer saber de onde ela veio.

Diz que da barriga de uma moça, não da cegonha (e sorri).

Digo que tem curiosidade de conhecer a moça, de ver com quem se parece, que semelhanças teria comigo.

Diz que gostaria de se casar e ter gêmeos e mais duas filhas. Pega o boneco e coloca do lado do desenho da moça camponesa. Diz que vai ver qual é o seu tamanho.

A cesta da camponesa fica numa medida diversa da que ela estava pensando, parece. Ela vê quem cabe dentro. Diz que um pai ou um nenê atravessado. Mais adiante volta a pesquisar o barco por dentro com seu dedo.

Digo-lhe que está curiosa em ver por dentro.

Diz que está dando para ver e que queria estar dentro, que gosta de barco e de avião também.

Pergunta se tenho filhos.

Digo que quer saber se sou como seus pais, que não tiveram e a adotaram. Que é como se procurasse em mim a barriga de onde ela saiu (a gaveta da mesa?).

Diz que gostaria de conhecer a moça, mas que gosta de ficar com eles, que os quer "meus (engasga-se) pais" (se referindo a gostar de seus pais adotivos). Em seguida me pergunta como eu sei essas coisas. Porque ela brincou com a boneca e com o nenê? Pausa. "É porque a senhora estudou, não é?"

Respondo-lhe que ela sabe muito a respeito dela, muito mais do que eu.

Na saída diz: "O que a senhora achou de mim?".

Respondo que o que achei já fui falando.

"Ah, é! Mas eu esqueci algumas coisas."

Pergunto se ela acha que terá que fazer um relatório. Ela sorri.

Antes de terminar, indago se quer se tratar. Diz que sim.

Informo os horários, ela concorda por serem após as aulas e não atrapalharem o estudo. Considero com ela que no momento ela acha difícil se empenhar nos estudos. Ela sorri.

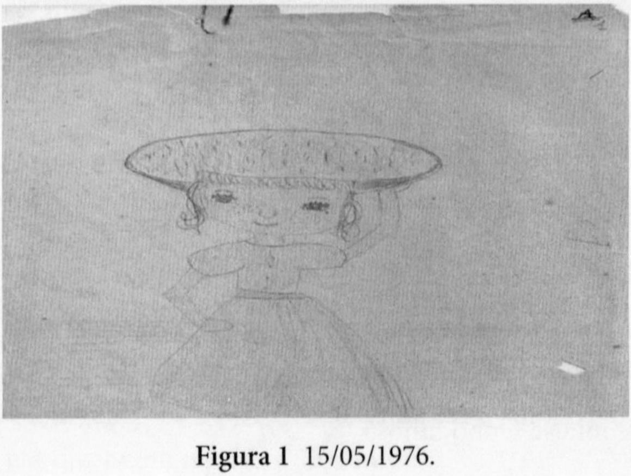

Figura 1 15/05/1976.

Após o impacto dos primeiros encontros, Carina faz vários desenhos mais infantis, imagens parecendo se referir a um mundo "bondoso" da infância, sem "o mal". Selecionei dois destes.

Mas a seguir, com o trabalho analítico progredindo, vemos desenhos que manifestam temores, presença de bruxas e fantasmas.

Figura 2 Maio de 1976, desenho 1.

Figura 3 Maio de 1976, desenho 2.

Figura 4 03/06/1976.

Figura 5 04/06/1976.

Sessão de 05/06/1976

Atendo-a cinco minutos atrasada. Vê sair um rapaz. Quando a chamo, vacila uma fração de segundo em se levantar.

Já a entrada é difícil, porque ela fica parada do meu lado enquanto fecho as portas, não entra nem vai se dirigindo ao seu lugar, mas espera para me encarar e dar a mão.

Parece haver uma porção de compartimentos na Carina, e ela fica saindo de um e entrando em outro; tarefa bastante difícil de articular.

Senta-se e diz que está com sono. Pega um papel e começa um desenho. Erra e apaga. Faz outro por cima (é um rosto). Novamente está errado. Vira a folha. Faz o rosto (diz para mim: "não vai pensar que é uma menina"), corpo, braço e pernas.

Figura 6 05/06/1976, desenho 1.

Erra a perna, apaga e faz de novo (Figura 7). Diz que a mão é que ficou esquisita. Faz antenas (ficaram tortas) e daí asas de borboleta.

Enquanto ela executa o desenho, vou lhe dizendo de seu desejo em poder ser como uma borboleta, porém, ela me interrompe: "espera aí, deixa eu terminar". Aparece aqui claro o mecanismo: não poder juntar desenho com palavras, ou melhor; Carina está num compartimento onde não cabem as palavras. Só depois que sai dele pode entrar em contato comigo e me ouvir.

Digo-lhe que ela não pode juntar ação e palavra e que sente que está dividida em ação e palavras, e que uma não "se dá com a outra."

Agora, é claro que está presente um material de curiosidade e de poder ser como uma borboleta que vai entrando e vendo; que tem antenas para se comunicar, e Carina desejaria isso para que não houvesse o intervalo, para que ela "entrasse no intervalo" de sábado a quinta-feira, ou dos cinco minutos que esperou enquanto eu atendia outro paciente.

Figura 7 05/06/1976, desenho 2.

Mas o que vou dizendo Carina não escuta, não quer, faz que não entende as palavras. Parece haver um predomínio de não aceitação do que digo no "compartimento-palavras", ou seja, não comunicação. E há lugar para seus desejos, seu controle, sua curiosidade, seus medos no "compartimento-desenho".

Há, porém uma enorme barreira entre esses dois compartimentos. Mostro-lhe esta divisão que ela estabelece e digo que a vejo hoje "não querendo que eu fale" e não querendo me ouvir.

Hoje ela praticamente não consegue fazer nenhum dos relatos que faria na segunda parte da sessão, contando acontecimentos externos.

Sessão de 10/06/1976

É a primeira sessão da semana. Desenha uma flor em botão com raiz na terra, e meio sol. Termina e começa a falar, está mais receptiva.

Diz que na semana passada estava mesmo implicante, brigou e deu bronca no pai. Fala em criatividade na escola e em cria de animais. Na cachorra dela (cria) que está com muita pulga e o pai não quer que dê banho.

Eu: "As pulgas vêm para nós na sala? (Ela ri.) Sente-se como um cachorro pulguento? Que não pode agradar e que já vêm as pulgas a picar? E ninguém quer dar um jeito."

Ela também não. Ela estudou insetos e o pulgão, que é o que pega néctar das flores, e a abelha faz o mel. "Detesto o pulgão, é tão feio!"

"Sim?"

"É, sim, e o Axy também é um colega chato."

"Que arranca, tira as coisas, como o pulgão?!"

"Não. Ele quer se aproveitar de mim que sou filha única."

"Quer arrancar?"

"É."

No início da conversa fala do professor que não notou que houve troca de provas (ela veio com brincos, colar, penteado, chegou cinco minutos atrasada). Mostro-lhe que está falando de mim e me dizendo que eu não observo suas mudanças.

Figura 8 10/06/1976.

Figura 9 11/06/1976.

Sessão de 12/06/1976

Chega atrasada. A mãe não está na sala de espera. Tem um caracol pintado no dorso de sua mão desenha uma ave depenada. Uma pássara e um pássaro?

Carina: "É um senhor".

(Penso que tirou o chapéu da cabeça, o fardo, e está com uma bengala?, parece uma agulha. Outra ave voando.)

Carina fala numa ninhada de cachorros que tem na casa da prima. E tem casa de abelhas em cima. Que ela foi espantar porque senão elas picam a língua dos cachorrinhos e ficam inchados. "Já pensou..."

Acena para partes da sala para dar exemplo do seu discurso sobre ninhos e casas de cachorro. A ave depenada parece-me ela, desconcertada, sem o "peso" na cabeça (repressão) e com "arma" na mão (sua agressividade). Está mais séria hoje. Quase no fim, corta dois pedaços de durex.

Eu: "Para colar algo?".

"Não, como se fossem unhas."

Figura 10 12/06/1976.

Sessão de 17/06/1976

Faz desenho de riscos coloridos entrelaçados, usando dois lápis de cada vez para riscar. Parece uma trama de fios sendo construída.

Começo a sentir muito sono e os olhos pesados.

Carina conta dos cachorrinhos da casa da prima onde está morando, falando das "brincadeiras" que faz com eles ("mas não malvadezas", e dá risada). Parece tratar o cachorro como um representante da Carina-bebê e ela, representante da mãe que a maltrata pelo brincar.

Quase na saída troco o nome dela por Cristina. Ela se espanta.

Sessão de 18/06/1976

Vem fungando, está resfriada, faz questão de que eu perceba isso. No mesmo desenho anterior dos riscos coloridos, desenha: um nariz, uma boca e olhos que diz serem muito feios (sorrindo).

Envolve esses traços com mais riscos coloridos. Parece uma imagem que vai aparecendo, sendo sintonizada, como uma TV. Ela ri e diz: "Eu sei o que a senhora está pensando (ri), que é alguém que está atrás da senhora".

Eu relaciono este desenho com o de ontem, em que não havia imagem, somente uma tela como de TV sintonizada.

Guarda o desenho, fecha a caixa e começa a conversar.

Digo-lhe que parece que tem duas partes que Carina mantém separadas: a Carina que desenha, que comunica sem saber o que faz (mais criança), e a Carina de 12 anos, que fala que quer contar o que lhe acontece lá fora.

Ela ouve e fala: "É, não sei. É, pode ser. Sei lá? Bom, mas vou contar dos cachorrinhos".

Fala que foi à aula de ginástica às 6 horas e que o professor não foi. Que a prima se chateou porque tinha aula e ela não, e ontem não tinha psicólogo porque era feriado.

Vão se somando as informações que representam uma queixa pela sessão de ontem, em que eu a troquei (troquei o nome), e que possa ser ela a responsável por isso. Fala de corpo humano, que por dentro é nojento, mole, viscoso. E antes havia me dito que colocou florezinhas de pacote no armário dela.

Vem então tentando ser agradável, e conta a história de que derramaram o lixo da porta na casa da mãe por desaforo, depois dá risada. Fica sem graça porque eu não dei risada.

Hoje veio de relógio (para ajudar a tomar conta?).

Diz que tem vários e até esqueceu como faz para ver a hora, e que pediu à mãe as horas e estava com relógio no pulso ("Imagina!").

Figura 11 18/06/1976.

Sessão de 19/06/1976

Escuta um cliente adulto falar e o vê sair.

Ao entrar vai percorrendo com o olhar a sala, e se demora mais na minha mesa, onde há papel, livros, canetas.

Faz o desenho de duas casas, uma atrás da outra, uma maior e outra menor. As janelas estão abertas, mas não se vê nada. Quando falo isso, ela coloca lustres na casa da frente e jarro na de trás. Falo sobre a busca que ela fez pela sala, após ter sido usada por um adulto.

Hoje ela não está conseguindo fazer aqueles enormes relatos. Talvez porque lhe disse ontem que me envolvia tanto com o que dizia o tempo todo que eu ficava atordoada, sonada.

Fala do resfriado, e que torceu o pé quando foi à Hípica. Que os pais disseram: "quando você acabar vamos para a Hípica". (Mais adiante na sessão percebo que foi uma alusão a "quando eu crescer também posso ter minhas relações sexuais").

Fala do primo que se casou ontem, na Itália. Ele é tão bonitão! Queria casar-se com ele! (Pausa.) Lembra-se do chofer da prima que é a cara do Monteiro Lobato, que até dava para falsificar no livro.

Falo-lhe de ser uma pessoa adulta que é gostada por crianças.

A observação da sala e as resistências continuam. Fala olhando para a minha aliança, pergunta se não é na mão direita que usa.

Lembra-se da novela *Saramandaia*, onde a mulher gorda estoura (de tanto comer). Refiro-me a ela imaginar-me assim, querendo tudo para mim, marido, clientes, e não deixando nada para ela!

Hoje ela tem muita dificuldade em escutar o que digo e, se não falo, me pergunta: "O quê?"

Pergunto o que ela imaginou enquanto esperava.

Ela: "Ouvi conversa, depois ficou tudo quieto...".

"Sim, o que aconteceria entre um homem e uma mulher, entre pai e mãe quando param de conversar..."

"Assistem TV." (Risos, indagações fisionômicas.)

"Namoram, por exemplo, e talvez isto deixe você triste."

"Por quê? Quando for grande eu também vou me casar."

Fala de um vampiro que ia a um velório. Da mulher maravilha da TV, que é invulnerável.

O lenço de nariz, já o enrolou no dedo várias vezes. Agora mostra o polegar, que sabe curvar, e os outros dedos que têm uma flexão, e ela diz que são tortos. Brinca com os dedos, depois esconde as mãos dizendo que é bobagem. (Neste momento, entendo que ela dizia que enquanto não tem marido, tem os dedos para satisfazê-la, a masturbação. Mas não lhe transmiti esta ideia.)

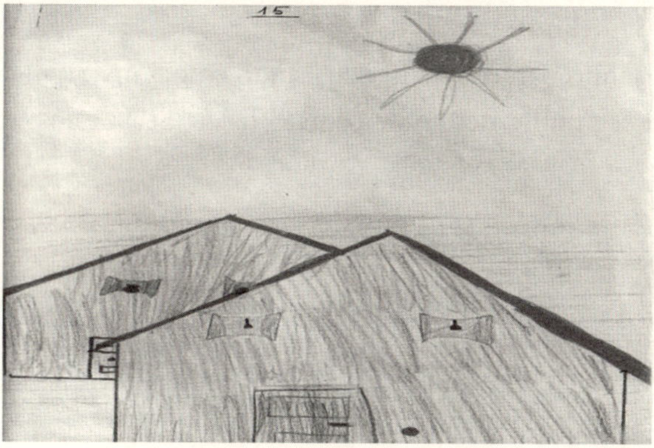

Figura 12 19/06/1976.

Figura 13 23/06/1976.

Sessão de 25/06/1976

Atendo-a dez minutos mais cedo. Vem toda enfeitada e repara no meu cabelo, penteado novo. Arruma-se para desenhar, prepara seu material, tapando minha visão para o desenho, não ostensivamente.

Aponto-lhe. Mostra que ia fazer um anjinho.

Passa para outro e faz um diabo, um anjo e em parte da folha escreve *paraíso*.

O desenho parece refletir seu estado emocional. E mais para o final aparece muito desejo de contato físico. Seria este o diabinho para ela?

Figura 14 25/06/1976.

Figura 15 01/07/1976.

Sessão de 02/07/1976

Ela diz que ontem saiu daqui meio tarde, e ouviu aquele menino... "Puxa vida, né (ri), que barato! Como se chama?"

"Não sei do que você está falando."

Ela escuta e começa a desenhar. Faz um avião. Quando termina, pinta o espaço que sobra em volta em três cores e coloca sinais. Diz que é a pista. Não sabe se está chegando ou saindo.

Falo-lhe da divisão do tempo desde que chega e de necessidade de um ritual para tornar a contatar comigo: chega e aperta a mão, espera fechar a porta e quando a vê fechada se vira para ir à mesa junto comigo. Isola-se executando o desenho. Volta a entrar em contato comigo me mostrando a produção (o desenho) e daí me entretém com histórias.

Conta do cachorro que a família adotou e que dorme numa cesta, tem chupeta, cobertor etc. Conta depois dos trotes pelo telefone.

Os minutos finais são de mais vivência, mais possibilidade de ela se ver ali comigo.

Lembra que o cachorrinho fez xixi no chão. Pediu-me um pouco antes se podia trazer o cachorro para mostrar-me.

Eu: "O nenê-Carina??". Ela ri.

Figura 16 02/07/1976.

Sessão de 03/07/1976

Está falando muito alto na sala de espera. Parece discutir com a mãe.

Inicia desenhando um peixe, água-viva, pulgões, siri saindo da pedra.

Mal contém sua indignação. A mãe a tirou do aeroporto, onde estava esperando a tia, para trazê-la à sessão. Ela não queria. Queria ganhar presente.

Ela pôde dizer que não queria vir, que quer ir embora e que não volta depois das férias.

Telefona-me na segunda-feira para ver se consegue concentrar as sessões, para viajar no dia 10 em vez de 16. Conseguimos. Carina se mostra muito satisfeita com isso, como se fosse impossível consegui-lo, e agradecida.

Sessão de 07/071976

Vai desenhando. Parece um meninão. Ela diz (sorrindo) que é um bicho-gente.

Eu: "Você não quer que seja um menino".

"É... é um destes manequins." (Está um tanto envergonhada.)

O desenho é de um adolescente, de perfil, mas o que está inadequado são os olhos, que estão de frente. Faz de longe (bem pequenas) duas moças. Ele é o James Bond. Assobia para as moças que estão suspirando por ele: "Meu herói!".

Aponto-lhe que hoje conseguiu ir falando enquanto desenha.

Ela: "É, e também melhorei; estou falando mais com meu pai. Antes fazia de um jeito que acho que ele ficava nervoso. Estou brigando mais com minha mãe".

Pergunto se pode vir amanhã às 13h30, concorda e transmite o recado à mãe que estava na sala de espera.

A sucessão de relatos contém o enaltecer do sexo masculino, e o uso de palavras como besta (mulher do burro), cadela, égua – desvalorizando o sexo feminino. No entanto, comigo, Carina está mais chegada, sem as irrupções cuja "leitura" significa agressões a mim. Tem muitas coisas que sente e não consegue dizer ainda.

Diz-me que está melhor (mas na última sessão antes das férias me diz que vai embora, é chato aqui, e não vai volta mais. Em seguida acha que tem função vir, e que ainda vai precisar após as férias). Termina a hora. Quando sai, entra em minha casa para telefonar. Comenta isso na sessão seguinte.

Figura 17 07/07/1976.

Sessão de 08/07/1976

Diz que hoje está com sono. Que chegou 13h10 (e esperou vinte minutos, portanto). Chegou cedo assim porque a mãe saiu cedo para tomar o táxi, e ele chegou logo.

Pensa, hesita sobre o que desenhar. Desenha uma cabeça. Pergunto. Diz que é uma menina, não, é um menino.

Eu: "É o menino do surfe, que estava ontem na camiseta do outro moço?"

"É!" (surpresa).

Desenha-o esquiando em cima da prancha, e o barco puxando-o de longe. As amarras (só numa mão) fazem uma curva não no papel, mas fora dele. Mostro-lhe que aqui também não poderá ver como continua após nosso encontro, mas pode apenas imaginar.

"É", diz ela, "então vou fazer assim" (juntando com uma reta os dois pontos).

Digo-lhe que é irreal assim. Ela percebe o erro gráfico e então faz o pedaço de curva que falta, que fica sobre a mesa, fora da folha. Retira a folha e fica o risco. É evidente a necessidade dos dois elementos, o dela (a folha) e o meu (a mesa) para haver continuidade.

Guarda então o desenho e fecha a caixa. Está um tanto constrangida. Toma cuidados para falar comigo.

Fala-me que esteve na minha casa para telefonar, que a tia vinha buscá-la mais tarde e ela foi avisar. "Muito bonita a sua casa, gostei."

Quando ela me fala isso, eu não entendo se foi hoje que ela entrou, e preciso pedir para que torne a explicar. Ela então diz que foi ontem (estava só, sem a mãe).

Nesse momento passa a relatar que a mãe estava meio adoentada, com dor nas costelas, e pergunto-lhe por que não ia ao médico. Ela relata que a mãe disse que não, que não vai tirar chapas, pedir tantos exames, que logo passa. Carina ficou "chateada" com o que a mãe falou, mas não disse a ela.

Conta então sobre o filme *Monsieur Cognac*. Diz que era divertido e que a mãe ficou dando risada.

Logo depois, passa a se comportar comigo como se estivesse com pena de mim.

Eu: "O que você pensa que me fez para estar se sentindo assim comigo?".

"Não sei se é, mas acho que, bem, não sei se está certo, mas porque entrei na sua casa."

"Sim, acha que a invadiu enquanto eu não estava. Você estava muito curiosa de me ver por dentro."

"É, sim, porque queria ver como era: eu sempre imagino de um jeito e é do outro. Como a casa da minha amiga, também. Olho para ela e penso que é feia, e depois não é. (Pausa.) A senhora vai mudar para perto da minha casa. Queria saber, estou xereta, né?" (Já tinha perguntado se eu fico sentada aqui o dia todo.)

"O que você imagina? Que deve ser chato ficar aqui parado ouvindo os outros falarem?"

"Eu prefiro ver os bichos (quer ser veterinária). É que eu queria comprar essa casa. (Pausa.) Com um cruzeiro lavado que eu tenho." (Ri.)

"Carina quer ser como eu?'

"Eu não. Talvez..." (Aponta o desejo de ser como eu, ter uma casa bonita, que ela viu porque invadiu, mas que não era seu direito, porém ela não pode, só tem um cruzeiro etc.)

"Por dentro. É como se tivesse visto agora que 'o dentro' não é feio como você imagina, como disse outras vezes, se referindo ao corpo."

"Bonita."

"Pode ser bonita por dentro, e você receia ser feia por dentro?" (Pausa).

Figura 18 08/07/1976.

Sessão de 09/07/1976

Digo que ela olhou insistentemente meu casaco desde a entrada e lembrei que tinha dito não gostar dele. Ela, em silêncio, começa o desenho do caracol. Mantém contato verbal comigo, explica à medida que pergunto.

Ela: "Não tem nada de especial que aconteceu". Conta do menino de que gostava quando pequena e não dizia por vergonha, mas todos sabiam e agora tem raiva dele. Brinca com o anel, até que cai no chão. Procura-o e não o acha. Enfim encontra-o, na sua frente.

Falamos dos "buracos". Ela aponta o da fechadura, diz que sempre olha para o buraco da fechadura (é de uma porta pela qual saiu no jardim para alcançar minha casa).

Eu: "Gostaria de estar fora também."

"É possível."

"Ao mesmo tempo, não."

"É, senão é que nem Deus, que está em todo lugar. Ih! Às vezes, penso que sou um anjo que vim à terra com uma missão." (Ri, envergonhada.)

"E qual sua missão?"

"Fazer o bem, ajudar os outros, ser estudiosa."

O caracol com sua casa junto = não há separação casa (eu)/ caracol (ela). Separação = férias.

Figura 19 09/07/1976.

Figura 20 10/07/1976.

Figura 21 04/08/1976.

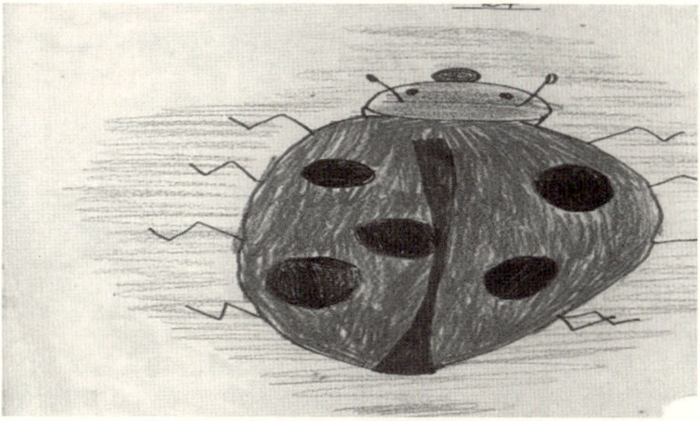

Figura 22 05/08/1976.

Figura 23 07/08/1976.

Figura 24 12/08/1976.

Sessão de 19/08/1976

Não desenhou. Os pais estiveram ontem falando comigo.

Está mais decidida no que quer, disse aos pais que assim não a ajudam a crescer, que a tratam como criança e que quer ser mais adolescente. Melhorou muito na escola, no contato com o pai e na responsabilidade de fazer as lições.

Na entrada me diz que foi legal a conversa com os pais, que a deixam sair, a acompanham, estão "mais para a frente".

Mostra suas melhoras, suas capacidades, reconhece que o vir aqui a ajuda e também lhe limita alguns prazeres por questão de dinheiro.

Sessão de 02/09/1976

Desenhou (com tinta) um galo, começando pelo rabo.

Diz que teve vontade de vir. Que vai para o sítio na sexta-feira. Que tirou 9,5 de matemática novamente. Que agora reza toda a noite.

Eu: "Sim? E o que pede?".

"Para ser bonita, para que X goste de mim (dá risada)."

"E consegue?"

"É só pedir que eu consigo, sempre consegui o que queria."

Mostro-lhe a crença na possibilidade de se comunicar com alguém especial, que a atende sempre.

Ela trouxe uma bolinha de gude e diz que achou aí fora (no meu jardim). Rola-a para lá e para cá na mesa, até que a põe no desenho que deixou secando na última sessão. São três círculos coloridos, concêntricos, e num deles há uma mancha por dentro. Enquanto ela fala, não lembro que assunto, colore o desenho. Um rosto-máscara-monstro.

Fala que é inventora, que às vezes inventa coisas. E pega quase automaticamente a bolinha de gude e a faz escorregar para a tampa da caixa (que está apoiada sobre a mesa). Aí pega três xícaras e cobre a bolinha com uma delas. Faz comigo um jogo de adivinhação. Onde está a bolinha? Penso se ela não estaria querendo adivinhar algo de que suspeita? Descobrir? Seria o meu estado? (Estou grávida.)

Pergunto se ela não estaria querendo saber algo que não pode perguntar, só adivinhando.

Termina a hora.

Figura 25 02/09/1976, desenho 1.

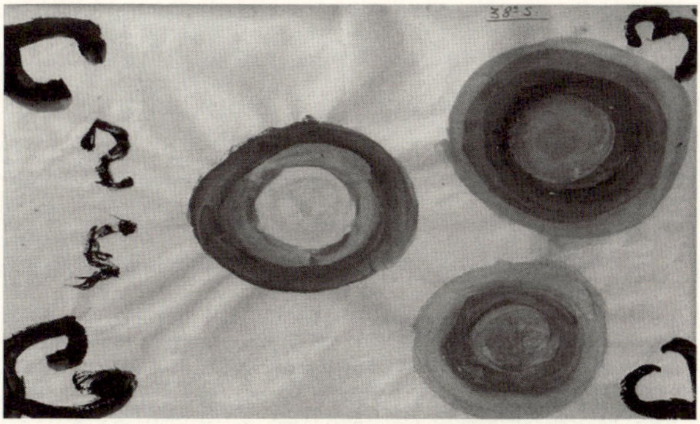

Figura 26 02/09/1976, desenho 2.

Figura 27 02/09/1976, desenho 3.

Sessão de 03/09/1976

Chegou quinze minutos antes (que seria o horário antigo).

Quando a chamo, está de saia, pela primeira vez. Aponta-me o relógio, dizendo que estou atrasada. Olho o meu relógio e digo que não são 13h15.

"Ah!", diz ela, "não é mais à 1 hora?!"

Ainda em pé, me mostra que fez depilação nas pernas. Doeu. Senta-se e diz que vai para o sítio saindo daqui. Abre a caixa, preparando as tintas. Me conta que D. é muito malcriada com a mãe, que dá até raiva como ela se comporta na mesa e a mãe não fala, não dá bronca.

Ela: "Tem 11 anos e a minha mãe sugeriu que levasse à psicóloga (critica a atitude da menina). Ah! E tive um sonho em que um macaco queria me pegar, era um bicho de pelúcia que estava no meu quarto, que virou macaco. Minha mãe e eu saímos correndo e ele atrás. Fomos correndo até a casa dessa minha amiga e então ficamos eu e ela correndo e, de repente, o macaco a alcançou e a estrangulou (conta o sonho sorrindo, não mostrando angústia)."

Começa a fazer com tinta vermelha uma pequena mancha e aí lembra de me contar que na escola, para o trabalho da semana da pátria, desenhou uma pomba e, no meio, o mapa do Brasil (e vai fazendo rabiscos para me mostrar, tudo em vermelho, e aí fica um desenho que parece útero e trompas, vistos por dentro).

Digo-lhe que parece o interior do corpo de uma mulher.

Ela olha assustada e meio que se desculpa, dizendo que foi fazer depilação e tinha várias só de calcinha e sutiã, "vai ver que é por isso". Explica-me novamente sobre a depilação, como foi, que a mãe dela quis que fizesse porque vai usar short no sítio e que lá tinha umas que... etc.

Enquanto isso, continua o desenho, fazendo as pernas, várias, e, em cima da cabeça (ela diz que está atrás), faz uma árvore. Como respinga o pincel, resolve fazer tudo respingado e pintar de marrom. Faz riscos. Pausa. Tenta consertar a sujeira para que não apareça.

Fala que quando viaja tem medo de precisar ir ao banheiro e parar na estrada. Que os banheiros são sujos. Pausa.

Digo-lhe que está crescendo e que tem medo de se tornar mulher.

Ela pensa um pouco e diz que sim.

Falo que ela acha que existem coisas que uma mulher faz e que doem (depilação), que são sujas (sexo). Que deseja essas coisas, mas parte dela acha-as sujas e feias e se critica.

Ela acompanha. Diz que tem horas que pensa em coisas... Que gosta de pôsteres de mulher pelada (pausa). "Quem não gosta?"

Parece querer ver minha reação. Eu penso nela adolescente com o interesse do corpo. Penso no que fazia com a mãe, quando lhe arrancava a saia para vê-la e queria se deitar com ela. Penso em necessidades de bebê. Não falo nada.

Outubro e novembro de 1976

Ela não tocou mais na caixa e passou a falar, falar, desde a hora que entrava até a hora que saía, sobre acontecimentos do dia a dia, num clima de total entretenimento, porém ansiosa e não permitindo que eu fizesse qualquer intervenção, usando minha presença como uma escuta, um "acolher".

Às vezes eu tentava me deter em algum conteúdo para ver se achava uma saída e então, enquanto ela falava, como um decifrar, eu procurava algum sentido. Nunca fui além de algumas especulações, que chegava a criticar e não me aventurava a dizer.

Então, numa sessão, lhe disse que o que estávamos fazendo era incompreensível; ela aflita para me manter entretida e eu tentando verificar o que fazer com o que me dizia. E que me dizia estar tão aflita em continuar "se vendo" que eu precisava dar-lhe tempo e dividir com ela essa aflição.

Enquanto estava neste impasse, muitas vezes eu olhava para a caixa fechada e me perguntava por que Carina não a abria, por que não desenhava, pareciam-me mais ricos aqueles momentos. Algumas vezes fiz acenos à caixa, e em outros momentos liguei a situação da caixa fechada com a Carina fechada, pensando que às vezes havia uma brecha e abria um pouco a tampa da caixa.

Essa situação descrita que estava existindo entre analista-analisanda só pôde ficar emergente na sessão anterior à que se segue, quando indaguei de modo mais claro e explícito sobre o que fez com sua atividade de desenhar etc.

Sessão de 01/12/1976

Após minha intervenção da sessão anterior, de que abrir a caixa é ter medo de surpresas, é como abrir conhecimento e conversa sobre minha barriga... Carina abre a caixa.

Foi mais ou menos assim: Carina entra e logo se refere a uma moça da sala de espera que estava vindo.

Pergunto-lhe o que pensou a respeito.

Diz-me que está pensando que não tem assunto hoje. Bom, tem, mas... é muito comprido, não sabe por onde começar.

Automaticamente lhe pergunto se avisou a mãe de que vamos entrar de férias dia 23 de dezembro. Diz que não.

Peço-lhe então um papel para anotar. Ela olha e diz que não tem.

Digo que em sua caixa deve ter.

Ela exclama, como que surpresa de ter que levar em conta sua caixa. (Pausa – e não abre.)

Pergunto se ela tem medo de abrir a caixa, como se não soubesse mais o que contém.

Ela diz que sabe sim, (bem rápido) que tem duas pastas, canetas, bonecos, tal e tal, mas não a abre.

Digo-lhe que abrir a caixa neste momento é algo que lhe assusta tanto quanto a vontade de abrir, talvez, e ver o que tem dentro da minha barriga e que ideias ela tem dentro de sua cabeça.

Em seguida Carina abre a caixa e manuseia as pastas. Confessa que teve medo de abrir e diz que é como se estivesse enferrujada, após tanto tempo. Procura uma folha para me dar. Diz que não tem (olha nas pastas).]

Pergunto se lembra qual foi seu último desenho.

Após pensar, diz: "Não é o dos pássaros?" (ou aves?), pensa mais um pouco, diz que acha que é o das focas. Depois pensa se não é um outro. Procura-o nas pastas e diz que é um que não está aí. Afirmo-lhe que ninguém mexeu em sua caixa e que o que deixou, aí está.

Ela diz que não sabe, então, mas não está achando. Dá-me uma folha e pega outra para ela. Sorri e diz: "Bom, agora a caneta". Abre o estojo e me dá a verde. Divide a folha ao meio e fica indecisa entre usar meia ou uma inteira, optando pela inteira.

Eu redijo o recado para que ela o transmita à mãe. Ela começa a desenhar.

Neste momento sinto que se reabriu o diálogo entre nós. Que Carina passou este tempo tentando "despistar" minha atenção do terror que estava vivendo por ter que investigar o que havia em sua mente frente a um desencadeante, minha gravidez. A caixa parece ter sido o representante fantasioso dessa realidade psíquica: "Se abro a caixa, vou ter que ver o que tem dentro e tenho medo. Mas que vontade eu tenho de ver o que tem dentro dela, a analista. Ela não me mostra (exclusão)! Então eu também não mostro o que tem dentro de mim (a mente)".

Carina ouve o que vou considerando enquanto desenha uma montanha (pinta de verde) e um enorme sol saindo. Verde é a cor que me deu para escrever o recado.

Comete o ato falho de substituir fértil por outra palavra que agora me foge. Mostro-lhe o erro e aponto-lhe que é uma palavra difícil para ela.

"Fértil", ela diz, "solo fértil..."

"É, de onde nascem frutos, bebês, como comigo; fértil e perigoso, o que tem dentro: bebês? Pipis? Cocôs?"

Enquanto escrevo, lembro-me do desenho cujo solo foi pintado de verde, mas que teve um pouco de azul que ficou encoberto e outro tom de verde que ficou parcialmente coberto. E duas nuvens: uma atravessada por um raio de sol, outra presa por outro raio de sol.

Mostra agora desagrado com o bilhete das férias, e diz que vai viajar na semana que vem, "bem-feito" (antes de eu entrar em férias).

Percebo então o quanto ela está aborrecida com a separação e chega a senti-la como algo ruim, um abandono meu, ao qual reage dizendo que não vai esperar. Está ressentida, sente que precisa fazer ainda muita coisa comigo, e nem sabe por onde começar.

Figura 28 01/12/1976.

Figura 29 04/12/1976.

Sessão de 31/03/1977

É a primeira sessão após minha interrupção para dar à luz.

Na entrada a mãe se levanta para cumprimentar-me efusivamente e se inteirar do ocorrido. Há uma emoção neste momento, e quando lhe digo que foi uma menina, e ela responde que havia adivinhado, parece haver surpresa em Carina, e a mãe disfarça dizendo que foi Carina que achou que seria uma menina.

Carina vai entrando enquanto a mãe deseja bom trabalho, está sorrindo e visivelmente emocionada, e verbaliza, enquanto vai se sentando, que está emocionada de me ver sem barriga. Automaticamente faz o movimento de abrir a caixa e pegar material para desenhar.

Fala de suas emoções, dos rapazes de que gosta e já se imagina na cama com eles; que está querendo fumar, já tentou, não gostou. E que na escola está indo mal, sem vontade para estudar. Que uma noite dessas estava aborrecida e não via a hora de vir aqui, queria conversar.

(Então me parece que até agora ela está falando de suas "mudanças", que percebeu haver coisas dentro dela que não entende e quer saber, conhecer-se.)

Passa a falar de um livro do Erico Verissimo, *Um lugar ao sol*, que a professora mandou ler – "livro chato!". Começa com um velório, e vai narrando os personagens que morrem. E após isso é que começa a história. *[O nascimento põe em perigo duas vidas. Isso é muito profundo no ser humano.]*

Neste momento penso que Carina fala de suas próprias fantasias: o começo dela, de sua vida, foi um velório, houve "mortes" para ela nascer e continuar vivendo. É assim que começa sua história. Meu afastamento foi sentido por ela como morte também. Eu vou lhe falando isso (seus olhos se enchem de lágrimas) e que a conduta que ela acabara de descrever seria uma certa "mania" para talvez se defender da depressão dessa fantasia. Surge o material, a "morte" de sua mãe, a mãe adotiva com a morte de sua mãe também, e ela com suas transformações caminhando para ser mulher-adulta. Ter filhos! Está novamente presente a morte.

Carina diz que quando pensa nisto lhe dá um tremor no peito e fica pensando se tem alguma coisa no coração.

Digo que no coração não sabemos, mas na mente, sim, imagina que algo está estragado em seu corpo e que não poderá ser mulher inteiramente, ter filhos, e, se for, há a ameaça de morrer... (verbalizando sua fantasia).

Passa a se referir à mente de pessoas importantes que saem nos jornais e das outras que são comunicadas apenas como: "morreram 500 mil pessoas etc.".

Digo que me parece estar "sentida" com o fato de que todos se atentaram para minhas mudanças, o nascimento do bebê, e nada para ela, que está com tantas novidades.

Carina entende que estou esperando outro nenê. Lentamente vai terminando o desenho – só árvore, sol e nuvens em volta do sol. Diz-se preocupada com seu pai por causa das finanças, que ela pediu uma mesada, mas está apertado, e como o pai prometeu, diz que vai dar, apesar de ela dizer que pode esperar.

Falamos sobre sua curiosidade e o receio de me fazer perguntas.

Quer saber o nome do nenê e quando nasceu.

Faltando quase dez minutos ela começa a ficar mais silenciosa. Diz que a mãe deve estar roncando lá fora de tanto dormir. Daí a pouco me pergunta se aquela japonesa continua vindo.

Mostro-lhe que passou a estar com pessoas lá de fora e trazê-las para dentro. Talvez se sinta incomodada só comigo agora.

Ela responde que acabou o assunto.

Digo que talvez seja agora que "vai começar um assunto" e isso lhe esteja incomodando.

Termina a hora.

Figura 30 31/03/1977.

Sessão de 24/06/1977

Constata que está um pouco atrasada. Logo inicia contando um devaneio (ela diz sonho de olho aberto).

"Estava falando com minha mãe que, quando for para os EUA, vou trazer bastante coisa. Aí, imaginei que vou tomar o avião, e se for cair? Aí imaginei que caio no mar e vou nadando, mas apareceu um tubarão. Então fico bem quieta. Mas não posso ficar assim duas horas, preciso me mexer. Aí penso que vou amarrar sua boca com o cinto, mas não adianta porque escorrega. Então ele vai me comer uma perna. E eu tento mesmo assim ir nadando. Mas o sangue vai chamando outros tubarões e quando vejo estou cercada. Então fico dormindo, bem quieta, esperando alguém vir me tirar dali."

"Quem, eu?"

"Também tive outro sonho, este foi de noite. É que tenho um primo que tem uns ataques, não é epiléptico, é de loucura. Ele quebra vidros, tal e coisa. Ontem ele esteve na minha casa e numa hora pensei que ele ia jogar alguma coisa em cima de mim. De noite sonhei com isso."

A sessão continua, há muito material alusivo a perigos que ela sente e contra os quais não sabe se proteger, são inexoráveis. Pelo que ocorreu entre nós na sessão de ontem, ela foi despertada para o modo como agride, metendo-se para dentro do outro (esta seria a atuação da raiva?), sua própria raiva voltando-se contra ela. Isso é intenso nela.

A partir de uma intervenção minha, ela se irrita (possivelmente sente-se criticada, aliás, antes mesmo de entender o que lhe digo) e faz que não entende a linguagem metafórica, ou responde achando "lógico", "claro", "com todo mundo é assim" etc.

Esta análise continuou por mais um ano.

Imagens durante a experiência analítica[1]

Carina tinha 12 anos na época que iniciou análise comigo por ser displicente com os estudos, por vezes agressiva e curiosa. Foi adotada desde o nascimento e sabe disso.

No primeiro encontro, mostra-se ansiosa por corresponder ao que a analista "estaria esperando dela". "O que devo fazer?" é a pergunta frequente dessa sessão. Decide-se por desenhar. Ao terminar, nomeia o desenho de "Camponesa".

1 Apresentação de pôster de Marisa P. Mélega durante o II Congresso Latino-Americano de Psicanálise de Crianças e Adolescentes, em São Paulo, em 1996.

Eu: "O que ela tem na cabeça?"

"Não sei... É milho? Fruta não! Senão parece baiana." (Querendo dizer de mau gosto, de classe social baixa.)

É interessante a representação de uma cabeça carregando algo (uma cesta?) que não sabe ao certo o que tem dentro. Milho? Algo que pode crescer? Às minhas intervenções, mostra-se surpresa: como eu estaria compreendendo o que se passa com ela? "É porque a senhora estudou?", pergunta Carina. Houve de fato uma grande mobilização emocional nesse primeiro encontro. Combinamos a continuidade das sessões.

Nos encontros seguintes e até o final da análise, Carina executa um desenho a cada sessão, em quase todas as sessões (três vezes por semana). Chama a atenção nas primeiras treze sessões a divisão do tempo.

Primeiro desenha: e é quando não quer que eu me associe ao seu desenho por meio de intervenções que possam revelar a motivação de execução ou mesmo o que estaria se passando durante aquele contato.

Os desenhos "O Ursinho", "A menina", "O olho" e "As casas" pertencem ao período em que ela se sente "explorada" pelo olhar analítico, se esconde e também "explora" a analista.

"O Rosto" é uma produção feita em duas sessões. Na primeira, ela desenha com dois lápis de cada vez, como que montando uma trama de fios, enquanto me conta coisas do cotidiano, o que revela a possibilidade de começar a unir duas experiências, permitir que haja associação livre, dispensar o controle sobre as suas manifestações inconscientes, permitir a coexistência de dois lápis, de duas mentes mais livremente.

Curiosamente, nessa sessão, a um certo momento, sinto os olhos pesados de sono e, ao finalizar a sessão, troco o nome dela por Cristina, ao que ela reage com espanto.

Atrás da cadeira onde se sentava havia uma porta, permanentemente fechada, que dava acesso ao jardim, por onde eu passava para entrar em minha residência, a qual estava situada um pouco para trás do consultório. Nessa sessão, ela vai narrando fatos em que há pessoas esquecidas, sobre gente que fez desaforo jogando lixo na porta de casa e sobre o corpo humano, que é nojento, mole e viscoso por dentro.

Falo então de sua queixa por ter trocado seu nome ontem, o que a fez sentir-se esquecida por mim e pensar que coisas será que tenho dentro de mim para isso acontecer! Coisas nojentas? Lixo? Ela se surpreende com o que lhe digo.

O desenho "As casas" é feito na sessão seguinte, em que ela entra na sala e a percorre com os olhos várias vezes como que buscando algo, alguém. Quem está aí? Quem esteve aí? O que você faz aí quando não estou?

Sessões mais tarde, ela me conta que entrou em minha casa para telefonar e que a achou bonita.

"O galo" e "As máscaras" foram feitos durante a sessão de adivinhação em que é revelada a gravidez da analista.

A produção "O macaco" ocorre na sessão seguinte. Conta-me primeiramente o sonho que teve na noite passada: "Um macaco queria me pegar... era um bicho de pelúcia que estava no meu quarto e virou macaco. Minha mãe e eu saímos correndo e ele atrás de nós. Chegamos à casa de uma amiga e lá eu e ela continuamos correndo, o macaco alcançou minha amiga e a estrangulou".

Com tinta vermelha, vai fazendo uma pequena mancha e lembra de contar que na escola, para o trabalho da semana da pátria, fez uma pomba e, no meio da pomba, o Brasil. Enquanto explica, vai fazendo rabiscos para acompanhar a descrição e adquire a representação de útero + trompas, e mostro-lhe que parece o interior de uma mulher. Ela se assusta com o meu comentário e se justifica dizendo que quem sabe ela andou vendo várias mulheres de calcinha e sutiã no salão de depilação. Continua o desenho falando em pernas, cabeça, árvore... e de repente emergiu a figura que chamamos de macaco. A terra é representada abaulada (como a barriga da analista que cresce cada vez mais?).

No final do primeiro ano de análise, ela desenha "O livro", em que podemos ver uma relação entre o olho-sol e o livro-conhecimento. É a expressão de um estado de mente em que Carina parece ter compreendido a relação de dois, a relação analítica, a relação dos pais.

Depois há alguns desenhos do segundo ano de análise, quando ela inicia uma fase que os pintores denominam minimalista. Segundo Carlos Fajardo, artista plástico, o minimalismo é um momento recente nas artes plásticas (década de 1960) em que o produto final, a obra, conhece um tipo de estratégia que consiste em reduzir todos os elementos plásticos da obra, menos um, que, pelo resfriamento do resto, aparece ampliado. Por exemplo, imagine um conjunto de pinturas, todas do mesmo tamanho, na mesma técnica, na mesma cor, no mesmo tipo de tela, cuja única diferença nos trabalhos é o gesto de aplicação da tinta. Como consequência, essa diferença gestual se torna um elemento muito crescente.

Carina passa a desenhar paisagens: terra, linha de horizonte, céu, sol, pássaros. As mudanças fundamentalmente estão nas plantas, mas também nas cores, no tamanho e na posição do sol, no volume da terra, todos detalhes que expressam estados de ânimo que exigem uma atenção especial para serem compreendidos. É interessante que o minimalismo – a repetição da estrutura com poucas variações – se instala na linguagem visual de Carina a partir do nascimento do bebê da analista. Desenhos com poucas variações, paisagens frequentemente lembrando a produção do período da latência, que combinaria a repressão da sexualidade e a tendência ao conhecimento racional, socializado.

4. Relato da análise de Carlos, 7 anos e 6 meses

Os pais me procuraram porque Carlos apresentava cacoetes, como jogar o cabelo para trás.

Para ter a oportunidade de conviver com meninos da sua idade, iniciou aulas de judô, pois, tendo mudado o período escolar, estava sem amigos. É um menino muito reprimido. Começou a exteriorizar as raivas em função de estímulos como o judô.

A mãe, durante a entrevista, diz que ele tem o hábito de "guardar tudo", é muito fechado, é difícil para ele separar-se dos pais e tudo ele racionaliza. Tem excelente resultado nas coisas às quais se dedica. Tem muito medo da "tia" (professora), talvez porque o ensino é rígido. Passa 80% do tempo fazendo tarefa escolar e 20% com o grupinho de amigos mais velhos para jogar bola, comparando-se com meninos maiores e tentando sobrepujá-los no futebol.

Tem satisfação em ganhar, é competitivo, e a mãe acrescenta que é competitivo também com o pai, com quem faz luta corporal até se descontrolar, se o pai não o limita com uma bronca. Aí se sente coitado, "não gosta mais do pai", pois o acha injusto. Fala mal do pai nessas horas. Nessa situação, diz que gosta mais da mãe que do pai, e procura fazer chantagem, não aceita nenhuma ordem da mãe, mas das tarefas escolares ela deixa que se encarregue sozinho.

Os colegas do "grupão" gostam dele. Costumam chamá-lo e usam seus brinquedos, mas ele não se deixa fazer de bobo. Agora reage bem e provoca briga. Uma vez a mãe interrompeu uma briga com um menino com o dobro da idade dele e, depois disso, ele começou a piscar, virar o pescoço, ranger os dentes.

Após a última briga com o pai, em que deu um tapa e o pai revidou, Carlos apresentou estes mesmo cacoetes. Nasceu "hipermaturo", chorou logo. Teve insônia e eczema nas costas, mas melhorou. Alérgico a leite, mamou seis meses, três só no peito, três complementando com mamadeiras. Teve diarreias. A dentição começou aos 3 meses. Andou aos 9 meses. Falou aos 14 meses. O treinamento esfincteriano foi normal. Foi sempre "muito adulto".

Iniciou a análise em agosto de 1977, três vezes por semana.

Sessão de 23/08/1977

É o nosso primeiro contato.

Senta-se na cadeira "dos adultos" (minha cadeira). Fala-me que tem vários tiques e que a mãe disse que aqui *eu* poderia ajudá-lo a ver o que tem e por que isso acontece.

Eu o escuto, pergunto-lhe se sabe meu nome. Ele diz que não. Pergunto se está se lembrando de mim. Ele diz que sim, do clube.

Após ele me contar sobre seus tiques, eu lhe digo em quais horários vamos ficar juntos e aponto para a caixa de brinquedos. Ele se dirige à caixa que se encontra aberta em cima da mesa e retira de dentro: um barco, um caminhão, massinha, bonecos. Pega a massa, amassando-a insistentemente. Faz bolas e carrega-as no caminhão.

Ele experimenta colocar o barco no chão, e depois dois bonecos – adultos –, mas os recoloca na mesa. (Chama minha atenção o grande espaço que ele utiliza e as diversas localizações dos espaços: chão, mesa.) Então retira da caixa os bonecos restantes (inicialmente retira só o casal). Passa algum tempo tentando equilibrar o boneco-mulher, que cai a toda hora. Escolhe um copo – de papelão – como apoio para ela, mas não adianta. Coloca dois pratos em cima do copo para dar maior estabilidade à boneca. Consegue, retira momentaneamente o apoio, acaba encostando o braço dela no boneco-homem, consegue colocá-la em pé e então retira todo o apoio.

Passa a querer colocar todos os outros bonecos em pé. Encontra dificuldade. Ao pegar uma cadeira dobrável para servir de apoio para um boneco-menina, não consegue desdobrá-la. Eu me ofereço para ajudá-lo, mas ele não aceita. É patente sua dificuldade em manter os bonecos em pé, em cima da mesa. Ocorre-me como seria fácil se ele os encostasse à parede (é uma família toda). Por fim utiliza a parede para isso. Nesse momento lhe digo que os pais sentiram necessidade de procurar alguém como eu para ajudá-los a se entenderem.

Com os bonecos apoiados, ele vira o conteúdo do caminhão (as bolas de massinha) e diz: "eles estão vendo a terra cair".

Começa então a transportar para o divã os bonecos (o casal primeiro, e depois crianças e um adulto que chama de empregada) e o barco. Tenta deixá-los em pé, não consegue, e então os deita fazendo das duas almofadas do divã um refúgio. Informa-me, quando lhe pergunto, que é uma caverna. Diz que lá é uma ilha. Utiliza o caminhão guincho para puxar o barco para cima da ilha.

Agora todos ficam em pé apoiados nas almofadas. O boneco-menino, que já assumiu a direção do barco para transporte até a ilha, faz voar um aviãozinho e chocar-se contra o garoto e, depois, contra o pai.

Pergunto o que está se passando e ele diz que é um avião de brinquedo, dos de madeira.

Parece haver certa disputa entre boneco-menino e boneco-pai pelo aviãozinho e ele o esconde embaixo da almofada, atrás do boneco-pai (este fica de costas, ao contrário dos outros bonecos, que estavam de frente). Há uma passagem das bolas de massa do caminhão para debaixo dessa almofada. Novamente o menino se destaca dirigindo o barco.

Carlos volta com o aviãozinho para a mesa onde estou e depois transporta as bolas de massa. Vai fazendo os outros voltarem da ilha pelo barco e recoloca-os sobre a mesa. Agora os dispõe em dois grupos: pai, filha e empregada encostados um no outro em fila; mãe e filho de frente um para o outro.

Agora me pede que abra a cadeira dobrável e nela coloca mais perto da mãe uma menina sentada. Pega uma folha de papel e a caixa de lápis, faz caretas com a boca, com os olhos, e empurra o cabelo para trás, apenas levemente, enquanto executa um desenho.

Recorta o desenho terminado e o coloca em pé, encostado na parede. Recorta peixes de papel que põe numa panela junto com massa (?). Pergunto se ele está fazendo comida. Diz que sim.

Está na hora. Proponho que ele volte amanhã às 17h30. "Você pode?"

Ele: "Eu posso".

"E a escola?"

"Minha mãe me deixa faltar, não tem problema. Às vezes fico uma semana sem ir para a escola."

Guardamos tudo e ele sai, mas a mãe não está para combinarmos e ele sabe que ela foi até a escola buscar as irmãs.

Nota: Carlos quer se sobressair na família e indica a necessidade de todos serem apoiados para não caírem, a começar pela mãe. O pai é colocado de costas sem olhar para a família. Isso corresponde a uma situação real da família: a mãe tem problemas de saúde, não parando em pé, e o pai fica ausente por questões de trabalho em outra cidade.

Ao fazer a bandeira do Brasil ele começa a ter tiques. Penso que ele está substituindo a presença do pai por um símbolo da cultura! Um signo?

Figura 1 23/08/1977, desenho 1.

Figura 2 23/08/1977, desenho 2.

Sessão de 19/09/1977

Muito quieto, sem olhar para mim, abre a caixa com sofreguidão e arma um jogo de futebol no divã: dois gols, o menino e a empregada. Inicia o jogo, de costas para mim, quieto.

Logo depois o boneco-empregada está deitado no campo e o menino está com a bola fazendo piruetas etc.

Pergunto o que faz.

Diz que está treinando, que é um campeonato. Pergunto se a que está deitada não precisa treinar.

Diz que não, porque ela é melhor.

Digo-lhe que então o menino treina porque quer ficar melhor. Para ganhar dela?

"É."

Digo que aqui está acontecendo isso também. Que ele está de longe, isolado de mim, tentando treinar para crescer. Para ficar grande e aí poder falar comigo?

Falo também que ele deve se sentir amedrontado de ser criança ali comigo, sendo eu grande. Mas que está enganado! Que ele vem para poder se sentir como ele é de fato: uma criança, e não um adulto, e que podemos conversar desde já.

Ele parece ter escutado: não dá uma resposta verbal, mas passa a jogar mais lentamente, sem tanto empenho. Vai à caixa e introduz o boneco-homem no gol.

Minutos após deixa o boneco-menino no campo, o boneco-empregada no chão e leva o boneco-homem até a mesa onde estou e onde está a caixa. Senta-o. Ele se inclina lentamente dizendo que vai pegar um copo do chão e derruba-o. Feito isso ficamos ele e eu frente a frente pela primeira vez.

Agora ele desenha pessoas. Quando pergunto quem são, diz que são para o campo (de futebol).

Ele sorri com a criação dele. Finalmente conseguiu! Está certo.

Pergunto a idade e ele diz: 24 anos.

Termina o horário.

Figura 3 19/09/1977.

Setembro de 1977

Neste mês, ele faz vários desenhos de jogos de futebol.

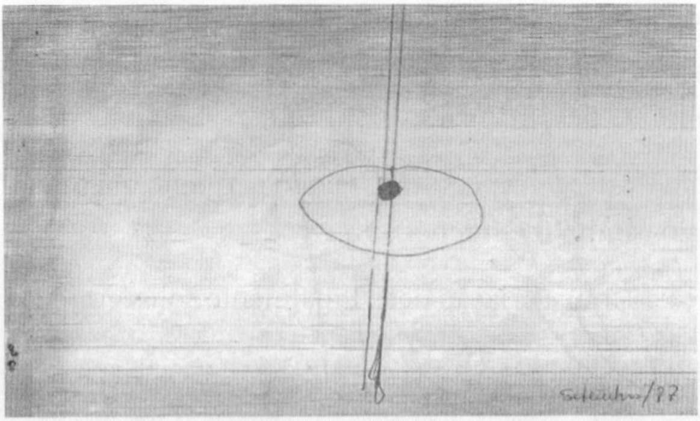

Figura 4 Setembro de 1977, desenho 1.

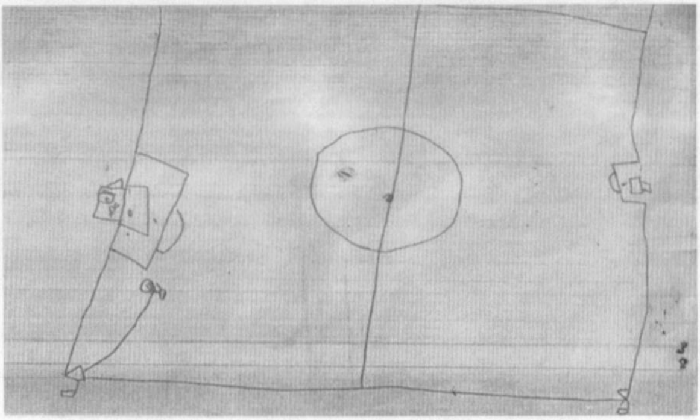

Figura 5 Setembro de 1977, desenho 2.

Figura 6 Setembro de 1977, desenho 3.

Faz a primeira pessoa com uma perna menor que a outra. A segunda pessoa é pequena, com o corpo curto e um grande braço esquerdo (ele escreve isso, que ela tem um grande braço esquerdo; não dá para ver no desenho). A terceira pessoa sai certa, proporcionada. É um jogador de futebol.

Figura 7 Setembro de 1977, desenho 4.

Sessão de 18/10/1977

Entra silencioso, sem me olhar. Abre a caixa, pega os bonecos, as madeiras e as bolinhas e arma o jogo de futebol em cima do divã.

O sentimento de exclusão que Carlos provoca em mim é grande. Penso no medo dele ao estar comigo: ele criança, eu adulto.

No jogo, manipula todos de sua família e ele ganha sempre. Aponto-lhe que pode ser um desejo que ele não consegue realizar, já que pretende ganhar dos adultos, dos pais. Esse é o modo como ele se aproxima, por competição.

O jogo continua: no futebol o boneco-mãe está excluído da família. Aliás, o boneco-mãe está do meu lado. Faz um intervalo no jogo e então é a empregada que faz as vezes da mãe. Aponto-lhe isso e pergunto se ele não acha que eu também sou uma empregada aqui, que faço coisas com ele que ele esperaria de sua mãe. Olha-me surpreso.

No início da sessão, ao tentar conversar com ele para que se desse conta do que estaria realmente fazendo, de como poderia estar se sentindo comigo presente, ele vai acompanhando com a cabeça sem falar. Digo-lhe que se comprometeu a não falar e se sente bem assim: ele brincando e eu olhando o que ele faz.

Ele interrompe o jogo de futebol e tenta montar a sala de visitas com a TV que já tinha montado outras vezes. Mas muda de ideia e procura em sua caixa uma folha limpa, mas não acha. Pergunto se é difícil para ele me pedir o que precisa.

Ele então me pede uma folha e eu lhe entrego uma que tenho na escrivaninha.

Procura novamente uma caneta marrom que não acha e substitui pelo lápis marrom. Antes de desenhar a árvore, recolhe e guarda na caixa todo o jogo de futebol, esquecendo a bola. Ficam para fora o desenho e a bola.

Termina a hora, ele não terminou de pintar o sol; sua caixa está muito entupida de coisas – ele faz o desenho num espaço que fica no meio de uma confusão de brinquedos e papéis. Digo-lhe que é difícil assim, com tantas coisas, entupido!

Termino e o lembro da bola que ia esquecendo.

Hoje senti um pouco de comunicação, um contato, mas à custa de um grande esforço.

Lembro agora que ele parou de equilibrar as coisas para que permanecessem de pé, em equilíbrios muito instáveis.

Sessão de 19/10/1977

Novamente arma o jogo de futebol com a família em cima do divã e de costas para mim, sem falar. Aos 20, 25 minutos de observação e constatando a distância em que eu fui sendo colocada, penso que ele está evitando contato real e o jogo é um controle onipotente para não ter a experiência de contato comigo. Ele retira os personagens e ficam só a mulher e o menino.

É a manipulação de suas fantasias por meio do jogo de futebol. Competição e vitória, um meio de se sentir forte, bom e grande. Será que se sente tão fraco, pequeno e ruim? Para não querer ser ele mesmo criança, para não precisar dos adultos?

Indago sobre o que se passa, pois já faz algumas sessões que ele fica no canto, evitando até me olhar. Será que ele está com tanto medo de mim? De que eu possa lhe dizer coisas de que não vai gostar? Para que ele acha que serve vir aqui? Não gosta?

Ele faz que não com a cabeça.

Digo que neste caso seria bom ver o que se passa com ele para que, quando não gosta de algo, de alguém, ele não fale, se isole, "como se nada estivesse acontecendo".

Supervisão de 20/10/1977

Virgínia Bicudo sugere a angústia pela mãe fraca impedindo que ele seja ele mesmo (medo de se "contaminar" com a doença da mãe).

Luta para sair desse esquema de fracos. No jogo ele tortura o fraco. Ensina a empregada a ser forte treinando-a.

Quando o pai brinca e mostra a força que tem, ele se sente fraco como a mãe.

É um menino que demonstra consideração pelo objeto. Tem a imagem de uma mãe desvalida, o que é uma sobrecarga violenta.

Agora o menino está mergulhado em seu jogo. Em seu mundo interno está lidando com esta imagem (está vivendo a fantasia de ser forte e fazer todo mundo fraco).

Sessões entre 16 e 22/11/1977

Abandona o jogo de futebol com o boneco-mulher e o boneco-menino.

Passa a usar os carros: três pequenos, dois grandes, um guincho, um que é o basculante.

É interessante que passa também a utilizar o restante da sala. Usava só o divã quando representou o jogo de futebol e de costas. Depois o chão (entre o divã e a mesa lúdica onde me sento). Depois minha escrivaninha e a poltrona do lado do divã, e por fim a mesa lúdica. Agora estamos frente a frente; descrevo para ele esse movimento de aproximação.

Sessão de 23/11/1977

Trouxe folhas de papel que me pediu na sessão de ontem. Começa a desenhar.

Primeiro, um carro, do futuro. Percebe o engano (1589).

Eu: "Então é do passado?".

"É um carro que não existe e que agora apareceu."

"Carlos hoje também chegou aqui com Marisa e ganhou a taça (um homem segura uma bandeira branca)."

Segundo, uma estrela ("Foi o menino que soltou", ele diz. A estrela está no desenho da sessão anterior).

Eu: "E ela está se encontrando com o sol?".

"É."

O sol é todo colorido, risonho. Uma casa com antena de TV. Novo encontro.

Terceiro, um avião no aeroporto. Está parado (não está chegando nem saindo).

Quarto, um menino, com cara de japonês. Tem os pés grandes demais.

Carlos: "Olha a mão como é pequena. O nariz atira. É um revólver. Calça sapato 149. Olha os laços. Os laços são pequenos também. É uma menina (alonga os cabelos e faz os cílios grandes). É um nenê. Acabou de nascer".

"É o Carlos que acabou de nascer aqui dentro, que descobriu que não está sozinho."

"Tem uma tesoura. Pode ser cortado. Virou menina." (Vira a página e escreve: "eu sou louco".)

"Carlos descobriu que é louco, que pensa coisas loucas, mas que aqui pode mostrá-las sem perigo."

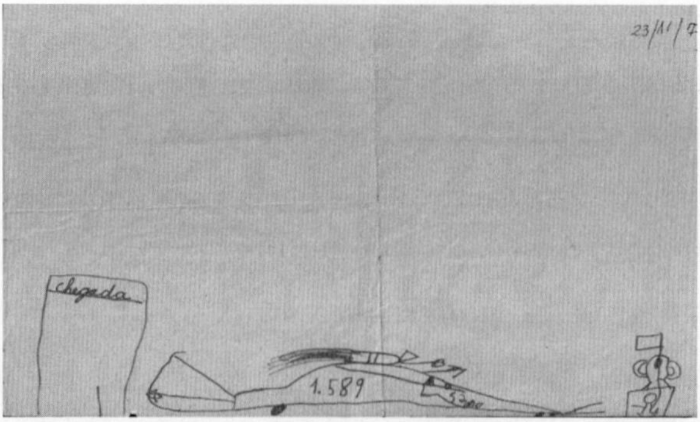

Figura 8 23/11/1977, desenho 1.

Figura 9 23/11/1977, desenho 2.

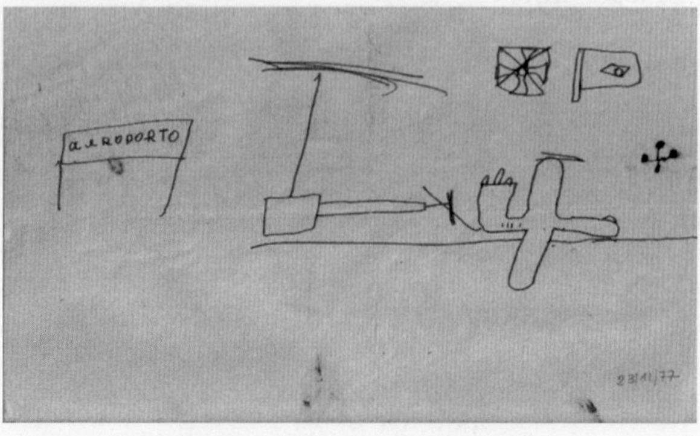

Figura 10 23/11/1977, desenho 3.

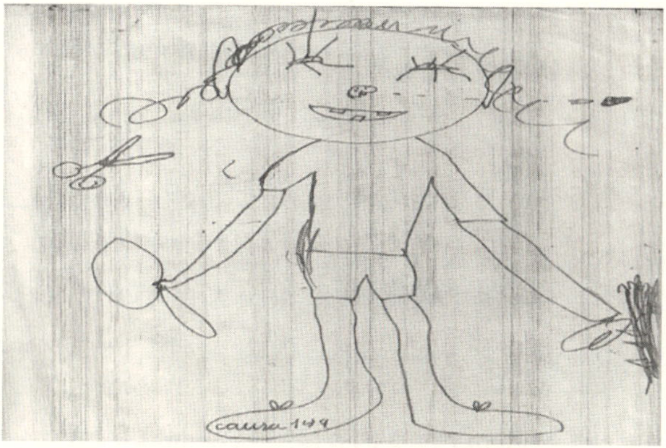

Figura 11 23/11/1977, desenho 4.

Sessão de 25/11/1977

Carlos me vê chegar com meus filhos. Aguarda cinco minutos para que eu o atenda, apesar de ainda assim eu atendê-lo dez minutos antes.

Começa a desenhar. Com relação à sessão anterior, há uma mudança no contato. Faz um desenho muito bonito, com muito cuidado.

Digo-lhe isso e também que está cuidando de se mostrar "bem" comigo. Que não deve ter gostado quando me viu lá fora. Que está querendo ser o melhor para não ser excluído. Mas eu estou aqui com ele agora, e não estou lá, em casa.

Aí termina de fazer o primeiro desenho: explica que estão pescando.

Segundo, um campo de futebol (não tenho a reprodução).

Terceiro, quatro carros de corrida, o dele é o maior.

Quarto, o desenho de várias pessoas (parece uma fragmentação, porém entre dois limites).

Quinto, uma chaminé que torna a entrar pela janela (círculo vicioso). Então coloca um objeto, o aspirador de fumaça.

Figura 12 25/11/1977, desenho 1.

Figura 13 25/11/1977, desenho 3 .

Figura 14 25/11/1977, desenho 4.

Figura 15 25/11/1977, desenho 5.

Dezembro de 1977

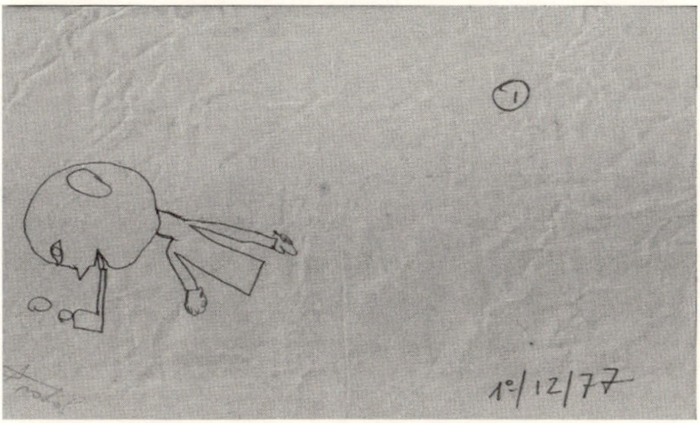

Figura 16 01/12/1977, desenho 1.

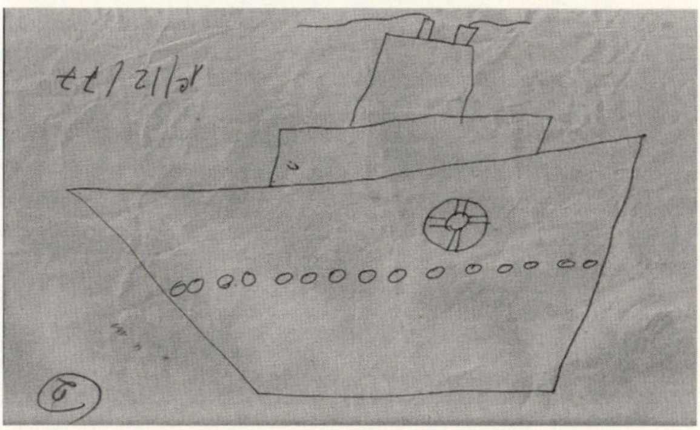

Figura 17 01/12/1977, desenho 2.

Figura 18 02/12/1977, desenho 1.

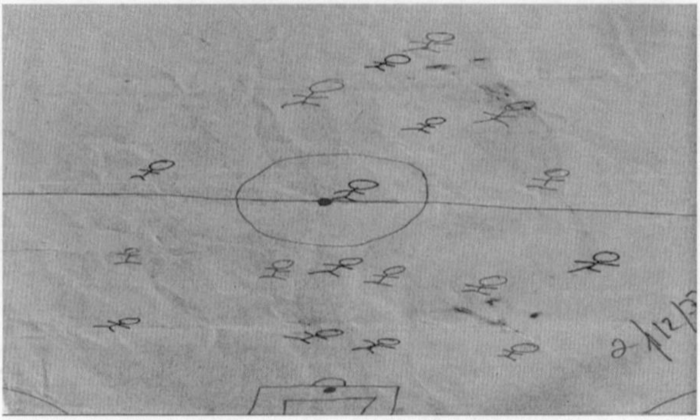

Figura 19 02/12/1977, desenho 2.

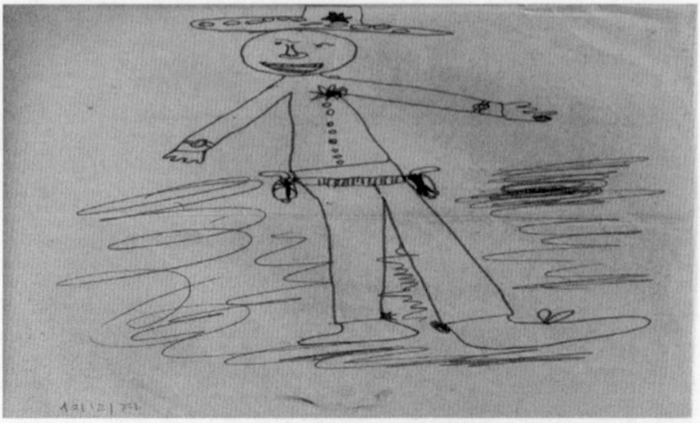

Figura 20 12/12/1977, desenho 1.

Figura 21 12/12/1977, desenho 2.

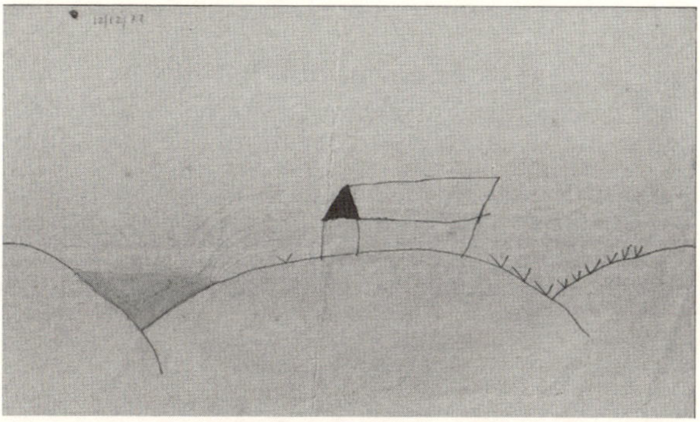

Figura 22 12/12/1977, desenho 3.

Sessão de 14/12/1977

Entra e logo vai fazendo um desenho de campo de futebol. Depois faz outro.

Aí faz um menino com uniforme do Corinthians.

Pergunto: "Tem quatro dedos?".

"É que não deu para fazer os cinco, senão ficava muito grande." Pede-me outra caneta preta, porque aquela está no fim. A ponta gastou.

Digo-lhe que ele quer ser grande, mas tem medo quando fica maior que eu, que o pai ou a mãe.

Não comenta essa minha intervenção. Faz um desenho que parece um foguete, mas diz que é um avião.

Falo desse avião nosso, que dentro de sete sessões vai partir: nossas férias!

Ele sorri e então aponta todos os lápis. Faz outro avião, agora com lápis azul, colocando-o em cima do primeiro avião.

Pergunto se então são dois aviões iguais, ou se é um de ida e outro de volta.

Diz que não, que os dois aviões são iguais.

Pergunto-me se agora ele faz a fantasia de que somos iguais, de que não há diferença entre nós, ele uma criança e eu um adulto. Penso no desejo dele de igualdade – com direitos iguais. Seriam as defesas obsessivas da latência para lidar com sentimentos de inveja e rivalidade?

Figura 23 14/12/1977.

Sessão de 15/12/1977

Primeiro, faz um campo.

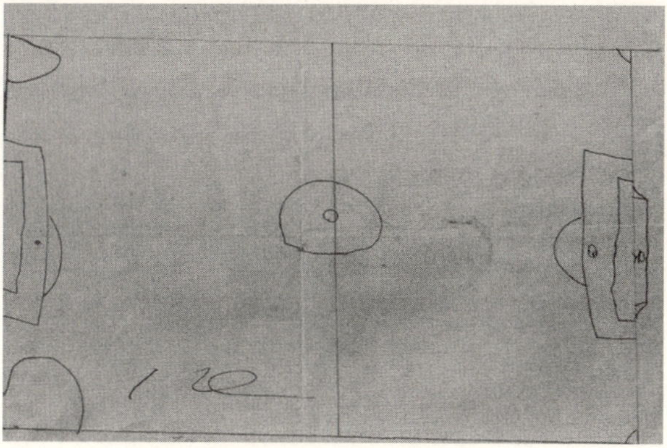

Figura 24 15/12/1977, desenho 1.

Segundo, faz um homem tranquilo, mas antes errou o rosto e o refaz (em azul).

Figura 25 15/12/1977, desenho 2.

Terceiro, faz um avião bonito. Nas costas faz um avião feio, atacando, furando a parede, como uma broca.

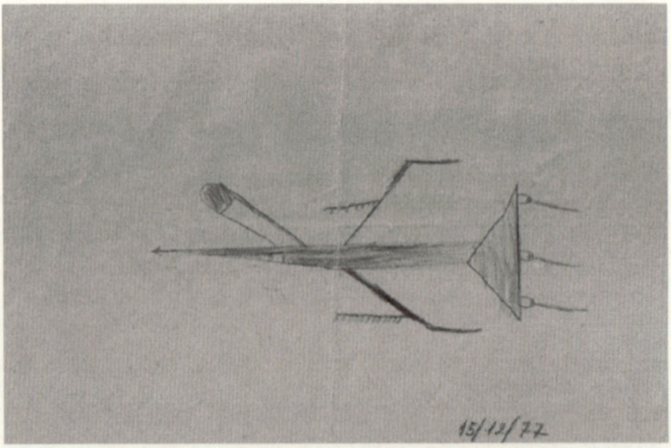

Figura 26 15/12/1977, desenho 3.

Quarto, faz um menino colorido, mas triste, sentado, esperando, e se perguntando se o cachorro vai comê-lo. Falo-lhe de como sente o afastamento pelas férias, com medo de perder um pedaço dele.

Figura 27 15/12/1977, desenho 4.

Quinto, faz um morro com árvore, e o segundo morro grudado no primeiro com uma casa... Parecem vistos de longe. Uns dedos, dentes em verde/amarelo riscados no ar. Suspira várias vezes: está acelerando seu ritmo de produção, mal termina um desenho e já começa outro. Transmite aflição.

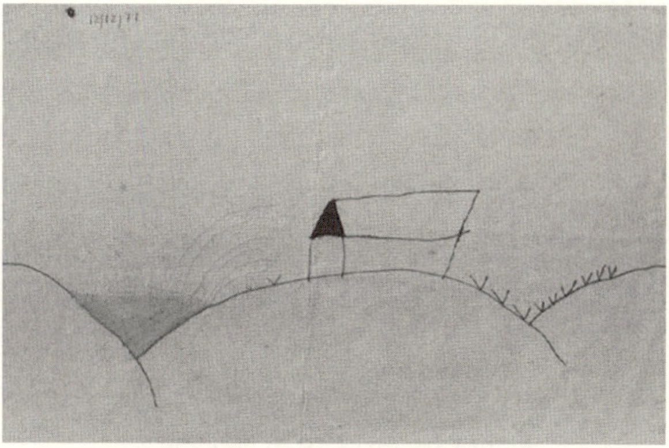

Figura 28 15/12/1977, desenho 5.

Sessão de 16/12/1977

Primeiro, faz um gol só de um lado, um homem e uma mulher segurando a cabeça do homem.

Figura 29 16/12/1977, desenho 1.

Digo que ele sente que o homem precisa da mulher para segurar-lhe a cabeça. Que talvez se sinta assim aqui: eu e ele.

Olha-me e faz o segundo desenho, dos dois morros.

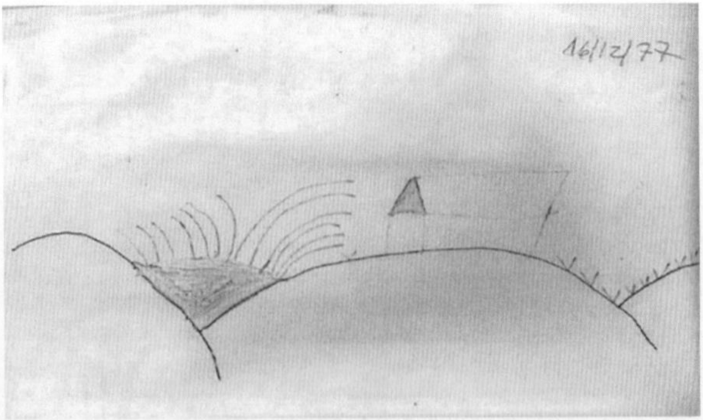

Figura 30 16/12/1977, desenho 2.

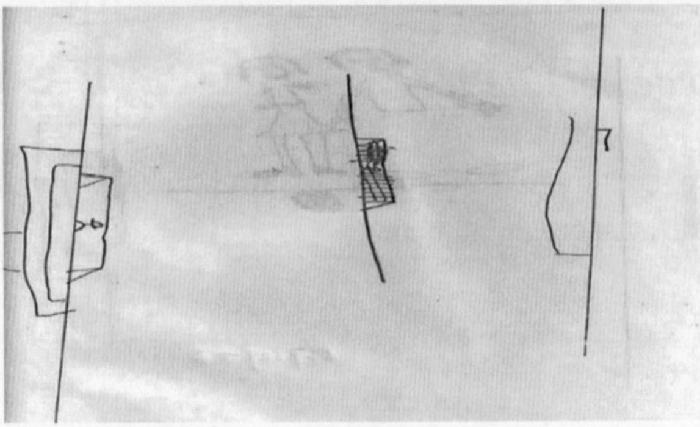

Figura 31 16/12/1977, desenho 3.

Figura 32 16/12/1977, desenho 4.

Figura 33 dezembro de 1977, desenho 1.

Figura 34 dezembro de 1977, desenho 2.

Figura 35 dezembro de 1977, desenho 3.

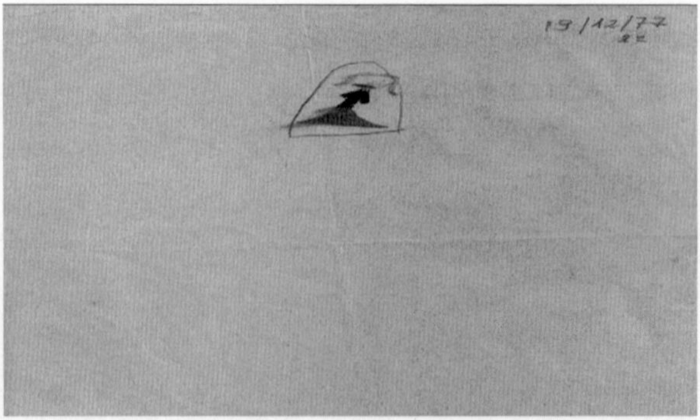

Figura 36 19/12/1977.

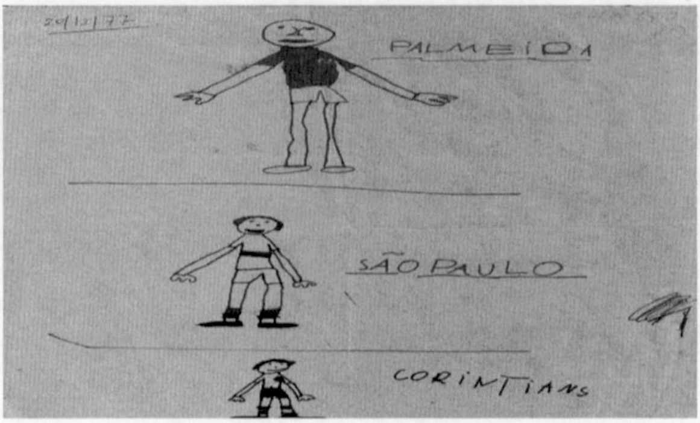

Figura 37 20/12/1977, desenho 1.

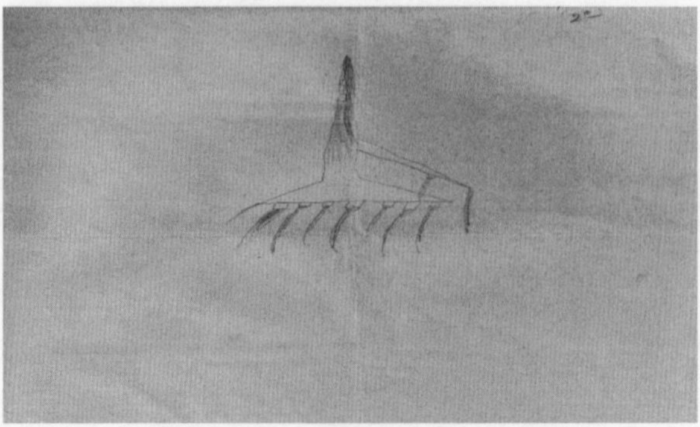

Figura 38 20/12/1977, desenho 2.

Sessão de 21/12/1977

Primeiro, faz um Batman pequeno na mesma folha do desenho do avião.

Segundo, faz um Batman bem grande. Falo que hoje ele precisa de super-heróis, que o menino jogador de futebol se transformou em Batman para sentir que pode mais. Que é mais forte.

(Lembro que ele tem olhado e dobrado todos os seus desenhos.)

Na sessão de ontem conseguiu arrumar a caixa a tempo, ficou satisfeito. Parece-me um preparo, um se arrumar para as férias, mas pensando na volta, porque aponta todos os lápis.

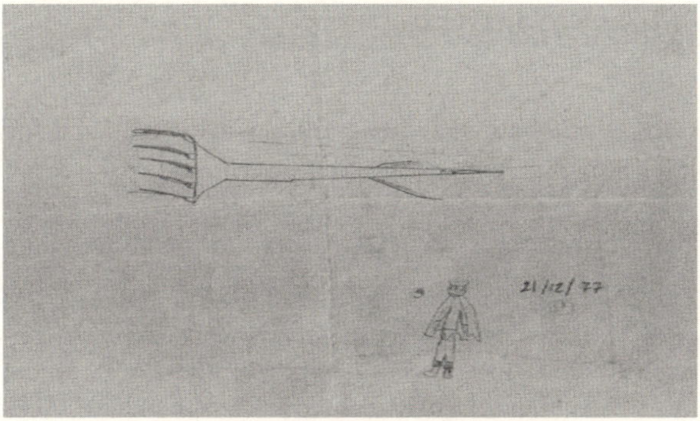

Figura 39 21/12/1977, desenho 1.

Figura 40 21/12/1977, desenho 2.

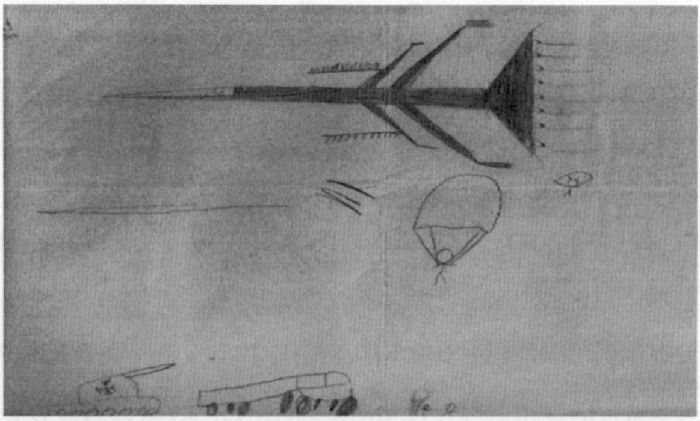

Figura 41 21/12/1977, desenho 3.

Sessão de 22/02/1978

Estamos no segundo semestre de análise. Carlos volta das férias após quase dois meses, e estou num consultório novo.

Sua fisionomia se abre, sorrindo, quando me vê aparecer na sala. Combino alguns horários provisórios, pois ele agora só poderá vir pela manhã.

Senta-se primeiro no divã novo, mostro-lhe a caixa. Abre a caixa e a expressão de seu rosto é de retomada de contato.

Olha os desenhos, um par que tinha deixado dobrado antes das férias. Pega os bonecos representando a empregada e o menino.

Nota: todo o contato que ele estabelece é com o que "tinha deixado na caixa" (o presente não aparece? Esse, para ele, deve ser o presente possível, está tudo igual? O que mudou?).

Digo-lhe que ele está procurando saber, revendo o que fez, como estamos hoje e o que tem na caixa. Mas não está podendo olhar que o que tem de novo aqui hoje: nossa sala nova, ele e eu após tanto tempo.

Ele não reage. Penso que há uma negação de que está numa situação nova. Então não a enfrenta, não investiga abertamente nem aparecem suas emoções. Parece negar o novo e fazer como se tudo continuasse como após a última sessão antes das férias.

Agora revê os desenhos, examina, pensa. Parece ter que refazer a experiência, um caminho já percorrido, contatando de novo as coisas utilizadas em sessões anteriores: o jogo de futebol, as disputas dos carros, os desenhos de campos de futebol (palavras dele).

Então desenha jogadores pequeninos e um gol enorme, que me pareceu a representação de um susto.

Quando lhe mostrei como devia estar perdido, sem saber o que fazer para dar conta daquele gol grandão, quando conseguiu se dar conta de que frente a estímulos externos inesperados se assusta a ponto de "ter que se desligar deles", pôde desenhar um "menino assustado" (mas tão grande que os pés dele não cabem na folha).

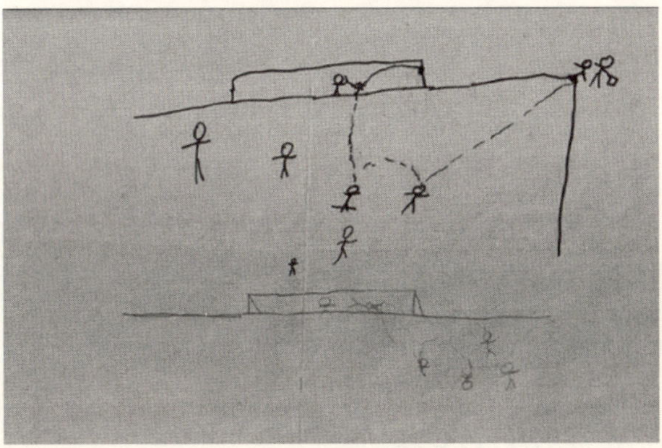

Figura 42 22/02/1978, desenho 1.

Figura 43 22/02/1978, desenho 2.

O desenho seguinte é o avião em lápis preto, que lembrou o que ele tinha feito na véspera das férias.

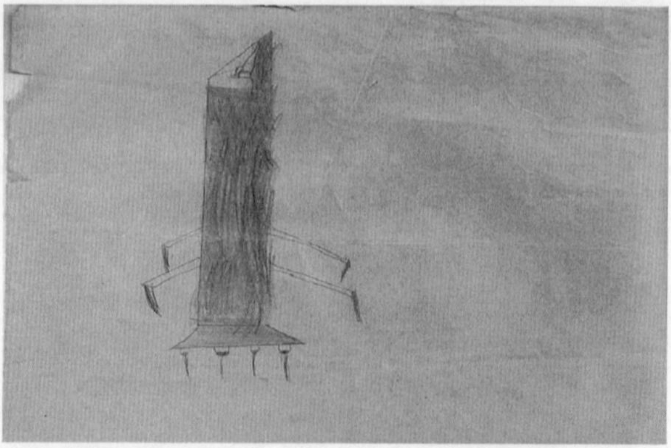

Figura 44 22/02/1978, desenho 3.

Digo-lhe que ele vem chegando aqui devagar. Termina a sessão.

Sessão de 28/02/1978

Logo ao entrar, pega os desenhos da caixa e os joga no lixo. Eu comento que ele está se livrando do que não lhe serve mais.

Ele diz: "É, assim fica mais espaço na caixa". Eu aguardo.

Ele arma dois gols para o menino e a empregada. Eles lutam também. Há maior expansão dele. Usa grande parte da sala para fazer o campo. Espalha mais brinquedos. Coloca um boneco-mãe do lado, no chão. O futebol se amplia. Agora estão presentes os bonecos todos. Os bonecos "falam entre si": "Você é parecida comigo?"; "Esta é igual com esta?"; "Esta não"; "Aqueles dois (pai e empregada) estão brigando porque não são iguais".

Digo-lhe que é ambíguo porque o igual inclui a diferença de sexos ou a igualdade de direitos (o mais forte e o mais fraco).

Ele ri disso que lhe falo, como numa aceitação de que se desentendem porque verificaram que não são iguais. Ou seja, há uma aceitação, a meu ver, de que ele não é igual a mim, ou ao pai ou à mãe, que ele é diferente, é uma criança, e pode ser assim sem se sentir desvalorizado e sem muita rivalidade.

Então começa a desenhar.

Primeiro, desenha um gol e um passe de bola com vários jogadores. Um conseguiu fazer gol porque deu confusão na área.

Segundo, desenha um avião com piloto, dois trilhos de bomba e uma que foi solta. Aumenta bastante o fogo na rabeira. Desenha a frente do avião com uma ponta bem comprida e fina. Comenta que se encostar na bunda espeta mais. Pinta o avião de vermelho.

Comento que o fogo que ele falou parece estar todo dentro do avião. O desenho está muito bonito, em contraste com a ideia.

Diz: "É uma guerra".

"Contra quem?"

Diz que a guerra é contra um país que não aparece aí na folha.

Comento que aqui está tudo bonito, não parece guerra, não está o inimigo.

Ele também faz um tanque ativando uma bomba. Coloca os mortos no chão.

Vira a folha (está com mais comunicação comigo enquanto desenha) e faz um enorme casco de um barco com uma vela bem pequenina.

Comento a desproporção, diz que uma parte está dentro.

Ocorre-me a imagem das diferenças sexuais, o avião comprido que espeta a bunda, o barco, gordinho e com a vela pequenina à mostra e que talvez esteja dentro? O inimigo escondido?

Quando lhe falo das diferenças de pipis e que na mulher tem tudo embutido, ele parece não gostar que eu lhe diga essas coisas.

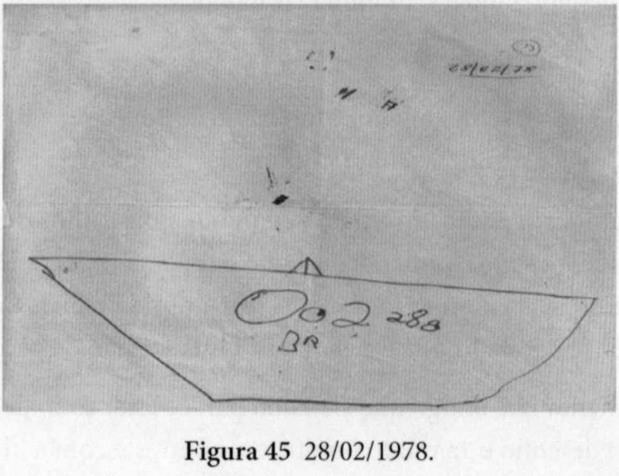

Figura 45 28/02/1978.

Após minhas intervenções, ele passa a se mostrar "fechado" e começa a desenhar casas que não saem como ele quer. Uma dramatização com a empregada e o menino se torna agora uma demonstração de tortura física.

Neste ano vai havendo um incremento do trabalho de análise, e uma elucidação maior por parte da analista ao captar e mostrar para ele o aqui agora da sua experiência emocional, e a relação se aprofunda.

Figura 46 Exemplos de casas desenhadas no período de 28/02 a 03/03/1978 que não deram certo.

Sessão de 28/03/1978

Dou-lhe folhas novas.

A atitude comigo agora é mais afável: conversa, sorri, está em sintonia (em oposição a quando estava "emburrado", entretido com ele mesmo, não reagindo quando falava com ele nem me olhando. Aparentemente me ignorava).

Tentou fazer várias casas, sessão após sessão, mas não saíam como ele queria. Parava o desenho e ia lidar com luta, briga, em aviões ou futebol.

Sessão de 29/03/1978

Ele faz primeiro a cena de futebol menino *versus* empregada. O menino ganha.

Pergunto: "Por que esse menino joga sempre com a empregada?".

"Porque o pai dele é muito ocupado e está sempre trabalhando."

Agora as cenas do futebol são em cima da mesa que nos separa (ou nos une). É a primeira vez desde que começou que usa a mesa para o jogo.

Fico atenta à tendência de seu movimento de aproximação (do escondido, de costas, para o lado, para o chão, para a frente, permitindo que eu o veja e que a bola me toque ou caia algumas vezes do meu lado).

Juntamente com essa observação temos sua própria conduta, que pode ser descrita do mesmo modo: de costas para mim, isolado, até poder estar frente a frente comigo, podendo me ver e admitir minha presença real, me pondo conscientemente a participar de seu jogo.

Sessão de 31/03/1978

Ele pega uma bola de massinha, faz riscos como se fosse uma bola de futebol e tenta um jogo: menino *versus* empregada.

Retira os lápis de dentro da caixa e usa-a como binóculo, me olhando "através" dele. Em seguida faz de conta que me vê longe através do binóculo, mas eu estou perto dele ainda.

Digo-lhe que pensa que, quando eu estiver longe, ele poderá me ver se tiver um "binóculo"; que está pensando que vai embora e que se me encontrar casualmente no clube num final de semana, já será de longe e não de perto, como quando ficamos juntos aqui.

Pergunta que hora termina hoje. Falo-lhe que ele quer conversar sobre a mudança de horário que fiz a partir da próxima semana.

Ele diz que agora a caixa de lápis vazia é um túnel por onde entram um boneco, uma xícara, uma bola de massinha e um lápis. Em seguida diz que é uma máquina que transforma.

Digo-lhe que é como uma mãe onde entra um pai e sai um bebê, por exemplo.

Ele então continua com suas transformações, agora com mais energia, dizendo que "Entra uma xícara (e empurra o que já tem dentro, por exemplo, um menino) e sai um menino"; "Entra uma tesoura e sai uma xícara" etc.

Digo-lhe que pode estar falando do nosso encontro: que entra Carlos com uma ideia e quando vai embora já está com outra ideia.

Termina a sessão.

Sessão de 14/04/1978

É uma disputa de pênaltis entre os bonecos da família: pai, mãe, menino, irmã e empregada.

É um jogo de triunfo do menino. Ele é o bom, o campeão. Um jogo no qual ele fica acima de todos para não sentir que é uma criança, que é mais fraco que um adulto e que depende de um pai e de uma mãe. (Ele tem um grande prazer de estar ganhando do pai, da mãe e de todo mundo. É uma autoafirmação e ele tem necessidade de viver essa fantasia.)

Ele fala que a empregada fica no gol porque é a melhor.

Concordo com ele que esta pessoa chamada empregada tenta segurar a disputa de todos, e que deve ser muito forte, mas também desvalorizada.

Ele começa a piscar. As piscadas se acentuam cada vez mais e ele chega a passar os dedos nos olhos, como se estivesse bastante incomodado.

Pergunto o que há, se sabe por que precisa piscar.

Ele me diz que é para não deixar o ar entrar.

Pergunto: "Como assim?".

"É que o ar fica entrando e cutuca o olho e então eu pisco para empurrar o ar para fora."

"Você empurra o que eu te disse para não entrar em você? Pelo medo de que vai te enfraquecer?"

Sessão de 24/05/1978

Está me falando do veleiro que está construindo na escola e me pergunta se esta é a semana que depois de hoje só volta na segunda-feira.

Respondo: "É".

"Segunda-feira eu vou pintar o veleiro e na outra segunda-feira vou levá-lo para casa."

"Ah, é?"

"É! É um veleiro de barro que fiz na aula de artes."

"Lá da escola?"

"É."

Começa a jogar. Trata-se de uma disputa entre os bonecos: o menino, a mulher e a empregada. É um jogo de chutes a gol.

Ele está muito mais livre, falante. Fala que o menino é ruim de esquerda, como ele. As bolas caem do meu lado, no chão, e eu as recolho.

Digo-lhe que há dois jogos: o dos bonecos e o dele comigo.

Ele ri e concorda e continuam os chutes e eu defendendo, ou seja, procurando fazer com que a bola não caia no chão. Ele começa a contar: cada vez que faz gol é um ponto para ele e cada vez que eu pego, é um ponto para mim, ele com o boneco e eu com a mão.

A bola entra em minha roupa. Toda vez que acontece isso digo que é falta e que vou cobrar. (A comunicação se dá nesse nível lúdico.)

Aí "cria" uma ideia: "Imagina se fazendo assim com o boneco fizesse assim comigo"; "Imagina se pegando a massinha..." etc.

E eu: "Imagina se batendo no boneco você estava batendo em mim" (esta "criação" surge após ele ter chutado a bola com o boneco-menino, e tê-lo driblado o boneco, e ter batido na boneca loira abertamente, representando-me). Eu lhe digo que está havendo uma confusão entre o que ele faz de conta e o que é real, como na sessão passada, quando apareceu a confusão entre o que ele faz com os bonecos e o que os bonecos podem ser. Assim, como se chutando a bola com o boneco houvesse uma transformação dele em boneco ou do boneco em gente.

Ele responde que entendeu o que eu lhe disse: o que é do faz de conta e o que é real porque ele chutou bola com o boneco?

Parece-me que, nesta sessão, a "criação" surge para separar a fantasia (do jogo) da realidade. O "imagina se" se estende para outros elementos (massinha, aviões etc.) como a possibilidade de que se realize um desejo (o de colocar-se em evidência, de ser forte, de ter poder).

Sessão de 19/06/1978

Ele pega os desenhos dobrados e revistos e agora olha-os e os numera. Verifica as folhas que ainda servem para desenhar e as que não.

Aponto-lhe esses preparativos e menciono as férias. Ele me ouve.

Faz um desenho na mesma folha de um desenho antigo (um avião feito nos preparativos das férias), duas casas em cima de um caminhão, e dobra a folha em seguida (não tenho este desenho).

Ele está sisudo, um tanto circunspecto. Pergunto o que fez.

São casas, mas são de madeira; têm furos de onde saem tiros, espingardas para atirar. Sinto que há um clima persecutório, de ataque e defesa.

Faz outro desenho. Um sol bem grande entre duas nuvens.

Quando numera os desenhos e os dobra, lhe digo que está separando o que há de importante a ser visto aqui.

Ele diz que é porque são os mais bonitos. Numera esse último e dobra-o. Fala sozinho e baixinho num determinado momento do desenho.

Digo-lhe que se sente sozinho com seus pensamentos e eu estou longe e não posso ouvi-lo.

Árvore pequena. Uma casa vermelha na montanha.

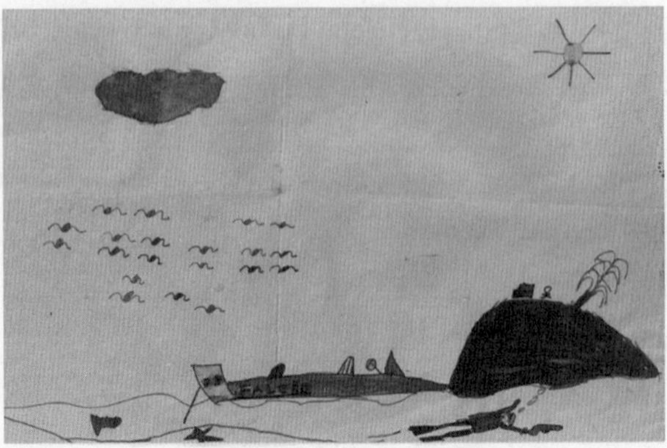

Figura 47 19/06/1978.

Supervisão de 26/06/1978

Virgínia Bicudo relaciona o relato a quanto vai ficar de criança no adulto: no período da latência, a criança está mais voltada para aprender técnicas do que significados (como dominar os impulsos, como fazer para se desenvolver). No período anterior está com as fantasias e significados.

Ele tem uma técnica em relação a descobrir o que é certo e errado, e essa técnica é aplicada para gente. Ele quer ver a relação a três. O que acontece quando o pai e a mãe estão junto com ele?

Procura descobrir a técnica para produzir continuidade (desenhar casas sem levantar o lápis do papel).

Usa o número para significar pessoas e relacionamentos.

Mostrar-lhe que me dá a impressão de que faz a transformação de gente em números, eu falando de gente que ele faz em número. Então vamos juntá-los para ver como fica. Como unir e como unir-se.

Faz uso da técnica obsessiva para lidar com angústias e fantasias ligadas à separação. Faz caixinhas para deixar em ordem a ida e a volta.

Sessão de agosto de 1978

É a volta das férias.

Faz o jogo de futebol. Só o menino ganha e de muito. A empregada está sem uma mão, foi arrancada por acaso.

A bola cai do meu lado um número imenso de vezes para eu catá-la do chão.

Digo: "Você quer que eu cate a bola para ver se eu me interesso por você".

Ele vai ficando contente na medida em que desenvolve a fantasia, vai vibrando e sai alegre da sessão, se sente forte, sente que ganhou.

Entremeia o jogo com lutas entre os bonecos dividindo-os em duas turmas inimigas, depois os apazigua – menino e empregada *versus* pai, mãe e dois meninos. Bate muito no boneco-pai, no boneco-mãe e no boneco-empregada.

Sessão de 18/08/1978

Após ter ganhado de 11 a 2, faz luta corporal com a empregada. Introduz o pai. Mata os dois e fica pulando em cima, para que vivam de novo, principalmente a empregada.

Falo que quer eliminar a mãe e o pai ruins que estão com ele, mas tem medo de não conseguir, nem com toda a força que imagina ter, pois acha que eles podem reviver e então precisa "tomar conta", matando-os sempre para que não atrapalhem o pai e a mãe bons.

As caras de "emburrado" que ele faz parecem refletir fantasias que está vivendo intensamente, mas não as discrimina da realidade. É por essa razão que também não pode pôr essas fantasias em palavras.

Supervisão de agosto de 1978

Virgínia Bicudo diz que ele afirma-se sendo, dando-se importância: "eu sou" (na base de um sentir narcísico), mas é visto como mal-educado: "Você está dizendo que vem porque quer e não somente porque eu chamo".

Há atuação do prazer na agressividade junto com o adulto. É necessário aceitação da fantasia sem recriminação: "Você pode brincar de ser agressivo sem ter medo, porque sabe que não está fazendo de verdade...".

Sessão de 18/09/1978

Apresenta queixas físicas: "Estou com dor de barriga. Tive diarreia. Estou com vermes. Estou com uma vontade de fazer cocô!".

O jogo de futebol com o boneco-menino e o boneco-empregada está frequente, e agora há uma ênfase grande na preparação dos campos. Percebo-o afastado, me desligo com facilidade da sessão dele (como uma mãe que está fazendo companhia para o filho que está brincando e pode se ocupar de um tricô, por exemplo). Mas, no momento, ele está com uma boa relação comigo. Sou alguém com quem ele pode contar e usa minha presença com mais frequência. A relação está menos competitiva e mais expansiva.

Sessão de 14 /09/1978

Quando vem entrando, me pergunta as horas.

Eu olho o relógio, é a hora combinada de iniciar a sessão.

Ele comenta que é porque ficou esperando muito e pensou que eu estava atrasada. "Então deve ser que minha mãe me trouxe mais cedo, ou se enganou com o horário."

Vejo aqui que ele usou uma verificação para se inteirar dos fatos e fazer um julgamento.

Sessão de 12/10/1978

Faltou na sessão anterior. Está "pouco amistoso".

Abre a caixa e pega canetas que estavam coladas com durex e vai separando-as aos "trancos". Num desses movimentos todas as folhas de papel pulam fora da caixa. Senta-se e me diz que não tem folhas, revê e reafirma que não.

Ele: "Só se usar esta (e me mostra uma que está amassada)".

Pergunto se ele quer uma folha para usar agora.

Ele diz que sim.

Eu me levanto e vou buscá-las na sala ao lado. Fica alegre quando eu lhe dou. Mostro-lhe como ficou alegre. Ele concorda. Começa a desenhar.

Enquanto desenha verbaliza: "Esta árvore está certa. A outra, preta, está velha. O sol está ficando amarelo cada vez mais fraco (velho). A estrada, vou ver se dá para apagar sem borrar (pega a borracha-carrinho)".

Comento que está preocupado em não deixar sujo, borrado, em como penetrar.

Ele: "Aqui a placa é maior porque vai para dois lugares". (Faz andarem os carros do desenho na pista.)

Falo que o penetrar, ir para dentro, o deixa preocupado. Como se faz? Por onde andar? Se vai machucar, furar, sujar.

Ele pega o carro com a borracha e as tachinhas (feito meses atrás) e o faz andar para a pista.

Carlos: "É muito grande, quase não dá, e bate-nos outros. E o sol quando... quando se esconde vai para trás dos morros" (e imagina a trajetória dele para trás dos morros).

Falo que ele tem que imaginar como são algumas coisas que ele não vê; não vê desaparecer, não vê acontecer. O sol se escondendo, o que acontece comigo depois que ele sai daqui, e o que se passa com o pai e mãe quando estão juntos, sem ele presente.

Sessão de 13/10/1978

Vai procurar canetas e folha. Começa a desenhar e diz que está errado, vira a folha. Desenha e me explica que é uma piscina, água, e escorregador/trampolim. No canto esquerdo da folha, bem afastado da piscina, inicia o desenho de uma casa.

Fala do Paiol Grande (acampamento em que esteve na semana retrasada).

Digo-lhe que hoje ele está falando do Paiol; desde que voltou de lá é a primeira vez.

Carlos: "Tinha uma piscina assim (e aponta o desenho) e esta é a casa onde guarda as boias, bolas, pranchas, as coisas da piscina".

Eu comento que é uma experiência nova que teve. Que saiu de casa e ficou lá sem os pais, sem a sua família.

"É!"

Falo que ele se separou deles pela primeira vez. (Neste momento ele estava apenas com a piscina e o "cordão" feitos.) Que é como um bebê que nasce e se separa da mãe, é angustiante (ele vai me ouvindo). "Aí fica um cordão pendurado..."

"Sabe o que é isto? É uma ilha no meio da piscina. E esta é a casa de guardar as coisas da piscina (e continua desenhando a casa na direção do cordão, da piscina).

"Essa experiência de se separar (nascer) talvez tenha ficado parecida como a que você teve quando foi ao Paiol. (Ele faz a janela preta.) É como cada vez que você vai embora, quando acaba a sessão."

Agora lhe digo que ao mesmo tempo em que estávamos conversando, aquela distância no desenho entre piscina e casa foi diminuindo. A casa cresceu na direção da piscina e agora está ligada pelo trampolim (cordão) como um nenê ligado com sua mãe pelo umbigo. Que depois fica a marca. (Dá a impressão de que algo ficou muito marcado quando ele nasceu.)

Ele continua desenhando e me explica que tem um banco, assim, na casa (e vai fazendo-o), "E lá em cima tem um morro cheio de plantas, folhas, e conta uma lenda lá do Paiol: a dona Dagobeia tinha uma neta que caiu lá de cima e ficou toda em pedacinhos. E foi enterrada lá. E depois essa dona também morreu e foi enterrada lá, aí viveu de novo e depois foi enterrada aqui (perto da casa). Mas toda a noite ela desce o morro e vem puxar os pés da gente que está lá... (sorri e me olha, porque ao mesmo tempo está desenhando) e lá a gente ficava com medo". "Então, o medo que dá quando estamos em lugar estranho e novo é de morrer."

Termina o desenho. Pega outra folha, começa a riscar e diz que está errado. Tenta de novo. "Não consigo fazer Volks direito, como deve ser."

"Você só pode fazer o Volks como você o imagina, é o seu jeito de fazê-lo, se você pensar assim você o faz."

Termina o horário.

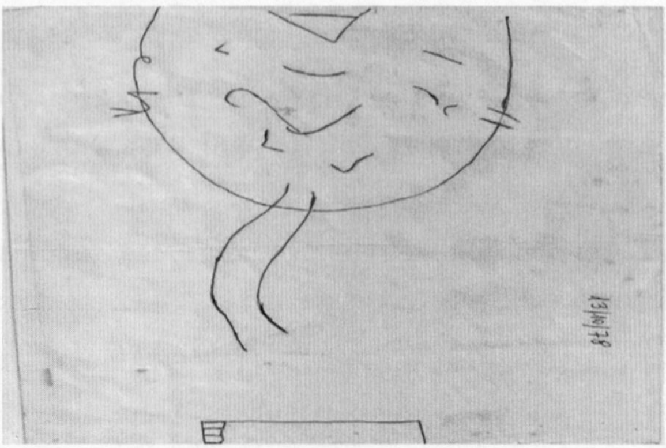

Figura 48 13/10/1978, desenho 1.

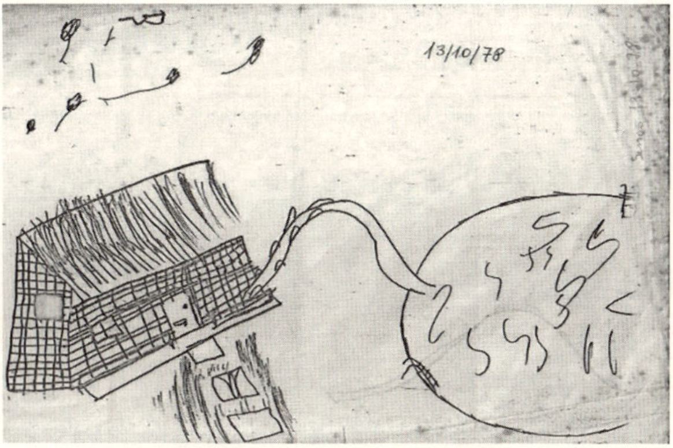

Figura 49 13/10/1978, desenho 1.

Sessão de 20/03/1979

Cobrei do pai dois meses atrasados e marquei entrevista para a próxima sexta-feira.

Carlos tem brincado de aeroporto usando espaços enormes, animais, cobertas, torres, mísseis. Depois guerra, ataque, inimigo.

Nas duas últimas sessões teve tiques de todos os jeitos com a cabeça (olhos, boca, cabelo etc.). Então nesta foi uma corrida de três carros, que se chocavam às vezes, ou dois encurralavam um e este pulava fora. As cenas violentas e os tiques estavam exageradamente presentes.

Nota: a experiência emocional de Carlos no contato comigo agora "vai entrando" nele, mas ainda com poucas condições de elaboração (e a carga emocional vai para o psicossoma?).

Vai para a corrida-luta e faz o desenho de uma pista que não dá certo.

Eu digo que ele fez uma pista contínua que nunca se interrompe.

Ele abandona e faz uma maior, primeiro numa folha, depois numa outra e na terceira folha faz os encaixes para fazer o "circuito". (Admite a descontinuidade, mas cria a ilusão de continuidade.)

Faz uma TV em que vai passar uma corrida.

Sessão de 29/03/1979

Chegou atrasado (a causa ele explicou no final). Tenta escolher, às cegas, o que deseja escolher de fato. Aponto-lhe isso, mas ele não escuta.

Digo que ele não quer me escutar.

Carlos: "Você quer? Não tem! Não te dou."

Cenas de jogar os jogadores para o alto. Há violência, eles brigam, beijos no casal de bonecos.

Vai compondo dois times, mas ele está em dúvida sobre como dar os nomes.

Eu falo que os times somos ele e eu.

Ele acha graça e me pede para escolher o campo. Escolho e jogo de verdade. Eu ganho (3 a 0).

Aí ele continua o jogo dele habitual, ele jogando pelos dois times. Diz que meus jogadores estão "cagando" (pois estão levando vários gols). Ele irradia o jogo. Em certa hora fala: "Tem hora que esqueço o nome de um".

"Também! Você está fazendo tudo, jogando dos dois lados, irradiando uma situação de muito prazer por estar com o domínio de tudo." Digo-lhe que quando controla tantas coisas há escapes pelos tiques.

Ele concorda que sim (até estranho ele me responder). Está muito solto, sem tiques, à vontade agora.

Quando digo que a sessão terminou, me pergunta se ele chegou tarde. Digo-lhe que sim. Ele diz que hoje se arrumou cedo e que foi o primeiro a sair da escola (dá a entender que foi a mãe que se atrasou).

Supervisão de 29/03/1979

Virgínia Bicudo considerou que teoricamente há uma situação circular edípica: a do pai e a do filho. Se os pais resolvem seus Édipos, isso ajuda a criança; se não resolvem, dificulta.

O pai não resolveu o conflito edípico dele e capta o conflito edípico do filho.

O filho encontra apoio na mãe e se vê rechaçado pelo pai.

Em relação ao material o que aparece é: como sair da situação circular edípica e se tornar independente?

Em relação às pistas (referindo-se aos desenhos): é a representação mental que ele tem da vida intrauterina; depois, de já estar nascido; depois, de admitir estar na pista como todos e, por fim, o uso de três folhas para a enorme pista. Está lidando com a situação de competição edípica com elementos de realidade (corrida de carros). A competição é violentíssima, usa elementos da realidade para lidar com uma situação subjetiva dele.

Uma criança que sofre violência talvez se torne violenta. Projeta violência e reintrojeta mais violência do ambiente

Na relação transferencial não compete realmente, não há violência manifestada diretamente na conduta, mas ele a manifesta na representação lúdica.

Tem tiques e dores para mostrar o quanto está machucado, o quanto sofre, e sua mágoa pela relação que tem fora e que ele quer trazer para a relação transferencial. O tique revela a violência que está acontecendo dentro dele.

É uma situação edipiana intensa. Tenta encontrar uma saída usando controles.

A competição interna o afasta um pouco da realidade.

No modelo de uma competição, ele tem uma raiva dirigida a alguém, como o pai que diz se sentir provocado pelo menino.

A relação com a mãe é mítica, ou idealizada, mantida em nível fusional. É uma relação fusional com a mãe fundida. É a mãe da mente de um bebê que visualiza a mãe na dependência dele.

Então, a dificuldade em progredir na elaboração edípica diz respeito a "tornar mais real" o objeto mãe e poder ver o pai sem as ameaças que vê. Então, para Virgínia, esse menino tem que elaborar primeiro a relação interna com a mãe, primitiva, muito protegida e cindida. Os tiques são como experiências internas, fantásticas.

Este foi o fim da supervisão de Virgínia Bicudo.

Sessão de 03/04/1979

Faz o jogo de futebol com um só gol, é um treino com todos os bonecos, a empregada é a goleira.

A atitude dele: aparentemente é um jogo, está usando de realidade, mas seu modo, sua expressão facial mostram outra realidade que não é do jogo, e então lhe digo que o goleiro me parece ser uma pessoa íntima dele.

Ele diz que não, e enquanto isso morde a cabeça do boneco goleiro e dá-lhe um golpe, como que o decepando. Diz: "É para esfriar a cabeça".

Então continuo lhe dizendo que comigo ele não sente raiva, não compete, mas na minha presença aparecem as dificuldades que ele tem com o pai. Ele guarda os bonecos e começa a montar o jogo de futebol no divã, mas em seguida desiste e diz que vai desenhar. Pega folhas, quatro, e procura durex.

Eu lhe dou.

Carlos: "Vou fazer um livro, me ajuda?"

"Sim."

"É para colocar durex para juntar as quatro folhas."

Terminamos e aí ele faz quadrados com números, como um álbum de figurinhas. Enquanto ele vai fazendo eu converso com ele. É continuação da conversa do início da sessão.

Digo que está me pedindo ajuda para "juntar" algumas impressões dentro dele que, sozinho, não está conseguindo. Que uma delas é como juntar a mamãe do bebê Carlos com a mamãe do papai, que ele não se conforma, não aceitou até hoje que o papai não é culpado por ele estar separado da mamãe. É que é assim mesmo. E ele, Carlos, fica com muita raiva de não ser ele o único, preferido, o grudado na mamãe. Essa ideia é para defender a mamãe do ódio que sente por ela quando vê que ela é separada dele e tem vida própria, inclusive com o papai.

Sessão de 17/04/1979

Enquanto fecho a porta, o boneco-homem que tirou da caixa vai para o chão.

Inicia montando o jogo de futebol no divã. Mas passados alguns minutos, se desinteressa, diz que vai fazer outra coisa.

Da caixa vai tirando uma folha de papel e as canetas coloridas. Começa a desenhar e diz que saiu errado. Vira a folha e faz: uma "casa" com um cavalo no telhado, um passarinho no meio e uma cerca que divide os espaços para os cavalos, onde eles são ensinados.

(A primeira fantasia que eu fiz é que ele estava tentando lidar com os "cavalos mentais", com seus impulsos, seus desejos, seus pensamentos, suas fantasias, ensinando-os, domesticando-os, restringindo-os a uma área para não haver invasão. Em última instância ele estaria tentando adequar-se à realidade, mas a algum custo.)

Enquanto continua desenhando os cavalos (já fez um e estava pintando o cavaleiro; quer a cor laranja e, como não tem, sugiro-lhe misturar amarelo e vermelho; ele experimenta e dá certo), ele diz que quer desenhar esse correndo, mas que nunca conseguiu e vai tentar. Mas não dá certo e o transforma num bebedouro, ou num obstáculo para saltar.

Eu digo que ele tem vontade de se sentir livre, de "soltar seu cavalo", mas acha que não é capaz ainda, que há obstáculos.

Aí ele desenha o sol.

Nesse momento se juntam em minha mente várias coisas que observei: cavalo simbolizando a mãe; não fez os raios do sol (pensei em despojamento do sol-pai); o boneco-homem no chão, logo na entrada; a interrupção do jogo de futebol, uma competição, em busca de outra.

Ver deste desenho, projetar e juntar internamente toda uma situação emocional.

Então digo a ele (mais ou menos) que, ao fazer esse desenho, está tentando lidar com o fato de que é um menino separado da mãe, ou de qualquer outra pessoa. Que ele sabe que é, mas está fazendo de conta que tem controle sobre mãe-pai, e que a cerca grudada na casa é o desejo dele de tê-los grudados, ainda que podendo se movimentar. Que está percebendo que a competição com o pai é a ilusão de que, se ganhar, fica com a mãe, grudado. Que tem achado que o pai é responsável por ele ter-se destacado da mãe desde o dia que nasceu.

Começa a desenhar e termina a sessão. Sem tiques.

Pergunta se posso trocar o horário da terça-feira, pois quer entrar no futebol e é às terças e quintas pela manhã.

Não tenho horários livres por enquanto e lhe digo que a pergunta quanto ao horário tem a ver com uma outra: quando termina a análise? Pergunto o que ele acha.

Ele diz que não sabe! Que acha que está bom, que está cansado de vir.

Digo que vamos resolver juntos, eu e ele, e comunicar aos pais. Que vai depender de ele querer vir e querer mais ajuda.

Eu sinto que, nesse assunto, tento dar-lhe alguma responsabilidade pela sua presença de maneira que não seja uma experiência imposta pelos pais, sem nunca ter tido oportunidade de discutir sua motivação atual.

Figura 50 17/04/1979.

Sessão seguinte, abril de 1979

Ele diz que pensou e que acha que pode terminar.

"Vamos marcar data? É até as férias de julho. Até as férias de julho."

No período seguinte faz o "Clube da Águia". Faz um avião e o desenho não sai certo. Ele o risca. Quer ver se consegue fazer o avião dar certo, mas nunca conseguiu, ele diz.

Eu digo que talvez ele esteja preocupado com o fato de ir embora, de separar-se. Digo também que esse é um assunto que nunca conseguimos conversar.

Aí vem o Clube da Águia. Também a pista com quatro morros e um estrangulamento. E os quatro aviões nas costas dessa pista. Assim como tentar fazer uma casa sem tirar a caneta do papel (sem descontinuidade) e ver que não consegue.

Sessão de 03/07/1979

Entrega-me o cheque e, dobrado, o desenho que havia levado para casa e prometido trazer de volta. Ele o deixa sobre a mesa.

Abre a caixa e vai jogando os bonecos sobre o divã com força. Está visivelmente "irritado" e com raiva. Mostro-lhe. Nega e continua a distribuição de bonecos.

Pergunto se ele sabe por que pedi para trazer de volta o desenho. Digo que os desenhos são dele e quando for embora poderá levar, se quiser, mas pedi para continuar uma conversa que está no desenho e que se interrompeu quando acabou a hora. Que ele me disse que não terminou, está incompleto e necessita de mais sessões até poder se separar. Então na volta das férias continuamos até que dê para ele ir embora tranquilo.

O "clima afetivo" vai mudando e o jogo é o final de um campeonato e o time dele ganha.

Aí ele pega uma folha e escreve saída 1, e daí começa no 2, no 4 avança 2 casas, aí avança e diz para parar de jogar duas vezes. É a caça ao tigre feroz.

Digo-lhe que este é o resultado do que conversamos. Que podemos avançar e se necessário nos deter, como numa corrida de obstáculos.

Poucas sessões após interrompemos a análise.

O seminário com dr. W. Bion[1]

Em 1978, durante um seminário clínico com o dr. W. Bion, eu apresentei um material referente a uma sessão do sétimo mês da análise de Carlos, esperando ser ajudada a compreender aspectos de sua comunicação pré-verbal, suas atitudes e seus desenhos. Segue o relato da interação.

Analista: Trata-se de um garoto de 8 anos. Esta sessão ocorreu em 28 de fevereiro. Logo no início da sessão, o garoto pega papel e canetinhas dentro de sua caixa e começa a desenhar uma das áreas de um campo de futebol (a pequena área e o gol) e os jogadores em movimento, com passes de bola, ataque e defesas. Segundo o menino, um deles tinha conseguido fazer um gol por causa da confusão que ocorrera na área (desenho 1). Eu não me manifestei e continuei observando. A seguir, o menino vira a folha e faz o desenho 2 no verso do papel. No centro da folha, desenha com caneta azul um

1 Publicado em Mélega (1996b).

avião de guerra, com piloto na cabine e dois trilhos de bomba (o que são dois trilhos de bomba?). Ao desenhar a rabeira, aumenta o fogo que sai dela, também em azul, acrescenta uma bomba, já lançada, e outra presa no avião. Desenha a frente do avião com uma ponta bem comprida e fina, dizendo que, se ela encostar na bunda, espeta. Colore o corpo do avião com a caneta vermelha e escreve um símbolo e um número: 0882. Digo que o fogo que desenhou na rabeira parece estar todo dentro do avião. Ele diz tratar-se de uma guerra. Pergunto contra quem.

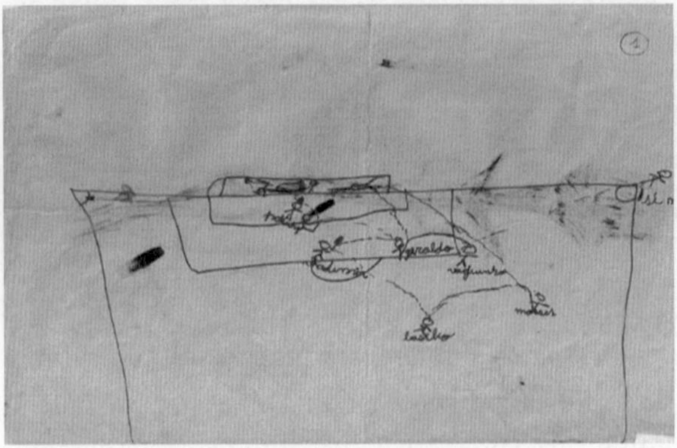

Figura 51 28/02/1978, desenho 1.

Figura 52 28/02/1978, desenho 2.

Bion: Bem, podemos parar um pouco? Importa-se de ser interrompida? Podemos perguntar a qualquer momento? Alguém tem alguma pergunta que gostaria de fazer?

P1:[2] Ia perguntar o que a analista percebeu do estado emocional da criança até aquele momento.

A: A criança parecia satisfeita.

B: Agora, gostaria de fazer outra pergunta: quantos anos você diria que esta pessoa tem e que escala foi utilizada para dizer que tem oito anos? Na realidade, são duas perguntas: qual a idade da pessoa que fala desse jeito, e que escala de medida você usaria – anos, dias, semanas, horas? O que acha?

A: O senhor está se referindo a que idade o garoto teria em seu desenvolvimento?

B: Não. Quem é que fala desse jeito? Parte está em palavras, parte está em desenhos. Que linguagem ele está usando? É mais fácil para mim fazer esta pergunta porque eu sou estranho (ao caso).

A: Por meio dessas perguntas que o senhor fez, está imaginando a idade do garotinho?

B: Eu não sei se o chamaria sequer de garotinho. Posso lhe fazer outra pergunta? Em que estado de mente você pensa que ele está? Dormindo? Acordado? Não importa muito o que eu pensaria a respeito disso, mas o que realmente importa é o que você pensaria a respeito. Gostaria que imaginasse que está aqui alguém que veio vê-la (que veio ver cada um de nós).

P2: Quanto tempo da sessão o menino levou para fazer aqueles desenhos? Porque estou achando que uma produção grande do garoto significaria mais ação no lugar de pensamento e, acrescento, esta ação seria como uma evacuação.

---

2 Os participantes serão denominados P1, P2 e P3.

P1: Ou não! Penso que este menino estava acordado, que estava sendo produtivo, que estava tendo alguma elaboração à medida que desenhava.

B: Você acha que é um menino ou uma menina? É importante isso?

P1: Para mim, certamente importa. Eu só não sei por que importa.

A: Tenho a impressão de que ele é um menino que está sonhando sobre o que é ser um homem adulto, com problemas de um homem adulto, como sexo e violência.

B: Estou presumindo, não sei se está certo, que há objetos disponíveis, como lápis de cor ou tintas. Como ele sabia onde encontrá-los?

A: Ele tem uma caixa diante dele com todos estes pertences.

B: Sim, sim, quem pôs estes objetos na caixa? Ele? Estavam lá desde o início?

A: Desde o início.

B: Você disse que ele podia usá-los?

A: Sim. No primeiro encontro.

B: Quando lhe foi dito que ele podia usá-los, ele os usou? Eu pergunto porque eu não sei. Esta é minha vantagem aqui. É mais fácil para mim ignorar isso. Mas, de fato, eu acho útil esquecer que se sabe. Então você também podia ignorar. Porque você pode facilmente providenciar lápis, giz de cera, brinquedos, e assim por diante a uma criança e ela não brincar com essas coisas. Aí é bastante interessante se o garoto realmente brincou com elas. Bem, ele escolheu cores diferentes de lápis: escolheu azul, escolheu vermelho, escolheu preto. O quanto você acha que ele consegue discriminar cores?

A: Sei que ele as conhece por desenhos anteriores.

B: Bem, gostaria que pensasse, se você estava lá, que você poderia identificar-se com ambos: com você mesma e com a analista, e, como eu disse, sugeri, esqueça isso a fim de poder se identificar também com o paciente. Então, esqueça o que você sabe – graças ao *training* analítico –, esqueça o que sabe, pois já viveu muito. Agora me diga: você sonha em cores ou em branco e preto? Vou fazer outra pergunta: em que estado de mente essa pessoa está? Como ele vê as cores? Mas ele não está só vendo cores. Também vê as cores dessa maneira, as cores vêm pelos dedos, depois pelo lápis. Bem, acho que essas são algumas das questões que me ocorreram. Mas sempre é útil saber que perguntas podem ocorrer a você. Essa é a coisa realmente importante. Agora, é possível – se pedirmos à analista para ir adiante na leitura – que sejamos capazes de responder algumas dessas perguntas, pelo menos algumas. No que nos diz respeito, a analista é nossos olhos e nossos ouvidos e assim por diante. Dessa maneira, sugeriria que esqueçamos o que sabemos e deixemos a analista ser nossos olhos e ouvidos e ver por nós. Aí depois disso, poderíamos tentar entender o que vimos e ouvimos. Agora, pode nos contar um pouco mais?

A: O menino diz que a guerra é promovida contra um país que não aparece. Falo então sobre a impressão que tive da beleza do desenho e que não parecia uma guerra, não havia inimigos. Após meu comentário, ele desenha no limite inferior da folha um tanque de guerra atirando bombas e, à direita deste, pessoas caídas, mortas, no chão.

B: Podemos parar aí um momento. Isso causa alguma impressão em vocês? Que impressão isso lhes causa? Alguém quer fazer alguma sugestão ou alguma outra pergunta?

P1: Para mim – o que eu posso entender disso –, o garoto vem dizendo coisas sobre sensações ou emoções muito fortes que podem ser experimentadas, mas com as quais ele realmente não pode lidar. Para mim, ele está pedindo ajuda; estou traduzindo para um tipo de linguagem mais imaginável.

A: Estava pensando que quando uma pessoa expressa suas próprias sensações e sentimentos por meio de desenhos, não consegue se expressar com palavras.

B: Sim, exatamente. Se ele fosse bem mais velho, aí poderia ser capaz de se expressar por meio de desenhos ou pinturas que poderíamos entender – do mesmo modo que pessoas como o Giotto (di Bondone) pode. Ele pode usar seus lápis de cor e você pode ver o que ele desenha no teto da Capela do Vaticano. Se ele fosse mil e duzentos anos mais jovem, aí poderia desenhar nas paredes das Cavernas Lascaux.

P3: Gostaria de fazer uma observação relativa à minha experiência pessoal. Tive garotos de 6, 7, 8, 9 e 10 anos em ludoterapia, e poderia dizer que quase todos eles desenhavam bombas e aviões. Quando coloriam, usavam vermelho – como fogo –, azul e branco. Diria que todas as crianças de hoje passam boa parte de seu tempo em contato com filmes que passam na TV, a maioria dos quais são filmes de guerra, filmes agressivos. É uma coisa patética, mas a informação diz respeito a todas as culturas.

B: Sim. Mas sobre isso, posso dizer: suponha que não se tem apenas lápis de cor nessa caixa, mas também as facilidades de um produtor de televisão. Que idade tem o produtor de televisão? Suponha que em vez de se ter câmeras de televisão à sua disposição, possa-se brincar com fissão nuclear. Pode-se ter bombas de nêutrons dentro dessa caixa, pode-se brincar com elas. Que idade teria esse garoto? É por isso, repito, que é muito fácil para mim perguntar: quantos anos ele tem? Não estou lhe fazendo uma pergunta fácil! Detestaria ter que responder a essa pergunta. Até nos pedem para responder essas questões. Qual menino ou menina? Qual idade você escolhe?

A: Queria tornar a fazer uma pergunta, que fiz quando o senhor acrescentou outras como: o que poderia estar dentro da caixa? Dali por diante, continuei imaginando o significado de suas intervenções, se o senhor estaria se referindo a uma impressão de que esse garoto estaria acima ou abaixo de sua idade quando comparado com seu desenvolvimento.

B: Não vi o garoto, e sinto muito ter dado a impressão de que teria afinal qualquer ideia. Não quero ser colocado na posição de quem tenha que saber todas as respostas. Um dos problemas em análise é: o analista querer se colocar na posição de ser a pessoa que sabe as respostas para as perguntas.

A: Fiquei com a impressão de a intérprete não ter traduzido o sentido correto. Vamos tentar de novo. Se o senhor, dr. Bion, está fazendo essa pergunta, entendo que não é que o senhor saiba a resposta para esse caso específico ou qualquer outro, mas está mostrando a forma como as pessoas, os analistas, deveriam observar. É isso que está implícito na pergunta que o senhor fez?

B: Bem, o que é estar implícito? O que está implícito em se posicionar como um pai ou uma mãe ou um professor ou um analista? De novo, essa é uma pergunta difícil. Sempre há esse problema do que está implícito em posicionar-se como um pai, uma mãe, um professor, um analista e assim por diante. Um dia, se tornará explícito, no momento, está apenas implícito. Como diz o garoto: ainda não está claro quem ou o que é o inimigo. No final do quinto livro da *Eneida*, Virgílio descreve como o timoneiro é instruído a dar o rumo à esquadra. A esquadra tem que seguir o curso dado por ele, mas Somnus aparece e diz a Palinurus: "Não se preocupe, o mar está calmo, tudo está esplêndido". Palinurus retruca: "Conheço o Mediterrâneo muito bem para ser iludido por estes dia e mares bonitos. Sei que a tempestade pode rugir". Então, ele se agarra ao timão da embarcação e resiste às tentações de Somnus. Somnus se agita, joga nos olhos do timoneiro água letal e depois o atira com tanta força que ele, e parte do leme da embarcação, se quebram e afundam. Eneias diz: "Por que o timoneiro iludiu-se com essas aparências superficiais de calmaria e deixou-se dormir?". Agora, esse é o modo como Virgílio descreve. Dante se vale da mesma história. Tenho certeza de que alguém a está usando agora. Mas o que esse garotinho está fazendo? Qual a sua idade? Essa é a razão pela qual ser um analista é uma ocupação tão fascinante. Porque as perguntas que surgem são tão profundas! Com quem você está conversando, com Giotto, Leonardo (da Vinci) ou alguém que seria um escritor? Com que linguagem ele se exprime com o analista? Mas ele também está falando. Assim, talvez vocês possam entender por que eu não respondo a essas questões. Não sei as respostas!

P3: Gostaria de perguntar, dr. Bion, se o senhor acha que o estado de mente do garoto é de sono ou de vigília, ou um pouco de ambos?

B: Eu acho que o estado de mente do garoto é, provavelmente, o de estar bem acordado, mas ainda há alguns vestígios do estado de sono. De forma que ainda pode ser possível, ele estando acordado, apresentá-lo a um estado de mente dele bastante diferente. Se fosse um adulto, as pessoas diriam: ele sonhou e descreveu o que viu e assim por diante... Mas, muito frequentemente, não acredito nisso. Não quero dizer que eles estejam mentindo – tenho certeza de que estão tentando falar a verdade, mas esse é o tipo de versão que as pessoas dão quando estão bem acordadas, quando estão em juízo de si mesmas – mas elas já se divorciam do que são quando estão dormindo. Acho que o garoto está bastante certo quando diz: "O inimigo ainda não apareceu". Ele não tem tanto medo de ignorar isso quanto nós. Bem, temos que parar por aqui.

A lição de Bion

Algumas das indagações do dr. Bion durante o referido seminário trouxeram-me surpresa e desconforto. A expectativa, como afirmei anteriormente, era que ele pudesse iluminar, com sua contribuição, o caminho para compreender o processo de produção de desenhos e as condutas do menino durante a sessão. Por exemplo, eu pensava que Carlos desenhava em vez de se relacionar, comunicando-se num código que eu, como analista, tivesse que desvendar. Frequentemente, associava o que observava em sua conduta e inferia seu estado de mente com o desenho que Carlos ia realizando durante a sessão.

No seminário, quando Bion convidou-nos a pensar sobre a idade do menino, e ainda, se era menino ou menina, quem teria posto os lápis de cor e os brinquedos na caixa, se Carlos estava dormindo ou acordado, convidou-nos a repensar o que supomos saber, o que está estabelecido. Convidou-nos a discriminar a realidade factual da realidade psíquica.

Sob esse vértice, dr. Bion indagava a respeito da idade do funcionamento mental de Carlos, de sua capacidade de transformar experiências sensoriais e emocionais em símbolos, em elementos disponíveis para pensar, em elementos alfa, segundo sua própria teoria. Com esse enfoque, precisaríamos inventar uma outra escala de desenvolvimento, que medisse a capacidade da elaboração onírica-alfa de produzir símbolos a partir de experiências emocionais. Tal idade, tal desenvolvimento pouco tem a ver com o que o ambiente põe à sua disposição e com o uso que a pessoa faz para ir construindo sua mente.

Quando o menino começou a desenhar, a "ver coisas coloridas", estaria dormindo ou acordado?, perguntou Bion.

A partir do conceito de elaboração onírica-alfa, suponho que, quando o menino começou a desenhar, começou a comunicar graficamente algo que tinha acabado de experimentar no contexto da relação analítica. Surgiram em sua mente umas tantas imagens que já estavam armazenadas. Imagens que foram associadas ao que, sensorialmente, estaria se passando, ou tinha acabado de se passar com ele. Desse modo, penso ter havido uma transformação de impressões sensoriais em imagens visuais.

Hoje, ao rever aquela sessão em que Carlos desenhou uma área do gol e depois sinalizou ter havido confusão, razão pela qual teria acontecido um gol, me pergunto se ele não estaria, com seu desenho, exprimindo algo que ali experimentou e que sentiu como se tivesse "levado um gol" ou "enfiado a bola em mim".

E mais, quando Carlos disse, referindo-se ao desenho do avião, ser aquilo uma guerra contra um país que não aparece, quem seria o inimigo? Que parte de sua mente estaria em guerra com outra? Que parte da analista é inimiga da Carlos? Será aquela que é diferente dele? Seria uma alusão às diferenças homem-mulher, adulto-criança? Foi o que lhe disse quando, naquela mesma sessão, desenhou um grande barco com uma vela bem pequena. (Não houve tempo para ler a sessão inteira durante o seminário com dr. Bion.)

O comentário de Bion "e o que está implícito em posicionar-se como um pai, uma mãe, um professor, uma analista?" é um convite a estarmos atentos ao que é uma função e ao que é a expectativa de uma função, diferença que ficou explícita naquele momento do seminário em que o dr. Bion, respondendo a uma indagação minha, apresentadora do material, respondeu: "Sinto muito ter dado a impressão de que teria, afinal, qualquer ideia a respeito. Não quero ser colocado na posição de quem tenha que saber todas as respostas. Um dos problemas da análise é o analista querer se colocar na posição de ser a pessoa que sabe todas as respostas para as perguntas".

A lição principal, então, é a necessidade de deixarmos de lado momentaneamente o que já sabemos para podermos analisar o presente e talvez conhecê-lo com a ajuda da intuição e da reflexão.

A propósito da supervisão do dr. Bion da sessão de Carlos

A apresentação deste material surgiu de um desejo de conhecer a linguagem pré-verbal, a linguagem feita de desenhos, enfim, a linguagem das identificações projetivas, e de buscar desenvolver a mente daquela criança e, por meio desta busca, talvez conhecer mais de minha própria mente. No entanto, esse desejo de conhecimento talvez seja tão implícito que não é objeto de estudo a não ser numa análise. Como diz Bion, conhecimento acima e antes de tudo a respeito de si mesmo, e isso se revela inicialmente como querer conhecer o objeto, como diz Klein, o corpo da mãe, a mente da mãe, dos pais.

Na sessão que apresentei, perguntava-me: do que está falando este menino? O que eu precisaria compreender e transformar em significado para que ele se desse conta do que está falando? Essa é a expectativa ao estar apresentando ao dr. Bion esta sessão.

É claro que o dr. Bion não necessariamente tem que entrar em contato com expectativas ou necessidades minhas, mas vai usar o material para ver a analista trabalhando, vendo a prática da analista e suas teorias. Um encontro como este poderia ser chamado muito mais de "*lesson*" do que "*supervision*". Para ser *supervision*, acredito que o supervisor teria que estar tratando das angústias e fantasias do analista trabalhando com seu paciente.

Após ler o material de sessão até "fogo dentro do avião", Bion pergunta: "A pessoa que fala assim, que idade tem?" ou "Em que estado de mente ela está? Está dormindo ou acordado ou qual?". Bion ainda pergunta se é menino ou menina e se isso tem importância, e também quem pôs lápis de cor na caixa e se lhe falei que podia usar. Pergunta se sonhamos em cores ou em preto e branco e pergunta se quando o paciente começou a ver coisas coloridas estava acordado ou dormindo.

Revendo o material quinze anos depois, inclusive os desenhos, imagino que, quando o chamo e ele entra na sala, este encontro equivale a uma jogada em que um gol acontece por confusão na área = troca de papéis? Ele = eu? Perda de controle? No jogo aparece representado só um campo. O outro campo do jogo analítico, onde está? Não é o que novamente ele expressa quando comenta que "a guerra é contra um país que não aparece"? Ou mesmo quando fala "um fogo na rabeira", mas representado em azul, enquanto o avião é pintado de vermelho. O fogo, a guerra, não aparece, ou está dentro, principalmente!

Ele não se expressou na relação comigo. A guerra está retida, está sendo controlada e onipotentemente realizada no desenho, evitando assim o teste da realidade?

Ao verbalizar para ele algo de sua fantasia agressiva, há receptividade e reconhecimento de minha parte e isso parece ajudá-lo a seguir. Ele faz então um barco grande, gordo, com uma pequeníssima vela (não conseguiria velejar).

Os números que colocou no avião, 0882, se repetem no barco, assim, 00 22 88 = dupla grande-pequeno.

Neste momento em que inicia o desenho do barco, a tensão diminui (enfiou uma bala, uma bomba e um projétil). "Ele matou homens!" Está mais comunicativo.

As formulações que eu fiz: "Este barco tão gordo esconde parte da vela! O inimigo está aí? Dentro?"; "Você representou as diferenças sexuais entre homem e mulher?". Tais formulações vieram do uso de teorias ainda mal assimiladas, mas que estavam perambulando na minha mente, assim como perambulava a luta pela disciplina de manter-me em estado de ir observando o que emergia, e não de querer entender. Luta muitas vezes malsucedida!

E ainda, não estava confiando num instrumento de trabalho que agora considero valioso: receptividade, continência, fazer emergir e intervir quando a angústia da criança não permite prosseguir ou manter-se em contato consigo e com a realidade.

Conjecturo hoje: o que lhe disse das diferenças sexuais o teria confrontado com uma analista que não o estava compreendendo? Ou que o compreende só em parte? A intervenção foi não continente? Foi invasiva? Foi como uma bomba devolvida das que ele atirou?

Valho-me do seguimento longitudinal, o que sei da continuidade dessa relação é que nas sessões seguintes ele se mostra fechado, sem verbalização, afastado do contato, e desenha casas e casas que ele não realiza como imagina, tanto é que as joga fora. Frequentemente para durante a execução e brinca com aviões de guerra, brigas e futebol. Não reage quando falo com ele, nem me olha. Tenta negar minha presença?

Uma dramatização com o boneco-menino e o boneco-empregada torna-se uma demonstração de tortura física entre empregada e menino.

Na sessão de 28 de março está afável, sorridente, em sintonia. Pega os desenhos da caixa e os joga no lixo (não sei se todos, talvez sim). Eu comento que ele está se livrando do que não serve mais. Ele diz que é, assim fica mais espaço na caixa. E de fato passa a usar mais espaço físico expandindo seu jogo para dois gols, os bonecos falam entre si e examinam as diferenças e as igualdades.

Essa dramatização, quatro semanas após o que lhe disse das diferenças sexuais e que o deixou afastado do contato, significa que ele aceitou uma realidade? Qual? A diferença entre sexos? A diferença entre adultos e crianças? A de que ele é uma criança e não é o pai, nem a mãe e nem a analista?

Os desenhos (que ele depois jogou fora) são os que permaneceram na caixa durante as férias de dois meses.

Quando ele volta atendo-o num novo consultório! Ele examina tudo da caixa, retoma o contato com o que deixou: o jogo de futebol e o desenho do campo, até chegar a desenhar um menino que ele diz estar "assustado".

Percorreu um caminho desde o impacto do retorno (com sala nova) até poder se dar conta de que estava assustado ao desenhar e, antes disso, desenhou um jogador bem pequeno com um gol enorme. Parece ser um belo exemplo de elaboração da experiência emocional até que possa ser pensada.

Na sessão apresentada a Bion, o menino diz que há uma guerra com um país que não se vê! Conjectura de Bion que o menino está em briga, vivendo a briga em objeto e parcial. Como se apresenta esta fantasia agora?

A analista e ele estiveram em férias. Quando ele volta a analista mudou de endereço (casa-consultório). A situação pessoal da analista fica em evidência. Na ausência dele, a presença de um marido que cuidou da analista, a fez crescer e deixou mais bonita. Provocou ciúme edípico? A casa nova como a novidade: novo bebê? E Carlos é capaz de competir com o marido da analista? Mas... Precisa?

Os números do avião jogando bombas, os números aparecendo no barco gordo representariam a cena primária que ele vislumbrou e "morreu de ódio"?

A alusão às diferenças sexuais e ao pênis dentro, embutido, levou-o, apesar de incompleta, a um contato com sua fantasia inconsciente. Digo isso porque em seguida, na sessão de 31/03/1978, última da semana, ele inicia um "jogo de transformações": uma caixa de lápis, vazia, usada como binóculo para me ver e uma bola de massinha, mais lápis, uma xícara, um boneco. Entra uma xícara, sai um menino;

entra uma tesoura, sai uma xícara etc. Faz-me pensar numa barriga onde entra um pênis e sai um bebê. Acho que é a representação de Carlos, que entra na sessão com uma ideia, acontece o contato com Marisa, e quando sai está com outra ideia.

Em outra sessão, de 14/04/1978, quando vive a fantasia de triunfar sobre todos da família (um jogo de pênaltis entre bonecos da família e ele ganha de todos), começa a *piscar*. Quando destrói todos, eles se voltam contra ele, querem entrar pelos olhos, uma retaliação! Fiquei muito impressionada com a manifestação da fantasia a nível somático!

5. Relato da análise de Anna, 6 anos e 6 meses

Apresento uma reflexão acerca da análise de Anna, iniciada aos 6 anos e meio, interrompida aos 10 anos e reiniciada aos 14 anos. Minha prática se fundamenta principalmente nos referenciais teóricos kleinianos e bionianos e nos vários aportes de Winnicott, que ampliaram minha visão sobre a infância.

A queixa importante dos pais acerca de Anna era sua conduta antissocial na escola, que se normalizou durante o terceiro ano de análise, ocasião em que os pais resolveram interromper o tratamento. Nesta ocasião, o distúrbio de alimentação, que consistia em uma inibição do apetite e exigia redobrada atenção materna, havia sido superado. Seu sono passara a ser tranquilo, sem pesadelos constantes. Sua conduta de relação se tornara mais amistosa e respeitosa em casa e na escola.

Anna retornou ao meu consultório aos 14 anos com comportamento agressivo e destrutivo, enfrentamento da autoridade dos pais, insultos constantes. Saía caminhando pela cidade buscando lojas de roupas e discos de *heavy metal* e encontrando-se com rapazes que faziam tatuagens.

Perguntei-me o que fez aflorar tal quadro em que a conduta antissocial novamente predominava. Pensar na eclosão da adolescência não me parecia suficiente.

De fato, quando os pais interromperam a análise havíamos conseguido algumas mudanças psíquicas, como podemos acompanhar no relato a seguir, porém persistia no ambiente familiar um vínculo mãe-filha-pai muito perturbado e desde o início da análise tais relações foram apresentadas como "área intocável" à nossa abordagem.

Os pais de Anna não constituíam um casal e, apesar de morarem na mesma casa, dormiam em quartos separados. O pai, pessoa formal, usando todo o tempo linguagem jurídica, se considerava sem energia para os enfrentamentos agressivos e procurava aplacar os conflitos surgidos no convívio familiar. Provia o sustento da família.

A mãe era a forte, autoritária, com métodos educacionais severos. Vivia isolada em sua casa, sem contato com vizinhos e amigos, sem intercâmbio externo, evitando a contaminação dela e de sua família. Vivia para os filhos (Anna tinha um irmão menor).

O contato inicial dos pais comigo parecia também obedecer a uma "técnica contra a contaminação". Primeiro veio o pai, e uma segunda vez a mãe. Ambos informaram haver dificuldades como casal, mas haviam optado por continuar juntos para criar os filhos. Não havia, na ocasião, nenhuma disponibilidade para um trabalho familiar ou de orientação ao casal. No primeiro contato Anna disse que Deus punha uma semente na mãe e o bebê nascia. Mudou de assunto quando perguntei qual era a participação do pai no nascimento de um bebê.

Figura 1 Desenho de 1983, em nosso primeiro contato.

Figura 2 Desenho da primeira fase da análise.

O comportamento de Anna, fazendo "operação tartaruga" para comer, para os cuidados higiênicos e para ir dormir, mantinha a mãe ocupada e irritada. Sugava duas mamadeiras de leite (manhã e noite) como o irmão e não usava o banheiro fora de casa. Os pais acreditavam que Anna assim procedia em reação ao nascimento do irmão (ela tinha 3 anos na ocasião); ela havia sido muito mimada e esperada (nasceu seis anos após o casamento).

A mãe acrescentou que havia sido muito técnica: retirava-lhe o peito quando completava o tempo recomendado pelo pediatra e se preocupava com contaminações, exagerando nos cuidados, que nos fez entender que se sentia responsável pelas perturbações de Anna.

Anna, no início da análise (quatro vezes por semana), mantinha uma verbalização constante enquanto picava papéis, massinha, apontava lápis para obter as raspas, raspava giz de cera, tudo para "transformar em comidinha", num comportamento apressado, para logo poder brincar. Eu me sentia aturdida com a velocidade dela em executar ato após ato, exigindo que eu a ajudasse, e assim que eu começava a executar o que me pedia, ela me interrompia para logo fazer outra coisa e com pressa, como se nunca fosse ter tempo suficiente para viver tudo que precisava naquela sessão, como se não houvesse nenhuma outra sessão para continuar! (Uma imagem me ocorreu: um bebê ao peito precisando sugar rápido antes que este lhe fosse tirado, antes que o peito fosse embora sem ter concluído sua mamada e se alimentado de leite e da relação com a mãe.)

Sentia-me desmontada por sua conduta e percebi que precisava "plantar-me" ativamente numa posição de espera e de receptividade desse estado de mente que Anna vivia e que inundava nosso encontro. Atacava a sala com sujeiras e bagunças para conseguir seus intentos de obter "coisas".

Repentinamente jogava seus líquidos e comidinhas em mim, manchando minhas roupas, sem que eu pudesse prever esta ação, e algumas vezes me vi tentando aplacá-la em suas atuações para não ser atacada; algumas vezes ficava num estado de alerta para me proteger de um repentino ataque e evidentemente nada disso servia para a sua análise.

Fui verbalizando essas coisas e dando-lhe o significado do medo de que eu a interrompesse, de repente, no que ela estivesse fazendo sem que pudesse concluir sua ação. Este ato mecânico, sem preliminares que indicassem a intenção, se assemelhava mesmo à interrupção de uma mamada quando o relógio marcava o final regulamentar autorizado pelo pediatra e sem intermediação da mãe.

Durante o primeiro ano de análise, a hora de terminar a sessão desencadeava sempre um ataque de fúria. Ela prolongava a hora e às vezes foi preciso retirá-la a força, levantando-a pelos braços, aos gritos. O final da sessão era sentido como uma interrupção definitiva, um corte violento, arrancando-a de mim, eu passava a ser "má"; a boa relação acontecida na sessão "se rompia em mil pedaços" e lançava tais pedaços em mim concretamente (as comidinhas, as massinhas, a água etc.).

Voltava na sessão seguinte correndo para agredir-me a tapas e pontapés, sob os olhos consternados do pai (que a trazia constantemente), parecendo "armar-se de coragem para enfrentar o monstro" que eu tinha me tornado pela separação.

A relação idealizada se manifestava por meio de dramatizações em que ela tentava concretizar, por exemplo, uma história de rainha ou princesa em que eu era um suporte, um aspecto de sua fantasia (ela trazia roupas de casa, me pedia para ajudá-la a vestir-se, eu tinha que admirá-la, obedecer às suas ordens, e às vezes ela me incluía como personagem), para que ela pudesse "criar tal ilusão". Essa relação se quebrava à menor falha ou dificuldade em executar todo o plano, quase sempre sendo o principal obstáculo o tempo de que ela dispunha da sessão.

Lembrei-me do conceito de objeto subjetivo de Winnicott. Anna buscava refazer a ilusão de continuidade que fora precedentemente quebrada!

Embora sua conduta indicasse controle para dominar o objeto vivenciado como persecutório e aterrorizante, havia outros momentos em que a função do controle parecia ser outra. Assim, quando ela pretendia dramatizar histórias de princesas e castelos, ou quando me pedia coisas impossíveis ("Quero voar...") e exigia minha participação para executá-las, havia aí um controle com a finalidade de que eu pudesse concretizar o que ela estava imaginando criar. Seria sua busca de experiências que a assegurassem de sua criatividade primária? (Winnicott, 1956/1978)

Pensei no que a mãe me relatou de sua relação inicial: uma mãe muito insegura em sua capacidade de cuidar e compreender sua filha, que era substituída por uma técnica que decide quando dar o peito e quando retirá-lo, quando se expor ao contato e quando não, por ser contaminante. Diria que na entrevista a mãe reconheceu não ter tido o que nós, psicanalistas, chamamos de *rêverie* (Bion, 1962), e sim ter sido uma presença ansiosa, apresentando um mundo cheio de perigos onde só sua presença concreta poderia dar proteção e fazer Anna sentir-se protegida. Possivelmente, quando a mãe engravidou e teve o segundo filho, o irmão de Anna, esta deve ter se sentido expulsa do mundo em que o eu e o não eu permaneciam fundidos e lançada no mundo aterrorizante, cheio de perigos e contaminações que a mãe o tempo todo lhe mostrava.

Levando em conta sua fala contínua e suas manobras para barrar os limites "eu" e "não eu", a ameaça de ser invadida, a intolerância à separação, usando de identificação projetiva maciça, pensei inicialmente tratar-se de psicose confusional. A destrutividade dirigida ao meio ambiente, forçando todos a encarregarem-se de seu manejo, é segundo Winnicott um dos componentes que definem a tendência antissocial.

Passado um tempo, ela passou a ter um comportamento exageradamente indisciplinado, sem limites, desafiando os adultos, sem medo de ninguém, e foi expulsa da escola. Ser expulsa, cortar o contato, separar-se e perder o objeto eram experiências que provocavam reações emocionais intensíssimas!

Vejamos algumas sessões deste período.

Sessão de 14/09/1983

Havia me pedido algum boneco e mais uma panelinha. Eu trouxe uma caixa de papelão com alguns bonecos e panelas para ver o que ela queria escolher. Ela foi pegando coisa por coisa até ficar com tudo. Também perguntava constantemente se eram novos, se eu os havia comprado.

Nesta sessão novamente o interesse continua em torno de "comidinhas", o que fundamentalmente consiste em picar lápis de cera, massinha, papel de bloco de formas bastante agressivas, usando a tesoura muito bem. Enquanto faz tudo isso mantém uma verbalização, entre outras me perguntando: "Por que estou fazendo isso?". Coça seu traseiro continuamente. Quer se apressar no picar: "senão, não dá tempo de brincarmos!".

Irma Pick (1986) fez uma teorização, a partir do material clínico, tendo como referência a contribuição de Donald Meltzer trazida por seu artigo: "The relation of anal masturbation to projective identification" (1966). Referia-se à fenomenologia da identificação projetiva no objeto interno. Tocar-se no traseiro com muita ansiedade, numa excitação secreta acompanhada de fantasias onipotentes muito poderosas, e o poder de comportar-se com sua conduta antissocial com a analista e na escola a fazem crer que o remédio que ela tem é melhor que a analista, e na escola ninguém quer acreditar nisso. A masturbação anal é muito melhor que ter relações com a mãe, com o peito.

Sessão de 26/10/1983

No desenho faz uma torre de controle, um aeroporto velho com morcegos e fantasmas. Ela está dentro de uma casa olhando e todos dormindo. Tem também uma menina com um cachorro falante, o *Scubidu*. Tem um bebê raivento que quer morder o salsicha-papai e uma menina feito mamãe que espera o papai-avião descer e entrar dentro do aeroporto, ela e as torres de controle ajudam e impedem. (Ana diz que a história da TV não é assim, é a história do *Scubidu* e do aeroporto onde tinha coisas estranhas.)

Na continuação do desenho diz que o avião não tem piloto; pica completamente o boneco-homem e o boneco-mulher e lava os pedaços.

Desse modo, penso que Anna está representando a história de seus pais, que permitem que ela mantenha a fantasia de assumir o lugar da mãe que esta deixa vago junto ao pai, e como essa história interfere em seu desenvolvimento emocional.

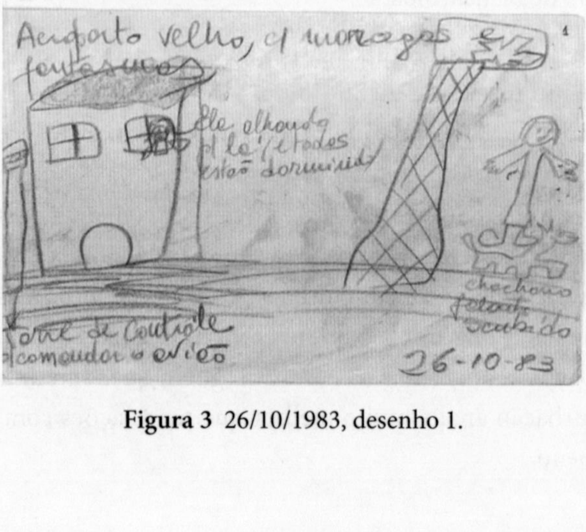

Figura 3 26/10/1983, desenho 1.

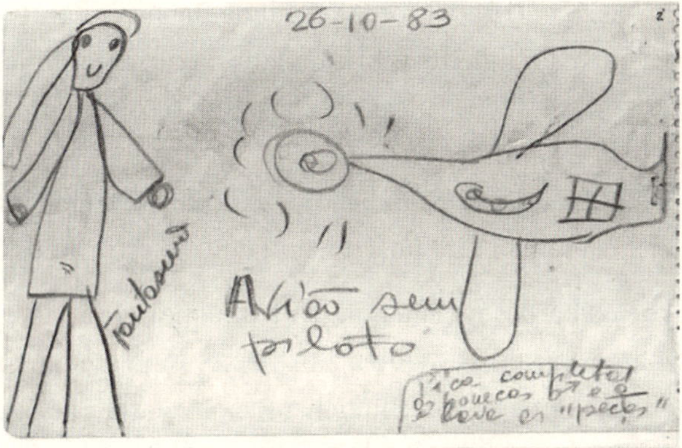

Figura 4 26/10/1983, desenho 2.

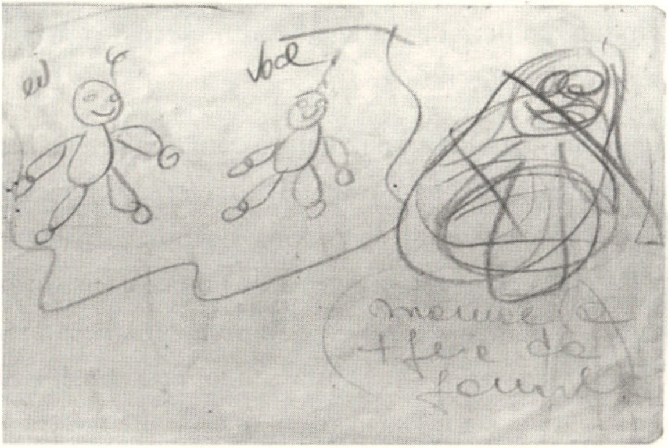

Figura 5 26/10/1983, desenho 3.

Sessão de 09/11/1983

Anna: "Os barcos de papel ainda estão molhados? Vamos ver? (Vai examiná-los.) Vamos fazer uma corrida... Precisa de mais um barco pequeno para você e um grande para mim e este feio é o seu!" (Dá risada.)

Fazer barcos de papel foi a atividade da sessão anterior. Ela constatara que não tinha mais brinquedos na caixa por tê-los usado para fazer sopas e sucos (picando com uma tesoura grande parte deles, inclusive a família de bonecos). Ao que lhe respondi que, porém, restava a nossa imaginação para fazer novos brinquedos e que aqueles ela jogara fora pois os sentia muito estragados (maus).

Ela põe os barcos na água da pia e diz que agora são peixes, e tem um barco de petróleo que faz os peixes morrerem. À medida que os peixes (barcos) se desmancham (por estarem na água), são retirados um a um e embrulhados um a um, formando várias bolas que são jogadas na minha direção com a intenção de que caiam atrás da minha cadeira. Depois ela junta essas bolas e as coloca na sua caixa lúdica, enfileiradas, e rega-as como se fosse um jardim (ou um cemitério de peixes mortos).

Em seguida ela molha a sala e a mim com a água restante da pia. Inicialmente ela me aceitou para ajudá-la na "criação" dos barcos, se apossou em seguida dizendo ser a dona, ficando com os melhores. Agora os barcos-peixes estão ameaçados de morte pelo petróleo (excrementos) que saem de um barco e morrem... Penso não só na competição comigo pelos bebês, mas no fato de ela ter os bebês e "estragá-los", para ficarmos só ela e eu, mas também estragadas...

Num determinado momento, quando estou tirando os barcos da água e pondo-os na mesa em cima de uma toalha que já estava estendida a pedido dela, ela diz: "Assim não está bom porque a toalha fica mamando na mesa" (a mesa igualada ao peito analítico em sua fantasia). Um bom exemplo da concretude da realidade psíquica e da estrutura do *self* e dos objetos segundo M. Klein.

Sessão de 21/11/1983

Entra e senta-se em minha cadeira, rindo triunfante. Abre a caixa e constata que não há quase nada. Retira um álbum de desenho e coloca-o no divã.

Molha uma toalha e passa-a em cima da mesa dizendo que precisa limpá-la para sentar-se. Em seguida molha a sala e a mim com esta toalha molhada e me pede outra toalha para secar a mesa. Como não tem, torcemos a toalha molhada e ela tenta enxugar a mesa para sentar-se em cima dela. Toda esta ação é acompanhada por uma atitude de agressão verbal: "Você é feia, chata, um papagaio de repetição", falando altíssimo e rindo.

Tento dizer-lhe que ela deve estar se sentindo assim por achar que eu não a ajudei nos dias que passou sem vir e por isso ela me atacou em pensamento e eu fiquei estragada.

Ela ri e diz para eu ficar quieta! Porém, em seguida, quer recostar sua cabeça na minha: "para colocar meus pesadelos na sua cabeça".

Eu continuo dizendo que ela se sentiu sozinha com seus pesadelos e ficou com raiva de mim que não estava.

Ela ri alto, agita-se e diz: "O primeiro pesadelo que tive, eu vi um menino nascer sem cabeça... e a mãe também não tinha cabeça. (Ri nervosamente) Eu sou forte, mais que todos e mando em todos. (Ri alto.) O segundo pesadelo era um homem, meu tio, só sua cabeça. Com os olhos esburacados... e a garganta esburacada. (Ri altíssimo.) Aí eu comi tampa de caneta e prego. (Arregala os olhos e ri.) Eu quero petróleo... Eu como petróleo. Quero torta de petróleo. (Com os olhos arregalados, olha para o alto da minha cabeça.) Teu cabelo são espaguetes, eu vou pôr queijo e comer teu cabelo (e faz de conta que vai comer com a boca bem aberta)."

"Pobre menina... Não há ninguém que faça comida para ela e come o que gente não come... Vou fazer uma comida para ela... O que você quer?"

"Quero petróleo."

"Então você é uma máquina?"

"Faz uma torta de petróleo com queijo ralado."

Anna, em seu estado confusional, com pesadelos noturnos e alucinações, imagens terroríficas tão ameaçadoras das quais se defende maniacamente, fortalecia-se com um objeto-mau-satânico para superar o terror. Mais tarde ela se dá conta dos terrores e seus pesadelos e alucinações passam a ser denominados fatos estranhos por ela.

Sessão de 28/03/1984

Já se passaram seis meses de análise.

Vem cambaleando, como quem está com sono e não se sustenta; o rosto abatido, preocupado: está dormindo? Está acordada? Está sonhando?

"Que vamos fazer?", ela pergunta. Olha para dentro da caixa. "Esta revista vai para o lixo..."

"Para o lixo o que não presta mais."

(Ri.) "Agora encher d'água todas as vasilhas... O que posso usar para fazer comidas?" (Refere-se a ter jogado fora toda a "comida" feita nas sessões anteriores.)

"Enchendo de água todas as bocas."

"E agora vamos ver o que fazer com os barcos", e com a tesoura corta os bicos e a ponta da vela de um barco de papel (eu havia feito na sessão anterior para as bonecas dela – fizera quatro barcos, e no final desta sessão ela disse acabar com esta brincadeira e levar as bonecas para casa). Após ter cortado a ponta, abre o barco e fica um recorte esburacado que ela molha e coloca na parede, rindo e falando alto.

Digo que o barco-Anna está esburacado e ela fecha os buracos grudando-o na parede-Marisa.

Ela escuta e parece concordar. Continua cortando a ponta de outro barco: "Agora vou fazer um losango" (esburacando-o, sem interior, só a moldura é colada na parede, recompondo um losango, e a terceira colagem é algo que parece o contorno de um peixe, e que resultou de ter cortado mais um barco).

Eu continuo interpretando que Anna se sente esburacada, sem consistência, que chegou andando como um saco vazio, porque perdeu a Marisa que a sustenta, assim como a parede está sustentando o barco esburacado.

Ela não consegue utilizar o recorte do quarto barco; não dá certo e o rasga. (Seria a quarta sessão que ela passou a não ter na semana passada?) Continua "perdida". Diz que gostaria de fazer um bolo (com o papel higiênico que lhe dou), mas vira algodão que serve para fazer curativos em mim. Eu sou uma menina pequena que volta da escola machucada, chorando e a mãe (ela) põe mercúrio que arde e tem que chorar forte.

Antes disso friso para ela a diminuição do número de sessões e a distância desta para a próxima sessão (segunda-feira), para localizá-la no tempo. Ao que diz que então hoje vai ficar bastante tempo, ela quer ter mais tempo, é muito curto este tempo.

Quando termina a hora ela entra em crise, me atacando, jogando-me água. Ao defender-me por acidente, molho-a e ela reage como se tivesse lhe atingido a existência. "Vou chamar meu pai, pai... (e ao mesmo tempo quer me atacar de todos os modos) Parece um sonho, é um sonho... Quero meu pai... pai... É um sonho isso tudo?"

Sai da sala. Chamo-a de volta para continuarmos a guardar suas coisas, ela volta.

Sessão de 23/04/1984

Vem correndo ao meu encontro fazendo chifres com os dedos na testa e se dirige contra o meu corpo. Traz palitos de madeira (um feixe e um material da escola). Vem furando a minha barriga!

Anna: "Sabe por que trouxe os palitos? Para fazer casinha..."

"E você gosta de casinha?"

(Na mesa começa a fazer o contorno.) "Preciso de palitos menores para fazer as janelas... Você tem fósforo?"

Eu tenho a caixa dos dias anteriores, quando teve um *blackout* e trabalhamos a luz de vela.

Ela diz que precisa tirar as cabeças dos fósforos e me pede para fazê-lo. Eu faço e a brincadeira se torna agora tirar as cabeças, e ela também ajuda com a tesoura a "descascar a cabeça" e depois partir o fósforo em duas partes. Mas a casa é abandonada... A tarefa agora é picar.

Ela faz movimentos com as pernas como se segurando para não evacuar, e grita, e fala alto – intrusões de todos os tipos dentro de minhas orelhas, olhos, nariz: solta gazes excitadamente, mas quer esconder-me este fato e grita quando eu comento isso...

Na saída ela vai perguntando ao pai por que ele cortou o cabelo daquele jeito, diz que ficou esquisito e questiona se ele não pode pentear ao contrário.

Nota: o movimento construtivo, fazer a casinha, não é mantido. É forte o impulso a entrar dentro de mim numa identificação projetiva intrusiva, agora no objeto externo, a analista. Em fantasia ela pode sair do objeto interno (*claustrum*) e enfrentar a relação com a analista, mas com muito medo e desconfiança, e então retorna à masturbação anal, fantasia onipotente e poderosa...

Sessão de 09/05/1984

Não terá a próxima sessão por impedimento da mãe.

Quando eu a chamo está escondida, e o pai olha em sua direção avisando que a chamei (eu não posso vê-la de onde estou). Acaba respondendo que ela é a parede e se o pai quiser, que vá... A parede vai sair do lugar e vai entrar na sala... Entra e o pai comenta que realmente a mãe não poderá trazê-la amanhã e se há uma possibilidade de reposição.

Neste momento ela fecha a porta do consultório e trava (como tantas vezes faz quando me detenho alguns segundos a mais falando com o pai, e eu tenho que bater na porta e pedir para abrir enquanto às vezes ela faz barulhos fortes e cantarola, bate com os pés na mesa). Quando abre falo do desejo dela de ser uma parte do consultório, de já estar aí mesmo para não ter que ir embora e voltar a cada sessão, e como é difícil para ela esperar esta hora!

Ela escuta e lembra de ir buscar as figurinhas no carro. Sai, pede para o pai e volta sem, mas com um bilhete (que ela fez na escola). Abrimos a caixa e retiramos as "criações" feitas de argila e macarrão de sessões anteriores, para deixá-las "a salvo". Ela fala de separar figurinhas, vai pondo na mesa e as repõe desordenadamente na caixa onde estavam guardadas (a caixa dela está ficando muito cheia e ela observa, no fim desta sessão, que a caixa está enchendo demais, com um sentimento de que isso não pode acontecer e tem que ter lugares vazios).

Após isso ela me mostra o bilhete que escreveu na escola: "Estava na quadra esportiva quando eu vi uma freira de madeira a nadar. Uma freira morta a andar... A lousa piscou para mim... A página do livro se virou sozinha... A marca de um pé do tamanho de um metro. Os assaltantes (explicam o bilhete), eram cinco (de cabelo amarelo) (e um de cabelo marrom)".

O verso deste papel mostra um desenho que ela fez há um ou dois meses que representa um avião sendo dirigido por ela e mais uma pessoa a bordo, uma colega, e foi feito durante uma "representação" em que brincávamos de ela ser a professora ou talvez a dona de um restaurante. (Neste momento ela está do meu lado e depois se senta no meu colo.)

Eu comento que ela deve sentir que isso é estranho ou lhe dá medo (querendo saber se eram alucinações persecutórias). Ela responde que não tem medo de nada, que as professoras não acreditam nisso que ela fala... "A lousa... se parece com uma TV que tem aqueles risquinhos e daí vai se juntando... e pisca... Estranho! Existe?"

Eu digo que parece estranho, que as coisas estão com jeito de vivas, se movimentam, e que ela, que é gente, virou uma parede agora há pouco. Que na sessão de sábado eu tinha que ser um rádio que falava com a voz do papai e ela não suportava que fosse eu.

Imediatamente ela organiza uma brincadeira com argila: "Precisa bastante. Eu sou a professora de artes. A argila é minha, eu distribuo. Para você uma bolinha, toma... Faz uma bola como eu estou mandando".

Eu manuseio como para dar uma cestinha.

Ela: "Não pode! Eu só mandei fazer a bola", e desmancha-a.

Eu: "Que professora brava, e na aula de artes a gente não tem liberdade de fazer do jeito da gente."

Ela escuta. Um pouco depois: "Tá bom, faz o que você quer", e aí começa a fazer na mesa um muro de argila (fica bastante entretida com isso, com ela mesmo, concentrada). Ela já havia feito uma cesta com ovos apoiada na mesa, o fundo sendo a mesa, e assim a deixou ao terminar a hora.

Eu também havia comentado o quanto de "montanhas", de figurinhas e de argila ela precisou pois estava com "montanhas" de fome, de vazio, de lhe faltar uma parede, e de ter um buraco dentro dela. (Eu estou muito atenta à sua construção da parede no sentido de ajudá-la a concretizar no brincar a sua necessidade de ter paredes que circundem um dentro dela e limitem os excessos, os "escoamentos" de argila.) Pergunto-lhe o que vai ser do muro quando acabar a sessão. Ela então o desmancha dizendo que vai guardá-lo dentro da caixa.

A atividade seguinte é ser caixa de supermercado, ideia que surgiu a partir de sua satisfação enorme em poder "se cercar" completamente, num canto da sala com bancos, e eu ir até ela comprar as criações feitas nas sessões passadas e pagar-lhe.

A hora se aproxima do final e ela reage à frustração com ataques, querendo desmanchar tudo e trancando-me na sala, desligando a luz, enquanto eu tento dizer-lhe o quanto ela sentiu que, ao dizer que a hora termina, a deixo no escuro e tiro os muros, os cercados para ela.

Nesta sessão ela relata alucinações das quais se defende negando o medo, mas senta-se no meu colo na busca de um continente concreto.

As alucinações seriam identificação projetiva dela no espaço, para a ausência de sua própria continência.

Em seguida ela procura construir o tal do muro, que nós podemos entender como uma tentativa de fazer uma barreira (a barreira de contato entre o consciente e o inconsciente?) para que ela não seja invadida por tais fantasias.

Sessão de 15/05/1984

Quando fui chamá-la, estava contando para o pai que as pessoas na escola não queriam ouvir o que ela tem a dizer, que estão contra ela, e que Marina (colega da escola) foi atacada ontem por uma sombra e hoje vai ser a vez dela.

Ao entrar na sala, indago acerca do que havia escutado da conversa com o pai e continua dizendo que hoje à noite viria um Drácula em seu quarto e que as bonecas iriam atacá-la e que o ralo do banheiro pisca para ela e ninguém da escola a escutava para tomar providências.

Anna estava muito agitada, movimentando-se muito, falando dessas alucinações. Enquanto eu a escutava, de repente começou a dar-me golpes nos seios, na barriga, na região genital – "Será que você é o Drácula? Deixe-me ver se seu pé tem um metro?" (e quer medir meu pé). Durante uns quinze minutos ela tenta agredir-me e eu a seguro, tentando impedi-la, falando de sua vontade de matar-me e do medo da represália, ela precisando de contenção física quase o tempo todo. Vai se acalmando, entre mordidas e pontapés, até que recosta a cabeça em meu ombro, já apaziguada.

Vai então para os interruptores de luz, que, ao tropeçar durante os ataques, havia apagado momentaneamente, e a partir daí passa a estabelecer um comando: quando ela os desliga eu tenho que dizer "boa noite", quando as liga, "bom dia", e quando liga somente um, "boa tarde". A relação ilusória do controle se estabeleceu e eu interpretei que, ao sentir que me controlava, não tinha medo de ser atacada.

Este jogo vai perdendo o interesse e nos aproximamos da mesa (estávamos de pé diante do interruptor desde os ataques físicos e contenção física). Ela pega a argila e resolve fazer bolas e a máquina de marcar cada uma seria o apontador, o que produzia um baixo relevo. Organiza então a produção industrial com técnicas e devemos trabalhar juntas.

Após um tempo mostra-se mais integrada e ao avisá-la do término da hora, pede mais tempo para terminar mais duas bolas. Eu lhe mostro que neste momento ela se sente mandada embora e eu me torno má e que isso dificultava separar-se, pois não levaria uma Marisa boa dentro dela, mas que amanhã teremos outra sessão (enquanto eu falo, ela faz um gesto como se fosse jogar tudo para cima) e então poderemos continuar. Anna parece escutar e compreender o que lhe digo e então quer me ajudar a "guardar as bolas para amanhã".

Esta é uma sessão em que a vemos num movimento introjetivo que permite a Anna aguardar, ter esperança. Existe um amanhã!

Anna se vinga do objeto que não a escuta, da analista que a abandonou ontem, e está mais interessada em ter vingança do que outra coisa. Ao ser escutada e suportada pela analista, que quer saber o que se passa com ela, talvez surja o desejo, demonstrado com o jogo de acende e apaga a luz, de que a analista esteja quando se levanta pela manhã e quando vai dormir, como o bebê, que quer a mãe o tempo todo para ele, da manhã à noite.

Eu dou ênfase à necessidade de Anna controlar-me para diminuir seu medo e então me presto a este jogo, porque compreendo o que se passa com Anna; ela precisa separar sua fantasia da realidade da nossa relação na sessão.

Supervisão de 11/03/1987

Irma Pick acredita haver mais um elemento: se Anna sente que a analista a escutou e compreendeu sua necessidade infantil, que de outro modo seria insuportável, ela pode então simbolizar e acredita que nesse momento a analista *não* está sob o seu poder. Ela percebe que há uma Marisa separada, diferente, que não é a alucinação do objeto mau, e neste momento passa a falar acerca destes problemas.

A fabricação das bolas de massinha mostra claramente o desejo de crer que ela fabrica e controla o peito. E as bolas parecem com o peito e com o selo dela, realizando o desejo dela de sentir que a analista é criação dela, Anna, com o nome dela, e não separada dela. Isso não é psicótico.

É uma sessão em que estamos começando a ter momentos de não psicose: quando termina o horário, posso terminar a sessão, ela não destrói tudo.

Sessão de 21/05/1984

"Quero voar... O que vou fazer hoje? Queria a minha boneca, a Susie, que pena que não trouxe a Susie. O que vou fazer?"

"Você não quer abrir a caixa para não ver o que tem dentro?"

"A caixa não! É tudo melecas!" (Ela havia guardado os casais de bolas de argila após tê-los banhado e estavam todos amolecidos.)

Ataca-me fisicamente e então vai para os interruptores de luz: ela liga e eu devo falar bom dia, boa tarde ou boa noite.

Anna: "Quero ser a mais importante... A melhor de todos, melhor que meu pai. Carol contou que mataram o tio e ela deu um pontapé na mulher que matou o tio, e ela ficou sem perna. Me leva no ombro? Quero ser a mais rica, com as roupas mais lindas, as joias, um parquinho de ouro e... (Em pé na mesa.) Quero! Quer ver? (Desenha.) Quero um mar roxo, uma lancha e eu esquiando... Me dá os esquis? Você tem aí dentro do armário? Então quero montar num cavalo que pula obstáculos. (Enquanto isso está quebrando um lápis e retira o grafite.) Quero escalar montanha, me dá a corda, me dá a bota".

Até agora ela pediu coisas impossíveis de eu lhe dar para se sentir a mais importante, para fazer frente ao que sente ter internamente, tudo estragado, como a caixa que ela não quer abrir para não ver nem lidar com aquilo tudo.

Ela abre a caixa, tira as "melecas" e joga-as em mim junto com os lápis quebrados, tudo numa enorme bagunça, nada presta (ela está fazendo gestos tentando tacar essas partes, mas não completando os movimentos).

Eu aludo agora à excitação das partes de seu corpo (traseiro e genitais) que ela queria tocar e satisfazer, mas se sente feia e quebrada.

Ela faz então uma ponte em cima de uma "correnteza" (o chão da sala) onde ela se salva e salva as partes que jogou no chão, que são transformadas numa comida que nós duas podemos comer. Vai saindo no final da sessão por caminhos sem pisar na "correnteza".

Tudo tão feio e sujo! Serve-se de uma fantasia de tudo poder se eu a instrumentar. Como não é possível, ela me ataca, como representante de uma realidade que frustra. Mas no seguir da sessão ela onipotentemente me salva, dando a si e a mim comida que resulta da transformação das fezes.

Sessão de 22/05/1984

"Que pena, não trouxe a Barbie! Meu pai... (Ela chama.) Vou pedir um brinquedo para meu pai. (Sai correndo. Da sala, se ouve:) Meu pai, me dá um brinquedo?"

Ele responde que não tem.

Ela volta, entra e sai de novo. "Nem uma coisinha? Seu sapato..."

Ele diz que não e ela volta para a sala.

Sai de novo em seguida: "Seu paletó, alguma coisa para brincar... (tom de súplica e sedução)".

Ele responde que não tem.

Então, dirigindo-se a mim: "Não tem! O que vamos fazer? (fecha a porta).

"Vamos usar o que você tem aqui, na sua caixa", e começo a abrir a tampa.

"Xi! Aqui está tudo feio... não presta!"

"O de ontem não presta? Aquelas comidinhas que você fez no final da sessão?"

"É... estão velhas. Vou jogar no lixo, onde está o lixo, onde está o lixo? (Acha-o.) Precisa jogar fora uma porção de coisas que não prestam mais, precisa fazer uma limpeza nesta caixa..."

Vigorosamente, começa a tirar os recipientes sujos e os põe na pia para lavar. Joga os "casais de argila" (aquela produção industrial), esvazia a caixa para limpar-lhe o fundo e escolhe o que fica e o que joga fora (objetos destruídos, lápis quebrados etc.). Faz limpeza total e acaba limpando até o chão da sala. Daí resolve lavar as paredes e dois tijolos de vidro que estavam embaçados e bate com a toalha molhada por toda a sala (mesa, divã, bancos, paredes, portas etc.). Pede-me uma toalha para forrar sua caixa. Eu aviso que amanhã trarei.

Conviver com a destruição, a bagunça, a sujeira, e ser repentinamente atacada, molhada, sujada, meses a fio, diminuiu minha disponibilidade e nesta sessão aparece nitidamente o meu desejo de que ela mudasse, ou pelo menos diminuísse essa conduta e pudesse ser mais "construtiva". A minha atitude firme, inabalável para manter as condições mínimas de trabalho, a continuidade, penso ter-se tornado várias vezes um atitude rígida, uma defesa ao relacionar-me com ela (para não sofrer o mesmo destino dos brinquedos dela?). A minha verbalização de suas fantasias era eficaz, quando ela já tinha experimentado muitas vezes viver suas fantasias dentro da relação de análise.

Sessão de 23/05/1984

Está conversando com o pai sobre assombrações na escola quando a chamo. Assim que entra diz: "Que pena que não trouxe a Barbie!".

Conta de um cachorro dela que foi morto por dois cachorros e diz que quando ela ganhar outro vai ser diferente, tudo lindo.

Digo: "Você não conseguiu trazer seu bebê aqui pois receia que eu vá atacá-lo como você ataca o meu".

Ela me dá golpes no peito. Em cima da mesa está a toalha que me havia pedido ontem e mais uma toalha menor, que ela joga em meu rosto dizendo não querer e, berrando, fala que vai buscar algo do pai. Sai da sala e pede suplicando os óculos dele, ou o relógio, ou moedas. O pai a limita, ela volta para a sala e durante dez minutos mais ou menos berra e me ataca fisicamente fingindo-se de lobo, gato, onça, cachorro, diz que quer me matar, que vai aparecer de noite para me assustar, e continua me atacando fisicamente e gritando.

Conta depois que, quando deitada, ontem à noite, ficou se mexendo na cama, rindo e fazendo "barulhos" e a mãe ficou furiosa com ela.

Por fim manifesta que quer que a Xuxa desapareça porque ela ganhou o disco de ouro, que vai desenhar uma assombração, que vai ser rica e vai ganhar o tesouro que está na fazenda do tio. Começa a fazer o mapa da assombração: "Pegue uma 'invenção', põe um lençol branco por cima da invenção e..." (ela não prossegue). Isso escrito endereça para a Xuxa, enrolando o bilhete feito um canudo e o prendendo com elástico de cabelo.

Na saída pergunta ao pai desanimada e tristemente: "Pai, você gosta de mim?".

Em sua fantasia, ela matou a mãe e diz que ela é melhor e sabe fazer tudo melhor; ela também percebe que precisa de algo do pai para fazer frente a mim (no lugar do seio-morto e assombração).

Ao mesmo tempo, como depender de alguém que está morta? Ela então elege o pai para pôr no lugar, o que parece uma confirmação edípica.

Sessão de 27/05/1985

Anna entra em minha sala fecha a porta com o trinco, deixando-me do lado de fora. Eu bato na porta pedindo para abrir.

Ela responde "já vai" várias vezes, até que passa um papel por debaixo da porta escrito: "a porta está aberta". Eu entro e ela está abrindo sua caixa. Retira uma revista infantil dizendo: "que falta me fez esta revista nestes dias!".

Aproxima-se muito perto de mim e quer ler a revista junto comigo, olha para um desenho que fez de mim e diz: "agora vamos fazer o meu mais bonito, com vestido comprido de rainha".

Eu vou desenhando uma menina de tranças e ela ajuda e dá sugestões. Está ansiosa, mas também um pouco agressiva ao dar-me palmadas fortes nas costas, em tom de amizade. Eu lhe peço para parar e pergunto por que tenho que apanhar, pelo que fiz? O que é que eu fiz? Deixei-a no final de semana e ela sente-se abandonada por mim?

Ela escuta e resolve desenhar junto comigo para que o desenho fique bonito. Em seguida se senta em cima da mesa e, um tanto excitada, esfrega seu traseiro na mesa muitas e muitas vezes.

Conta-me então que hoje estava fazendo suas lições e, ao passar a mão em sua cabeça, encontrou abacate: "Imagina! Eu detesto abacate, e parecia estar saindo da minha cabeça. (Tenta explicar-me e dar-me vários detalhes, perguntando-me o que eu acho.) Como pode ser? Que explicação tem isto?"

"É um pesadelo."

"Mas eu estava acordada e senti o cheiro..."

"Mas pode ser que havia abacate em sua casa."

"Havia sim. Estava na geladeira. Eca! (Expressão de asco, como um vomito.) Parecia que minha cabeça estava se abrindo e meu cabelo ficou molhado."

"E hoje, como foi sua comida?"

"Péssima, não comi nada!"

"Como se fosse um pesadelo!"

"Mas me dá uma explicação disso... É um mistério."

Fico em silêncio, pensando.

Enquanto isso, ela: "Eu tenho pesadelos sempre, mas é como quando o quadro-negro piscou para mim na escola, você lembra? É porque estava tomando um remédio que me deixou confusa e o pessoal da escola achou ruim, e me expulsaram. Bem, eu fui muito malcriada também. Sabe, uma vez na casa velha fui me deitar e vi um rosto de cera do lado da minha cama. Eu não fiz nada, me virei e dormi."

As coisas estranhas, os pesadelos, os mistérios, tudo ela me traz para pensarmos juntas e procurar compreendê-los. Essas coisas estranhas e misteriosas Anna havia trazido outras vezes.

Passou meses entrando na sala e perguntando-me: "o que estou sentindo?", "do que eu quero brincar?". Insistia para que lhe contasse uma história de que ela gostasse – uma história de antigamente. Quando o que lhe contava não correspondia ao que ela queria e então lhe dizia que ela queria saber de antigamente, do início de sua vida, de seus pais, ela me batia e aos gritos dizia: "Não é isso!" (o mistério também poderia ser a relação dos pais dela).

Quando iniciamos a análise, ao mencionar a relação dos pais resultando em bebês, ela ficava muito horrorizada e dizia que era tudo mentira e que Deus punha a semente na barriga da mãe.

De fato, na entrevista a mãe insinuou que a relação do casal é muito difícil e que o marido não a procura sexualmente. Mas essa informação nos chega após muito tempo decorrido da análise.

Ao sair desta sessão, Anna vai ao banheiro e de lá escuto ela dizer "mas como pode ser, sair abacate de minha cabeça? Como foi parar ali?". E ao encontrar o pai na sala de espera pergunta também pelo mistério de sair abacate de sua cabeça.

Ela tem uma atitude de não ter medo de nada (ela quer provocar medo), e assim se comporta mal na escola. E pensamos que ninguém quer escutá-la, ninguém acredita nela: quando acaba a sessão me vê como uma mãe que só pensa no relógio, não nas necessidades dela. Ontem ao final da sessão ela me disse que foi atacada por uma sombra e hoje vai ser minha vez!

Supervisão

Irma Pick fala da sombra como a Marisa que se converteu em má quando a abandonei, a sombra do que ficou da analista quando se foi, como o bebê que vê a sombra da mãe que se está afastando... A sombra é esta parte da mãe que está contra ela: ela então sente que a analista é substituída por algo mau e não que a analista não está; não é um bom objeto ausente, mas um mau objeto presente.

Ela não pode pensar na sessão que vai ter, só na sessão que acabou! Esses dois parágrafos da sessão, segundo Pick, nos dão uma cronologia completa da perversão: da solidão, de sentir-se não compreendida, perseguida por um objeto mau que está contra ela, e o ralo do banheiro começa a dar-lhe piscadas. Começa a excitar-se com a ideia de uma cura para o seu problema: ela acredita que pode curar seu problema com sua excitação masturbatória, que tem a ver com o ralo que pisca, com o Drácula, com a excitação do ânus. Meltzer escreveu acerca desta masturbação anal, e ela se sente tão poderosa por não ter que fazer frente a esta dor de sentir falta de uma mãe boa.

Penso depois que ela quer ser a rainha e não o bebê precisando da mãe. E que essa ilusão se destruiu pela separação ao sentir a falta da analista ("que falta me fez esta revista estes dias"). Ao não suportar a dependência ela vai para a masturbação anal (o ânus na mesa-peito da analista, ela equivale o que sai do ânus com o que sai do peito). Sente ódio por não ser compreendida.

Irma Pick (1986) faz uma conjectura acerca da fixação no ânus: parece ter a ver com a privação da compreensão humana levando ao ódio e ao sadismo, e isso também se confunde e se mistura com a inveja do bom objeto, que a compreende, mas não há uma divisão precisa. Ela não sabe se busca seu ânus porque odeia a analista por tê-la abandonado, e é a mãe má que a priva de tudo, ou porque é uma mãe boa de que ela necessita e a qual inveja por ter tudo, ser bela.

No entanto, em comparação com o ano anterior, ela já pode brincar com a analista e não diminui algo bom: assim, ela fala que as revistas lhe fizeram falta. E o movimento de mudar de lugar com Marisa, o bebê fica fora, e ela não tolera ficar sem o bebê, pois fica abandonada nos intervalos. E mais, Irma Pick salienta que, ao necessitar da analista no fim de semana, isso destrói sua ilusão de que ela é a rainha; e se a analista não interpreta isso, seu comportamento se converte: ela começa a esfregar o traseiro na mesa, de modo a regressar à masturbação anal e à sua ilusão de que ela tem abacate que sai de sua cabeça.

De fato, digo a Irma Pick que a fantasia com a mesa, quando Anna se põe em cima dela, é que a mesa é o peito, e ela coloca o traseiro em cima do "peito", e isso aconteceu muitas vezes. No entanto, as bolas de massinha não são somente o peito, mas suas fezes.

Irma Pick completa o que a analista está tentando dizer: que a menina esfregando o traseiro sobre a mesa deseja não fazer diferença entre o que sai do traseiro e o que sai do peito da mãe. Isso tem a ver com as sessões prévias, a masturbação anal. Ela excita-se com a ideia de que não precisa da analista, pode conseguir tudo o que quer de seu traseiro e então se confunde e não sabe de onde vem este abacate, este alimento.

Sessão de 19/06/1985

A mãe a trouxe (habitualmente é o pai). Anna está muita agitada, diz que quer ter uma conversinha: "No Natal do próximo ano, adivinha o que vou ganhar? Começa com F... Forno! Para argila! Minha mãe não deixou pedir para a vovó, ficou brava, mas vai ser escondido dela que o Papai Noel vai dar. Aí vou levar na escola e fazer lá. Eu gostaria de ir num lugar tão lindo, com flores, grama, lindo, mas na cidade é barulho, poluição, lixo, cimento. Na minha escola, por exemplo: tem tanto lixo, sabe quantos lixos tem?"

Pega o lápis e desenha nas paredes da sala (que são de fórmica), ocupando-as inteiramente. As paredes da sala, brancas e limpas, agora estão rabiscadas. Ao terminar quebra o lápis e esvazia-o do grafite.

Em seguida senta-se no meu colo e tenta morder meu rosto num misto de prazer e agressividade (até agora pareceu estar numa relação sádico-anal e sádico-oral, o que levou meia hora da sessão). Resolve fazer uma "poção" junto comigo, como a de ontem (mas ontem a poção acabou entornando e ela levou uma parte para casa, num vidrinho).

Ao sair vê que nem o pai, nem a mãe estão na sala, então gruda em mim e precisa de um tempo para conseguir ficar na sala de espera.

Julho de 1985

Neste período a conduta dela na escola piora a ponto de ela não poder frequentar a partir do início de setembro. Ela não compareceu o mês todo de julho às sessões, pois a família precisou viajar.

Os pais precisam de orientação, mas têm posto dificuldade em fazer este trabalho.

Ela tem estado violenta e agressiva e a relação idealizada é com um objeto que ela chama de France, um lugar para onde quer ir para ter tudo de bom, onde tudo é lindo.

Sessão de 07/08/1985

Na sessão anterior ela me tratou como se eu fosse um homem e disse que eu tinha que pagar pelo que fiz no passado e que ela ia me matar.

O pai se desculpou pelo imprevisto que impediu de trazer Anna.

Ela entra lendo revista e fica assim por dez minutos. Depois me conta do furo do pé, mas que foi ver o que tinha furado e era só um graveto. Ri. "E eu tive coragem e fui ver e não era um prego enferrujado que tinha medo disso... aí minha mãe me põe medo. Li no *Meu Filho, Meu Tesouro* que criança não se incomoda com coisas que gente grande se incomoda. Criança pensa diferente de gente grande. A minha mãe já fica preocupada. Tétano! Lá no meu livro o bebê nasceu com defeito e a irmã não ficou assustada. Eu penso que nem gente grande. Eu não penso que nem criança! Você não vai rir de mim? Eu queria ir para Plutão. Queria ir para outro planeta, ver o que tem lá. Queria entrar nos buracos negros do universo, se é que existem... Ver... Conhecer."

Sessão de 13/11/1985

Entrevista com os pais. Anna está bem socialmente, bem na escola, mais chegada com a mãe, conversa mais, aguenta brigar mais sem romper, mais estável, antes parecia um "algodão".

A autoimagem, a autoestima ainda estão baixas. Necessidade de promover atividades que lhe reforcem o ego.

Tem sonhado muito, pesadelos: "uma mulher num quarto fechado, e eu tinha que bater nela".

Fevereiro de 1987

Passados dois anos da análise, ao retornar das férias de verão, notei que esta separação não havia provocado alterações na confiança básica de sua relação comigo, e ela reata verbalizando seus sentimentos, alegre por estar de volta.. Fala dos pesadelos e de seu desejo de viajar e conectar-se com extraterrestres.

Essas fantasias e esses desejos parecem claramente escapes, defesas contra as dificuldades desta menina de ter que viver sua vida de 9 anos. Ela me ouve e se interessa.

Numa sessão de segunda-feira, a mãe me entrega um bilhete do pai negociando o reajuste de honorários, num clima um tanto hostil, e enquanto leio Anna fala aleatoriamente de como encontrar uma saída, que ela sabe, que esta matemática a está matando, e vamos ver o resultado etc.

Eu lhe digo que sua preocupação é com a continuidade de sua análise, se a matemática do pai e a minha vão dar certo, e não vai matá-la tirando-lhe as sessões. Que esta realidade a está preocupando e é real e por isso ela se sente pequena e dependendo desse resultado final. Daí quer ter ideias brilhantes, pensar em extraterrestres (subiu na banqueta esse tempo todo).

Ela então se aproxima com carinho, busca contato físico, está feliz.

Na sessão seguinte: conversei com o pai, desfez-se a tensão e entramos num acordo quanto aos honorários. Anna mostrou compreender sua emoção, sua preocupação real, e dispensou suas ideias loucas, seus planos rocambolescos, as viagens extraterrestres.

Passa a falar de chocolate suíço que ganhou de sua avó quando tinha 2 anos e faz sete anos que não come mais aquele chocolate. Fala dos presentes que recebeu da mãe quando ia para a maternidade, do sapo que ganhou e que queria muito, e que ontem o pai tentou afastar o sapo colocando-o no relógio de parede e ela o pediu de volta chorando.

Mostrei-lhe então que ela está cheia de boas recordações, avó boa, mãe boa, e que o pai tentou afastar o bom sapo-Marisa, mas no final não aconteceu.

Ela se conecta com essa verbalização e, ainda em cima de um banco (em que subiu no início da sessão, "assim sou mais alta que você"), liga e desliga o interruptor, e por fim coloca sua cabeça dentro da caixa de ludo vazia, até ficar quase toda dentro, e pede para tampá-la. (Em outra ocasião imaginou entrar no armário embaixo da pia e lá ficar.)

Sessão de 16/03/1987

Após uma interrupção que durou quinze dias, por mudanças em meu consultório, Anna espera que eu entre antes dela na sala, para e me olha.

Eu vou entrando enquanto lhe digo que imagina ter alguma novidade que provoca muita emoção. "Um novo bebê?", eu pergunto.

Ela então diz ter uma ideia brilhante, genial e, se conseguisse pôr em prática, salvaria o mundo, mas não podia me dizer, porque eu contaria para os outros ou roubaria sua ideia.

Passamos um tempo da sessão trabalhando com seu desejo de ter uma ideia melhor, um bebê mais bonito que o meu, como o da mãe dela com seu irmãozinho. Digo-lhe que faz isso para não sentir que depende da presença da Marisa para continuar crescendo.

Anna diz: "Quero ficar bem alta e forte, do tamanho desta porta, com o pé número 48-50. O da minha mãe é muito pequeno, número 35. Não quero ser como ela, nenhum adulto é de confiança" (estava em cima da mesa falando isso tudo).

Sessão de 18/05/1987

Anna me conta um sonho: "Peguei meu carro, um Gol igual ao do meu pai, arrumei um foguete atrás e coloquei no porta-malas, e no foguete um telescópio de bolso e um monte de coisas para observar o céu. Vieram dois bandidos e pegaram o carro, que andava, mas de repente estava no céu. 'É melhor que vocês parem, senão daqui a alguns minutos vocês estarão a cem mil anos-luz do sistema solar.' Estava então amarrando o carro e o foguete no céu, por um buraco do teto da minha casa. Quando cheguei, os bandidos estavam no carro, e ameaçaram matar-me, eu disse um montão de coisas para eles: de matá-los, de poluí-los, e eles ficaram quietinhos. Saí à procura de ETs, encontrei vários com medo de mim. Fiz amizade e aí... Acabou".

Sessão de junho de 1987

Sonho: "Estava passeando com meus pais e irmão num dos carros do papai: era a perua Caravan cinza de bancos pretos de veludo. Minha mãe no banco da frente, meu pai guiando, meu irmão comigo no banco de trás e atrás de todo mundo o porta-malas. De repente uma coisa entra pelo vidro. Era uma bomba-relógio em forma de coração, toda vermelha. Eu jogo com força a bomba na frente, ela arrebenta o vidro da frente e cai longe. Meu pai para o carro. Desço do carro e saio correndo. Aí começa a perseguição dos caras que jogaram a bomba e querem acabar com o universo. Aí fujo por dentro de um shopping center. Mas eu nem presto atenção nas lojas chiques de brinquedos, de joias. Aí o terrível vento começa a soprar. É um vento que só faz efeito em mim, horrível, faz a velocidade da luz ficar mais lenta que uma lesma, eu tenho que correr contra o vento. Após cinquenta ruas contra este vento e fugindo dos caras que querem me matar até mesmo antes que a bomba exploda... A parada: chego à casa da minha amiga, Vivian. Lá é o lugar mais quieto, sossegado, fresquinho, aconchegante e quentinho, tudo branco e algumas coisas cinzas, e fico lá algum tempo. Falo sobre a bomba e isso e mais aquilo... E a perseguição continua. Tenho que ir embora. A perseguição recomeça até que eu paro e penso: pra onde eu for, eu vou encontrar caras pondo bombas daquelas na minha frente. Aí eu penso: o mundo, o universo vão explodir, nada mais posso fazer para salvar o universo ou tornar isso um sonho bom. Tenho que acordar... A despedida foi triste e úmida. Digo a todos que tenho que acordar e acordo!

Nota: sonhos/pesadelos com objetos estranhos que a levam a lugares extraterrestres e de repente bandidos a ameaçam e perseguem. Ela tenta salvar o universo, mas nada pode fazer.

Sessão de 22/06/1987

"Sonhei que a minha mãe e meu pai e meu irmão e eu fomos sair. Aí, meu pai e minha mãe foram assistir a uma ópera. Só que nesta ópera havia um lugar para as crianças brincarem enquanto os pais ficavam assistindo. Droga! Enquanto eles aproveitam, eu tenho que ficar brincando? É, brincando, só que meu pai falou que vai me levar para a ópera com ele e minha mãe vai ficar em casa com o peste! Só que eu resolvi assistir à ópera, mas aí estava com um conjunto droga e despenteada e todo mundo arrumado cheio de joias, com vestidos chiques... 'É porque eu não estava arrumada para a ópera, era criança e estava brincando.' Não posso saber o que se passa na minha casa. A bruxa, a bruxa, ela não deixa, tenho medo da minha mãe, fica parecendo que quer me matar."

Sessões de 03 e 05/08/1987

Estamos fabricando um bom grude, o que ocupa as duas sessões. Tem um líquido para o grude e o líquido para bolha de sabão.

Grude: objeto que integra, contém uma "pele" que está sendo ensaiada e fabricada.

Bolha de sabão: objeto que é lúdico, que faz sonhar, que representa a ilusão da criação.

Sessão de 12/08/1987

Ela me conta um sonho: "Estava passeando e brincando com os sobrinhos do Pato Donald e mais sobrinhos da Margarida e a Cíntia na fazenda da minha avó, andando em precipícios, cachoeiras, barrancos, brincando nestes lugares... Aí queria ir à casa do tio Zé, irmão da mamãe. No caminho o portão estava fechado. O tio Zé tem doze banheiros, três cozinhas e a casa dele é dentro da fazenda da vovó. Via umas pessoas nos carrinhos que andavam sozinhas, deitadas e cobertas com lençol até o pescoço, e uma bordinha para a pessoa não cair. Perguntei para as pessoas deitadas: 'Quero ir lá embaixo, o portão está fechado, como faço?', olhando para essas pessoas deitadas. A pessoa me respondeu: 'Não tem nada lá embaixo'. Aí, no começo pensei que era lá embaixo da casa do tio Zé, mas aí logo afastei esta ideia da cabeça. Lá embaixo era do pescoço para baixo. Fui andando para trás do carro e resolvi acordar. Porque eu quis! Porque senão ia ver um buraco nas pessoas, pedaços de pessoas ou só a cabeça e mais nada, horrível. Acordei nervosa, sei que era sonho, mas se fosse dormir de novo ia aparecer cabeça pelo quarto todo, no pé de minha cama, e esqueleto. Senti o rosto de uma pessoa, senti encostar na meia. Pra variar, estava ventando (Zuuuuuuu) lá fora, e sacudia a cortina e tive a impressão de que iam sair as pessoas de trás da cortina. Fui chamar meu pai, eram cinco horas da manhã".

Nota: sonhos alucinatórios e perseguidores indicando o início da formação de uma barreira de contato. No entanto, ainda haveria muito a trabalhar, mas os pais, satisfeitos com o resultado obtido até o momento e "cansados de trazê-la às sessões", quiseram "interromper para experimentar". Resolvi incluir seus desenhos, embora não tenham equivalência com as sessões em que foram produzidos.

Figura 6 14/05/1986, desenho 1.

Figura 7 14/05/1986, desenho 2.

Figura 8 06/10/1986, desenho 1.

Figura 9 06/10/1986, desenho 2.

Figura 10 06/10/1986, desenho 3.

Figura 11 06/10/1986, desenho 4.

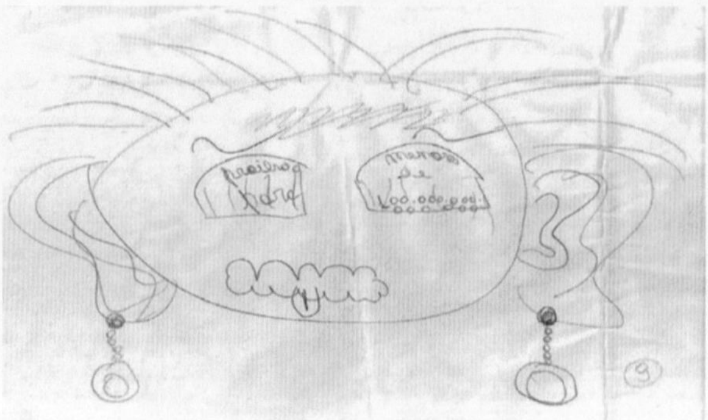

Figura 12 06/10/1986, desenho 5.

Figura 13 Pesadelo.

Figura 14 Rio do mar.

Figura 15 28/09/1987.

Foi assim que Anna deixou a análise aos 10 anos e retornou aos 14 anos, em 1991.

No retorno, os pais contaram que tempos após nossa interrupção ela esteve em tratamento com uma psicóloga indicada pela escola, com quem ela brigou e quebrou tudo na sala. Foi então encaminhada para um psiquiatra. Está medicada com altas doses de medicamentos.

A situação familiar não mudou. Anna é a depositaria das fantasias agressivas e da sexualidade dos pais. Estes se envergonham de como ela se veste e se maquila de modo exagerado e provocante.

Retomamos a análise agora só sendo possível duas sessões na semana.

Sua conduta antissocial pode ser assim descrita: agressiva, reage aos gritos, chamando o pai de imbecil. Cabelo tingido de roxo, em parte raspado, roupa negra, batom vermelhos; ouve *heavy metal* a tarde inteira em seu quarto, músicas e letras de cadáver, morte, terror, sexo, vomito, sangue, catástrofe etc.

Totalmente desadaptada na escola e em crise com a mãe. Esta está desesperada e há um ano e meio passou a ser guardiã da vida e da moralidade da filha, tomando atitudes policialescas. A mãe, segundo Anna, dorme trancada no quarto com o irmão, pois tem medo que ela o mate.

Anna consegue realizar muito pouco do que anseia, tem dificuldade em empreender um romance tão desejado. Sente-se isolada e atribui isso ao estilo de vida dos pais. Sente-se uma cretina que passou os anos da infância ouvindo música clássica e lendo coisas que as colegas de sua idade não liam e agora está atrasada. Tem vontade de romper com os pais e sair de casa, mas não tem preparo nem idade para isso.

Aceitou retomarmos o trabalho analítico. Conta-me seu estado de desespero tempos após ter terminado a análise e sonhou que tudo havia mudado, estava em outro mundo sem saber se estava morta, se era realidade ou sonho, sensações muito estranhas e desagradáveis.

Com o prosseguimento da análise, principalmente levando a uma contenção psíquica, as nuvens mais negras de Anna vão se dissipando. Seu semblante vai mudando, seu modo de vestir-se, pintar-se, torna-se mais discreto. Mostra-se menos ansiosa, com mais esperança, e seus pensamentos vão perdendo aquela excessiva morbidez. Mais recentemente me conta de sensações que a fazem sentir com medo de enlouquecer por não saber se está sonhando ou vivendo a realidade.

O projeto de ser ajudada pela análise e afastar-se da família e ser ela mesma a atrai e a atemoriza. Volta então a atuar, faltando na escola e passando várias horas sem ser encontrada, para desespero da mãe. Roubou livros e discos nas lojas, porque os pais não lhe davam dinheiro.

A mãe propôs várias vezes que Anna fosse internada para tratamento psiquiátrico, pois estavam exaustos da convivência com ela. Disse-lhes que entendia o que estavam passando, mas ponderei que a internação não seria solução e que o trabalho de terapia familiar que estavam iniciando com uma colega poderia ajudar.

Semanas depois, durante um confronto, a mãe expulsa Anna de casa e ela vai morar com o avô paterno, com quadro de esclerose. Essa convivência durou um mês, ao final do qual Anna voltou para casa. Foi uma experiência bem negativa no sentido de reforçar que nada podia mudar, por não ter recursos nem proteção.

A análise continuou com uma evolução que levou a nova interrupção com resultados modestos.

Para Winnicott (1956), o tratamento da tendência antissocial passa por retirar a criança do ambiente. Sugere também que os pais, dependendo das circunstâncias, podem fazer parte desse manejo. No caso, os pais não puderam ser de ajuda. É claro que a tendência antissocial é diagnostico de comportamento, podendo ser originada por quadros psíquicos diversos. No caso de Anna, como já descrevi, o quadro parecia o de uma psicose confusional, com alucinações e ideias delirantes.

Segundo Winnicott (1956): “Quando há uma tendência antissocial, houve uma verdadeira privação, ou seja, houve a perda de algo que havia sido positivo na experiência da criança, até uma data determinada, quando lhe foi retirado: esta retirada se estendeu por um período de tempo maior do que aquele durante o qual a criança consegue manter viva a lembrança da experiência".

Avaliei a partir dessa afirmação de Winnicott e da experiência que tive com Anna que havia ocorrido a morte de algo bom e a impossibilidade de recriar esse algo bom, possivelmente pelo fato de o ego da criança não ter conseguido condição de recriar o objeto, de simbolizar. Anna esteve buscando "coisas perdidas" no ambiente desde pequena, mostrando uma privação emocional que a afetou precocemente ao quebrar a ilusão onipotente da criação do peito. O que descrevi ao longo deste trabalho pode ser entendido como uma confusão *self*-objeto mantida pelo terror de perceber-se separada e não conseguir estabelecer sua criatividade primária e confiar nela.

Reflexões a partir de supervisões

Repensando o comportamento de Anna, não tenho dúvida de ter sido originado de traumas ambientais iniciais: a dificuldade de sua mãe em ser receptiva aos estados emocionais deste bebê, suas ansiedades enormes diante de sua função materna com grande insegurança quanto a sua capacidade de estar com o bebê e a adoção das recomendações pediátricas de modo rígido, interrompendo as mamadas, olhando no relógio e vivenciando um mundo cheio de contaminações que ela tinha que afastar do bebê para que não adoecesse!

Vários autores evidenciaram a importância das primeiras experiências emocionais e o quanto tais experiências podem se tornar traumáticas por interferências ambientais, resultando em falhas na relação de dependência da criança. Atualmente, chega-se a associar tais falhas ou traumas iniciais a estados *borderline* em crianças e adultos: tais personalidades seriam incapazes de representar as emoções, os eventos psíquicos e seus estados mentais por ignorar seu significado.

Voltando a Anna, entendo que houve um trauma na relação inicial com distorções da comunicação emocional entre a mente da mãe e a dela. No caso parece tratar-se não de uma ausência emocional, mas de uma intrusão de partes conflitivas e confusas da mãe. Essas intrusões foram assimiladas ao *self* da criança, levando a identificações patológicas com um objeto invasivo. Dito de outro modo, Anna foi receptáculo de identificações projetivas maciças da mãe resultando em estados de confusão quanto a sua identidade.

Acompanhando os movimentos emocionais de Anna nas sessões, *grosso modo* podemos caracterizar dois tipos de experiências: aquela em que investe contra a analista, provavelmente buscando uma diferenciação-separação e então tentando se livrar "do que não é dela, e sim uma reação dela à intrusão", geralmente ao interromper o encontro, e a de estar junto com a analista que lhe propicia um ambiente idealizado onde ela possa sonhar e sentir que cria o seio (Winnicott).

Anna em várias sessões apresentou gestos indicando a busca de seu ânus, como um objeto que pudesse mantê-la onipotentemente contra perseguidores, maus objetos, e na transferência contra a analista naquelas sessões descritas. Segundo Meltzer (1967/1971), se a personalidade não conseguiu abandonar o uso da identificação projetiva maciça (defesa contra o sofrimento da separação) e estabelece uma dependência de um objeto parcial por meio da expulsão desse sofrimento, o seio-toalete, e se este seio-toalete interno não se estabeleceu, a não disponibilidade de um objeto externo capaz de conter tais sofrimentos pode lançar o *self* de volta à identificação projetiva maciça com um objeto interno. Nessa época, Meltzer estava iniciando a investigação dos fenômenos de identificação projetiva no objeto interno que ele publicou em *O claustrum* (1992/1994).

Estas situações "traumáticas" nas primeiras relações obstruem o caminho para a formação de uma mente simbólica, produto da introjeção passo a passo das interações mãe-bebê como segue: o bebê faz identificações projetivas realistas, comunicando seus mal--estares, seu medo de aniquilamento; a mãe recebe tais identificações projetivas com seu estado de mente de *rêverie*, pensa acerca delas com sua função alfa e fornece um significado que é transmitido ao bebê; este introjeta o significado e o modelo de mente da mãe (como a mãe recebeu a comunicação e como buscou um significado ao tentar compreender o estado da criança).

Sessão de 11/02/1992

Após dois meses de férias retomamos contato. Foi sozinha para o Rio na casa da tia. A mãe viajou com Zinho (irmão) para a Disney. Ela mudou de escola (a três quadras do meu consultório).

A mãe começou a abrir as janelas de manhã e ela estranhou muito, pois de manhã as janelas estavam sempre fechadas e luz acesa. E isso a confunde, perde a noção de tempo.

E quando ela tem essas sensações, entra em pânico com medo de enlouquecer, no quarto dela, não sabe o que fazer. Sensação de ficar louca!

Agora que não está atuando, que a mãe e ela estão bem, ela está mais responsável por si mesma, vai para a escola e vem só para o consultório. Vai estudar canto no coral. Tem planos para este ano!

Sente tudo tão diferente que parece não ser ela, ou parece estar dormindo. Está com medo. Ela era temerária, arriscando-se, sem medo. Agora diz ter medo de fazer qualquer coisa nova, até viajar no fim do ano para os EUA, e estranhar e enlouquecer.

Comentário: penso que o núcleo psicótico só pode ser "deixado de lado" na medida em que a capacidade de elaborar experiências emocionais possa aumentar. Esta é a ideia atual a respeito de como a psicanálise pode ajudar a desenvolver a mente simbólica para ser capaz de pensar, como descrito por Bion, com todos os atributos do pensar a partir das próprias experiencias sensoriais e emocionais, o que poderia impedir o núcleo psicótico de entrar na consciência.

Figura 16 1992, desenho 1.

Figura 17 1992, desenho 2.

Figura 18 1992, desenho 3.

Figura 19 1992, desenho 4.

Figura 20 1992, desenho 5.

Figura 21 1992, desenho 6.

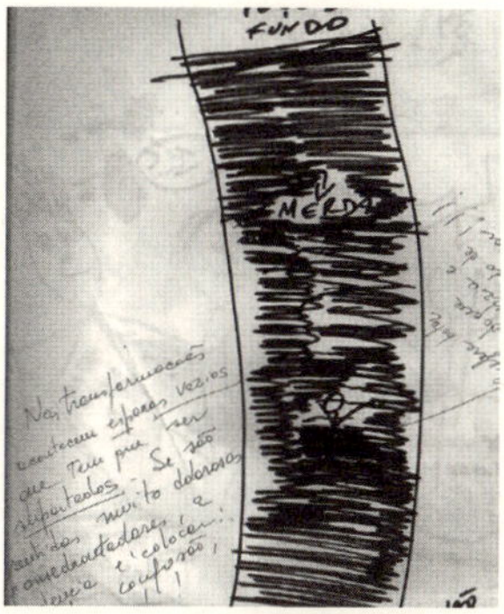

Figura 22 1992, desenho 7, parte 1 (poço).

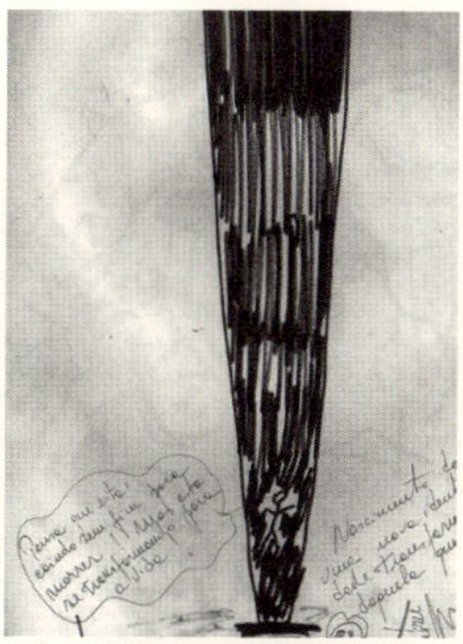

Figura 23 1992, desenho 7, parte 2 (poço).

6. Relato da análise de Miro, 15 anos

Miro iniciou análise aos 15 anos, quatro vezes por semana. Está no terceiro ano de análise no momento que escrevo este material. Este resumo está baseado principalmente nos relatos que ele foi fazendo durante a análise.

Quando ia chamá-lo na sala de espera, encontrava sua mãe que, como um visto de entrada, permitia que ele me seguisse. Ele então, sem ter feito qualquer contato comigo, levantava-se de golpe e ia andando atrás de mim pelo corredor com passos rápidos "de robô" até chegar à nossa sala. Sentava-se enquanto eu fechava a porta e quando eu já estava sentada, me olhava e então me cumprimentava com um "Oi, como vai?".

A conversa dele girava em torno da escola, dos rituais (assim ele os denominou), de suas crenças, dos pensamentos e de como estes se intensificavam quando ele começava a estudar. Contava sobre as coisas que ele via e que provocavam os "pensamentos" que o levavam a fazer os rituais. Os "pensamentos" eram que a mãe ou os pais tivessem um acidente, e eram, para ele, uma premonição. Para impedir que acidentes acontecessem devia fazer os rituais.

Os primeiros rituais que ele me contou foram os que tinham a finalidade de converter a morte da mãe na morte da avó paterna e a morte da avó paterna na morte dele. Enquanto não "se via" morto, ele não podia parar o ritual, e só então se aliviava. Comentou que os pais não sabiam dos "pensamentos", apesar de presenciarem os "rituais": tiques – movimentos faciais com os olhos, a boca, a cabeça e o pescoço; tirar e pôr a camisa várias vezes; entrar e sair várias vezes de uma sala; abrir e fechar a porta várias vezes até que, finalmente pudesse abri-la ou fechá-la.

A intensificação da frequência dos rituais trazia consequências: atrasar-se para os compromissos, não poder estudar etc. Quando estava sozinho sentia-se mais à vontade para manifestar os rituais; quando em presença dos outros, tentava controlá-los ou usar variantes menos aparentes.

Tomar banho era tarefa muito complicada, em geral executada antes de dormir, entre meia-noite e duas horas da manhã. Ir dormir também exigia "uma preparação" para ele poder descansar. Em geral isso ocorria após todos da casa já estarem recolhidos em seus quartos e dormindo.

Olhar para o quadro da avó paterna, na sala, fazia "lembrar" a morte da mãe, e então Miro fazia os rituais. Se olhasse para as roupas da mãe guardadas no armário, surgiam os pensamentos e daí os rituais. Se uma perua Kombi azul de enterro passasse, lembrava-se de morte, surgiam os pensamentos e daí os rituais. O mesmo acontecia se passasse em frente a um cemitério ou se olhasse para velas.

Num segundo tempo da análise ele fala de outras sensações: na classe, não pode olhar para um colega muito pretensioso, de quem ele não gosta, senão "perde coisas boas e fica ruim como o colega". Também tem a sensação de que possam lhe roubar boas qualidades e ele ficar "bobo", sem inteligência.

Às vezes tem a sensação de que não pode, por exemplo, "esbarrar" andando num corredor ou entrando por uma porta, pois pode perder "massa" e precisa então voltar para tocar no lugar onde esbarrou e pegar de volta a "massa".

Ele tem também sensações de que "vai se diluir". Por exemplo: não pode estudar todas as matérias, mas consegue ser bom aluno em algumas, como física e matemática, e detesta biologia, história e geografia. Se tenta estudar essas matérias para passar de ano, a sensação é de "ficar diluído", daí, segundo suas palavras, "não ser bom em nenhuma matéria". Ele chegou até mesmo a repetir o segundo colegial quando estava no primeiro ano de análise.

Miro encontra muitos impedimentos ao executar as tarefas escolares, tanto em casa como, principalmente, durante provas, pois, por exemplo, escrever nas pautas da folha ou ver o sinal + o impele aos pensamentos e rituais.

Ele conta as dificuldades com a escola e o desejo de superar isso e "ser alguém" ao conseguir cursar uma faculdade. Ele se dedica a estudar praticamente o dia todo, mas seu rendimento é muito baixo. Conta que joga xadrez mais ou menos bem e pode ganhar do pai, mas tem medo de competir e perder. Atualmente, quando sabe que ele é o melhor, o medo de perder o impede de continuar jogando.

A relação com o pai é difícil, quase não fala com ele, logo se irrita com o pai, que se acha "o melhor", aquele que sempre tem razão. O pai às vezes maltrata a mãe fazendo-a de empregada e ri dela.

A irmã é pretensiosa, diz ele, porque entrou na faculdade em primeiro lugar. Ele acha que a mãe a protege.

Da mãe fala pouco no início da análise. O aspecto dominante da relação é a ansiedade de separação. Quando a mãe vai ao banco, ele tem que ir junto para tomar conta. A ameaça de que haja um acidente e a mãe morra é constante.

Quando ele me conta sobre seus medos, seus fracassos na escola, sua incapacidade de satisfazer as expectativas maternas, como a irmã, penso em quanto é desvalida sua autoimagem. Mas ele me fala também de outra autoimagem, poderosa, mágica, quando imagina poder converter a morte em vida.

Conta que, quando era mais novo, imaginava que era de outro planeta e que estava na terra para salvá-la. Tudo, então, estava sob seu controle. Nessa época ele já tinha dificuldade de estudar. A mãe fazia as lições com ele diariamente e constantemente o castigava por causa das tarefas escolares.

Miro dizia que quando fosse grande mataria o pai, porque ele o chamava de covarde e batia nele. Dizia também que na época em que ele se demorava no banheiro tomando banho, os pais se preocupavam e passaram a desligar a eletricidade para obrigá-lo a sair do banheiro. Miro ficava com muito ódio disso.

A hostilidade mais consciente é em relação ao pai, o pai é o "vilão". Diz que a mãe, às vezes, também acha o pai bruto e que a família do pai maltratou muito a mãe. É por essa razão que ele tem raiva da avó paterna e das tias. Com isso ele mostra estar do lado da mãe contra o pai e sua família!

Às vezes a mãe cisma que a avó paterna faz macumbas e ele tem medo de que a mãe morra por algum "serviço" que a avó paterna venha a fazer. Enquanto o filho está em sessão comigo, é impressionante ver o comportamento da mãe no consultório, escrevendo bilhetes, fazendo despachos e "serviços" dirigidos a alguém para que morra.

Relatei que no início a conversa dele girava em torno dos rituais, do pensamento sobre a morte da mãe e de preocupações com a escola; mas a "minha conversa" era sobre as ansiedades que eu percebia em seu encontro comigo, o "cuidado" em estar comigo como que para evitar "acidentes", choques, e como estava sendo difícil para ele aquela "situação de análise". As minhas intervenções eram questionadas por ele, argumentando-as racionalmente, tentando provar que eu estava errada.

Ele não reconhecia sua capacidade de fantasiar. Miro colocava suas fantasias no lugar de realidade e, assim, precisava tomar medidas reais de proteção. As revelações que eu lhe fazia sobre suas reações emocionais na relação comigo eram questionadas como broncas, como críticas. Queria então "que eu provasse como tinha chegado àquela conclusão".

Como ele não podia admitir a existência de uma mente nele mesmo, funcionando! Como se assustava ao perceber-se existindo realmente, existindo naquele momento mesmo, falando comigo! Havia um enorme medo de existir, de perceber-se um rapaz de 16 anos, com vida, com necessidades, desejos, sentimentos. Havia um estancamento enorme de vida. Ele estava reduzido aos rituais e à dificuldade de estudar "para ser alguém na vida", em suas próprias palavras.

Com o progredir da relação analítica levando a alguma diminuição das ansiedades persecutórias, sua movimentação corporal rígida, com movimentos robóticos, começa a ficar "mais contínua"; põe-se frequentemente em posição de estar me ouvindo embevecido, abraçando uma das almofadas do divã, deitando a cabeça para um dos lados. Às vezes tenho a impressão de que utiliza minha voz e minha expressão fisionômica muito mais do que os conteúdos das minhas palavras.

Ele se queixa às vezes de que não acompanhou tudo que eu disse. Outras vezes se queixa de que, se não se lembrar de tudo que lhe digo, não pode aproveitar. Outras vezes diz que enquanto eu falava "apareceu uma historinha" em sua mente, como um filme.

Alguns dados fornecidos pelos pais antes de iniciar a análise: aos 13 anos, mais ou menos, começou a apresentar "manias" e tiques, como balançar a porta, soluços, chacoalhar a cabeça. Era angustiante vê-lo ir para a escola, pois se houvesse muito trânsito os tiques se intensificavam. Sempre foi nervoso e agressivo, brigava com todo mundo. Demorava em fazer a lição. Não adormece sozinho e, até hoje, para que ele possa dormir, a mãe precisa falar que está ao seu lado. Quando os pais saem, fica obsessivamente preocupado, com medo de acidentes. A mãe o disciplina muito. Miro se sente inferiorizado, desde o ginásio vai mal e fica de segunda época. Controla a mãe o dia inteiro, prestando atenção no que ela faz. Derrama água e comida no prato e parece ter dificuldades psicomotoras que não tinha quando pequeno. Não gosta de perder. Ganha do pai no xadrez.

A mãe conta que ele nasceu numa época difícil, pois os pais estavam sem residência própria pela falência da firma do pai. Assim, a mãe foi morar na casa da avó paterna e o pai na casa do irmão. Miro mamou sempre bem até os 6 meses. Até os 3 anos a mãe lhe dava comida na boca. Dormia bem, mas no colo e balançando. A mãe queria cuidar da casa e não fazer bagunça porque nessa época tinha passado a morar com a sogra. Iniciou a educação esfincteriana de Miro quando ele estava com 8 meses, e "com 1 ano e meio ele ainda não fazia direito". A mãe brigava com ele para fazer cocô. A mãe se sentia muito humilhada pela família do marido. Miro falou aos 3 anos. Aos 4 anos entrou na escola. Teve uma forte crise de birra. Ele nunca teve crítica de suas atuações e indisciplinas.

Maio de 1979

Iniciou a análise e, na sexta sessão, comenta que o pai quer conversar comigo para acertar o pagamento e diz se sentir mais "relaxado". De fato, sorri, está menos tenso, é simpático, como o pai. (O pai é simpático.)

Nessas primeiras sessões ele retoma o assunto da sessão anterior dizendo ter pensado em casa, e traz "a questão examinada".

Aponto-lhe a angústia que sente em ser examinado mentalmente, pois é esta a situação de análise, e isso lhe desperta angústia.

Ele conta com muita frequência sobre o ritual e me explica como é. Diz que precisa fazê-lo para que não aconteça o que ele pensou. Geralmente pensa em desastres com os pais ou com a irmã. "Se eu fizer o ritual não acontece. Ou senão posso inverter e fazer acontecer comigo e aí faço o ritual e não acontece."

Eu lhe digo que a explicação do ritual mostra sua vontade de ser ajudado e é também uma forma de ter contato comigo.

Nota: ele acha que o ritual é para impedir a realização do "pensamento de desastres" com os pais. É um desejo? Não! Ele não sente raiva dos pais. "Fico achando que é uma raiva que guardei de alguma vez quando era menor." Enquanto fala comigo acontecem tiques e cacoetes.

Sessão de 07/05/1979

Ele conta seus rituais e suas crenças. Diz que quando era pequeno queria descer a escada ao contrário e a mãe falava para ele não fazer isso senão acontecia alguma coisa com os pais. Ele pensava ser o centro de tudo. Que o mundo, as pessoas existiam porque ele existia. E que o que pensava se realizava, como se ele fosse um Deus, e então não se preocupava, pois podia controlar tudo, a vida e a morte dos pais.

Depois começou a pensar que ele não tinha valor e pensou em se matar. Os rituais começaram quando ele estava com mais ou menos 9 anos. Depois ficaram mais fracos. Há dois anos (aos 13 anos), voltaram fortes. Fala que a mãe é supersticiosa e ele se "acostumou" a acreditar nessas coisas.

Inícios da análise

Neste período inicial eu observava "como que um roteiro" de seu comportamento no encontro comigo, como segue:

- Ao chamá-lo na sala de espera, eu me encontro com a mãe, pois ele está sentado num canto em que apenas aparecem os pés. Aí se levanta e, com uma postura de autômato, vem caminhando pelo corredor a passos rápidos, me seguindo. Entra e se senta, enquanto fecho a porta.
- Então me viro para ir sentar-me e, quando já estou sentada, Miro me olha e me cumprimenta com um "oi" ou "como vai?", que tem um sentido de "Pois é, agora aqui estou eu!". Suspira e silencia.
- Passa a conversar comigo: sobre a escola, as provas, o estudo, o comportamento dos colegas, dos professores.
- Novo silêncio, cacoetes e tiques (os olhos viram, a cabeça vai bruscamente para a frente ou faz movimentos de "não" com a cabeça). A fisionomia dele reflete um estado de mente em que ele está só com ele mesmo e não comigo, mas que "não aparece em palavras". Ele parece também "ver" coisas horríveis.
- Ou fica entretido consigo mesmo e rindo. Quando lhe pergunto, às vezes diz que faz "historinhas" de um acontecimento. Conta que, numa sessão, olhou para o tapete da sala e o viu voar e que a sala estava ficando alagada. Sua atitude comigo é de querer estar presente, de colaborar, de me ouvir. (Tem um contato amistoso, não é desagradável, não é agressivo.)
- Ou ele fala que teve os pensamentos do acidente, ou que não sabe do que se lembrava.

- Ou, por fim, conta algo de quando era pequeno, que desenhava por exemplo um navio e depois começava a sombreá-lo ou afundá-lo, ou fazia um prédio e o destruía. Geralmente destruía seus desenhos e brinquedos.

Numa primeira fase da análise eu o ouvia muito; conversava comigo sobre a escola, os professores, as notas, enfim, suas dificuldades, seus "sintomas". Num certo sentido ele acreditava que me contando sobre notas, escola e relacionamentos com professores e de como se sentia na escola ele estaria colaborando, para que eu pudesse tratar disso e ajudá-lo.

Eu lhe dizia poder ajudá-lo, mas de outro modo, mostrando como ele estava lidando comigo, sem seguir a ideia de que se me contasse tudo, me mostrasse o que o atrapalhava, eu corrigiria e o curaria dos pensamentos. Quando eu mostro para ele as fantasias que tem de si mesmo, reage e me vê como perigosa, e volta a falar de escola, de rituais como modo de se sentir no controle. Penso que ele tem muito medo do contato comigo e se defende com os pensamentos e os rituais.

Neste período eu estava trabalhando também a partir de uma ideia de que, quando ele está em contato comigo, produz fantasias, emergem fantasias que inundam sua mente e tiram a possibilidade de confrontá-las e verificar que são defesas que se originam de uma época em que ele deve ter tido motivos para fazer isso, mas que atualmente tem condições diferentes. O meu enfoque era fazê-lo ver se, na sua experiência, suas fantasias se concretizavam.

Nesta primeira fase da análise trabalhei acreditando que ele tivesse que criar um vínculo real comigo em que tivesse a oportunidade de primeiro ir discriminando as fantasias para depois eu interpretá-las. Mas, ao mesmo tempo, eu imaginava se não teria que interpretar as fantasias, mesmo que a interpretação não fosse transferencial. E o fiz em algumas sessões, para estranheza dele.

Sessão de 09/11/1979

Vou chamá-lo e, como sempre, primeiro me encontro com a mãe. Cumprimento-a e daí ele se levanta "do canto" da sala de espera e vem andando à toda pelo corredor. Parece que vai me atacar. Eu volto rápido para a nossa sala; ele entra, dando sinal de estar "apertada" a entrada da sala; se senta enquanto estou fechando a porta. Quando me sento, ele me olha – agora não é mais um "como vai", mas um balanço de cabeça que parece significar: "Aqui estou eu! E agora?".

O encontro dele comigo se faz na sala de análise. Eu lhe falo da mãe como um "passaporte" para chegar a ele: como ter que separá-lo da mãe, sob a aprovação dela.

Ele diz que, de certo modo, é um tanto agarrado à mãe. E conta aos poucos que ele se oferece muitas vezes para sair com ela como uma proteção para impedir que aconteça algo, ou seja, os pensamentos sobre acidentes. Que é frequente ele sair acompanhando a mãe. E, quando ela dirige o carro, tem medo de que aconteça um acidente com ela no trânsito, tem medo de que ela morra. E também tem medo de separar-se dela. "Bom", ele acrescenta, "não é que eu sou agarrado na saia da minha mãe... Mas é por causa dos pensamentos e rituais. Se ela vai ao cabeleireiro, eu não vou. Se ela pede para ficar, eu fico."

Após uma pausa faz a seguinte associação: "em física fui muito bem, tirei o primeiro lugar e, em biologia, em compensação, tive as piores notas, a prova era de genética e tinha fatores de ¼ com ¼ que, se associados, morria, então precisava calcular a porcentagem dos sobreviventes. Na hora de resolver a questão eu deixei para depois e pensava que tinha que ver a porcentagem de quem morria e não de sobreviventes. Por causa deste erro perdi praticamente a questão que valia dois pontos".

"Acho que você associou o medo de se separar de sua mãe e de que lhe aconteça um acidente e morra com sua dificuldade em biologia, com possibilidades de cruzamentos perigosos que provocam mortes."

Sessão de 19/11/1979

Acena com a cabeça, como sendo um "como vai", mas tem na face uma expressão um tanto diferente... Parece estar pensando.

Ele: "Hoje fiz a primeira prova – álgebra e trigonometria. Álgebra precisava 7,5, mas não tirei. Acho que tirei uns 6. Trigonometria fui bem. É que me distraí e errei umas duas questões fáceis, é que eu fiquei fazendo as difíceis, dei voltas e com isso perdi dois pontos que sabia e podia ter tirado. Quase chorei quando vi depois".

Eu falo do esforço que ele está fazendo para ir bem, para ser construtivo com ele mesmo, e que isso tem sido duro para ele. Para ele, fazer as provas da escola é como estar numa jaula e enfrentar um leão.

"É, e essa noite quase não dormi. Fui dormir à 1h da manhã, mas não pegava no sono. Ia adormecendo, parecia que ia esquecer alguma coisa e vinham os pensamentos (do acidente). Quando consegui pegar no sono os passarinhos já estavam cantando."

"Ter que tomar conta e ficar acordado para não acontecer o acidente tem a ver com o ódio que você tem a seus pais quando estão juntos, enquanto você está sozinho. E é só ficando acordado para poder controlar (novamente aqui há o esforço para dominar o acidente, a concretização do desejo de morrer, quando tomado pelo ódio e ciúme edípico)."

Ele fica surpreso, diz nunca ter pensado dessa maneira.

Digo também que ir fazer as provas, estudar, ir tomando conhecimento é igual a ir para o quarto dos pais quando estão juntos e verificar o que estão fazendo. É perturbador.

Ele fica um tempo pensativo, quieto.

Pergunto se ele se sente sozinho agora, sem poder conversar comigo, em vista do que lhe disse.

Ele diz que não sabe de onde tirei essas coisas que lhe disse, porque nunca pensou assim.

Digo que tirei isso da minha experiência com ele. E, afinal, "essas coisas" são assim para qualquer pessoa. E que ele teve oportunidade de tomar contato com estes sentimentos, mas os distanciou por não se sentir capaz de lidar com eles.

Sessão de 09/09/1980

Decorreram-se dezesseis meses de análise. Ele está fazendo continuamente os rituais, os gestos, os tiques, e é realmente angustiante vê-lo tão angustiado

Começa a contar que um colega da escola, de quem não gosta, bateu na cabeça dele e ele ficou pensando que, desse modo, o colega tirou "tudo de bom dele" (que talvez seria a inteligência).

Quando lhe mostro que o vejo ameaçado aqui comigo, ele diz: "Estou tendo a sensação de estar ficando vazio. Que à medida que vou falando, falando, vai saindo tudo de bom de mim. Que há momentos em que eu penso que a análise é uma farsa, todos estão contra mim, para obrigar-me a falar e tirar o bom de mim, minhas qualidades".

Sessão de 17/03/1981

Durante a semana em que se deu esta sessão, ele esteve me informando sobre o aumento dos rituais, principalmente na escola. Também se mostrou mais resistente nas sessões.

Ele conta como se sentiu na sala de aula: que não podia olhar para uma menina que é repetente do 3º ano. Ela acha que sabe tudo e é convencida. Ele não podia olhar para ela porque perdia as qualidades e ficava bobo, como se a menina roubasse as suas qualidades.

Então, conversamos para esclarecer o que ele achava da menina. Ele disse que ela sabia mais do que ele e que ele se sentia em dificuldade na classe.

Ligo isso com o que ele tinha dito algumas vezes, aqui e ali, a respeito da irmã, que é bem-sucedida na escola, ao contrário dele que até repetiu o ano passado. Digo-lhe que podia se tratar de uma ideia que ele faz de que a irmã, que é mais velha (ou que nasceu primeiro?), roubou todas as qualidades e não deixou nada para ele. Mas quem tem medo de ser roubado deseja roubar, se apossar do que precisa, sem ter que entrar em contato, ter que pedir, depender de lhe darem.

Aí ele diz que não gosta de pedir favor ou algo emprestado, fica preocupado que a pessoa a quem deve o favor fique dona dele, "acho que lhe devo a vida", diz Miro.

Então, digo que é o que ele tenta fazer com seu controle sobre a pessoa, submetendo-a, imobilizando-a. O que será que se passa com ele que olha para a menina e isso o esvazia de qualidades?

Ele diz que é porque fica irritado com ela.

Que qualidades? Parece tratar-se de um movimento em que se percebe vulnerável às emoções, e "as qualidades" das quais ele diz "ficar vazio" seriam seus controles (ficar sem defesas). A perda do controle onipotente o faz sentir-se como perdendo seus contornos físicos, o que ele descreve como "se diluir", ou "ficar bobo".

Sessão de 18/03/1981

Silêncio por dez minutos, mas me olhando de vez em quando, como que "se apoiando" na minha presença física. Aí me olha e diz que é difícil começar a falar (faz uma pausa).

"Eu senti aquele negócio de olhar e perder alguma coisa como dizia ontem. Como se fosse uma massa que estou carregando e vou batendo aqui e ali, nos galhos, e que vai grudando. Depois, então, preciso voltar para 'recolher'."

Eu intervenho dizendo que talvez ele esteja se referindo a como se sente quando vem entrando e se encontra comigo na sala; que lhe parece que vai perdendo pedaços, e aí precisa de um tempo para recolhê-los, sentir que ele está lá e eu aqui, e então pode começar a falar. Que pedaços seriam esses?

Ele faz outra pausa, mais longa, e diz que estava sonhando: "Tinha um sujeito numa ilha deserta. Ele morava lá há muito tempo, tinha nascido lá, e não sabia caçar. E tinha sacos, vários sacos. Um dia pôs um na cabeça e viu que se não tirasse ficava asfixiado, então passou a usar os sacos para prender os animais. Um dia apareceu lá um que era da atualidade, e contou para ele que tinha outras coisas para caçar, prender animais, tinha revólver, espingarda, bomba de gás, e que para asfixiar não precisava usar o saco. E é isso". Faz uma pausa.

Conversei sobre este "sonho", dizendo que desse modo tenta expressar como se sente: como se "sozinho numa ilha" e não atualizado!

E sente ter recursos primitivos, não atuais; e que eu chego para dar outros conhecimentos, os atuais.

E continuamos conversando da caça, para que serviriam os animais, para matá-los?, para se defender?, e aí ele conta outra parte do "sonho": que primeiro matou (matou ou prendeu?) um avestruz, não sabe por que um avestruz, talvez porque tenha um pescoço comprido. E depois prendeu um urso. Diz que leu que o avestruz pode comer os olhos das pessoas e que na revista diziam que acharam um diamante dentro do avestruz; que o que brilha ele bica e engole. O urso devora as pessoas. Ele diz que o urso tem uma cara boa, não é jacaré, por exemplo, que é feio e assusta. Mas que pode aprontar e ser perigoso.

Nota: neste momento lembro-me de sua mãe lá na sala de espera, que me cumprimenta sorrindo e me deixa sinais de morte, macumbas, nos cinzeiros, no sofá e no banheiro.

Supervisão sobre a sessão de 18/03/1981

Irma Pick comenta, em abril de 1982, que *o avestruz estaria descrevendo um processo mental de ir pegando qualquer coisa, e podemos pensar num bebê que pega qualquer coisa num ambiente, com a finalidade de não se sentir vazio, como uma bulimia de objetos.* Diz que não se preocuparia com os detalhes dos conteúdos, e sim com o processo de agarrar estas coisas e pôr na sua mente.

O início da sessão seria uma aproximação da analista para não perceber que são duas pessoas separadas. Seria um bebê com uma mãe louca que põe loucura para dentro dele ou então não põe nada. Se este é o movimento dele, esta seria a primeira interpretação: ele estaria tentando se aproximar para não perceber que a sessão anterior terminou. Estabelecer continuidade entre hoje e ontem para não perceber "que perdeu". "A massa que ele perde" é uma representação muito concreta: ele saiu da sessão carregando concretamente o seio e a qualquer minuto corre o perigo de esbarrar com a realidade. Como um bebê que tem que manter de maneira alucinatória o seio que se perdeu. A ideia dele é que o seio pertence a ele.

A massa é a defesa maníaca, onipotente, e ele se recusa a aceitar a existência de um objeto fora dele. Em vez disso, fica em rituais para restaurar "sua loucura" de que o seio pertence a ele. É uma defesa desesperada contra um enorme medo catastrófico. Ele parece não ter nada dentro. O que é interessante e espetacular é que a mãe demonstra o que acontece, ou então ele tem uma mãe louca assassinando a mente, veiculando nele leite mais loucura.

Apoderar-se do seio é uma fantasia universal que o bebê vai progressivamente perdendo. E há uma relação peculiar entre a inveja do bebê e a projeção de loucura da mãe para resultar em loucura na mente do bebê. Ele não sabe se o perigo é porque perdeu o seio ou porque perdeu a loucura e não sabe qual o elemento primordial da vida dele.

O "sonho" durante a sessão: ele não sabe se é um sonho ou não porque não sabe se está dormindo ou acordado. O "sonho" parece a história dele desde o seu nascimento até agora: o seio como uma massa que alimenta e como um saco que asfixia a mente, mas que serve para não se ver e fica sem espaço para pensar.

Tem que haver algo bom que recebeu do seio, sim! As "outras armas" do sonho são a destrutividade de um bebê que ficou esperando expressar sua raiva e seu ódio. Se puder expressar isso e sentir que tem um seio analítico que recebe seu ódio e sobrevive, então ele pode construir algo de bom dentro dele e, em vez de enfiar um saco na cabeça, ter um analista vivente dentro dele.

O olho é um sensório usado para negar a separação dos objetos. É o meio de matar a percepção da separação. O uso do sensório não é para o contato, mas para evitar reconhecer a separação.

Sessão de 08/04/1981

Ele chega uns minutos atrasado, senta-se, cumprimenta-me e mostra-se muito atento, olhando-me como que "absorvendo" minha imagem.

Em seguida inicia dizendo que chegou atrasado porque esteve dormindo, pois deitou muito tarde ontem, às 2h da manhã, que agora ele quase inverteu os horários, que chega da escola com sono, dorme, depois assiste TV e em torno das 6h da tarde começa a estudar e vai até meia-noite (enquanto ele fala eu vou refletindo sobre como isso tudo que ele está falando é velho, repetitivo), e que ele acha que estava fazendo corpo mole para vir até a análise, "não estava muito a fim da análise".

Eu lhe digo que está tentando desse modo controlar a mim e a ele, me levando a crer que hoje não pode trabalhar porque está cansado, mas eu acho que está com medo de se aproximar mais de mim, e dele, e aí tenta me espantar. Acho que tem medo de que, ao se sentir próximo, possa ser submetido por mim, ser seduzido e, então, "roubado". (Enquanto eu falo ele assume primeiro uma postura de estar se aninhando, inclinando sua cabeça sobre as mãos, que, por sua vez, estão apoiadas numa almofada que ele abraça fazendo um movimento rítmico de embalo, como se minha voz o estivesse ninando.)

Ao descrever para ele sua atitude corporal, que me faz pensar que está se sentindo próximo, ele verbaliza que se sentiu desarmado por mim, como que tendo perdido o jogo. Após uma pausa, ele diz que se lembrou de uma vez, quando criança, em que era o Ano Novo e a família foi a uma festa; era noite e lá ele ficou com sono. Pediu ao pai para levá-lo de volta para casa. O pai não queria e ele insistiu até que o pai o levou, junto com a mãe, que teve que ficar com ele para não o deixar sozinho em casa, pois o pai voltou para a festa. Ele lembra que ficou zangado porque queria que a mãe voltasse para a festa e que acabou perdendo o sono e foi ver TV.

Continua me contando agora do sonho que teve quando criança. Explica antes que frequentemente tinha medo de dormir sozinho e ser roubado e levado para longe, de ser separado da mãe. Aliás sonhava com frequência de estar sendo arrastado para longe. O sonho de que se lembrou agora é um em que tudo ia se transformando em cobras: as pessoas, o chão, tudo; de repente o mundo era cobra e ele tinha que se defender.

Sessão de 14/04/1982

Ele parece angustiado e fica em silêncio alguns minutos.

Digo-lhe que o vejo com dificuldade em estar comigo.

Ele diz que está "estranhando".

Digo que talvez seja uma alusão ao intervalo mais longo sem análise, pois tivemos uma semana dos feriados da Páscoa.

Ele diz que sim, mas que apesar disso não tinha interesse em vir e até imaginou uma justificativa dizendo que precisava estudar para não vir à sessão.

Digo que talvez ele tenha me culpado pelo longo intervalo.

Ele faz um aceno concordando, bastante sério, como se estivesse "mergulhando" em alguma emoção, daí me diz que estava se sentindo em xeque como no xadrez, como se eu ameaçasse seu rei e agora estava pensando em como se defender de mim com alguma jogada.

Enquanto ele fala faz trejeitos com a boca como estivesse mastigando algo. Eu lhe digo o que observei.

Ele diz que estava fazendo os rituais.

Digo que ele se sente ameaçado por estar comigo e que se desligou para estar com os pensamentos e rituais.

Ele ouve e fica em silêncio. Após alguns minutos, diz que tinha imaginado uma historinha: "A senhora como analista da Idade Média e eu um troglodita ou um viking. A senhora me acorrentando para me controlar, para eu ir me adaptando à vida em sociedade".

Supervisão sobre a sessão de 14/04/1982

Segundo Irma Pick, tecnicamente, ele põe a analista na posição de adivinhar, mas se poderia dizer que ele já está ausente da sessão.

O material é sobre a longa separação, mas ele está acusando-me e agindo em vingança. Ele estava fazendo o trabalho de destruir-me. Quando começou os rituais: "Eu não preciso do seu seio porque tenho o meu (negação da dependência), e agora vou fazer você sofrer (retaliação), vou te matar".

O ritual é uma atividade autoerótica para se retirar do mundo e afastar seus sentimentos assassinos (faz um ataque à percepção do objeto e dele mesmo).

Na interpretação eu não incluo o assassinato.

Na fantasia do viking ele escolhe a glorificação do encontro e encontra a satisfação da criação. A partir do "estranhar" ele passa a atacar minha mente, ataca a percepção e se distancia da relação indo para o sonho.

Este é um bom exemplo de que se deve interpretar tanto o conteúdo como o processo, pois aí você pode mostrar que aquilo do sonho está acontecendo, sendo vivido. Que cada ritual é uma coisa viva, presente e assassina usada na relação. Que ele está ameaçado também pela própria violência contra você; que o ritual acorrenta a violência e assassina a possibilidade de viver.

Se a violência aparece, é possível contê-la: se há suficiente suporte e cuidados, está havendo "proteção" contra a violência. Se a violência irrompe e destrói a análise, ele a acorrenta com o ritual e isso permite conter a análise.

Sessão de 17/04/1982

Miro vem com o pai e me avisa na entrada que o pai quer saber o número de sessões para fazer o cheque. Fica em silêncio, resfriado, limpando o nariz, mexendo numa espinha no rosto.

Pergunto-lhe se está se sentindo doente. Ele fica surpreso e pergunta se é por causa do resfriado.

Pausa longa. Miro diz que pensou em tantas coisas, mas nem sabe como dizer, é difícil.

Falo então sobre sua hostilidade em funcionar de fato. Digo que ele sabe que, para se analisar, tem que se comunicar comigo.

Ele escuta e fica em silêncio. Após outra pausa diz que estava pensando na faculdade: "Às vezes almoço por lá e em geral numa pensão porque a comida da faculdade é ruim. E junto com uns colegas resolvemos ir ao Santa Tereza, lá tem muita comida, mas é nojento, tem moscas. Aí pensei que fui para lá e encontrei um bicho, um verme no prato, e fui reclamar lá naqueles telefones, Sunab, e aí o dono me trouxe outra comida e pizza. Quando cheguei à faculdade um fulano brigou comigo me deu um soco e eu vomitei tudo". (Sorri.)

"E o que você acha disso tudo? Que ligação faz?"

"Não sei, com a análise, talvez..."

"A comida boa e a comida mais farta, mas nojenta são uma alusão às sessões nesta semana, com uma sessão no sábado, um dia especial, um privilégio, mas também como se fosse uma sedução minha; o fulano que brigou com você na saída e você vomitou pode ser seu pai que está aí fora, meu 'marido do sábado', furioso como você fica quando interferem ou é excluído da relação comigo. A comida é farta, mas tem 'bicho' (perigo de ter o rival nojento) e provoca doença (um ataque de fúria devolve a comida!). Com medo de comer aqui, pelo medo de ser atacado, e de ter aceitado a 'sedução' que agora se tornou nojenta pelas 'intenções fantasiadas', nojento para você é entrar na relação dos seus pais, é fantasiar que a comida – analista-mãe – está misturada com vermes – marido da analista-pai?"

Supervisão sobre a sessão de 17/04/1982

Irma Pick faz primeiro uma interpretação a nível edípico: a comida nojenta é também a loucura desta mãe-analista que ousa trazer a loucura para perto dela. Ele necessita fazer contatos. A violência nojenta que se apodera dele quando o pai entra é também uma manobra para tirar de dentro dele essas coisas nojentas.

Pick diz do desejo dele de fazer contatos com a analista, com algo pensante, mas ele acredita que é só uma fantasia que possa fazer contatos, porque se o fizer de fato, algo nojento entra para contaminar tudo. Isso é sentido por ele como se fosse uma loucura pensar que isso aconteça. É que uma coisa muito contaminante e perigosa entra quando ele se confronta com seu marido. O colega (o pai) tem que ser violento para lidar com a violência dele, que deve ser a projeção da violência dele no colega (no pai).

É preciso estabelecer com ele uma relação com a sua parte mais sã e cooperante, que é capaz de perceber o abandono e perceber sua raiva etc. É importante diferenciar para ele os momentos da parte sã, em contato, e que é sufocada por esse processo.

Parte sã = libidinal, parte infantil sadia, mas que é atropelada por sentimento de dependência.

É importante ajudá-lo a diferenciar o que é sadio e o que é loucura. Irma Pick afirma que não deixaria passar a palavra ritual quando ele a usa, mostrando-lhe como ele o faz para obliterar a sua percepção.

Sessão de 06/12/1982

Chega bem molhado pela chuva. Tira o casaco e apoia o guarda-chuva na janela. "Me molhei por teimosia. Minha mãe queria me trazer de carro, mas eu não quis para não ficar aquela história de a mãe ficar lá na sala, eu com 19 anos. (Ri.) E também eu sei dirigir, mas meus pais não estão deixando. Não tenho carta. Mas parece que não têm confiança em mim."

"Você tem medo de que sua mãe interfira no seu desejo de se tornar independente."

"É, acho que fiz isso mesmo para mostrar como é. (Pausa.) Lembra que falo às vezes em vontade de quebrar as coisas? Sábado, no clube, estava fazendo modelagem física, estava sozinho, eram quase 8h da noite. E me deu curiosidade de ver o que tinha dentro da casa das escoteiras, que fica afastada do clube. Cheguei lá e estava fechado, e comecei a dar pontapé até que abriu a porta, mas arrebentou um pouco. Depois fui à segunda porta também trancada a abri com outro pé. Não tinha nada de extraordinário. Um extintor, e dei uns lances de spray."

"Sábado à noite! Sozinho... É assaltado por uma curiosidade. O que esperava encontrar lá dentro? A mim? Onde eu estava que não estava com você? E você sozinho?"

"Lembro agora que na hora que comecei a dar pontapés na porta, pensei na senhora, que iria lhe contar isso tudo e fiquei satisfeito! Deu-me um prazer poder fazer isso tudo."

"Você está falando de um estado mental de certa liberdade, de poder sentir curiosidade, procurar-me ao sentir-se excluído do fim de semana e talvez, mais que tudo, sentir que você se exclui de sua própria vida; você está se excluindo sábado à noite, em vez de estar enturmado, fazendo seu par. E está querendo 'revelar' quem é o par que te faz sentir excluído."

(Acompanha-me com muito interesse e ri das minhas palavras.) "Sabe, eu estou achando que apesar de tanto tempo em análise, não me sinto livre, uma porção de coisas não digo."

"Reconhecer isso é um progresso."

"Pensei assim: e se eu matar uma pessoa e lhe contar, o que vai acontecer? A senhora vai continuar me atendendo? Eu já sonhei estar matando."

"E as pequenas matanças aqui durante a sessão?"

Grupo de estudos coordenado pelo dr. Hyatt Williams

Apresentei o caso a esse grupo de estudos em 1983, em Londres. O dr. Hyatt ponderou que a negação da "doença da mãe" fez adoecer o paciente. Até os 6 meses ele parece ter tido um bom desenvolvimento, foi amamentado e estabeleceu um bom objeto interno. Quando ele perdeu esse continente materno (lembrar que a mãe iniciou o treinamento esfincteriano aos 8 meses), ele ficou furioso e teve de se valer de sua onipotência para enfrentar uma mãe tão incompreensiva. Se a mãe coloca de volta as identificações projetivas dentro dele, ele protege-a, mas desloca tais identificações projetivas em outras coisas. Ele teve uma depressão na infância com defesas maníacas. Mais tarde, começaram as defesas obsessivas.

Eu considerei que a cisão extensa manteve certo equilíbrio à custa da não evolução de certos aspectos de sua vida mental, mas agora há uma ameaça de invasão e a barreira de contato se desfaz, havendo confusão entre sonho e vida desperta. O ritual tenta manter a dissociação, como um substituto de uma barreira de contato que tem de ser repetido e repetido, pois é um elemento sensorial apenas (como no caso das defesas autísticas).

7. Relato da análise de Hugo, 8 anos

Os pais me procuraram preocupados com o comportamento social de Hugo (passivo, pouco competitivo) e o rendimento escolar baixo (a mãe precisa estudar junto com ele diariamente, senão não conclui as lições por ser dispersivo). Tem frequentes dores de cabeça e diarreias, e, ultimamente, tristeza e crises de choro quando não consegue uma execução escolar "perfeita", então desiste.

O pai acha que foi muito duro com ele, muito exigente, e que com o segundo filho errou menos, e este é uma criança alegre, festiva e que corre a agradar o pai, enquanto Hugo evita-o e é capaz de enfurecê-lo. A mãe afirma que Hugo tem medo do pai. O pai confessa que não se controla e bate nele. A mãe diz que o pai proíbe Hugo de revidar quando o irmão o agride porque o acha muito violento e que se "abrir as comportas", o que vai acontecer?

Na entrevista com eles, procurei aproximar alguns aspectos da conduta de Hugo com o que eles pensam dele. O pai mostra durante as entrevistas que é controlador, invadindo a função da mãe, tornando-a uma executora de suas ordens e desautorizando-a frequentemente diante dos filhos.

Percebo que, para o pai, Hugo é continente da identificação projetiva de um aspecto de sua mente violento e destrutivo, e que precisa ser controlado. Para a mãe, Hugo representa desde o início da vida (e talvez desde a gestação dele, na qual teve ameaça de aborto e precisou guardar repouso) um bebê frágil, sem força de vida, sem "garra" para viver, portanto, um aspecto dela incapaz e frágil.

Na terceira entrevista a mãe me conta sobre a dificuldade que Hugo tem de se alimentar. De recém-nascido sugava muito lentamente e com 15 dias, passou a complementar com mamadeira. "Foi um drama para ele comer quando pequeno. Até hoje tenho um saco de brinquedos que usava para distraí-lo enquanto lhe dava as colheradas. Precisava insistir, e até forçar. Não conseguia suportar que ele não comesse."

Mostrei aos pais a relação entre a dificuldade para comer e a dificuldade para aprender (incorporar o "alimento para a mente").

O pai tinha tido uma experiência de análise e acreditava que a análise podia ajudar seu filho. A mãe mostrou desde o início muito desejo de ser ajudada na relação com o filho para ultrapassar sua ansiedade e sua insegurança.

Decidimos iniciar a análise de Hugo. Embora os pais também quisessem ajuda analítica, resolveram que a postergariam por motivos econômicos.

Maio/junho de 1982

Na primeira sessão ele se senta no divã, tenso e em expectativa, olhando para a sala como se fosse uma arena. Após um tempo ele diz: "Adivinha o que meu pai faz? Adivinha há quanto tempo uso óculos?".

Respondo-lhe que está assustado e sem saber o que veio fazer aqui (tento pô-lo a par do propósito de ele vir).

Ele não concorda que esteja com medo. Aproxima-se dos brinquedos (que estão dentro da caixa aberta), olha, pega a massinha, pergunta se já foi usada. Olha as figuras do envelope que contém a massinha e diz que é difícil fazê-las. Comenta que o irmão tem um pacote com sete bastões (o que está lá é de seis) e que um deles é bege, mas que aqui não tem. E torna a sentar-se no divã.

Percebo que frente à situação nova ele se sente exigido a organizar-se, mas está paralisado pela ansiedade. Projeta os aspectos persecutórios no "ambiente" e racionaliza seus sentimentos dizendo que não há brinquedos de que ele goste, ou que é tudo para criança pequena.

Na segunda sessão, que foi uma semana após, assim que ele entra me pergunta (apontando) se atrás daquela parede é a minha casa.

Respondo que sim e acrescento que aqui é o consultório.

Pergunta se eu viajei no fim de semana, e eu devo ter lhe dito que ele quer saber o que aconteceu após a primeira sessão dele e que estamos aqui de novo para continuar a nos conhecermos.

Permanece daí sentado na beirada do divã, tenso, sem brincar nem se comunicar verbalmente, apenas movimentando as mãos uma com a outra.

Aos poucos, começa a descrever o que ele faz o dia inteiro, diz que luta judô e conversa comigo sobre as cores das faixas. Aí me pergunta se já está bom e se pode ir embora.

Mostro-lhe como ele se sente ameaçado que eu o "force a comer" (no sentido de ter que aceitar estar comigo), ao que ele concorda com a cabeça.

Sessão de 07/06/1982

Essa terceira sessão é o início da análise, após ter feito o contrato com os pais. Converso com ele sobre o trabalho que estamos iniciando, horários, duração da sessão, férias.

Ele me pergunta se eu sei aquele jogo de adivinhar assim: "Adivinha: o que é quatro em cima de quatro, sai quatro, corre quatro e fica quatro?".

Eu respondo que não sei.

Ele: "É o gato em cima da mesa, sai para pegar o rato, não pega e fica a mesa. Adivinha: o que é maior no homem, menor na galinha?"

"Não sei."

"É o chapéu; no homem fica alto e na galinha baixinho... Agora não sei mais! Você sabe?"

"Não, não sei. Mas acho que você está tentando me pôr no lugar em que você se sente, que não sabe e tem que procurar, ou adivinhar, o que fazemos aqui, por que seus pais trouxeram você aqui, quem sou eu... Tudo isso vai ficando claro aos poucos, precisa dar um tempo para ir entendendo, à medida que vamos conversando." (Este reasseguramento foi uma resposta minha à enorme ansiedade dele.)

Ele então fica quieto um bom tempo, brincando com suas mãos. Digo-lhe que pode ser que ele esteja achando estranho o que sente. Ele continua mais tempo brincando com as mãos!

Ocorre-me a imagem do bebê no berço, brincando com suas mãos, esperando a mãe chegar, e pensei que ele poderia estar "vivendo" aquele momento por meio deste estado mental: de um bebê sem a mãe que enquanto espera ela chegar brinca com suas mãos.

Digo-lhe isso e ele não concorda, pois se o bebê estivesse assim, ele estaria chorando.

Digo-lhe que Hugo tem medo de usar a presença-Marisa, pois acha que posso atacá-lo.

Ele tosse e se ajeita escondendo parte de seu rosto. Pouco depois, timidamente, ele faz perguntas sobre as portas e o corredor do consultório, e se o som do piano (sendo tocado) vem da minha casa.

Esclareço-lhe estes detalhes e afirmo que onde estamos é o meu consultório, e que aqui ninguém vai entrar, não vamos ser interrompidos.

Sessão de 08/06/1982

Entra com uma bala na boca. Senta-se, está muito tenso, sem espaço para se expandir, parece estar "empacotado".

Começa a brincar com as mãos, fala de uma moto que anda numa pista, e vai fazendo o desenho no ar, com as mãos.

Eu respondo que não ficou claro e se ele pode mostrar no papel.

Ele vai até a caixa para pegar papel e me dou conta de que fiz uma sugestão em função da atitude dele de negar-se ao contato, expor-se e brincar. Faço então essa interpretação.

Ele pergunta o que tem num saquinho de juta da caixa, e eu digo que ele poderia abrir e ver, mas não o faz.

Pelo receio de ter surpresas?

Ele nega novamente este sentimento (como todas as vezes) e diz que não se interessa por aquelas coisas, que gosta de autoramas e motos.

Mostro como ele evita dessa maneira ser um menino que brinca pelo receio de que eu o critique. Talvez pense que tenha que ser um adulto como eu.

Ele escuta e faz trejeitos com a boca e depois continua a brincar com as mãos. (O bebê diante do seio, mas com medo de se aproximar e provocando na mãe o sentimento de não ser uma boa mãe, de ser rejeitada pelo bebê, de ser um "seio mau".)

Sessão de 09/06/1982

Vem com chiclete na boca.

Hugo: "Qual o seu nome?".

"Marisa."

"Quantos anos você tem?"

"Você quer me entrevistar?"

Ele faz que não com a cabeça. Quieto, mexendo uma mão com a outra, entrelaçando-as, fazendo gestos.

Sessão de 30/06/1982

Hugo: "Vou ver lá, hein (apontando para o Bomclima)".

"Você fala como se estivesse fazendo uma coisa que me contraria, mas que sou obrigada por você a deixar fazer. Acho que na sua imaginação o Bomclima sou eu e você está olhando dentro de mim para ver o que aconteceu na sua ausência."

Ele me olha e continua mexendo nas grades do Bomclima, ligando e desligando, retirando um dos papéis que tinha deixado dentro nas últimas sessões. De repente, uma das grades se solta, vindo com a mola junto. Ele se assusta, olha para mim e põe a grade no lugar e a mola em cima.

Digo que o que aconteceu dá para ele tentar consertar.

Ele se anima e pede explicação de como enganchar a mola novamente, e após algumas tentativas consegue. Tem um primeiro movimento de desvalorizar o que conseguimos dizendo: "Também, é fácil consertar isso".

"Fácil?"

"É fácil, quando explica como fazer."

"Não foi fácil para você, mas conseguiu e você ficou aliviado."

"Ontem estava andando de bicicleta lá na minha rua com outro moleque e de repente, na curva, vinha a toda e dei-lhe uma fechada e ele bateu na casa."

"E o que você quer me dizer com isso?"

"Nada. Só estava contando, e o outro moleque se machucou."

"E você se sentiu culpado pelo que fez, e agora você está reconhecendo o que sente quando faz estragos e, assim sentindo, poderia consertar."

Ele fica um bom tempo em silêncio e mexendo no aparelho, continuando "suas experiências".

Digo-lhe que está muito atraído pelo aparelho (o transformou em brinquedo) pois representa aquilo que não lhe dei. Por isso, deve ser bom? Enquanto até hoje não pôde se aproximar da caixa com seus brinquedos. Na imaginação dele é cheia de perigos, é ruim? A curiosidade de ver o Bomclima funcionando, sem grades, representa na imaginação dele ver o papai com a mamãe fazendo bebês, coisa que ao mesmo tempo o perturba muito e ele está tentando encontrar uma maneira de controlar estes acontecimentos quando se encontra comigo, de estarmos num relacionamento produtivo.

Ele então me pergunta à queima-roupa de que cor que eu mais gosto.

Digo que ele não gostou do que lhe falei e quer saber se eu digo o que ele me pede. Mas que ele fez essa pergunta na sessão passada e não adiantou nada responder, pois está de novo perguntando. Ele quer saber se podemos combinar?

"Eu gosto de branco, verde, preto... (olhando para a roupa, então olha para dentro da calça com ar maroto) Xi... Estou de novo de cueca verde. Mas e você, que cor gosta mais, hein, só para saber?"

"Você está vendo que a nossa conversa é um pouco diferente; que estamos olhando para você para descobrir os sentimentos que te fazem fazer as perguntas, mexer no Bomclima, não usar as coisas da caixa de brinquedo... É diferente das conversas em casa, na escola, com outras crianças.

"Então, quando você me perguntar alguma coisa não vou dizer!"

"Você se sentiu atacado por mim, por não te dizer o que você quer, a cor que eu gosto, e em vez disso te dar uma explicação do seu comportamento."

Fica quieto, se recosta no divã, afasta seus óculos um palmo dos olhos e fica observando através deles a sala e a mim. Ri quando vê como podem aumentar as coisas, e me dá para que eu veja através deles. Levanta-se em seguida dizendo que vai ver os interruptores, onde ligam. Tenta abrir a porta que vai para um corredor de saída para minha casa, e tenta espiar.

Eu lhe digo que ele tem curiosidade de ver e também se certificar de que não há perigos fora da sala, mas o que ele está sentindo agora está dentro dele.

Ele parece sentir-se mais livre. Vai à caixa e pega massas de modelar. No divã fica fazendo "ferramentas": martelo, chave de fenda e prego. E faz uma cobra que transforma num ponto de interrogação.

Durante a execução, a massa se arrebenta várias vezes e ele, como que num jogo, finge se assustar e conserta todas as vezes.

Sessão de 01/07/1982

Retoma a massa e tenta retomar um jogo esboçado no fim da sessão anterior: acertar com uma bola de massa no meio das almofadas como se fosse uma cesta.

A liberdade dele começa a aumentar, mas se policia bastante e está preocupado com minhas reações. Mostra curiosidade em saber o que há no armário onde guardo as caixas. Então há outros que usam? Esta caixa é só dele? (Essas questões estão aparecendo em todas as sessões, com ele querendo se certificar quem eu sou, o que é aquilo tudo, se é confiável, em suma, exploração de continente.)

O jogo de acertar a bola de massa nas almofadas, ou na parede antes e na almofada em seguida, vai se transformando numa conduta de enfiar a bola entre a almofada e o colchão do divã, lançando-a com força e até com raiva. O "enfiar com força", penetrar com força, vai aparecendo como uma atividade mais importante e pode ser observado também na atitude com os conteúdos dos armários do meu consultório, a disposição da minha casa e as inúmeras perguntas pessoais. Este é o momento em que vou situando-o no nosso trabalho de análise, relacionamento bem diferente daqueles com que está acostumado. Ele usa da identificação projetiva intrusiva no objeto externo.

Após essas intervenções, ele tira os óculos e olha através deles focalizando a sala, como que observando mais ainda seus detalhes, e eu lhe digo que ele está mais ainda curioso e interessado naquilo que está dentro de mim.

Quase no final da sessão, ele esfarela um pouco da massa e a joga entre o colchão e o estrado, com a intenção de deixá-la lá, e pedindo-me para eu não olhar.

Sessão de 02/07/1982

Ele está mais tenso e logo liga o Bomclima e o desliga em seguida.

Pergunto: está testando se está bem? Se ele fez algum estrago? Ele deixou "pedacinhos" dele talvez para espiar o que se passa aqui enquanto ele não está? Acha que isso pode me estragar?

Ele pega a massa da caixa e retoma o jogo de lançar com força a bola para deixá-la enfiada entre a almofada e o divã. Introduz mais um objeto na brincadeira, um cone de madeira, e tenta jogar um para o ar e ao mesmo tempo pegar o que está no divã.

Faço-lhe notar que voltar a brincar com Bomclima hoje deve estar ligado, na imaginação dele, com brincar com algo meu e tentar conseguir um controle, talvez em vista de ser a última sessão da semana. O jogo parece aludir a ter que conseguir um equilíbrio entre dois objetos, mas que nunca estejam juntos, e mostrar sua destreza em fazer isso.

Ele liga novamente o ventilador e o desliga, retira uma grade parcialmente e enfia a mão dentro, querendo movimentar as pás com suas mãos. Depois tenta fazê-lo ligando no mínimo e desligando, porém arriscando a machucar-se, e aí me diz: "Bateu na minha mão, mas não machuca, não acontece nada".

Digo-lhe que este é um perigo, ele não diferenciar o que está na imaginação dele, querer ter o controle de mim e do que eu tenho dentro de mim (e o Bomclima está me representando), e os efeitos reais do aparelho Bomclima na sua mão. Que eu entendo que ele quer saber se quando se encontra comigo há perigo de estragar-me e ele estragar-se, e se quando o pai e a mãe estão juntos acontecem estragos, ou eles produzem bebês, um irmãozinho, que ele não pode tolerar.

Ele põe o ventilador no máximo quando falo isso e depois o desliga.

Digo-lhe que ele não gostou do que eu lhe disse e tentou varrer minhas palavras para longe.

Depois pergunta o que acontece se ele gritar forte, pois a mãe dele tem um problema com grito e lhe dá dor de cabeça.

Digo-lhe que ele quer saber se eu permito que ele entre com violência nos meus ouvidos e na minha mente, me deixando estragada, e que vejo também a preocupação de que esses estragos venham a prejudicá-lo. (Novamente identificação projetiva intrusiva.)

Ele aos poucos começa uns golpes com a almofada até que se torna uma luta como um judô, um caratê; e agora o final da sessão está se aproximando. Ele já perguntou as horas quando estavam faltando quinze minutos.

Daí por diante ele faz uma luta com a almofada (entendo ser uma relação com parte objeto-almofada, parte o meu interior, rival dele, a almofada fica e ele vai embora). A luta vai ficando muito verdadeira e eu lhe faço ver que ele sente que há rivais responsáveis pela separação comigo e que ele deve sentir que seu irmão, quando nasceu, foi responsável por separá-lo da mãe.

Ao sair ele diz à mãe: "Como é, mãe, a senhora ouviu a pancadaria aí dentro?".

Sessão de 18/08/1982

Ele chega dez minutos atrasado. "Estou com relógio. Hoje não preciso perguntar as horas para você. Só não sei quando a sessão acaba." (Está sentado no sofá, numa atitude de expectativa.)

Digo que me substituiu, achou algo melhor que eu, que faz o que ele quer, que ele tem o tempo todo e pode usar quando quiser (me referindo ao relógio). Talvez ele tenha sentido que passou muito tempo? (Ausência da analista e substituição por um objeto que ele pode controlar.)

Abre a caixa e pega a massa, em seguida pega os cavalos (três grandes e um pequeno) e fica brincando com um grande e um pequeno, eles lutam.

Digo que estamos aí, ele e eu, numa luta para ver quem ganha, quem é o maior.

Ele faz gesto de desprezo. Eu mostro-lhe o desprezo.

Digo que o maior é o que tem o relógio, o que diz que está na hora de terminar (ele é o seio, eu o bebê, defesa contra a separação e contra a experiência de dependência).

A seguir ele pega os bonecos da caixa e faz umas paredes com as almofadas, se protegendo, de modo que eu não possa vê-lo brincando com os bonecos. Vai tirando as roupas dos bonecos e jogando-as na minha direção como se fosse um strip-tease. (Eu no lugar do bebê excluído da relação dos pais e curioso para saber!)

Permanecem somente quatro bonecos, ele confunde um homem com uma mulher e fica perturbado quando lhe mostro a confusão. O casal é feito por duas mulheres.

Perturbado com esta constatação, ele guarda tudo, diz que está quase na hora e fica controlando o tempo. Quando termina o tempo da sessão pelo relógio dele, se levanta e vai embora enquanto vou lhe dizendo que hoje ele é que tem todos os poderes e as decisões que ele sabe que são meus. Ele é analista conforme ele me imagina e eu, o paciente que é deixado quando a hora termina.

Sessão de 19/08/1982

Na sessão seguinte ele vem muito assustado. Aproxima-se de um brinquedo, mas se afasta em seguida, não levando adiante nenhuma brincadeira. Faz isso com a massa, com o Bomclima etc.

Mostro-lhe essa conduta e acrescento que ontem ele interrompeu a brincadeira com os bonecos e ficou perturbado quando lhe mostrei a confusão de boneco-homem e boneco-mulher, e não sei o que ele ficou imaginando.

Ele diz que vai desenhar, pega os lápis e faz um navio, um barco e escreve "guarda-costeira". Para de desenhar e começa a apontar os lápis com grande energia, a boca acompanhando o movimento do apontador, parecendo que sua boca está apontando os lápis. O décimo lápis, ao ser apontado, quebra a ponta por várias vezes; ele diz que este é azarado, que o número 10 é seu número de azar (e conta para ver, e é o décimo lápis).

Ele diz que não vai terminar o desenho, pois está na hora – joga quase toda a serragem no lixo e pergunta se não poderia levar um pouco dela para casa.

Interpreto o desejo de ter algo da sala de terapia com ele. (O desejo de levar alguma coisa que lembre a sala, a sessão, a análise, para manter a impressão de que está permanentemente ligado porque tem receio de não ser capaz de manter uma imagem viva de mim dentro dele quando ausente.)

Ele então me interrompe e diz: "Esquece!".

Nesta sessão, quando num certo momento está lutando boxe com a almofada, eu lhe mostro que ele imagina que eu sou a almofada e ele assim pode fazer o que quer (pois almofada não luta). Digo também que ele receia que, ao mostrar como se sente comigo, eu vá revidar. Ele parece se tocar muito com essa intervenção!

Sessão de 20/08/1982

O irmão está junto com a mãe e tenta entrar no relacionamento com meu paciente quando o chamo.

Não retoma o desenho, apenas o olha e pega as duas massas em forma de bola, o que é a atividade constante nos inícios de sessão, uma espécie de "refrão" para continuar a "cantar". Ele as lança fortemente contra as duas almofadas do divã, querendo acertar no vão entre as duas e fazendo movimentos de forçar com a boca.

Ele para de repente, parece ter surgido uma ideia. Faz um avião de papel e, da sobra de papel, faz um como se fosse um pequeno avião, que encaixa no grande.

Pergunto-lhe se é um aviãozinho e me responde que não, é "algo" que sai do avião, "como uma bomba, e quando o avião bate na parede a bomba cai".

Faz agora um outro avião, e agora lança um e lança o outro e diz que se um tocar no outro explodem.

Digo-lhe que os dois aviões representam ele e eu, e que na imaginação dele, ele sente que podemos nos destruir se um tocar no outro, se nós ficarmos mais próximos, mas é o que ele está desejando também.

Lembro agora que ele quis saber no início da sessão se o relógio dele estava igual ao meu e, ao comparamos, não estava, e pelo meu termina a sessão às 15h20, já que o atendi cinco minutos atrasado.

Depois ele tenta se nortear dizendo: "Pelo meu relógio, deixa eu ver que horas são... deve ser três horas no seu agora".

Mostro-lhe o desejo de estarmos funcionando unidos, sem diferenças nem separação, que ele mostra que algo o deixa "nervoso" quando percebe que não funcionamos unidos, não estamos grudados.

Ele tinha perguntado antes (para se sentir mais tranquilo comigo) se o meu relógio é igual ao de sua mãe e pediu para mostrá-lo.

Ele faz então uma luta com a almofada, luta de judô, e esmurra por fim a almofada com grande violência. Daí para, se senta, e diz que vai esperar a hora de terminar!

Sessão de 16/09/1982

Quer jogar "o bunda" e pega a bola de massinha, enquanto revê o papel onde fez um desenho relacionado a este jogo. "O bunda está dentro do pinto." (Ele é o bunda ou ele é o pinto?)

Sente o sapólio do colchão nas mãos: "Que é isto?!".

Quer ver através dos vidros (tijolos de vidro) dentro da minha casa. Tira o colchão e o coloca como um escorregador entre o estrado e o chão. (Ele está tentando personificar "algo que está acontecendo" em sua mente-corpo, mas eu não me dou conta, penso em necessidade de dar vazão pelo movimento corporal, configurando-se pelos gestos. Há também um sentido de exploração da sala, de mim.)

Num certo momento, sobe em cima do estrado feito por dois bancos com o colchão por cima e faz o gesto do Tarzan. Quando digo que parece o Tarzan, diz que não é o Tarzan, é o "bunda".

Fala: "O bunda triunfante, em cima de todos" (Em cima do peito e de sua própria mente? O bunda é o Tarzan em cima dos seios e de seus sentimentos e necessidades).

Ele mostra-se impaciente a cada intervenção minha (não tenho que falar, ele me impede de vários e camuflados modos), mas já a algumas sessões vem essa configuração.

Chegou a falar em castelos de cartas mostrando as cartas com as mãos. Daí, desenha num papel para eu entender.

A certo momento da brincadeira de judô, ele pega um boneco da caixa para me mostrar como são os movimentos que ele faz no judô (mas pouco antes, falando de movimentos do "bunda", fez movimentos de enfiar com sua pélvis).

E a relação sexual dos pais, como ele a configura? E a própria masturbação? E como por um lado ele me vê perigosa, persecutória, mas me solicita aos poucos a participar!

O jogo de lançar a bolinha um para o outro é um refrão que antecede o novo soneto.

Ele pega as canetas e novamente vem o jogo de adivinhar a cor real pelas tampas que estão trocadas, ou senão saber qual é o *top* e *bottom* numa caneta com duas tampas.

Sessões de 22, 23 e 24/09/1982

Inventou os jogos: "o bunda e o pinto", um jogo mais violento de atirar, o jogo de adivinhar.

Há a ansiedade frente a qualquer intervenção verbalizada, que ele tenta impedir, mas também ouve e tenta me reconduzir "para brincar com ele".

Tem o jogo de gol a gol na mesa. Tem tentativas de brincar com carros, mas o jogo é interrompido por ele bruscamente, parecendo crescer muito a ansiedade pelo contato com suas fantasias. Aí ele guarda tudo e volta a alguma atividade comigo.

Tem as lutas de judô nas quais ele dá golpes e elimina as almofadas e o colchão, evidentes representantes partes-objetos de bebês rivais.

Penso que a relação analítica está estabelecida e está se processando. É intenso o medo do contato e do que possa vir disso.

Sessão de 21/10/1982

Desenvolve uma brincadeira de bonecos: primeiro dois meninos contra um homem-sapo, depois contra um Superman.

Depois dois irmãos (que são meninos mais crescidos), um mais velho que o outro, que lutam, fazem acrobacias, andam por um fio. Um encaixa a cabeça do outro nas pernas e saem pendurados por um fio – "Que susto ele teve", diz ele ao terminar a travessia.

Hugo mostra sentir-se muito vulnerável! Apavora-se quando começo a falar sem nem mesmo ouvir o que vou dizer, parece já ser perigoso eu abrir a boca para soltar palavras e contra isso ele se defende negando até evidências ou racionalizando! Que pavor!

Vai tomar água na pia assim que entra, jogando o chiclete, e conta o número de goles que vai tomando.

A mãe continua adoentada da coluna, e quem o traz é o pai, que está há seis meses em casa, de licença por ter sido operado do pé – questão de paralisia infantil.

Há preocupação com o que está estragado, adoentado. Verifica se as luzes acendem. "Aqui está tudo bem?" A situação parece-me persecutória, de estarem doentes e estragados seus objetos internos e que agora podem estragá-lo? E aí ele usa de negação: "Imagina! Minha mãe já está melhor! Imagina! Meu pai já pode andar de bengala!" (forçando-me a sentir inadequação por estar exagerando no que ele pode estar sentindo, mas é justamente com exagero que ele vê essas doenças, ele sente-se talvez culpado e com medo da retaliação).

Ao verbalizar essa possível realidade psíquica, ele me vê perigosa e maluca.

Sessão de 04/04/1983

Ele se deita e olha para mim longamente, em silêncio, como que retomando o contato. Está bem alegre e atento a tudo em volta. Usa muitos atos físicos para expressar-se, dá um murro na parede.

Eu: "Marisa?"

"É."

"E se a parede devolvesse?"

"Então, lá vou eu... (E me joga uma almofada no rosto, algo muito habitual. Eu não devolvo, ele me joga a outra; eu não devolvo.) Hoje apanhei da minha mãe, de cinta, antes de vir. Ela foi me chamar para almoçar e eu não ia, estava brincando, então ela foi até meu quarto e me bateu."

Ele se levanta e, em rápidos movimentos, arma uma cena com os bonecos: ele e a mãe chegando ao consultório. A mãe se senta na sala de espera, ele entra e se deita, e eu na frente dele. Aí ele se deita no chão e me pede para jogar água em sua cabeça.

Eu: "Por que, Hugo?"

"Porque eu gosto."

Está feliz. Não pode ser por meio dos bonecos, tem que ser de verdade, e com ele. Água fria na cabeça, no rosto (ele prende o nariz como se fosse mergulhar na piscina) e depois nos pés e pernas. Ele me manda jogar três vezes ou cinco vezes.

Eu: "Banho da purificação para se lavar das 'coisas sujas'?"

Agora lembro que ele contou algumas piadas no início da sessão, que eram assim: "O que é que pesa 100 kg de manhã, 200 kg de tarde e 80 g de português; quando acorda ele fala: 'Levanta, sua vaca!'; no almoço ele diz: (não lembro); de noite ele diz: 'Vem cá, sua pombinha!'".

Outra: "A mãe estava com uma inflamação e foi a família toda levá-la ao médico, a palavra certa para cu era ânus e assim que tinha que falar quando falasse com o médico. Na sala de espera o moleque gritou: 'Pai, como é que é mesmo o apelido do cu da mamãe?'".

"E as outras são muito sujas, não tenho coragem de contar."

Voltando a falar do banho, eu lhe disse que tinha se lavado daquilo que estava sujo em sua imaginação.

Ele me olhou como que concordando, e já havia dito enquanto me pedia para jogar água: "Viu! Este é o Hugo. Este é o verdadeiro Hugo!" (num tom de libertação).

Por fim me bate de leve nos pés com a almofada e me manda bater com força na cabeça dele.

Nota: no semestre passado ele fez um submarino com um boneco dentro para as férias analíticas.

Sessão de 05/04/1983

Hoje vem como que falando baixinho e pedindo para não falar, e refaz o cenário de ontem: mãe, ele e eu. Deita-se no chão e lhe devo jogar água no rosto e depois nos pés e pernas. Ele ri, com excitação pelo contato com a água fria.

Após isso ele resolve fazer uma torre bem alta e com tocos de madeira. Eu sou ajudante, não devo fazer nada por minha conta, só ir lhe dando o que ele me pede. A torre é feita de uma parte, e outra parte, e a terceira parte liga as duas partes no meio.

Eu: "Papai, mamãe e agora um filhinho que une os dois".

Ele concorda e diz: "Meus pais brigam muito".

Quando termina a torre, que fica alta e bem-feita, ele passa a arrumar carrinhos que vão fazer uma exibição e ver qual o melhor!

Sessão de 14/04/1983

Ele traz cartas Trunfo de sua casa e me convida para jogar. Ganha.

Depois jogo da forca? Ele não quer, mas daí diz: "Vamos jogar uma vez". Ele faz a palavra "cu", e fala: "Adivinha que palavra é? Cu". Aí escreve: "A Marisa não tem cu e nem pipi. Assinado Hugo".

"Então o que é que a Marisa tem?"

"Ela tem teta!"

"É o quê?"

"É boceta."

"Mas é o cu? Traseiro?"

"Não."

"É de onde sai o cocô?"

"Sai pelas tetas."

(Vou fazendo um desenho para acompanhar o que ele diz.) "E de onde sai o leite?"

"Sai pela boceta, é ou não é? Responde aqui!"

"Não! O leite sai da teta; o cocô sai do cu. E da boceta entra o pinto e sai o bebê."

"Que horas são? Para a bosta que se chama Marisa, vamos acabar com isso! Sim ou não?"

(Escrevo no papel:) "Hugo está com medo de continuar sabendo das coisas e falar com a Marisa que é para ele uma teta cheia de cocô, que ele mesmo colocou!"

Ele lê e me bate e quer rasgar a folha. Vira pancadaria com almofadas!

Sessão de 18/04/1983

Assim que entra distribui os bancos diferentemente, encosta um deles na porta para colocar a almofada que passa a esmurrar (lutando contra os rivais fantasmas?). Depois coloca um banco em cima do outro e os dois em cima da mesa, e sobe em cima, pulando da mesa até o divã ou até o chão.

Ele está numa movimentação agitada. Esmurra a almofada e se deita em seguida simulando um ataque, um tremelique. Depois começa a me provocar, me batendo com a almofada repentinamente. Ele quer que eu entre na luta corpo a corpo. É tudo tão rápido que peço tempo e lhe digo que ele não quer que eu nem pense, nem fale e nem o veja, e ele responde: "O que é que você está olhando?".

Eu digo que ele parece estar evitando que eu continue aquela conversa interrompida da última sessão.

Ele então tem uma nova crise de esmurrar e aí pega um papel e escreve: "Sua filha da puta que não tem teta, nem buceta, nem cú. Só tem pinto que sai o leite para o nenê".

Aí eu escrevo: "Hugo está lutando contra o pinto que está dentro da Marisa. Mas aí tem que atacar a Marisa e tirar as coisas dela".

Sessão de 19/04/1983

A atitude de "maluco" que de repente se aproxima de mim e me bate de todos os modos, obrigando-me a me defender e a segurá-lo, com grande prazer dele nisso tudo, é seguida de outra também repentina em que ele para e fala: "Ué! O que está acontecendo?", e volta a ser um Hugo mais conhecido para nós dois.

Aponta um mesmo lápis para obter grafite e diluí-la para fazer tinta e pintar uma folha.

Na sessão seguinte trago-lhe tinta, e durante duas sessões ele tenta usar com muito cuidado, até que de repente abandona esta atividade.

Sessão de 08/06/1983

Vieram o pai, a mãe e Hugo.

O pai se confessa nervoso por estar com muitas preocupações relativas ao seu trabalho e que está sem paciência. Por outro lado, Hugo tem condutas muito irritantes. E o irmão dele não tem esses comportamentos com o pai e acaba acontecendo de ele se sentir injustiçado por ser sempre ele que leva os pitos.

Hugo na entrevista consegue exteriorizar algumas questões do relacionamento familiar. A mãe confirma que o pai está sem muita disponibilidade na relação com ela e com Hugo. Parecem formar dois casais em luta: mãe e Hugo; e pai e irmão de Hugo.

Sessão de 15/06/1983

Nova entrevista, só com os pais.

A mãe salienta a dificuldade de lidar com Hugo, que implica com tudo que ela faz para o irmão, e ela acaba fazendo mais para Hugo por causa disso.

O padrão de forçá-lo a comer, que chegava à exasperação, ameaçando-o e obrigando-o, continua. Ele tem ranhetices na mesa, não gosta de nenhum alimento e é obrigado a comer sob constantes brigas. É um horror a hora das refeições. "Se deixar, parece que não vai comer nunca."

Para fazer as lições à mesma coisa. Ela precisa ficar com ele o tempo todo, e toda hora ele para e se distrai, e leva a tarde inteira para estudar. Se não estudar junto, repete o ano. "Então deixa repetir?", ela pergunta durante a entrevista.

O pai se diz preocupado com a "inatividade" de Hugo com os moleques maiores: "se eu deixar descer no prédio à noite, vão se aproveitar" (o sentido disso é ambíguo).

Eu mostro para os pais que todas essas atitudes deles estão reforçando sua noção de Hugo ser incapaz. O menino inativo, sem vontade de comer, sem vontade de aprender, existe *a priori* na mente dos pais, como uma criança doente, que não tem instinto de vida, que se eles não o empurram para viver não tem força para a vida, para se desenvolver.

Acredito que o pai, que foi doente desde bebê, por ter tido poliomielite aos 6 meses, contribui para essa visão, inclusive invadindo a função materna, e a mãe deixando que isso aconteça. As entrevistas oferecem a possibilidade de levar a uma discriminação das funções de cada um junto ao filho e de darem-se conta do envolvimento com os próprios medos e inseguranças, que distorcem a visão em relação a Hugo.

O pai de Hugo tem alguma percepção das dificuldades pessoais dele em relação ao filho, mas não está tendo condições de passá-las para a prática. Meses após esta entrevista o pai procurou análise.

Sessão de 04/07/1983

Deita-se, sorri, então fica sério. Conta-me que ele está pensando em interromper a análise, porque é muito pesado. A mãe está muito ocupada e é um problema trazê-lo. E ele está muito cansado e não tem tempo para brincar com seus amigos, porque quando volta para casa deve fazer as lições, muitas lições, e ele nunca tem tempo de ver TV, enquanto seu irmão tem... (e continua a dar muitas razões para interromper sua análise).

Enquanto ele está falando, percebo que quer me convencer de que sua vida está muito ruim por causa da análise, mas que ele e seus pais vieram para que ele fosse ajudado, e então como fica isso?

Mas ele continua do mesmo modo: "E hoje eu telefonei para o meu pai e disse-lhe que não queria vir para a sessão e ele me pediu para ficar durante meia hora, e eu concordei. Então, quando acabar a meia hora, favor me avisar. Assim vou ter tempo para brincar hoje".

Eu lhe digo que desta maneira ele quer que eu me sinta alguém sem valor, alguém que causa problema em sua vida, e é assim que ele está sentindo a aproximação das férias da análise.

"Mas, por favor, é possível eu ir embora quinze minutos antes?"

Eu continuo interpretando o que ele não quis escutar. "Eu vejo que você progrediu porque você pode dizer estas coisas agora, e nas férias passadas você só pôde contar o que sentia tendo acidentes ou ficando doente."

Sessão de 05/07/1983

Ele está sem os óculos e com o cabelo cortado. Pega um boneco-menino e a bola de plasticina e leva-os para o divã para brincar de futebol. Após alguns minutos ele lança a bola contra a parede, então lentamente vai moldando-a até transformá-la num cubo. Aproxima-se da mesa e com a caneta faz marcas representando os números do cubo. Então, antes de lançar o dado eu tenho que adivinhar o número que vai sair. Mas ele não entende quando lhe digo o número, nem eu entendo o que ele diz.

A atmosfera é como nas primeiras sessões de análise, e ele justamente disse no início que ia brincar com plasticina como nos inícios – quando a comunicação pelas palavras parecia um obstáculo.

Ele desmancha o cubo e pede-me para transformá-lo numa bola enquanto ele tira os cubos de madeira da caixa, e com eles em suas mãos pede-me para achar mais plasticina em sua caixa.

Eu lhe digo que estou ocupada fazendo a bola e ele pode fazê-lo.

Ele se aborrece com isso.

É frequente ele pedir ajuda mesmo sem precisar e hoje parece que ele não quer parar o que está fazendo, interromper sua ação, e então voltar para o que estava fazendo. Esses movimentos denotam angústia nele (a separação do objeto, a inclusão de outro e o retorno ao objeto inicial). Então ele evita interrupções.

Está fazendo um caramujo e quando eu comento a respeito ele o amassa a coloca a plasticina em volta da caneta, como um tubo, e joga-a contra a parede após subir na mesa, a fim de evitar que o tubo se solte da caneta. Após algumas tentativas, ele abandona esse jogo e começa a jogar a almofada em minha direção até acertar-me.

Ele diz que quer destruir a Marisa. Qual Marisa? A que abandona Hugo nas férias?

Sessão de 07/07/1983

Retoma a plasticina e me convida a jogar com o tubo como se fosse uma bola. Ele se deita, mas logo abandona isso e pega o boneco-menino e o boneco-homem e faz um show.

Coloca o menino dentro do caminhão e está indo por um caminho que repentinamente acaba. O caminhão cai perto de mim e o menino se salva na margem do abismo.

Nesta sessão ele brinca muito e parece estar elaborando seus sentimentos sobre a separação.

Sessões de 05 e 06/09/1983

Está oscilando entre manter controle "repetindo" atitudes e ter impulsos de quebrar, partir ao meio canetas e lápis. De fato, muito pouco deste material da caixa sobrou inteiro!

Sessão de 08/09/1983

Traz o cheque e logo se dirige à caixa. Pega uma bola de papel, pergunta se é esta mesma que estávamos usando e se põe em pé no canto oposto com a intenção de continuarmos a jogar.

Mostro-lhe que ele quer continuar do ponto em que paramos em sua última sessão e, enquanto eu falo, ele se deita, tirando primeiro o tênis, e quer fazer o jogo de bola deitado (como muitas vezes tem feito).

Após jogar um pouco ele começa a se debater no sofá, parece estar excitado muscularmente, parece ter prazer nestes movimentos, e, rindo, começa a provocar-me batendo-me de leve com a almofada para que eu reaja. Aos poucos vai se tornando inconveniente esta brincadeira, e vai ficando violenta. Entre tentar impedi-lo de me bater com as almofadas e ele mandar-me calar a boca, fica um clima de tirania e dominação. Eu lhe tiro uma a uma as duas almofadas e ele tenta recuperá-las. Nesta luta há pequenos incidentes que são como que demonstradores da atuação real e da necessidade de haver certa limitação da fantasia.

Diante da insistência dele em manifestar-se daquele modo, eu abro a caixa e falo que vou "armar uma brincadeira". Pego bonecos: uma mulher, um menino, um bebê, e ele então me pede para lhe jogar dois bonecos – um homem e um menino.

No divã ele fica brincando com eles no colo de um jeito que eu não vejo. Parece que lutam e o menino bate no homem e o derruba no chão. Diz que ele quer raptar a criança e o pai está tentando defender.

Enquanto isso a "minha" cena que monto sobre a mesa é: mulher + menino + bebê dentro de um caminhão, e depois pego alguns animais, que ele me pede novamente para jogar: são três cavalos.

A certa altura do jogo ele tenta armar uma "descida", um caminho que parece ser onde a ação do raptor teria que continuar. De repente, começa a morder a mão do boneco raptor até arrancá-la. Sob meus olhares de horror e minha verbalização de seus sentimentos, ele prossegue mordendo os bonecos: "Vou devorá-lo, vou engoli-lo", e vai arrancando braços e pernas com os dentes e os cuspindo, e jogando os corpos contra a parede com força.

Ele está totalmente dentro da brincadeira e fala em monstro e gigante, e seu "humor" é de estar tranquilo comigo, de estar manifestando "estados monstruosos de mente" (transformações do menino em monstro e vice-versa, um não sabendo do outro, e a passagem de um ao outro sendo feita por meio do deitar e dormir).

Eu intervenho na dramatização como uma repórter que entrevista o monstro para saber dele o que busca com isso, como se sente. O monstro, porém, se afasta da reportagem tornando-se um menino (o boneco) e eu me torno também um boneco. Mas ao voltar a ser monstro ele come e arranca também as pernas e braços da mulher, do outro menino, e morde o bebê e atira todos longe, contra a parede. "Todos mortos!"

Aí ele se transforma de novo no menino que vai olhar os corpos dos bonecos e os animais também, todos mortos, e pergunta: "Que houve?", como que percebendo agora que estavam mortos. A certa altura ele diz: "O pai está morto... todos estão mortos... só sobrou o bebê". Coloca todos na mesa e diz que agora vai dar trabalho isso tudo.

A hora está terminada, e quando o aviso ele guarda um por um dos bonecos com violência dentro da caixa e me manda guardar aquele que não foi ele que tirou da caixa!

Comentário: nessa dramatização lúdica aparece o impulso oral, sádico, que ele tem inibido e como defesa não tem se alimentado!

Sessão de 13/09/1983

Veio toda a família trazê-lo.

Quer retomar a luta de boxe e se prepara. Digo-lhe que hoje há coisas a conversar. Ele pergunta quais.

Eu então tento compor uma "historinha" na qual tem um menino que precisa lutar para diminuir a violência dentro dele (o menino arrogante, o cala a boca, o que despreza o adulto, o que se choca) e aparecer o medo do bebê, que pode comer o alimento da mãe sem desconfiar. A luta é o que precede a condição de relacionar-se.

Ele escuta essa história, se levanta e diz para eu esperar que ele vai contar outra. Deita-se e fala: "O bebê não quer comer o feijão, ele esmurra, esmurra e se cria no murro. Agora o menino (com luva de boxe feita com uma toalha) luta, luta e mata. Agora é o homem de 40 anos que diz: 'Cala a boca! Exijo respeito porque matei um menino'".

"Por que ele matou o menino?"

"O menino é um colega que quis roubar o feijão da mãe. Tá bom? O meu pai tem 40 anos."

Falo-lhe que essa história dele é triste.

"Mas não sou eu o menino, viu?"

"Sim, entendo que você não quer falar ainda sobre este menino e vem o 'cala a boca', o contador de piadas sujas que me mantém distante deste menino que parece estar confuso: não sabe se ele é um menino mau ou se querem fazê-lo de mau."

Sessão de 15/09/1983

Imita com a mão uma máquina fotográfica, a cara é espantada.

Retoma a almofada e a luva de boxe e vai dando socos e lutando com o "fulano" (a almofada). Forja uma luta em que o "fulano" também responde, e ele cai algumas vezes.

Eu: "Quem é o fulano? Ele é mais forte hoje?"

Ele faz um sinal para mim de conluio contra o "fulano". E enquanto penso na violência deste menino e nos perseguidores internos que ele projeta na sala e em mim, ele me joga a luva de boxe no rosto, assim, de repente.

"Agora eu fui transformada por você no 'fulano.'"

Ele volta a atacar-me jogando-me a "luva".

Eu lhe mostro a inconveniência e a dificuldade em aceitar este comportamento dele que é violento e desmonta!

Ele tenta então outro modo: vai jogar a almofada para a "lua" (eu) e depois o "pirata do espaço" vem buscá-la e torna a lançá-la.

Eu: "Será que não tem ninguém na lua que possa devolver a almofada?" (e passo a devolver).

Mas a situação evolui dentro dele de novo para socos e almofadadas em mim. E alternadamente satisfação pelo contato físico.

Sinto-me inábil para lidar com essa situação hoje. Parece-me que estou envolvida numa situação muito louca em que tem um menino que está invertendo a situação e está me convencendo de que eu tenho que me defender dele, pois ele está biruta, ele é maldoso, cruel, e eu não tenho jeito de lhe fazer entender que não o estou perseguindo, mas ele está me provocando de todos os modos para que eu concretize este perseguidor. (Parece-me claro que quer que eu viva os sentimentos daquele bebê que se criou no boxe – o bebê do feijão, que se criou no soco.)

Começo a falar-lhe do medo que sente de que eu o ataque, talvez porque ele saiba que me atacou dentro dele. E que o jeito de disfarçar o medo para si mesmo é provocando medo em mim, ignorando-me como faz agora enquanto lê revista.

Ele quer arrancar-me da mão um lápis para quebrá-lo e daí começa a retirar tudo da caixa, temeroso, mas como que impulsionado em fazê-lo para se livrar de um perseguidor (os brinquedos da caixa que ele foi obrigado a aceitar? E a análise que ele foi obrigado a aceitar porque o pai quer, diz que é boa análise, a mãe fala que tem brinquedos na análise, mas "que brinquedos?", tudo coisa que não gosta).

Sessão de 19/09/1983

Abre a caixa e termina de esvaziá-la do restante que não foi possível na última sessão.

Mostro-lhe como ficou ligado na última sessão para continuar a fazer o que o tempo não permitiu concluir, mas que ele se mostra com outro humor hoje.

No entanto, esvazia a caixa, ficando apenas uma barra de madeira e um saco de estopa com uma toalha dentro à guisa de luva de boxe. Quer quebrar a tábua ao meio, mas não consegue e a joga assim mesmo no lixo.

Digo que assim ele sente que se livrou de tantos brinquedos inúteis ou até que atrapalham a nossa conversa (já que ele se queixara de que eu não queria brincar de bola com ele).

Nota: penso que ele quis eliminar tudo o que sentiu ser a minha interferência ao colocar brinquedos e ajudá-lo a desenvolver o jogo, semelhante ao que deve ter sentido quando a mãe o "distraía para que ele comesse".

Ele está bem satisfeito agora, aliviado de ter se livrado daquilo que para ele não eram brinquedos, mas "sedução" [?], e começa a relação com uma almofada da sala. Eu para ele, ele para mim com grande prazer e disposição.

Daí ele evolui para inventar novos modos de brincar: coloca-se na frente da caixa aberta, como se fosse um gol, e tenta impedir a entrada da "bola" (parecendo uma incorporação forçada que ele tem que evitar.).

Sessão de 20/09/1983

O irmão reclama "Ah! Já?" quando vou chamá-lo, já que eles começavam uma brincadeira.

Volta a armar a mesma brincadeira: caixa aberta encostada no divã como um gol e ele tendo que defender a bola (saco de estopa cheio da toalha) que eu jogo.

Comento sobre a continuidade que ele estabelece entre uma sessão e outra, se sentindo assim seguro de chegar e não começar "tudo de novo" como realmente é, cada vez que vem. Que o jogo pode ser o mesmo, que ele quer continuar e achou bom ontem.

Ele escuta e se arruma para o jogo.

Comento de novo que a caixa está vazia: "Começando tudo de novo como um bebê que nasceu e vai começar a comer e parece que se opõe a isso, e a mãe tem que ser 'esperta' para conseguir que ele ponha algo na boca".

Ele escuta e, quando termino, passa a jogar defendendo bem menos este gol e deixando entrar muito mais vezes a "bola".

Comento isso com ele e digo que agora ele é um menino de quase 10 anos e que as coisas que sente pode dizer muito mais do que quando era um bebê.

Ele então passa a ficar do meu lado para que alternadamente ele e eu acertemos a "bola na cesta".

Digo que agora se sente mais crescido e ele pode também ajudar a cuidar deste bebê junto comigo e ser um menino aqui dentro.

A certa altura a brincadeira torna-se mais violenta comigo e se deita, dizendo não querer conversa, e faz (de costas para mim) um gesto de pinto com os dedos e com a outra mão de ânus: pinto no ânus.

Eu: "Ou seu pinto no traseiro... de quem?".

Ele aponta para uma parede fora, mas é ambíguo.

"Meu?"

Ele faz que não com a mão.

"Da minha casa?"

"Não."

"Lá de fora?"

"É."

"Sala de espera? É com o seu irmão... Você quer me contar o que você faz junto com o seu irmão, como menino."

Ele não desmente, mas se levanta para me bater com a almofada. Escreve "Mari".

Olhamos a certa altura para a caixa dele, vazia, que tem pontas de lápis grudadas, pedacinhos de papel, pedaços de durex, e comento que isso tudo é dele também, que são os restos dele que grudaram com a cola (isso porque ele havia dito que a caixa estava assim, que era usada), ao que ele vai jogando esses restinhos no lixo dizendo que "são os bebês que eles andaram fazendo".

Logo em seguida (e ante o meu espanto por ele ter verbalizado algo deste jeito) ele se deita de barriga para cima e faz a seguinte dramatização: começa a movimentar as pernas alternadamente como se fosse um movimento independente de sua vontade até que as mãos fazem as pernas pararem, mas daí as mãos fazem o movimento das pernas até que a cabeça faz as mãos pararem, mas a cabeça faz o mesmo movimento das pernas até que os olhos piscam e o nariz tem que fazer parar, o nariz se mexe e a boca tem que fazer parar, e depois todas as partes do corpo como segmentos desarticulados se movimentam difusamente. (Esta é uma movimentação já dramatizada várias vezes em que ele parece um encefalopata. É excitação sexual que ele sente? Como falar disso e o que isso significa?)

Sessões de 26 a 29/09/1983

É a luta de boxe proposta como jogo contra uma almofada que eu seguro. É uma atividade de grande contato e prazer na relação comigo. Ele toma água da torneira a toda hora (como uma boa mamada?).

À medida que pode ir "dando socos", liberando, projetando muscularmente seu estado agressivo, ele pode aceitar introjetar algo do que lhe digo e o faz também concretamente tomando goles de água da pia da sala. No entanto, há momentos em que a frustração deve aumentar e ele me agride literalmente e de um modo intolerável, e eu ponho como limite a suspensão temporária da sessão para ele "assimilar" isto: que há limite para a tolerância e a aceitação e que ele mesmo pode agora se esforçar para "dizer" o que sente de um outro modo.

Ele se "recolhe" diante disso com muita hostilidade, que ele reprime, porém evita olhar-me e quando vou lhe dizendo que ele está muito sentido ao perceber que não posso ter uma aceitação ilimitada de suas manifestações, que eu sou uma pessoa etc., ele faz com uma ira contida "caras" de desprezo, de total aniquilação de mim. Joga a última coisa que lhe restava na caixa, o saco de estopa, no lixo e parece estar me devolvendo a caixa.

Mas na sessão seguinte ele tenta retomar a relação por meio de gestos e palavras escritas na mesa (mas não faladas). Propõe por meio desta linguagem que lutemos boxe por vinte minutos, eu segurando a almofada, enfim, todas as regras que tínhamos composto aos poucos, e a ressalva de que quando ele tem aquele impulso de bater-me, como vamos fazer? Será que ele não pode tentar dizer o que sente de outro modo?

Achei positivo que aos poucos ele conseguiu refazer a relação "quebrada" e pôde continuar com satisfação a luta-jogo-relacionamento, retomando a conduta de tomar goles de água de vez em quando na torneira.

1984

Do início de 1984, não tenho anotações, apenas desenhos correspondentes às sessões de abril a maio, como segue.

Figura 1 03/04/1984.

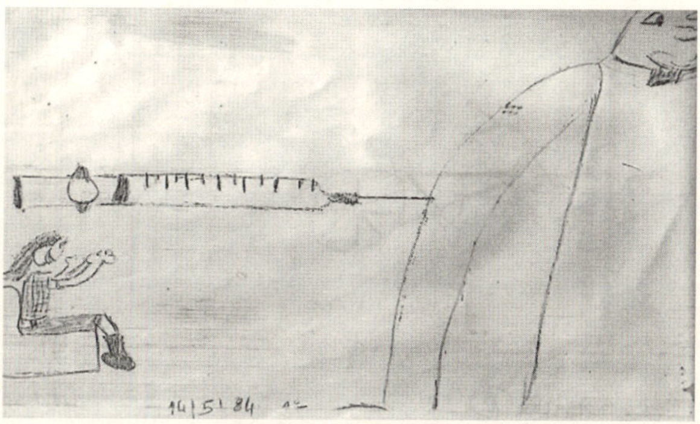

Figura 2 14/05/1984.

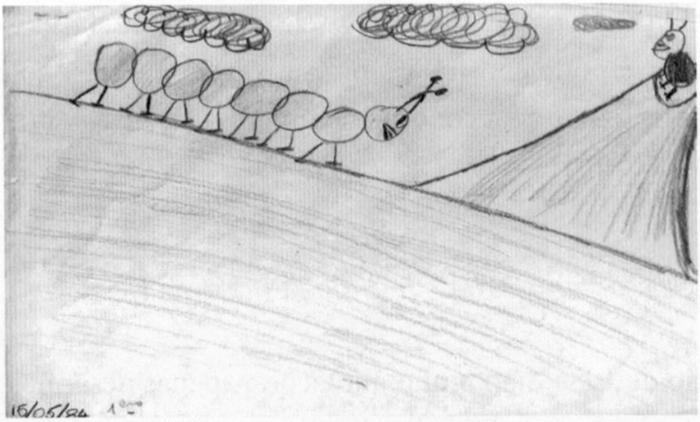

Figura 3 15/05/1984.

Figura 4 16/05/1984.

Figura 5 22/05/1984.

Figura 6 23/05/1984.

Sessão de 05/06/1984

Entra sério, após ter-me entregado o cheque.

Senta-se, abre a caixa e pega uma folha de papel anteriormente recortada, e não tenho certeza se faz algo como cortar, mas em seguida me pede para fazer um círculo recortado. Ele está pensando em fazer um filtro tipo Melitta, um funil por onde possa gotejar água mais um pouco de cola que estão contidas num plástico de Tenaz e que ele tem manipulado nessas últimas sessões, servindo de atirador de projéteis, de regador, algo que é expulso sob uma pressão, um achatamento pela mão dele. Um manuseio completo, um prazer de ter encontrado um uso, de ter ele mesmo criado um brinquedo.

Ele enche o funil-filtro e vê gotejar, experimenta o esvaziamento de um recipiente e o preenchimento de outro que é menor. Até onde? E vaza? Na toalha?

Lembro agora que no início da sessão ele recortou um triângulo de papel e disse: "cabine de entrada do metrô", e apoiou na mesa.

E eu lhe disse: "Hugo entrando na cabine-Marisa para chegar até dentro e ver metrô-marido-Marisa lá dentro. Hugo querendo ver dentro da Marisa-mamãe, o marido-Marisa-papai funcionando".

O triângulo cabine é levemente molhado pelo esguicho de Tenaz e acaba sendo ensopado, esticado e batido. Depois disso surge a ideia do filtro, que ele põe em prática, me pedindo para contornar o redondo que ele vai dobrar e resultar num filtro-funil (seio que goteja e que ele manipula o enchimento e o esvaziamento, e que no início fica o que nós chamamos de boca-no-seio).

Ligo para ele esta maneira de brincar com tantas outras em vários momentos da análise: uma dobradura de toalha; um jogar água em sua cabeça com ele deitado no chão; as inúmeras tomadas de água na torneira; os submarinos com o menino dentro tentando sobreviver ao ser imerso, inundado (sugado) por um seio-pia repleto.

A manipulação dele contínua com seu filtro. Pede-me para fazer mais um, pois com o uso pela água vai desmanchando. O último tem de ser bem grande, a folha toda.

Na manipulação e nas passagens de líquido, ele às vezes conta as gotas que faltam, ou quantas ainda cabem, e por fim os últimos gotejamentos do filtro-seio mostrando seu fim (filtro-seio com sua mão-boca fazendo-o funcionar).

Hugo: "Sabe do que fiquei com vontade? De brincar de cobra cega!"

"Sim, para achar o seio-mamá, tentar encontrá-lo porque está escondido de você?"

No filtro grande o conteúdo da garrafinha de Tenaz é despejado todo, e ele constata que é pouco em vista do tamanho do filtro (seio).

Na sessão de ontem, ele desenhou o movimento de uma bicicleta subindo e descendo um morrinho, o que associei com uma barriga que ele quer percorrer, ver o que tem dentro, e se transforma numa onda gigantesca que engloba um e outro por cima, por fora da onda, achata o que tem dentro da onda.

Neste movimento de desenhos, ele parou e começou a querer fazer guerra de bolas de papel. Pela violência da brincadeira tive que sugerir acertarmos as bolas num cesto-balde. Atirou-me no rosto as bolas com a satisfação de conquistar um espaço para me invadir.

Sessão de 25/06/1984

Esta é para ele a última semana antes do mês de férias.

Hugo: "Vamos brincar de cobra cega?", e vai arrumando os móveis.

"Preciso pensar neste menino (e não me levanto para que ele me ponha o capuz) que quer me cegar para não ser achado."

"Não vai brincar?" (enquanto conserta o capuz de papel).

"Estou pensando neste menino que quer brincar" (e continuo parada).

Ele rasga o capuz feito de jornal que seria para brincar de cobra cega, transforma numa bola e arruma o lixo para ser uma cesta de basquete. E lá no alto, após ter empilhado bancos, caixa e almofadas, tenta encestar e não consegue. Muito difícil. A cesta está longe demais. A cesta cai toda hora.

Eu: "Cesta-Marisa lá em cima e bola-Hugo que não pode atingi-la. Como quando for para São Pedro na semana que vem".

Ele dá um soco na almofada e a joga na minha direção.

Eu: "Soco na almofada chega pelo correio à Marisa. Marisa recebe socos do Hugo que está de férias lá!".

Ele ri. (O prazer do contato lúdico, muscular, exploratório é grande.) Pega cola, espreme na mão e gruda uma na outra, e me mostra como gruda e desgruda. "Agora secou. Você quer ver?", e põe a mão dele na minha mão para ver se gruda, mas a cola está seca. Ele põe cola outra vez. "Agora me dá a mão" (ele põe a mão com cola em cima da minha).

"Hugo grudado na Marisa, levando a marca dela e deixando a dele para ela, para garantir sua presença quando estiver distante."

"Vou levar aquela folha para São Pedro" (se referindo ao capuz de papelão amassado).

"Porque você não tem certeza de me poder levar dentro de você, em pensamentos."

Sessão de 26/06/1984

Assim que entra, repete jogar cola nas mãos e grudá-las uma na outra, depois estender a mão e eu retribuir, e ele envolver a minha mão entre as duas mãos dele, rapidamente (com um contato que permitisse a passagem de alguma qualidade?).

Depois jogo de boxe, eu com a almofada e ele esmurrando-a com prazer e não de uma maneira agressiva, como um jogo em que ele quer que eu me oponha. Ele enfia o rosto nesta almofada também com abandono, um refúgio.

Em outras sessões ele fez uma variante em que ele caía no chão, sem pilha, e ficava com uma toalha cobrindo rosto. Ele fazia um "zzzzzzz" que parava quando levantava a toalha. Eu tinha que levantar a toalha e recolocá-la, isso por várias vezes.

Sessão de 27/06/1984

Última antes da viagem dele por um mês.

A disponibilidade dos pais para manter a análise dele diminuiu e há uma ameaça não explícita por parte da mãe, como "meu marido vai conversar com a senhora" ou "temos que ver os horários para o segundo semestre porque ele vai fazer basquete". Ele presencia essas conversas quando vou chamá-lo.

Neste último semestre ele fez muitos progressos na análise, inclusive penso ser esta a primeira vez em que é manifesta conscientemente a aproximação da separação pelas férias e as ansiedades que resultam disso.

Nesta sessão ele, após um costumeiro contato de "como tudo está", eu, a caixa, se ele é aceito e pode se manifestar livremente, ele pega um "cassetete" de papel que fez há muito tempo e tenta equilibrá-lo, fazer algumas piruetas, ver quantas voltas fez cada vez que o joga no ar. Solicita-me a vê-lo, a contar as voltas, uma verdadeira exibição de talentos e capacidades.

Sobe depois um pouquinho do lado da janela e de lá continua as experimentações, agora dando palavras ao que "ele" faz: "agora vai para o espaço"; "agora dá um mergulho"; "agora vai para a lua", e cada vez mais o joga perto de mim.

Eu: "Eu sou o espaço, sou a lua, onde você do outro lado do mundo, longe daqui (em São Pedro), entra em contato comigo através deste cassetete".

Ele continua lançando-o para mim, agora eu o pego e o jogo de volta. A comunicação se estabeleceu. Ele se dá por satisfeito e, sentado-deitado no divã, olha através deste canudo. A entrada de luz nele está bastante obstruída, ele tenta desobstruí-la.

Todo o clima é de poder absorver o máximo da presença. Deitado, ele começa a fazer um gesto de aspirar todo o conteúdo da sala, eu inclusive, para dentro dele, o que fizemos juntos na sessão de ontem, e diz: "levo tudo para São Pedro".

Começa a olhar-me pelo canudo, deitado, e me pede que faça um gesto com a boca para ele ver se consegue enxergar (havia me perguntado se eu enxergo o olho dele que está dentro do canudo). Atendo ao seu pedido e faço o gesto, ele tira o olho do canudo e me mostra com a boca dele que gesto é para confirmar. Assim segue o jogo. Depois ao contrário: ele fazendo os gestos e eu vendo-o através do canudo.

Digo-lhe que assim ele manifesta vontade de saber de mim, do que faço enquanto estiver longe dele, se ele está seguro de continuar me vendo do mesmo jeito que me vê agora.

Faltando menos de cinco minutos, ele pede para jogar cobra cega. Eu o procuro e o acho umas três vezes.

Acaba a sessão com ele confirmando: "Então até dia primeiro, não?"

"É, até dia primeiro de agosto."

No início desta sessão ele desenha rapidamente uma cara com orelhas enormes, olhos enormes, nariz enorme e boca bem pequena.

Eu: "É você quando está tateando o perigo, se certificando do que vai acontecer: orelhas em pé, olhos bem aguçados, nariz para cheirar e boca de não comer, de não pôr nada para dentro".

Mais adiante aparecem outras alternativas de introjetar: pelos olhos e também pelos ouvidos quando me pede para fazer caretas e sabe reproduzi-las associando às caretas os barulhos com a boca ou sons emitidos. (Agora é bem diferente de querer tirar uma foto, como na sessão de 15/09/1983).

A introjeção é vivida pondo água dentro, bebendo água da pia, tendo feito isso em quase todo início de sessão ou durante, após ter se certificado da relação confiável.

O jogo da cobra cega ele repete em várias sessões. (É para cegar a cobra, para não ser engolido.) No início ele não aguentava permanecer vendado, era eu a maior parte do tempo a ter que encontrá-lo. Recentemente foi capaz de ficar muito tempo "no escuro", sem me achar.

Deste período destaco alguns desenhos.

Figura 7 1984/1985, desenho 1.

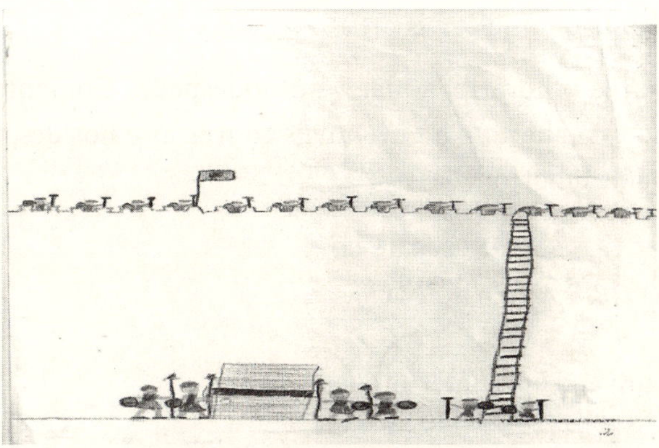

Figura 8 1984/1985, desenho 2.

Sessão de 28/06/1985

Última sessão. Olha longamente dentro de sua caixa. Remexe, pega a cola que secou, pega tesoura e borracha. Pergunta como ele pode vir daqui a um ano.

Faz força com a tesoura para cortar a borracha ao meio, então em quatro pedaços. Tenta fincar os quatro pedaços na tesoura como espetinhos (assassinato, esquartejamento).

Pega a tampa de uma caneta hidrográfica e com a borracha começa a apagar a mesa, juntando os fiapos da borracha e transformando em cinzas (a análise).

Eu: "É a morte e o enterro da análise que está terminando hoje. Não termina o relacionamento para sempre, nem eu vou acabar".

"É!", e continua apagando e me pede para apagar também para ir juntando fiapos na tampa.

Soca para ir cedendo cada vez mais, e esta atividade, que exigiu tanto trabalho braçal, leva praticamente a sessão toda. Ele quer guardar este tampo: "que pena que não tem cola para pôr por cima e ficar duro".

"Selando o túmulo, e guarda-o em sua caixa."

Termina o horário, a mãe vem se despedir. Comento que o caminho está aberto para eventuais conversas e nos despedimos (eu bastante emocionada).

Sessão de 17/06/1986

Ocorre um ano após interromper a análise.

Mostra-se sorridente, emocionado, expressa bem a emoção do reencontro. Está um palmo mais alto e eu comento isso.

Senta-se à mesa, a caixa está lá. Comenta sobre quanto tempo que ele falta aqui, e que está tudo igualzinho na sala, um reconhecimento carinhoso e saudoso. "Também, três anos aqui", ele diz.

O que está mais presente para ele? A almofada que lutava boxe, a pia para tomar água, e os armários em que fazia um jogo de esconder a massinha.

Os desenhos? Da moto, do carro, destes se lembra. Não se lembra das caras que ele desenhou mais no final das sessões.

Eu comento do conflito entre querer ir embora, me sentindo como um carrasco, uma bruxa, e ter que dividir esta análise com os outros de sua família.

Ele quer saber se vai voltar outras vezes.

Eu: "Temos esta sessão e uma com seus pais, por enquanto".

"No início (quando terminou a análise) estranhei. Este ano estou me sentido melhor, com mais amigos. Tem coisas com minha família, mas não é tão importante como antes. Faço esporte. Meu pai? Está montando uma fábrica em Mato Grosso. Passei as últimas férias lá, foi bom. Minha mãe? Está melhor. Fez análise com a dona Julieta." Ele lembra que paramos sua análise para sua mãe fazer terapia porque estava mal das costas. "Incrível que a análise fez efeito nas costas dela. Como aconteceu?"

"É uma tensão, um nervoso que sua mãe descarrega nas costas, sem perceber."

Há momentos em que o contato esmorece, como uma expectativa dele de que eu vá avaliar algo. Digo que é um horário de sessão, uma oportunidade de ele dizer, de algum modo, o que pensa e nos compreendermos para que ele possa apontar alguma necessidade de ajuda. Pergunto quem tinha lembrado de vir, passado um ano.

Ele diz que lembrou à mãe após as férias e depois a mãe lembrou-se recentemente e marcou este horário. Ele tem sensação de que passou pouco tempo, não um ano, menos.

Sugiro que desenhe. Ele aceita e me pergunta o quê.

Digo: "O que está mais presente em você agora". Também comento, quando a conversa esmorece, que eu o estou deixando livre para ser, que não há nenhuma expectativa, a não ser que ele use o horário da forma mais verdadeira para ele, e que ele sabe que só tem este horário e isso dificulta a utilização, porque é pouco, porque acaba e diante disso ele se retrai.

Ele acompanha essa intervenção e inicialmente faz o desenho que está no pé da folha: a casa com galinhas e bois, tudo cercado. E lá no alto da folha, montanha e sol bem fraquinho, depois nuvens. E no meio um grande vazio, que ele não sabe se vai por árvore ou o que mais (não sabe se vai dar tempo?).

Eu: "Como o relacionamento aqui, você lá, eu aqui e este espaço, como preenchê-lo agora entre nós dois".

Com essa intervenção ele faz uma horta, põe uma pessoa, uma cerca e faz um portão, põe mais árvores (mais vida!) e repassa os traços tênues das montanhas, sol e nuvens. Faz agora um avião. O tempo está no fim.

Nota: ele não se lembra da última sessão. Neste momento lembra mais das entrevistas de que participou com os pais na outra sala.

Figura 9 17/06/1986.

Sessão de 27/08/1986

Entrevista com os pais e Hugo.

Há vários problemas pelas mudanças de necessidade de Hugo e a mãe está ressentida, querendo impor os esquemas. Hugo está mais chegado ao pai, fala mais com ele e tem certo distanciamento da mãe, que quer mantê-lo como um sargento.

Dizem que é medroso, que tenta contentar os pedidos das outras crianças.

Mãe: "Quero que ele estude inglês este ano".

Hugo: "Eu é que gostaria de estudar inglês".

Pai ri e aponta para a mãe essa maneira de ela antepor-se à vontade dele.

Hugo: "Acho que o que ajuda muito a nós todos é fazer esta reunião com a senhora, mais do que cada um numa análise".

Eu lembro-lhe de que agora é possível, mas que antes ele nem queria vir junto com os pais.

Ele ri e relembra.

As forças patogênicas do lado materno continuam, mas Hugo tem reagido.

O pai reconhece que esta conversa entre eles só acontece na minha presença.

Apresentação do caso a Irma Pick em seminário em 31/03/1986

Primeiro faço a leitura do resumo. Iniciamos considerando o que representa este jogo de adivinhações.

Irma: Este jogo de adivinhação tem muitos significados, inclusive o que a Marisa deu, que é de que o menino não sabe por que está lá. Mas há outro aspecto ligado à curiosidade: "Posso eu, menino, paciente, saber o que tem atrás desta porta?". O mais importante é que o jogo de adivinhação está substituindo a compreensão, o entendimento. Da maneira como ele está falando isso com você, ele mostra que não existe um conceito de uma Marisa que poderia tentar entendê-lo, ou um conceito de um ele que estava tentando entender Marisa, portanto, de uma compreensão se desenvolvendo ali que poderia ajudá-lo a pensar sobre o que estaria acontecendo dentro dele. Parece ser mais uma ideia, uma noção de pessoas que estão fechadas umas para as outras, que não estão abertas para se tomarem para dentro, para pôr um dentro do outro. Acho que o menino já está neste início, falando alguma coisa sobre o seu problema básico, primário. E se a gente quiser pegar um nível mais elementar, que é o problema da introjeção, o de pôr para dentro alguma coisa, e se pegarmos a nível mental, há um problema com os sentimentos dele a respeito da existência de um objeto que ele possa pôr para dentro, e em ser capaz de introjetar este objeto; o importante é que tanto o objeto não pode recebê-lo quanto ele não poder receber o objeto. A concepção dele é que as pessoas são fechadas umas para as outras e tudo que sobra para fazer é ficar adivinhando, tentando adivinhar. É muito anticompreensão! De uma maneira muito fundamental, esta é a ideia que ele tem do que a análise deve ser, falando de outro modo, ele não tem ideia de uma análise como uma tentativa de conhecer, tentativa de entender. Isso é tão fundamental que vou gastar mais tempo, ficar mais tempo nisso. Porque lida com a ideia de contenção de Bion, a noção de continente. Isso é tomado de um jeito psicossomático porque este menino não sente que tem uma mãe que o acolhe dentro de si ou o contém, ou nas entranhas dela (na barriga dela), ou na mente dela, numa tentativa de dirigir o que as necessidades dele devem ser. E ele sendo bebê não tem a capacidade de tomar essa mãe para dentro dele, ou o leite da mãe, ou as tentativas da mãe de descobrir e dar o que ele precisa. Então o quadro final é nenhuma compreensão. Mas outra dimensão que ele traz é que no lugar da compreensão, ele erotiza, ele se excita com essa ideia dessa coisa que se chama adivinhação. Quero começar com isso porque acho que a brincadeira da almofada se torna mais uma elaboração da mesma coisa, da não compreensão ou dessa qualidade erotizada da briga, da adivinhação. Com este jogo da almofada é como se ele estivesse dizendo: "Existe alguma coisa chamada almofada que fica rodando entre eu e você e existe a minha excitação com uma continuação do ataque deste jeito e de você nesta condição de não me acolher"! Não existe nenhuma possibilidade de introjeção, de um introjetar o outro de uma forma mais amorosa.

P1:[1] Neste contexto, uma pergunta sobre a máquina fotográfica, se não seria alguma manifestação de introjeção dele.

I: Fiquei me perguntando sobre isso. Mas se for uma introjeção não é uma introjeção viva. Ele começa a sessão anunciando: "Eu não

1 Os participantes serão referidos como P1 e P2.

vou ser capaz de te pôr para dentro como uma experiência viva, eu já sei que é uma coisa desesperançosa, eu não vou conseguir pôr para dentro uma imagem viva de você na sessão".

Marisa: Mas enquanto não puder pôr para fora toda essa excitação e essa crueldade, ele não pode pôr nada para dentro.

I: Você diz que ele não vai poder pôr você para dentro enquanto estiver acontecendo isso.

M: Esta é uma ideia.

I: Neste sentido, parece que a fotografia é uma tentativa de salvar alguma coisa, mas em parte é uma comunicação de desespero sobre a possibilidade de uma experiência de verdade. Eu também estava especulando, mas acho que está um pouco fora sobre a existência de um pai, uma mãe que não põem para dentro um bebê vivo. Mas podemos pensar naqueles tipos de pais que estão se ocupando o dia inteiro, tirando fotografias da criança em vez de estarem se relacionando com o bebê de verdade. Um outro jeito de pensar nisso tudo: se ele chega com uma ideia preconcebida de como a analista é, o que vai acontecer na sessão, e que não vai ter nada a ver com descobrir de verdade como a Marisa é. Ele chega com essa preconcepção e não tem espaço para descobrir como você é. Vamos precisar voltar para a questão da não compreensão. Ele vai impor à Marisa sua pré-ideia (a ideia inicial que tem sobre ela), do mesmo modo como ele imagina que a Marisa vai impor a ele as suas preconcepções do que a sessão deve ser e desse modo não vai haver nenhum espaço na sessão para ele e a Marisa realmente chegarem a começar se conhecer, a almofada que vai e vem com nenhum espaço para cada um começar a descobrir a respeito do outro.

P1: Tem um aspecto que me chama atenção, que é o problema levantado a respeito da fotografia, que na fotografia você retém a pessoa, mas paralisada, enquanto com a almofada a criança provoca alguma coisa na analista!

P2: Parece que a coisa em movimento é destrutiva, para manter alguma coisa ali paralisada.

I: Que com a almofada a Marisa é mantida paralisada também, ela não pode fazer outra coisa. Que ela é o bebê passivo e ele é os pais forçando uma ação em cima dela. Acho que tem uma questão de vida e de morte, se realmente dá pra enfiar, para pôr alguma coisa dentro desse bebê. Sinto que a coisa principal é esse sentimento de impossibilidade de uma comunicação mais comum e que está sendo substituída por essa erotização. Então em parte é uma luta para extrair vida, puxar vida, e em parte para forçar uma reação amortecida, uma reação que mata (uma reação sem vida). É como se por alguma razão qualquer a vida de verdade tivesse sumido da relação. E agora o que fica é uma erotização que vem substituir uma relação de verdade e vira uma questão de vida e de morte manter essa substituição, manter em andamento esta substituição. Como no caso da fotografia, ele não tem mais esperança de uma relação de verdade e aí fica excitado com a substituição que faz. Eu penso que daria para levar este tema bem mais adiante sobre vários tipos de reação que a gente vê em adultos e quando você mata uma relação de verdade, se torna uma questão de vida ou morte manter o substituto, pela relação que você matou. Por exemplo, quando se torna uma questão de vida e morte ter posses materiais, como ter carros, ter bens materiais, porque o que você tem você matou? A relação viva, então, está no lugar dela. Por exemplo, o homem que tem inúmeras fotografias de prostitutas, que tem uma lista de relações, as fotografias viram troféus: mais um, mais um, mais um... para substituir a verdadeira relação que morreu. É o que o Bion dizia de substituir aquela relação que está faltando, a verdadeira relação que está faltando, e pôr no lugar dela posses materiais. Então tem um círculo vicioso, quanto mais você faz isso, mais você está matando a relação significativa e mais desesperador ainda se torna conseguir o substituto porque, num sentido, é tudo que você tem para sobreviver, e a pessoa nem se dá conta do que é que perdeu, então tem que dar numa adivinhação. Você tem que adivinhar o que você não sabe, o que é que foi que perdeu.

P1: No caso adquirem características de uma relação autista?

I: Justamente atrás dessa enorme atividade a gente tem a sensação de uma coisa autística e fechada, mas ele não é uma criança autista. Mas é uma parte autista da personalidade dele. Ele se retrai da relação.

M: Eu não tenho impressão de que ele se retrai, mas que foi até esse ponto que ele conseguiu ter uma relação.

I: Sim, mas nesse engajamento tão erotizado, que ele faz com a luta, ele está se retraindo, se afastando do seu desespero de "nunca poder entrar". A luta está substituindo a necessidade de ter de se conscientizar do seu desespero, o desespero por um objeto que não vai tomá-lo, que não vai introjetar, e o desespero dele sobre a própria capacidade de colocar pra dentro um objeto. Pessoalmente acredito que existe uma questão sobre o que é a primeira introjeção: se é a mãe que introjeta o bebê ou o bebê que toma a mãe para dentro de si. E como esses bebês que se alimentam com tanta dificuldade, a questão é se existe um problema constitucional com o bebê que faz com que seja tão difícil para ele pôr as coisas para dentro e ficar vivo. Porque o pôr para dentro é querer vida. Porque o bebê que mama no peito não está só com fome de comida, mas de tudo. Mas estes bebês que não põem coisas para dentro, existe a questão se eles estão respondendo a algum sentimento que apreendem do temor da mãe de pô-los para dentro dela. Aqui já entra o temor de ameaça de aborto e aí o jeito como ele nasceu e o medo de uma mãe de ir e vir, dessa movimentação. Na hora de você falar com a criança, precisa achar uma maneira de interpretar isso para ela.

M: Eu tenho uma ideia dentro das condições possíveis da nossa dupla, as interpretações foram sendo dadas na medida em que ele também se dispunha um pouco a aceitar. Agora o que eu acho é que não dava para esperar que tivesse uma interpretação que parasse a sua conduta. Acho que nós tivemos que conseguir atravessar este processo para chegar num outro momento.

I: Estou inteiramente de acordo, se a gente falasse a interpretação correta as coisas parariam! Não acontece dessa forma.

M: É possível que dê para melhorar as condições para eu trabalhar com ele e por isso eu estou aqui.

I: Concordo com o pedaço que você interpreta, ele está revivendo a experiência do bebê, que foi educado nesse mundo violento; o que poderia ajudar mais seria se desse para elaborar um pouco mais os dois lados: tanto em termos da Marisa sendo a mãe com esse bebê, mas também desse nenê quando ele não é passivo, está cheio de sentimentos muitos violentos, que ele está tentando enfiar para dentro de você. E ele está tentando descobrir se Marisa pode sobreviver ou não pode. Então, em parte, a almofada não é afinal de contas um objeto tão duro, é um desejo de ver se você, como mãe, é suficientemente flexível ou resistente ou forte, se você é capaz de sobreviver. Em parte, existe a pergunta se alguma coisa mais esperançosa como você pode realmente sobreviver, em parte alguma coisa mais agressiva e destrutiva dizendo: "Você não vai sobreviver. Vou fazer tudo para você não sobreviver!". Em parte, Marisa como alguém com resistência, no bom sentido, suficiente para sobreviver. Em parte, uma imagem da Marisa como tendo que se defender contra tudo isso. Porque ela sentiria as projeções dele sendo muito fortes, muito perigosas. Acho que um outro lado ainda precisaria ser interpretado também, quer dizer, a Marisa no lugar do bebê e ele sendo a mãe ou o pai forçando, forçando comida para dentro dela em vez de procurar entendê-la. Então além de tudo isso tem o aspecto da erotização da situação toda para manter fora o desespero da relação catastrófica que nós estávamos falando, onde esta mãe e este bebê simplesmente não conseguem se entender, mas tudo isso teria que ser feito ao longo de um tempo muito extenso de análise.

(Leitura da sessão.)

M: Ele tenta quebrar a tábua de madeira, uma tábua pequena, mas não consegue. Como ele não consegue fazer isso ele a joga dentro da lata de lixo. Eu tenho a clara impressão de que ele jogou fora os brinquedos como se eles tivessem sido uma imposição minha, uma sedução. Ele deve ter sentimentos semelhantes com os que ele sentiu quando a mãe vinha com os brinquedos para que ele comesse. Agora ele parece satisfeito, feliz. Depois que ele acaba de fazer tudo isso, há uma mudança, ele fica satisfeito e começa um jogo, violento, de passar a almofada para mim e pedir para eu passar para ele. Mas nessa situação de jogo ele se torna capaz de desenvolver um outro jogo, que é o seguinte: a luva de boxe é transformada numa bola e a caixa aberta, que está vazia, se torna um cesto e ele começa a acertar, começa a fazer um jogo de gols. Vamos à próxima sessão. Quando vou chamá-lo, o irmão está com ele na sala e fala: "Já?". Assim que nós entramos ele arranja todo o jogo para continuar o que estava fazendo na sessão passada. Abre a caixa, coloca-a no divã, ele é o goleiro enquanto eu tenho que acertar a bola na caixa. Eu sempre comento paralelamente a questão da continuidade que ele estabelece de uma sessão para outra, é como se deixasse uma orelha na página do livro. Digo que o jogo pode ser o mesmo, mas o que ele realmente quer é continuar com a mesma atmosfera emocional. Ele ouve isso e se prepara para o jogo. Eu comento novamente que a caixa está vazia, isso quer dizer que ele está começando de novo como um bebê que acabou de nascer e está começando a comer, e sua mãe deve ser bem esperta para fazê-lo aceitar as coisas. Eu fico com a bola e ele fica na frente da caixa vazia e eu tenho de fazer o gol. Ele ouve o que eu digo e começa a brincar deixando a bola entrar no gol. Depois que eu falo isso ele começa a defender de uma maneira muito mais branda e consigo muito mais fazer gol. Ele me deixa fazer alguns gols. Eu comento que ele já é um menino de quase 10 anos e que ele pode se sentir capaz de falar as coisas que sente mais facilmente do que quando era um bebezinho. Ele deixa o gol e alternadamente nós dois ficamos jogando a bola. Agora ele se sente crescido e está capacitado a tomar conta do bebê ele próprio. A um certo tempo o jogo começa a ficar mais violento comigo e ele interrompe o jogo e deita-se dizendo que não quer falar comigo. Ele faz um gesto mostrando o traseiro de alguém. Aí ele aponta a parede como se fosse lá fora e eu pergunto: "O meu traseiro?" (o material foi relatado até aqui, quando Irma interrompe).

I: Tem muitos movimentos, é preciso agarrar enquanto estão frescos. Alguma coisa aconteceu que agora o intercâmbio muito mais vivo está acontecendo. Alguma coisa da experiência da quinta-feira, mas não só da quinta-feira, do ano inteiro que vinha antes da quinta-feira. Então, de algum modo está começando a abrir caminho para a possibilidade de ele pôr alguma coisa para dentro e de verdade ele está dizendo que está mais aberto a pôr experiências para dentro dele. Então deve estar representando alguma melhora que está acontecendo. Concordo com você que ele está tentando estabelecer uma continuidade ou então apagar a ruptura que houve entre quinta e segunda-feira. E quando a Marisa interpreta isso para ele, ele está ouvindo neste momento e, mais adiante, quando ela volta a interpretar, ele ainda está ouvindo. Alguma coisa está mesmo acontecendo e ela interpreta a tentativa de ele se livrar de todas as coisas velhas. Querendo pôr para dentro alguma coisa dela, como mãe. Ele ouve e aí realmente permite que a bola entre no gol. De algum modo ele está dizendo: "Você acertou alguma coisa". Mas como uma experiência mais amigável, não como alguém que força enfiar alguma coisa dentro, mas como ele se sentindo mais seguro para permitir que alguma coisa entre dessa maneira amigável. Marisa fala do menino de 10 anos e acho que aí foi rápido demais, esse pulo, e as coisas que aconteceram depois foram uma consequência disso. Mas acho que alguma coisa acontece que o menino começa a sentir a pressão dela para que ele cresça. E para que cuide desse bebê dentro dele depressa demais.

M: Este comentário que eu fiz dos 10 anos era salientando a possibilidade de ele se expressar de uma maneira diferente, que não fosse via almofada.

I: Em parte você está querendo endossar uma melhora, e em parte talvez você muito rapidamente introduziu o menino de 10 anos. Isso seria como os pais querendo que a criança cresça muito depressa. Quem sabe também isso poderia ser visto em termos de sua história, de ele precisar ser reassegurado e se reassegurar de que vai sobreviver. Mas isso fica justo em parte com a reação dele contra isso: "Se você forçar eu vou regredir para ser um bebezinho de novo". Acho também que surge alguma coisa perversa, que surge dele, e não mais o que você fez, mas como uma resposta à própria melhora. Porque só você pode pôr alguma coisa para dentro, aí produz uma rivalidade muito grande dele com você. Acho que o que acontece com este "pinto" e este "traseiro" é que no momento que existe alguma melhora, você tem um pouquinho de crescimento, imediatamente surgem novos problemas e provavelmente dois novos problemas que vem juntos. Um é estabelecer que você é uma boa mãe e, se o seu nenê está crescendo, alguma coisa boa você tem. Se você é uma boa mãe imediatamente surge um problema de rivalidade. Em algum nível deve haver uma rivalidade com o pênis do pai. Mas eu acho que deve ser principalmente uma rivalidade com a sua capacidade criativa. Momentos antes, quando o bebê estava conseguindo introjetar pela boca, então ele estava ouvindo direito o que a analista estava falando, agora ficou transformado em excitação com o traseiro dele, uma coisa como masturbação anal, à maneira como dr. Meltzer já descreveu. Você pega um movimento de ouvir de uma maneira positiva e amorosa que vai para uma intensa inveja e rivalidade. E pode ser em parte uma rivalidade por causa de ciúmes, rivalidade com o pai pela atenção da mãe ou então com o irmãozinho que está em presente manifestação. Mas parece ser muito uma rivalidade invejosa com você. No começo o que nos foi contado é que esse menino não tinha uma rivalidade comum. Ele não podia competir com os colegas de escola, mas não acho que seja porque ele não tenha competividade, mas porque sofre de um excesso de competitividade. O que acho é que alguma coisa aconteceu quando Marisa traz o menino grande muito depressa. Do ponto de vista de você querer fazê-lo tão grande tão depressa, é porque você está a fim de ter um outro irmãozinho. Então produz um novo bebê.

Supervisão sobre a sessão de 16/09/1982

Apresento a sessão a Irma Pick em 01/04/1986.

Irma: Essencialmente é o que se falou, sobre poder, "quem é o patrão". O jogo que ele está fazendo é que ele não é uma criança que precisa de sua ajuda. Tem alguma parte dele que sabe que isso não é uma realidade, mas um jogo. E o jogo que ele quer brincar é o jogo onde ele está com o poder, ele dirige. E você, como a mãe, é a pessoa que ele tem sob o poder dele. E de uma maneira pode-se dizer que "o bunda" e "o pinto" são mais fortes do que a mãe pode ser porque neste jogo você é a mãe. No jogo da vida, que ele constrói repensando a si como um bebê, ele não é um bebê que precisa da mãe (que tem o seio para dar leite, que tem braços para segurar e que tem uma mente para ajudá-lo a entender o que ele precisa). O que ele tem é a bunda dele, o pinto dele e é tudo de que ele precisa. Estes não somente fornecem tudo de que ele precisa, mas ele controla tudo. Ele é a pessoa que tem todas as respostas, e você não tem as respostas. De novo ele tem o poder e ele tem o controle e você depende dele. Também tem uma qualidade extra, quando ele disse que a bunda está dentro do pinto. É uma configuração completamente louca! Ele está dizendo não somente que o pinto dele é superior ao seio da mãe e não somente que a bunda dele é superior ao seio, mas a bunda está dentro do pinto. E que o pênis do pai não está contribuindo nada para a mãe, mas o que o pênis tem de fato é merda. Ele está pensando que o pênis não tem boas qualidades. Ele não tem claro o conceito de que seu pênis é pequeno, o do pai é grande e um dia ele também terá um pênis grande que vai contribuir para fazer bebês. Mas ao invés disso o pênis está cheio de merda. Ele não está pensando no futuro, no desenvolvimento, que futuramente ele poderia contribuir para alguma coisa boa com o pênis dele, por causa das partes dele que poderia desenvolver e melhorar. Ele não pensa nisso, são tão cheias de merda e então como poderia ter desenvolvimento? Pode-se levar de duas maneiras: o desenvolvimento, o crescimento físico dele, ele não poderia esperar o desenvolvimento do seu próprio corpo se o pênis está cheio de merda. Mas mais importante é pensarmos sobre seu desenvolvimento mental. Se a mente está cheia de merda, como ele poderia se desenvolver? Mais especificamente, a merda da qual sua mente está cheia é a merda narcisista, que envolve a pessoa, a pessoa que está em poder. A maneira de a mente dele funcionar é para ele a pessoa que está em poder. Se sua mente é governada pela merda, a única coisa que importa é ter poder sobre as outras pessoas. Então não tem possibilidade de se desenvolver porque não inclui nenhum espaço de como se cuida de bebê ou como você cuida das partes do corpo de que precisa.

Marisa: Esta maneira de ele se comportar que é anterior a esta sessão, nesta sessão aparece alguma coisa disso?

I: Aqui ele se torna mais violento. Antes estava mais defendido, quando jogava.

M: Esta evolução, ele se manifestando mais violentamente, é decorrente de um erro técnico, ele estando mais frontal comigo?

I: Agora ele está muito mais envolvido com você.

M: Isto é um progresso?

I: Sim.

M: Ele passou o primeiro semestre de 1984 desenhando. (Mostro o desenho da injeção.) Ele está dando uma injeção. Não escrevi nada dessas sessões, não tenho anotações; tudo que interpretei eu não me lembro.

Figura 10 14/05/1984.

I: Ele sente que você está perfurando a onipotência dele. Se este é ele, aquela pessoa poderosa que estava falando, ele sente que você está perfurando o poder dele do modo como está perfurando uma boia de ar. Você conseguiu entrar no poder dele, você é muito triunfante de atacar a onipotência dele. Ele disse que se você conseguiu penetrar no poder dele e perfurar, você é mais poderosa, mais cruel que ele. Você ia se comportar com a mesma crueldade poderosa que ele se comporta. E somente com aquele poder você poderia penetrá-lo, sem aquele poder você não poderia fazer isso. Engraçado, fez você muito pequena e ele muito grande. Para ele, você não tem simpatia por ele, nem compaixão.

M: Será que eu não tenho mesmo?

I: Quando uma pessoa se comporta assim, ela sempre espera no início que a volta seja assim, ela provoca a pessoa a ser assim. E sempre tem um período que a pessoa poderia fazer isso verdadeiramente com ele. Ele provoca este sentimento. E isso então fecharia o círculo. Ele é tão forte que provoca ódio na outra pessoa. Poderia me emprestar este desenho?

M: Sim. (Naquela noite Irma Pick falaria numa conferência e gostaria de usar este desenho, porque é um tema importante.) É o primeiro desenho da sessão. As rodas da bicicleta são isso aqui entrando. Esta evolução entre ele se comportar como um "bunda" e um "pinto" e desenhar estas coisas, estaria havendo uma melhora da atividade simbólica?

I: Sim. Aqui é um jogo em que ele não está ciente do que realmente está acontecendo. E ele é muito envolvido na situação do jogo. É uma criança que está realmente fazendo masturbação, como se fosse tudo bem poder continuar assim. Tem um aspecto da masturbação anal. E ele está completamente encapsulado neste jogo de masturbação, como se não fosse um problema para ele, como se fosse um trabalho para ele, como se ele viesse na sessão só para fazer masturbação. Tem muito pouco dele pensando realmente no que está fazendo. Ele inventa este escorregador como se fosse a passagem onde passa a merda. Você disse para mim que ele quer personificar uma coisa que está acontecendo na mente dele. Acho que tem muita pouca mente neste momento, ele não está usando, porque está pensando no que está acontecendo no corpo dele. Como uma criança que fica toda excitada com a masturbação anal nem pensa, não tem mente para mais nada. Ele não pode cooperar, pois não tem quase nada em mente. Ele está muito preocupado de estar em cima e os dois outros estarem embaixo. Em cima do seio, mas "em cima" dos seus próprios sentimentos e necessidades. Tem que ser mais específica aqui, em vez de dizer "em cima de todos", dizer "em cima" dos dois seios, "em cima" de sua própria mente. Ele não quer escutar você falar. Ele está completamente "em cima" do que você poderia fazer para ele e "em cima" das necessidades que ele tem. Não tem espaço para mais nada. É muito diferente da sessão de ontem, onde havia um espaço para ouvir a analista. Eu penso que aqui ele continua em desenvolvimento.

M: A atividade mental melhorou? O que você pensa sobre isso? Eu quero saber se o fato de ele ser capaz de trazer o problema desenhado não é um desenvolvimento mental melhor do que aquele que ele estava fazendo, se masturbando?

I: Eu não gostaria de dizer olhando só os desenhos.

M: Ah, sim! Mas nós temos sessão. Vamos continuar.

(Leitura da sessão.)

I: Acho que a atividade mental melhorou bastante, apesar de ele estar falando do mesmo problema aqui. Tem muito espaço mental para ouvir. Tem mais espaço em que você pode trabalhar com ele, antigamente não tinha. É uma descrição muito bonita do que todos nós sentimos. Nunca ficamos curados completamente. Vejo que o contato está bem melhor aqui, ele está conversando com você e aqui está tentando falar a você qual é o verdadeiro problema.

M: Este menino não teve tempo para que houvesse uma verbalização, um conhecimento destes problemas a nível consciente. Se comparar com o trabalho de Richard, de Melanie Klein, este menino não conseguiu nunca conscientizar, isso não ficou consciente a ponto de verbalizar. Eu também não trabalho daquela forma.

I: Acho que ajudará bastante se você pudesse verbalizar mais durante a sessão. Discuti a mesma coisa na sessão de ontem. Acho que alguma coisa está acontecendo aqui (Brasil) que traz uma dificuldade para verbalizar. Às vezes não há compreensão (?). Isto é muito claro.

M: Isso provavelmente eu disse.

I: Gostaria de saber se você está vendo agora como pode interpretar isso para a criança. Você quer falar mais sobre isso?

M: Eu diria que ele está vendo que eu tenho uma ação sobre ele e posso entrar dentro dele, mas esta estrada ele sente que pode ser muito destrutiva. Ao mesmo tempo que ele está deixando, ele também está com medo de que vá destruí-lo.

I: Você poderia falar também por que ele fez a imagem tão grande. Ele se fez muito poderoso, tão grande como gigante, e você tão pequenininha, não somente na figura. E para você poder entrar tem que usar a força. Você ia odiá-lo tanto que se puder entrar nele vai fazer isso de uma maneira cruel.

M: Não é para dizer somente os sentimentos dele, mas por que ele está sentindo isso e aquilo partindo de que fantasias. Você acha que é importante explicar isso para a criança?

I: Acho.

Desenhos do último período da análise

Figura 11 12/04/1985.

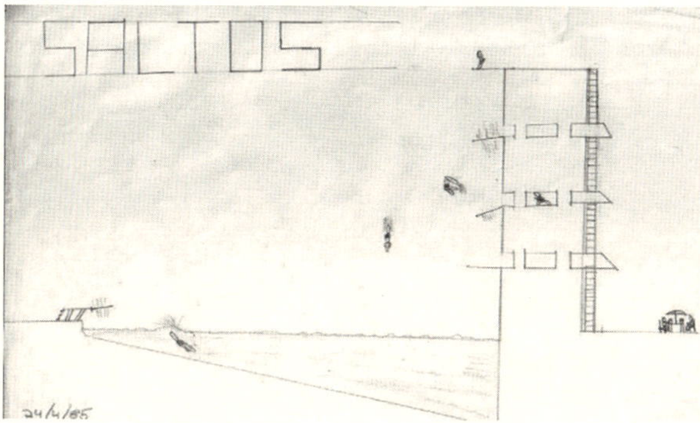

Figura 12 24/04/1985.

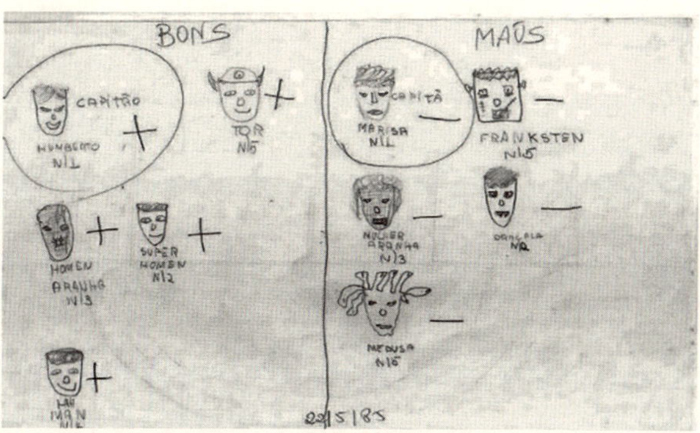

Figura 13 22/05/1985.

Figura 14 31/05/1985.

8. Relato parcial da análise de Mário, 12 anos

O relato integral foi transformado em livro (Mélega, 1999) com comentários da analista e do supervisor Donald Meltzer, que acompanhou grande parte desse atendimento. Incluímos a teorização acerca do material e uma exposição teórica dos estados autísticos.

A seguir apresento os passos dados para construir uma relação analítica com Mário e o testemunho das emoções da analista diante das dificuldades de levar adiante um vínculo que pudesse evoluir para uma relação de crescimento. Quando o recebi, sabia tratar-se de um menino que apresentava séria dificuldade de contato com a realidade e séria perturbação no aprendizado e que, perto dos 2 anos, apresentou um comportamento autista, segundo avaliação clínica de um neurologista.

Desde o início da vida, mostrou-se "frágil" para as relações de objeto: não pegava o mamilo facilmente, levava muito tempo para sugar, mas a mãe tinha a impressão de que ele gostava. Aos 2 meses passou a ser alimentado com mamadeira.

Nos primeiros 3 meses de vida chorava muito de dia e de noite, pareciam ser cólicas. Depois se tranquilizou e onde a mãe o colocasse ficava calmo, desde que ela estivesse perto. A mãe informa que não o pegava no colo para não o acostumar, exceto nas horas de amamentá-lo.

Com 10 meses começou a falar algumas palavras: "dada", "mama", "cocô", imitou o pai falando "saí daí" e tentou falar o nome de uma menina, "Héia". Nunca foi uma criança alegre, mas parecia inteligente.

Aos 18 meses, brincando de esconde-esconde com o tio, assustou-se quando este apareceu e ficou chorando e rindo. Daí em diante mudou de comportamento: parou de falar, não olhava para a mãe nem para outras pessoas. Era muito agitado, andava o dia inteiro e movimentava muito os braços, chegando até a bater nas orelhas. Não se interessava por brinquedo nenhum, parecia um boneco que andava e comia.

Quando contrariado por qualquer coisa, por exemplo, se fosse impedido de mexer nos botões do fogão, ele batia a cabeça na parede, fazia movimentos giratórios em torno de si mesmo; abria e fechava portas e se sacudia quando ouvia música.

Ficou totalmente indiferente às pessoas e mesmo na hora de se alimentar não fazia contato com a mãe. Passou a se apegar a objetos, segurando-os o dia inteiro. Primeiro foram latas, depois a fita métrica, a tampa do liquidificador (da qual ele tirava e repunha a tampinha central), revistas, com as quais chegava até a dormir. Esse hábito se manteve até cerca de 9 anos. Depois continuou sempre mantendo as mãos ocupadas com algo: bainha da camisa, botão etc.

Aos 22 meses foi levado a um neurologista, que diagnosticou autismo e o tratou com medicamentos.

Aos 38 meses, quando nasceu o irmão, os pais notaram outra mudança: "ele começou a despertar", mostrando certo apego ao irmão, à mãe e ao pai. Começou a tentar comer sozinho, a se comunicar por gestos e se mostrava muito preocupado com o irmão, que passou a ser "propriedade dele". Nesse período manifestava o desejo de que os pais e o irmão estivessem sempre juntos, até de mãos dadas, principalmente quando a família estava fora de casa. Ele não gostava, porém, de colo, nem que o abraçassem ou beijassem.

Passou a se interessar por números, letras, e apontava-os para que a mãe os nomeasse. Parecia que já sabia o nome dos meses do ano, da semana, as cores e os números até 50, mas ele não falava. Recomeçou a falar aos 5 anos e 2 meses.

Aos 7 anos e meio foi para o pré-primário. Aos 8 anos e meio passou a frequentar uma escola especial (CIAM), onde permaneceu até iniciar a análise. A dicção é difícil até hoje, a parte motora bucal é bastante prejudicada. Apresenta dificuldades para cortar, pintar, usar faca etc.

Lê e escreve muito bem.

A sociabilidade é "periférica": fica assistindo às brincadeiras das outras crianças, se isola bastante e conta histórias fazendo uma espécie de teatro. Os dados pregressos, os exames e outras avaliações levaram-me a decidir atendê-lo quatro vezes por semana, com a intenção de investigar qual seria sua condição dinâmica e estrutural.

Primeiros encontros

Quando vi Mário pela primeira vez, em 1978, seu aspecto era "mole" e "desconjuntado". Os olhos me fixavam, mas pareciam "escorrer", a boca parecia "não segurar nada", a língua ficava "solta" na boca, os braços e as pernas, desarticulados, como os de uma "marionete descoordenada". A fala era arrastada e sem modulação. Parecia uma criança deficiente, lenta ao contato, que não ouvia nem entendia e com quem não se podia contar.

Assim que entrou na sala, me perguntou: "Já é quinze e quinze?" (horário da sessão). Olhou-me, sorriu, sentou-se. Olhou a caixa, perguntou se iria ficar até às 16 horas, perguntou se podia brincar com os bonecos da caixa.

Então se aproximou e foi pegando coisa por coisa, nomeando-as e dizendo: "Agora vou pegar o lápis, agora a borracha, agora...". Após ter visto e nomeado tudo, repôs coisa por coisa no lugar. Nomeou os objetos sem usá-los, sem lhes dar sentido, sem uni-los, mostrando desse modo um aspecto de sua atividade mental.

Nas sessões seguintes faz representações de histórias com os bonecos, para então abandoná-los e passar a representar no meio da sala, em pé, gesticulando, batendo as mãos desarticuladamente e andando, como um ator falando para uma plateia e dizendo: "Tudo começou na pré-história. A aventura deles começou na pré-história. Deus criou o mundo. Aí começaram os tempos de Adão e Eva. O velho era um lavrador da terra e a velha só cozinhava. Aí começaram os tempos de Noé. Aí, desde então, o velho começou a ter outra profissão. Era de colher fogo, de fazer fogo, como na pré-história. Aí depois começaram os tempos de Abraão. Nisso o velho volta a ser lavrador da Terra. Aí depois começam os tempos de Jesus Cristo. E nisso foi descoberta a Europa. Aí então aquele velho e aquela velha falaram outras línguas, como, por exemplo, a língua portuguesa, espanhola, holandesa, sueca, francesa, inglesa e russa. Aí começaram os tempos da Antiguidade. Aí o velho e a velha quiseram ter um filho que nunca tinham tido, nem mesmo na pré-história. Então, a velha deu à luz um filho. Esse menino viveu 100 anos. Depois ele morreu e os velhos ficaram muito tristes. E acabou! (Pequena pausa.) E aí depois começaram os tempos dos outros descobrimentos da Europa.

O velho e a velha não só falavam sete línguas como começaram a falar outras línguas. Aí depois começaram os tempos da Independência. Aí o velho e a velha começaram a ter liberdade total. Aí começaram depois os tempos da República. Nisso o velho começou a ter mais educação, a não maltratar a velha".

Eu: "Por que a maltratava?".

"Às vezes maltratava! E depois daquele filho não tiveram mais filho. (Pausa.) Eu quero saber tudo o que aconteceu em 1966!"

"Você quer saber de sua história, da história de seu nascimento."

Ele parece nem ouvir o que digo e se deita cantarolando. "Quem dá mais por um fulano que ousou acreditar..." (Solta gases e permanece deitado até o final da sessão).

Com o progredir da análise, as vozes bíblicas vão cedendo lugar às fábulas, às apresentações radiofônicas, ao sono (passa a dormir em alguns períodos da sessão). E, quando acorda, procura aconchego e contato físico com o divã, com as almofadas, com as paredes. Toca meus sapatos, pega no meu braço para olhar as horas em meu relógio.

Digo-lhe então que quando deixa de falar com a voz de apresentador, surge um menino pequeno, que sente muitas coisas aqui comigo e não se sabe ainda como encontrar palavras.

Ele sorri. É uma resposta ao que lhe digo, o que dificilmente acontece.

Quando faz as apresentações, exige que eu permaneça ouvindo-o sem interromper, como alguém de uma plateia. Ele vai se agitando, balançando braços e pernas em movimentos parecidos aos de uma marionete que está sendo articulada por cordinhas. Ele faz o programa radiofônico usando todo o tempo da sessão. Eu devo permanecer um objeto controlado, uma presa de suas palavras.

É difícil ficar nesse papel sinto-me sem função, e quando experimento esse sentimento de forma intensa, eu reajo, como aconteceu na sessão que vou relatar a seguir.

Sessão de 04/05/1978

Está com o rosto congestionado pelo resfriado.

Vai entrando na sala e eu o olho bem nos olhos para estabelecer contato. Ele começa a mesma série de cenas de cantar no meio da sala, virado para a porta, meio de costas para mim.

"Falaram que meu amigo é surdo, parece absurdo apanhar tanto. Pandeiro, não, surdo é o meu nome, pandeiro não come, mas pode apanhar."

Eu, sentada na cadeira, percebo que estou esperando que Mário faça exatamente as mesmas encenações, que ele faça contato direto comigo após as dramatizações. Então noto que ele me fez ficar presa numa expectativa e me "mantém ocupada" sensorialmente com a "encenação".

Interrompo-o, levantando-me e colocando-me na frente dele, no meio da sala, dizendo que agora eu vou contar uma história.

Ele diz que agora não, só depois que ele terminar.

Digo que tem que ser agora senão depois esqueço.

Muito a contragosto, ele me deixa iniciar, mas, em seguida, jogado no divã, urra e bate os punhos, dizendo que não era para fazer isso agora.

Conto a história: "Era uma vez um menino chamado Mário que quando se encontrava com a dra. Marisa ficava tão apavorado que para poder se sentir melhor, mais tranquilo, carregava consigo toda uma história que ele já conhecia todinha ao falar e ouvir. E, enquanto ia desenrolando essa história, ele podia, por trás dela, observar um pouquinho a dra. Marisa e a si mesmo enquanto estavam juntos".

Sob violentos protestos, ele me deixa terminar, chorando, como se estivesse estragado o "brinquedo" dele.

Eu termino e ele se levanta para continuar a encenação. Mas tem uma tontura e se apoia na parede.

Levanto-me dizendo-lhe que, se me ouviu, percebeu o que se passa com ele e não vai poder fazer de conta que continua tudo igual.

Ele está meio choramingando, meio gritando, querendo impedir que eu continue, e dizendo que estraguei tudo.

Digo que se sentiu tão assustado e desprotegido como se eu tivesse tirado dele uma chupeta, um ursinho ou um paninho muito usado. Devo acreditar que pode ir crescendo aqui se eu o deixo usar sua encenação-chupeta.

Ele volta à habitual encenação-brincadeira, mas com outra disposição, com o rosto e os olhos vivos, mantendo-se em contato comigo por meio destes.

Aponto-lhe a mudança.

Termina a hora antes que ele tenha concluído toda a programação.

Ele saiu continuando a falar.

Com essa experiência, fiquei mobilizada para encontrar outra forma de me relacionar com ele, interrompendo-o e apontando-lhe a estrutura da relação que mantinha comigo e que consistia em "amarrar-me" em suas sequências-histórias, não permitindo "interferências" de minha parte.

Como recursos para manter essa relação comigo, ele tinha uma programação estabelecida na sessão, desde o início até o fim; o bombardeio do seu falar incessante, às vezes muito alto, dramatizando as personagens como um teatro dentro do qual parecia viver algumas emoções aparentemente produzidas pelo desenrolar de suas próprias histórias; uma atividade em que ele nomeava, agrupava ou fazia listas sem fim, do início ao fim da sessão, atividade que eu considerava vazia de significado e de emoção.

Frente a essas condutas, eu me sentia com frequência sem instrumentos para responder-lhe analiticamente e meus sentimentos contratransferenciais, às vezes, eram de desânimo, ou mesmo de querer me livrar daquele bombardeio; fazia tentativas de aproximação, colocando-me dentro de suas histórias, ou dramatizando e verbalizando "o papel" que ele me atribuía na transferência (bebê, aluno, ouvinte), mas eram tentativas inseguras, logo abandonadas por mim, pois a resposta dele era ignorar minha presença, e eu precisava de resposta para ir adiante.

Aos poucos, configurou-se que na transferência eu era o representante de um bebê "sem lugar", sem poder ser ouvido, sem poder se movimentar, sozinho, sem ter a quem recorrer. Esse aspecto dele, de desamparo, de abandono, e a contraparte dele, de repórter-comentarista e tirano desse bebê, estavam agora bastante discriminados.

Então, se estava claro que as "sequências-histórias" dramatizadas eram as defesas que ele mobilizava para deixar de tomar contato com sua mente quando estava comigo, não estava claro como trabalhar a situação de não haver contato e vínculo com as "sequências-histórias".

Paralelamente às "sequências-histórias", havia escapes: eram os gestos, toques, posturas durante as dramatizações, que, como atos falhos, podiam dar elementos inconscientes que se insinuavam nas frestas que a relação transferencial produzia.

Havia também, dentro das "sequências-histórias", alguns *flashes* de sentido mais claro. Por um lado, achei que não convinha dar atenção ao conteúdo, o que, aliás, era muito complicado de acompanhar, pois resultava para mim em "entrar no jogo" de decifrar o que ele estava dizendo; por outro lado, pus em dúvida se constituía o melhor procedimento apenas focalizar a defesa ao contato e a experiência, mostrando-lhe muito mais a estrutura dessa relação e não usando o material que ele comunicava durante as suas "sequências-histórias".

Mas o fato é que o material que ele comunicava era muito confuso para mim; muitas vezes eu pensava que tinha apenas a função de me entupir. E havia também um outro fator de dificuldade trazido pelo bombardeio sensorial que ele era capaz de fazer durante as dramatizações, pois falava alto e de maneira contínua.

Principalmente os "escapes" durante as dramatizações talvez me tenham dado a possibilidade de entrar em contato com outro Mário, aquele que, por exemplo, enquanto o comentarista falava os últimos acontecimentos mundiais, estava agarrado a uma almofada, tocava nas portas da sala e no seu ânus, mostrando "preocupações bem diferentes" daquelas do comentarista. Em suas histórias, de repente emergiam verbalizações que pareciam alusivas a um estado emocional presente, à sua condição de vida. Algumas vezes eram histórias sobre o "acidente" ou que falavam da consciência de seu estado e de sua perturbação.

Sessão de 15/05/1978

Chego quinze minutos atrasada e aviso que vou repor o horário.

No meio da sala, ele começa a noticiar: "Os presos do Dops estão sendo detidos por mais tempo. E estão sendo malvados com o Dops".

"O 'preso-Mário' estava esperando mais tempo na sala de espera porque a 'Marisa-Dops' estava atrasada e o 'preso-Mário' ficou pensando malvadezas."

Mário dá risada do que falei e em seguida continua a reportagem. Nas sessões de maio, ele cita informações vindas da leitura de enciclopédias (o pai trabalha em uma editora).

Sessão de 06/06/1978

Dirige-se para os armários da sala e tenta abrir as portas, mas não consegue. Liga e desliga os interruptores e os botões do Bomclima, sobe no banco, deita-se na mesa e desce pelo outro banco. Repete algumas vezes essa sequência.

Digo que está querendo ver como está tudo e conhecer mais alguma coisa por dentro. Que o mesmo deseja fazer em relação a mim.

Ele abre então a caixa em cima do divã e vê que tem folhas novas. Fala novamente que amanhã é seu aniversário. A conduta é entre examinar para ver se está tudo em ordem, em funcionamento, e investigar mais, com desconfiança. Pergunta-me as horas, passaram-se doze minutos desde que entrou.

Digo-lhe que acredita que passando o tempo vai diminuir ou passar sua aflição.

Ele volta a mexer nos botões do Bomclima, parece pensativo e deprimido.

Aponto-lhe como o vejo e que está parecendo querer acertar qual botão pudesse lhe dizer algo que o ajudasse nesse momento.

Ele começa a fazer "nhanhanha", como que me imitando por estar falando tanto, e faz uns movimentos de mãos, passando por boca, nariz, olhos e alto da cabeça e unhando-se, como que "vestindo-se de marionete"! Aí se levanta e fala qualquer coisa, gesticulando e pondo muitas vezes as mãos nos genitais.

Digo-lhe que está ocupado com a tentativa de não fazer com o seu genital o que a cabeça dele já está fazendo, se masturbando.

Quase em seguida ele para e, aproximando-se de mim, pergunta se pode ir ao banheiro.

Digo-lhe que ir ao banheiro é uma tentativa dele de se aliviar do que pensou fazer.

Ele torna a perguntar e eu lhe digo que sim. Quando volta, ele para um instante para mexer na tomada. Está tristonho.

Eu falo que ele sente que não resolveu "seu problema" indo ao banheiro, mas que continua com vontade de pôr-se dentro de mim através de seu pipi.

Ele se senta e começa a falar que Peru e Rússia serão televisionados, os outros dois jogos não.

Digo-lhe que ele pode apenas assistir a parte dos jogos, ou seja, que ele pode ter conhecimento de como será o que lhe for dado acesso. Das outras coisas só conhecerá o resultado, como, por exemplo, pode conhecer o irmão, mas não pode ver o que se passou entre os pais.

Ele me corrige, como se eu não tivesse entendido sua fala. Ele me olha surpreso. Aí pega e abre a caixa e começa a arrancar aos poucos tudo de dentro e a colocar o conteúdo no divã até ela ficar vazia. Aí vira-a em pé e, batendo de leve com as mãos pelo lugar que tem a alça, me diz: "Se ficasse sem nada, não teria problema?".

No momento não alcancei o que ele disse e falo então que foi tirando coisa por coisa para pôr a limpo o que podia estar dentro de mim ou da sua mãe: sujeiras, nenês, partes do papai, coisas perigosas!

Ele então recoloca aos poucos tudo de volta e fecha novamente a caixa. Faltam agora dois minutos para terminar. A sala está com o travesseiro no chão, o banco e a caixa fora do lugar. Termina a hora.

Supervisão com a dra. Vida Maberino de Prego

Nesse primeiro ano de análise, a dra. Vida Maberino de Prego, que vinha regularmente a São Paulo para dar a formação em Análise de Crianças e Adolescentes da Sociedade Brasileira de Psicanálise de São Paulo (SBPSP), supervisionou várias sessões de Mário.

A propósito da sessão de 04/05/1978, ela comentou: "Esse menino esconde o que tem de valor, suas emoções e percepções, fazendo um tecido com um amontoado de palavras, fábulas e novelas. Ele tem que pôr tudo sob seu controle para não aparecer o aspecto mau da analista. A relação que tem com a analista é mantida secreta pelo temor de que se aclare e se converta em algo perigoso".

A respeito da sessão de 15/05/1978, a dra. Vida salienta um aspecto pouco cuidado por mim: a masturbação. "Ele está querendo introduzir a adolescência que está despontando. A enciclopédia é o livro que responde às perguntas que não são respondidas pelos adultos".

Na sessão de 06/06/1978, a dra. Vida diz tomar contato com uma compreensão de Mário que se aproxima daquela das crianças neuróticas. "O paciente quer ligar o botão adequado, e estuda o quarto de jogos com o que pode representar como uma coisa sua e dele. Você lhe interpreta que quer ver algo dentro de si e ele abre a caixa. Parece que ele faz uma clivagem de si mesmo, em que uma parte dele fica no divã, em atitude 'analítica', e a outra parte segue fazendo coisa no quarto e então, ao ver folhas novas, associa-as com aniversário. Agora, para esse menino que fala tantas histórias, folha em branco, nada escrito, é como nascer".

Ela interpreta que as folhas novas são suas possibilidades e, se estão em branco, pode enchê-las. Quando pede a hora tem necessidade de aclarar uma confusão com o tempo. Porque quando fala do aniversário é um nascimento de antes, e agora seria com a analista. Perguntar a hora é acertar-se no tempo. "Está pensativo e triste. Quando você lhe fala, ele não aceita o que você lhe diz e aí está uma parte da sessão, o que aparece é a marionete, ele se fazendo de marionete, pois seu mundo interno está sobre o divã. Começa a gesticular, a falar e a assegurar-se de que tem os genitais, se toca, está excitado. E assume uma atitude diferente para pedir licença de ir ao banheiro. Volta e está triste e você comenta que ter ido ao banheiro ver seus genitais não resolve o problema e ele passa imediatamente à TV. Na TV pode-se ver, mas ele se queixa de que só pode ver dois (Rússia e Peru). O que se passa? Ele não pôde ver algo quando foi ao banheiro, você interpreta, o que me parece muito adequado, que ele pode ver parcialmente, só o resultado. Com isso, ele abre a caixa (que estava sobre o divã) e tira tudo afoitamente. O que tira de dentro: a relação dosa o irmão que nasce. Você interpreta que ele tira tudo para examinar. Mas se você lhe dissesse que quando ele tira tudo é para ver-se livre de tantas coisas conflitivas... A fala dele: 'Se ficasse sem nada, não teria problema?' corresponde à marionete, estado mental de defesa contra o sentir; Marionete é vazia, é um saco. Ele faz três tentativas para encontrar o botão certo. Que parece ter relação com a analista. Qual botão ele deve apertar para que a analista diga o que ele pretende? Porque o aniversário reverte a esse momento em que ele foi o bebê, produto da relação papai-mamãe."

Sessão de 15/06/1978

Uma das programações falava da mulher do vampiro.

A um certo momento, a analista fala do "Mário-rádio-TV" e do "Mário de 13 anos com uma mulher adulta na sala".

Ele escuta e pergunta as horas. Em seguida, faz uma dramatização em que ele sempre responde: "Por favor, não me comprometa".

Sessão de 22/06/1978

O mote "por favor, não me comprometa" continua. Mário dramatiza vários personagens: Charles de Gaulle, por exemplo, que é interpelado por uma voz: "Senhor, tenho um recado de sua mulher para o senhor".

"Eu não tenho mulher. O senhor, por favor, não me comprometa."

"Senhor, tenho um recado de sua filha."

"Não tenho filhos. O senhor, por favor, não me comprometa."

E assim por diante. Na semana seguinte, a estrutura das dramatizações é a mesma, mas ele vai entrando em confusão. O mote da sessão passa a ser "tudo errado".

Agosto de 1978

Nas primeiras sessões após as férias, sua defesa ao falar continuamente uma programação preparada falha. Ele não tem segurança, atrapalha-se na sequência, para no meio da apresentação para pensar, comete atos falhos, nas encenações há elementos persecutórios.

Sessão de 13/09/1978

"Boa-tarde. Vamos apresentar o Sítio do Pica-Pau Amarelo, na série 'A Cuca Vai Pegar', 'O Começo da Caçada do Saci'. Pedrinho, Narizinho, Emília e Visconde foram na casa do tio Barnabé, e ele contou a história do Saci e perguntou se eles estavam dispostos a caçar o Saci. Aí eles começaram a caçar o Saci, e chamaram o Rabicó. Aí, durante a caçada do Saci, Pedrinho sentiu um vento forte que parecia um furacão. Então, todo mundo escapou, e aí não tiveram mais nenhuma coragem para caçar o Saci, mais ou menos por uns dez dias. Agora vou apresentar: 'O Seu Pedido Vale Prêmios'. Primeiro pedido: de

Sonia Regina, de Rio Bonito. E o conjunto Saint-Exupéry canta a música '*C'est la vie*'. Agora, o último pedido: Claudio de Almeida Bastos, de Santo Amaro. Com Roberto Leal: 'Terra de Maria' (canta a música). Tchau, pessoal! Até a próxima semana!"

Termina e senta-se no divã. (Pausa.)

É a hora em que ele dá espaço para ter um contato direto, conversar às vezes. Na primeira parte da sessão, ao estar representando, cantando, não devo falar, eu sou plateia assistindo, sentada no meu lugar, e, aos poucos, enquanto conta as suas histórias, ele pode me olhar, me observar. Assim vão emergindo aspectos da mente dele que são comunicados pelos movimentos dos braços, dos olhos, pelo abrir armários, bater de leve nas portas etc., que parecem todos escapes da representação e irrompem na representação central que seria a defesa.

As histórias têm agora uma estrutura, representações, uma sequência, uma lógica, uma evolução nos conteúdos. Estão cada vez menos fantásticas e mais claras.

Na primeira parte da sessão, ele "me empurra para um canto" para deixar um grande espaço para si. Parece necessitar fazer dessa forma, manter distância e, aos poucos, se aproximar, o suficiente para que eu tenha o sentimento de estar com alguém na sala, de que posso ouvi-lo e de que ele me ouve e que ambos sabemos disso, mas não é em todas as sessões que conseguimos.

Atualmente, as representações dele já podem ser seguidas por mim. Mas, em inúmeros momentos, ainda "sinto que não tenho o que fazer" frente ao isolamento em que ele me põe nessas horas. Frequentemente, faço uma aproximação assumindo um dos papéis dentro do "jogo de representações". Mário é sempre o que narra, é o dono das histórias ou o professor que ensina geografia, história etc. Eu tomo um lugar real em sua representação dramatizando o aluno que toma nota do que ele está contando e repetindo alto o que ele vai dizendo. É discutível esse meu modo de estar com ele, é uma exploração para investigar a resposta dele e a utilidade de delimitar concretamente minha presença. Talvez seja mais útil eu lutar por um lugar tentando superar meu sentimento de impotência nessa relação.

Voltando à sessão: ele faz uma pausa e senta-se. Mário pede-me emprestada a *Veja*, revista que está na sala de espera, que ele promete trazer de volta amanhã.

Pergunto-lhe o que faz com uma revista de gente grande. Mário diz que gosta de ler os assuntos, os títulos dos assuntos.

Digo-lhe que é curioso, na idade dele, gostar de *Veja*. Para se sentir grande? Por quê? Ele mesmo diz que não dá para ler, somente os títulos! É como se ele não comesse, só olhasse. Peço: "Fala uma coisa que você gosta de comer!".

"Maçã."

"Então! Você imagina que comeu uma maçã se ficou só olhando para ela?"

Mário está surpreso e sorri.

"Então, se não chega perto, pega e morde, mastiga, engole, não põe para dentro, não sustenta, não cresce.

Pausa. Ele me escutou o tempo todo, sentado, me olhando.

Mário então faz um jogo. Pega a caixa de ludo que está do lado, no divã, e diz: "Eu faço de conta que a caixa é o carro. O carro está na garagem. Ele almoçou e agora saiu o pessoal, a família. Ele saiu, ia viajar. (Faz a caixa andar até o outro extremo do divã.) Aí veio caminhando e 'POU'!!! Aí pegou fogo e morreu toda a família. Ele morreu. Aí o carro não tinha mais utilidade e foi todo estraçalhado! Acabou a história do acidente".

Ele põe a caixa no lugar. Pega a almofada e experimenta apertá-la com os braços, com os lábios, lambe-a, chupa-a e cospe nela, joga-a longe, no chão. Agora com os pés na parede, fica me olhando e alisando a parede. "Você me empresta a *Veja*?" (matreiro).

"É! Para mostrar na sua casa quem é você, que fica com as minhas coisas!"

Mário sorri e com os pés empurra a minha cadeira. Termina a hora.

Ao longo dos meses seguintes, as histórias de Mário mostravam conteúdos que ora pareciam estar ligados ao "aqui e agora" da relação analítica, ora pareciam exteriorização de "seus pensamentos" acerca de si mesmo. Selecionei algumas sessões para dar ao leitor uma ideia do que estou falando.

Sessão de 21/09/1978

"Pinóquio em 'O doutor que fez muita gente de bobo'. Um velho doutor vinha caminhando pela aldeia quando, de repente, encontrou um homem e falou assim: 'Por que estás tão triste?'. Homem: 'Porque um lobo comeu minhas galinhas e não tenho mais ovos para comer'. Doutor: 'Não se preocupe que eu choro para você'. Homem: 'Quem é o senhor, afinal?'. Doutor: 'Sou o dr. Tristeza. Quando vejo as pessoas tristes eu choro por elas, mas eu tenho um remédio para isso, o remédio da felicidade'. O homem toma o remédio. Aí o doutor encontrou uma mulher e falou: 'Por que estás tão triste? Oh! Por que estás tão triste?'. Mulher: 'Porque eu saí de casa e agora não tenho para onde ir'. Doutor: 'Não se preocupe que eu choro por você'. E o doutor chora. Aí a mulher perguntou: 'Quem é o senhor, afinal?'. Doutor: 'Eu sou o dr. Tristeza, mas não se preocupe, eu tenho o remédio da felicidade. Tome!'. Um pouco mais adiante, o doutor falou: 'Acabou o remédio, preciso fazer outro mais uma vez. Mas primeiro preciso ver onde vou passar a noite!'. Aí, no dia seguinte, Pinóquio encontrou o corvo dando risada. Aí os animais da aldeia se reuniram em assembleia geral. Chefe: 'Nós temos que escolher quem possa resolver o problema do corvo, da toupeira e do coelho. Só pode ser Pinóquio. Porque você é o único que entende a linguagem das pessoas e dos animais'. 'Tá bem, eu vou', falou Pinóquio. E, cochichando, quebrou o remédio. Pinóquio pede para o dr. Desculpa fazer um remédio: 'para me transformar em gente. O senhor não vai fazer?'. O doutor faz. Pronto. 'Nós vamos tomar.' Toma. Ele deu uma gargalhada. 'Por que o remédio não fez efeito em mim? Porque eu sou de madeira.' 'Ei, Pinóquio! Você não vai resolver o problema do corvo, da toupeira e do coelhinho? Por que aquele pessoal está rindo?', falou Ladrinário. 'Porque eles tomaram o remédio da felicidade.' 'Não acreditamos!', gritou Ladrinário."

Sessão de 27/09/1978

"Pinóquio em: 'O Filho de Deus'. *Pinóquio viajava de navio; de repente, naufragou! Aí encontrou o chefe da malvadeza, que falou assim: 'Pinóquio, nós naufragamos juntos, agora você vai ser só meu'. Pinóquio falou: 'Barba Ruiva, você está aqui?'. Barba Ruiva falou: 'Cadê o Ladrinário?'. 'Ele já se afogou!' 'Ah', falou o chefe da malvadeza, 'Agora você é meu, Pinóquio!'. Pinóquio gritou: 'Vovozinho, me ajude!'. Gepeto respondeu: 'Oh, Pinóquio! Que bom encontrá-lo'. Gritou o chefe da malvadeza: 'Ah, é? Seu velho!'. Gepeto: 'Agora você vai ver com quantos paus se faz uma canoa! Guarda prenda estes três!'. Chefe da malvadeza: 'Não tenho nada a ver! Soltem-me'. Livrou-se das cordas e fugiu. Guarda: 'Leve-os para a capital: Pinóquio, Gepeto, Barba Ruiva'. Cientista do País: 'Segundo minhas experiências, esse boneco vem de Júpiter'. 'Então', gritou o rei, 'vai nos atacar quando crescer!'. 'Perfeitamente', falou o cientista. Rei: 'Queimem esse boneco!'.*

Pinóquio geme e pede ajuda a Barba Ruiva. Rei: 'Levem esse velho para a prisão! Agora, podem queimar!'. Pinóquio: 'Não! Não!'. 'Meu caro rei, ele é o mensageiro de Deus', o Cardeal falou. (Mário quis interromper a história e transtornou-se momentaneamente). Não sei, é que é muito comprida."

Ele chegara quinze minutos atrasado. Lê uma lista que fizera e pede para ir ao banheiro! Deixa a porta do banheiro aberta.

É possível inferir sua ansiedade com o tempo que ele tem consciência de estar acabando, a qual se manifesta pela interrupção da história, o que é raro acontecer, e pela ida ao banheiro.

Sessão de 28/09/1978

Chegou quinze minutos atrasado pela segunda vez. Mário inicia contando "Pinóquio em 'O Violino dos Milagres'".

"O rei vai libertar o boneco Pinóquio se ele curar a filha do rei. E a menina passa a falar: essa é a cura, mas não adianta porque novamente o boneco é ameaçado de morte, não, o rei e sua família são ameaçados de morte se o violino não tocar. (Mário urra, berra. É um ataque? Grita por socorro!) O violino está estragado. Como vou ter um instrumento? O rei prometeu ser bonzinho com o boneco. O boneco não quis mais viver: 'Quero morrer, queimem-me!'. O violino é enterrado. E aí a árvore de carvalho cresce para ter outro violino."

Eu: "Você está contando uma história que você inventa que é uma fantasia que você faz, de um modo mais aceito e elaborado. Paralelamente, está acontecendo outra fantasia, que é expressa por você assim: mexe na braguilha, fecha o zíper, mexe no pinto, olha para mim e para a tomada, olha para o sofá".

Essa é a prisão a que Mário se refere: a de suas próprias fantasias do "demônio".

Nota: Essas duas sessões parecem conter uma fantasia importante de Mário acerca de si mesmo: ele é diferente dos humanos, o remédio-análise não ajuda, o rei-pai quer queimá-lo por ele ser esquisito, ser de outro planeta e poder atacar quando crescer. Mas o fator religioso é vivido por meio do personagem "Cardeal", que tenta salvá-lo e avisa o rei de que o boneco é o mensageiro de Deus. O rei vai libertar Pinóquio por ter curado sua filha e ela passar a falar. Mas se o violino não funciona, Pinóquio desiste de viver, não tem jeito de consertar o estrago, só fazendo outro menino.

Sessão de 03/10/1978

Atendo-o dez minutos mais cedo (ele vai fazer um eletroencefalograma ao sair desta sessão).

Faz contato me batendo com a almofada. Chuta o banco. Abre armários. Lutamos. Está próximo, mais real, não distante como ontem, quando me chamava de hipócrita. Fala que é de Júpiter. Quer morder meu dedo.

Eu digo que morder é deste planeta.

Acontece mais luta. Chuta-me, me bate e eu tento segurá-lo. Acalma-se.

Ele passa a me morder de "faz de conta", mas inteira, na frente e nas costas. Ele verbaliza: "Contatos maus com meu dedo. Você não deu o dedo, então Ele (o ser do planeta Júpiter) vai ser obrigado a comer você inteira. E deixou uma xerox, mas você estava na barriga dele. Aí ele saiu da torre e foi para o planeta original. Chegando lá, o rei falou: 'Onde estão os seres da Terra?'. E ele respondeu: 'Estão na barriga', ele pensou (?). O rei mandou fuzilar o ser do planeta júpiter. Aí quando ele morreu eles viram, o rei viu que não era o pessoal da Terra, era só um humano, que era você (dirigindo-se para mim).

Então, eles foram para Júpiter, não, para a Terra, se disfarçaram de humanos e levaram a xerox para o planeta deles e deixaram o original aqui, que era você. Aí foram para Júpiter novamente e o rei chamou o cientista que fez as xerox desaparecerem, porque ele já não tinha utilidade. Igual que era deixar que o antecessor fosse para Júpiter e o sucessor ficasse um longo período até que fosse se desmilinguido cada vez mais (muito confusa essa fala). E aí isso aconteceu para evitar que outras xerox fossem mandadas de Júpiter para a Terra".

"Essa é a ideia que você tem daqui? Que você vem pôr a minha xerox dentro de você, para virar gente?"

Ele, com uma caneta, risca em círculos concêntricos a mesa, para mostrar como a xerox vai se desmilinguido. "Tem que cortar as xerox em metades. Essa é a verdade da xerox."

Um jovem psicanalista trabalhando[1]

Por meio de um exemplo clínico de um menino que teve um episódio autístico aos 18 meses e iniciou análise aos 12 anos, a autora tenta mostrar os movimentos do paciente e da analista no sentido de ir construindo a relação analítica. Ela descreve algumas das dificuldades em estabelecer esta relação pelo estado de mente do menino, que se opõe a qualquer reciprocidade.

A autora constata que há uma comunicação pré-verbal primitiva do menino que faz o analista sentir o estado de mente dele quando se retirou no autismo, que é um estado de mente de impotência e de desesperança por não estar sendo levado em consideração. Essa comunicação quase levou a analista a interromper a análise, por

1 Apresentado em 1983 no XXXIII Congresso Internacional de Psicanálise, em Madrid, e publicado em espanhol no mesmo ano. No ano seguinte, a tradução é publicada no Brasil (Mélega, 1984). Versão adaptada.

não ter percebido que estava sendo solicitada a viver uma relação psicótica precoce como se fosse uma relação inicial mãe-bebê.

A análise com este menino, entre tantos outros enriquecimentos pessoais, mostrou como é importante desenvolver a capacidade de usar a comunicação pré-verbal primitiva para a construção da própria relação analítica.

Primeiros encontros com Mário, "o repórter-comentarista-ator"

Quando recebi Mário para analisá-lo (em 1978), sabia tratar-se de um menino de quase 12 anos com séria dificuldade de contato com a realidade e notável perturbação no aprendizado e que, em torno dos 2 anos de idade, apresentou um comportamento autista.

Esteve numa escola especial como um deficiente mental até que a própria escola suspeitou tratar-se de uma criança psicótica. Nessas condições comecei a análise quatro vezes por semana, com a intenção de investigar do que se tratava.

Quando vi Mário pela primeira vez, seu aspecto era "mole" e "desconjuntado". Seus olhos me fixavam, mas pareciam "escorrer", a boca parecia "não segurar nada" e tinha a língua "solta", os braços e pernas desarticulados como uma "marionete descoordenada". A fala saía arrastada e sem modulação. Parecia uma criança deficiente, lenta no contato, que não ia ouvir, não ia entender e com quem não se podia contar. No entanto, assim que entra na sala me pergunta: "Já é 15h15?" (horário daquela sessão).

Olha-me, sorri, senta-se. Olha a caixa. Pergunta se vai ficar até 16h. Pergunta se pode brincar com os bonecos da caixa. Então se aproxima e pega o lápis, a borracha etc. Após ter visto e nomeado tudo que tinha pegado, repõe coisa por coisa no lugar. Segura os bonecos para contar histórias durante algumas sessões para daí abandoná-los e, em pé no meio da sala, passar a falar, gesticulando desarticuladamente, batendo as mãos e andando e falando como podemos ver a seguir.

Após o cumprimento da entrada, já no meio da sala, ele inicia: "Agora vou contar a história do tempo da Guerra dos Cem Anos, de Israel. Uma guerra que durou muitos anos e de que Israel participou. Foi a Guerra dos Cem Anos. (Faz sons de tiros, com os bonecos na mão.) Foi a guerra mais sangrenta de Israel. Depois foi se desempenhando a guerra de 1478. Muito sangrenta. Em 1558 houve uma guerra muito violenta, as negociações de paz entre Arábia Saudita (solta gases) e Israel. Depois não teve mais guerra e acabou a história". Ele faz uma pausa e continua: "O tempo da Independência, porque a Independência não era proclamada. Os movimentos precursores foram... Eles começaram depois da guerra de 1658 e terminaram em 1758 com a morte do velho Stanti, um inglês que veio para Israel e se acostumou a falar a língua dos israelitas. Em 1758 proclamou a independência de Israel (Independência ou Morte). Depois teve o reinado com duas fases, a fase um e a fase dois etc.".

Nota: a história é confusa, historicamente errada. Parece que ele quer contar algo dele mesmo, mas necessita que seja nessa linguagem.

E assim ele continua numa sessão seguinte: "Tudo começou na pré-história. A aventura deles começou na Pré-história. Aí Deus criou o mundo. Aí começaram os tempos de Adão e Eva. O velho era lavrador da terra e a velha fazia, sabe o quê? Só cozinhava, só cozinhava, só cozinhava. Aí começaram os tempos de Noé. Aí desde então o velho começa a ter outra profissão. Era de colher de fogo, de fazer fogo, como na Pré-história. Aí depois começam os tempos de Abraão. Nisso o velho volta a ser lavrador da terra. Aí depois começaram os tempos de Jesus Cristo. E nisso foi descoberta a Europa. Aí então aquele velho e a velha falavam outras línguas, como por exemplo a língua portuguesa, espanhola, holandesa, sueca, francesa, inglesa e russa. Aí começaram os tempos da Antiguidade. Aí o velho e a velha queriam ter um filho, que nunca tiveram, nem mesmo na Pré-história. Então a velha deu à luz um filho. Este menino viveu 100 anos. Depois que ele morreu, os velhos ficaram muito tristes. E acabou! (Pausa.) Aí depois começaram os tempos dos outros descobrimentos da Europa. O velho e a velha não só falavam sete línguas como começaram a falar outras línguas. Aí depois começaram os tempos da independência. Aí o velho e a velha começaram a ter liberdade total. Aí começaram os tempos da República. Nisso o velho começou a ter mais educação, não maltratar a velha. (Aí ele fala olhando para mim.) Quero saber tudo o que aconteceu em 1966!".

Eu lhe falo que ele fez este caminho até chegar a perguntar dele, de seu nascimento, dos seus pais, do que se passou. Ele não diz nada e se deita cantarolando: "Quem dá mais por um cara que ousou acreditar...". Fica esperando a sessão acabar e soltando gases.

Parecia-me que ele estava curioso e querendo saber de si, de sua tarefa comigo e me falando dos seus inícios. E também querendo saber de mim, de quem sou eu para estar com ele, tudo isso camuflado na história que me parecia um disfarce.

Com o progredir da análise, as vozes bíblicas vão cedendo lugar às fábulas, às apresentações radiofônicas, ao sono (passa a dormir em alguns períodos da sessão). E quando acorda procura contato físico e aconchego no divã, nas almofadas, nas paredes. Toca meus sapatos, pega no meu braço para olhar as horas. Digo-lhe então que, quando deixa de falar com a voz de apresentação, surge um menino pequeno que sente muitas coisas aqui comigo e que não sabe ainda como usar as palavras. Ele sorri. O sorriso é uma resposta ao que lhe digo, o que dificilmente acontece.

Quando ele faz as apresentações eu tenho que permanecer ouvindo-o sem interromper, como alguém da plateia; ele vai se agitando, balançando braços e pernas em movimentos parecidos com os de um fantoche que está sendo manipulado, articulado pelas cordinhas.

Ele faz um programa durante todo o tempo da sessão. Eu devo permanecer um objeto controlado, uma presa de suas palavras. É difícil ficar neste papel, pois sinto-me sem função analítica. Quando isso acontece, eu reajo. Foi o que ocorreu, por exemplo, em uma sessão na qual, assim que entra na sala, anuncia a programação radiofônica dando a sequência dos tópicos: músicas, comerciais, notícias, hora certa. Ao longo de várias sessões ele vinha repetindo essa programação que só terminava quando terminava a hora. Nesta sessão, quando noto que estou esperando o próximo tópico acontecer, levanto-me, pois ele não me dá a menor atenção quando falo e, no meio da sala, digo: "agora eu vou contar uma história". Ele diz: "Agora não, só depois que eu terminar". Eu digo que hoje não vou arriscar esperá-lo terminar porque aí o tempo acaba. Então, a contragosto, ele se senta para me escutar, mas assim que eu começo a falar ele passa a berrar e bater os punhos dizendo: "Não era para fazer isso agora!".

A minha história: "Era uma vez um menino chamado Mário que quando se encontrava com Marisa ficava tão apavorado que, para aguentar o medo, carregava junto toda vez uma história que ele conhecia muito bem do começo ao fim. E enquanto ele ia desenrolando a história ele podia ir examinando a Marisa".

Sob violentos protestos dele, eu paro e ele agora está chorando como se eu tivesse arrancado alguma coisa dele. Acalma-se e se levanta para continuar a programação radiofônica, mas tem uma tontura e se apoia na parede. Aproximo-me dele dizendo-lhe que se me ouviu não está podendo fazer de conta que tudo continua igual entre nós. Ele choraminga e grita para impedir que eu continue e diz que eu estraguei tudo. Eu digo que sim, que é como se eu lhe tivesse tirado uma chupeta? Ou um brinquedo preferido que ele precise usar?

Ele então continua a apresentação, mas há um outro clima emocional agora. Há maior aproximação, parece-me ter sido restabelecida a continuidade de nosso vínculo.

Parece-me necessário que ele mantenha um vínculo comigo por meio dessas sequências ou rituais. Falar é para ele um objeto acompanhante. Eu tenho que tentar me comunicar com ele na distância que ele determina.

Dificuldades, técnicas, supervisões – teorização

A partir desta experiência, fiquei mobilizada para encontrar "uma outra forma de me relacionar com ele", interrompendo-o e apontando-lhe a estrutura da relação que ele mantinha comigo, me "amarrando" em sua programação-história e não permitindo interferências de minha parte. Como recurso para manter esta relação comigo, ele tinha uma programação estabelecida do começo ao fim da sessão, um contínuo bombardeio do seu incessante falar, às vezes muito alto, dramatizando os personagens com emoção como num teatro em que ele aparecia vivendo as emoções produzidas pelas suas próprias histórias. Outro recurso ainda era uma atividade em que ele nomeava, agrupava ou fazia listas intermináveis do começo ao fim da sessão, atividade que eu considerava vazia de significado e de emoção. Sentia-me muitas vezes sem recursos para responder-lhe analiticamente e meus sentimentos contratransferenciais eram de desânimo, ou mesmo de querer me livrar daquele "bombardeio".

Eu fazia tentativas de aproximação, colocando-me dentro de suas histórias, ou dramatizando e verbalizando "o papel" que ele me atribuía na transferência (bebê, aluno, ouvinte), mas eram tentativas inseguras e eram logo abandonadas por mim, pois a resposta dele era ignorar minha presença. Configurou-se então com grande nitidez que, na transferência, eu era o representante de um bebê "sem lugar", sem poder ser ouvido, sem poder se movimentar, sozinho, sem ter a quem recorrer. Este aspecto dele de desamparo, de abandono e a contraparte dele de repórter-comentarista e tirano deste bebê estavam agora bastante discriminados. Havia dentro das programações-histórias alguns *flashes* com sentido mais claro. Se, por um lado achei que não convinha dar atenção aos conteúdos de suas programações-histórias, por outro lado pus em dúvida se era o melhor procedimento apenas focalizar a defesa ao contato e a experiência, mostrando-lhe muito mais a estrutura da relação que mantinha comigo.

Frente à dificuldade de manter-me dentro da minha função pelos sentimentos despertados em mim na relação com ele, fiz a hipótese que meu "instrumental" técnico era insuficiente para perceber e decodificar em linguagem acessível a ele os significados emocionais de suas condutas. Procurei "instrumentar-me" com o estudo teórico de crianças autistas e com supervisões. Na época, o dr. Meltzer passava por São Paulo e aceitou que lhe enviasse material para que acompanhássemos o trabalho. Acredito que tudo isso ajudou-me a desenvolver aspectos técnicos e teóricos. Pude familiarizar-me com o mundo de uma criança autista.

O que teria se passado de tão trágico na vida deste menino para existir um corte tão grande em sua mente, separando um aspecto bebê-mudo de um outro aspecto mãe-repórter-comentarista?

No relato de vida contado pela mãe, Mário começou a ficar "estranho" após um susto que levou aos 18 meses. Estava brincando de correr e se esconder junto com outras crianças quando apareceu um tio na sua frente e ele mostrou muito espanto e reagiu rindo e chorando com excitação crescente. Nos dias seguintes, sua conduta foi mudando: parou de falar e não olhava para outras pessoas, nem para a mãe. Ficava agitado, andando o dia todo, agitando os braços, que batiam nas orelhas deixando-as vermelhas. Não se ligava em nada, parecia um boneco, só comia e andava e se sacudia quando ouvia música. Totalmente indiferente às pessoas, passou a se apegar a objetos: latas, tampas, fitas métricas, vidros e depois revistas que segurava o dia todo, dormia com elas até se desmancharem (objetos autísticos de Tustin).

As relações mãe-Mário parecem ter sido difíceis desde o início. O trabalho de parto foi demorado, em torno de dez horas, e ajudado por fórceps. Teve dificuldade para pegar o seio e levava muito tempo para sugar. A mãe tentava até espremer o seio na boca do bebê para alimentá-lo mais facilmente. Com 2 meses ele passou a ser alimentado por mamadeira. Chorou muito durante os três primeiros meses e parecia ter cólicas abdominais. Após esse período se acalmou e permanecia tranquilo desde que a mãe estivesse ao alcance de seus olhos. Desde o início ela não o pegava no colo a não ser na hora de amamentá-lo, pois tinha receio de "acostumá-lo mal". A mãe acha que ele nunca foi uma criança alegre, mas parecia inteligente. Ela não precisava ficar com ele para adormecer, ele não reclamava quando ela saía do quarto e não pedia colo.

Ao que tudo indica Mário teve um autismo infantil primário. Segundo Meltzer, este estado interfere na formação da estrutura da personalidade e resulta numa excentricidade obsessiva das relações objetais. A estrutura da personalidade tem duas dimensões como organização funcional, além da que é descrita por Freud como id, ego e superego: a divisão entre *self* e objeto e a organização do espaço vital com a geografia da fantasia em quatro regiões características: interna e externa ao *self* e dentro e fora dos objetos. Essa organização da geografia do espaço vital parece ser de fundamental significado na psicopatologia da personalidade pós-autista. O pós-autista mostra na relação analítica um objeto sem interior.

Meltzer diz que é tentador imaginar que durante os primeiros meses de vida as crianças autistas foram expostas a um grau extraordinário de despreocupação materna do tipo "o que entra por um ouvido sai pelo outro". Ocasionalmente, isso se corrobora pela história de uma severa depressão pós-parto da mãe, mas Meltzer está inclinado a buscar a solução do enigma na própria criança.

A minha impressão no caso de Mário é um pouco diferente. No meu contato com a mãe, observei que ela era uma mulher deprimida, afetivamente esquálida. Ao falar com ela, várias vezes eu tinha um sentimento difícil de pôr em palavras. Eu tinha a impressão de que o que eu dizia "batia numa parede e escorria no chão".

Estou mais inclinada a ver um desacerto na relação mãe-bebê com fatores tanto do Mário como da própria mãe para que na mente de Mário tenha sido construído esse objeto sem interior. Embora a mãe não tenha relatado uma depressão pós-parto, eu penso que ela tem um estado depressivo contínuo e quase não pode funcionar "sonhando (*rêverie*) com seu bebê", respondendo aos apelos dele mais com cuidados físicos.

A falta de habilidade para reter objetos tem um efeito equivalente ao de expulsá-los sadicamente como fezes, como nos estados maníacos, porém com uma qualidade automática e desesperada que pode chegar a um colapso depressivo. Meltzer está inclinado a ver nestas crianças também uma certa "abertura sensorial" que é vivida como um bombardeio de sensações que compõem a dificuldade de reter. Assim, o processo ordinário de elaboração na fantasia (e nos sonhos) se torna ineficiente para o brincar e, portanto, para a aprendizagem. Como consequência há um grau extraordinário de dependência não só dos cuidados, mas também das funções mentais do objeto externo.

Parece evidente que a qualidade de dependência observada no estado pós-autista é semelhante à do recém-nascido. Assim como este, essas crianças necessitam do objeto tanto para atendê-las como para que realize suas funções de ego. Pensando na concepção de Bion de *rêverie* materna, no caso de uma criança autista, o que aconteceu de trágico teria sido o fracasso da dependência primária (?).

O fracasso em introjetar um objeto externo capaz de conter as partes do *self* (a pele, conceito de Esther Bick) não permite que se forme o conceito de espaço dentro do *self*. A excentricidade obsessiva surge a partir de dois fatores na relação do *self* com seus objetivos: a) o controle onipotente sobre os objetos; b) os ataques ao vínculo para separar os objetos e mantê-los mais bem controlados. Isso é feito pela dissociação da consensualidade, que, em sua forma extrema, é uma operação essencial para a formação do estado autista. Por sua vez, seu uso parcial é característico da personalidade pós-autista.

A preocupação é manter os objetos incomunicáveis e promover também uma curiosidade acerca de como se unem as coisas e como se previne a desunião.

Voltando ao relato de vida, Mário começou a falar em torno dos 12 meses e entrou em mutismo após o "susto". Recomeçou a falar de repente e corretamente aos 5 anos, mostrando ter construído uma linguagem interior há muito tempo.

Segundo os pais, o nascimento do irmão aos 3 anos de idade começou a "despertá-lo para a vida". Mostrou desejo em ficar junto com a mãe e o irmão, comer sozinho e, aos poucos, a se comunicar por gestos. Nesta época a mãe, por orientação de neurologista, manteve um estímulo diário para que Mário falasse.

Ele apontava números e letras para a mãe nomeá-los e ao fim de algum tempo parecia saber os nomes, mas não os falava. Ele punha também revistas na mão da mãe e pedia que contasse histórias ou lesse os títulos dos assuntos. Mais tarde ele passou a fazer isso sozinho e também a se isolar contando histórias, fazendo uma espécie de teatro e sempre segurando alguma coisa nas mãos: fita métrica, revista, almofada.

Segundo Meltzer, a qualidade deficitária do *self* como continente, relacionada à falta de espaço interno no *self* e no objeto, aparece frequentemente na modalidade sensorial auditiva e em sua relação com a função da linguagem. Parece ser o caso, de maneira muito concreta, de "o que entra por um ouvido sai pelo outro". Talvez aí esteja a origem da aparente surdez das crianças autistas e sua relação com o mutismo.

Com a melhora do quadro autista, quando a introjeção e a projeção são mais operativas, os ciúmes edípicos pré-genitais interferem no coito verbal dos objetos internos, deixando-os separados e silenciosos, e isso ocorre mesmo quando a linguagem interna está se desenvolvendo.

A conduta de Mário contar histórias, tal como os pais descrevem e ele mostra durante a sessão, seria um sucedâneo do brincar. A criança usa brinquedos como instrumentos para os objetos da fantasia e do pensamento. Mas Mário nunca pode brincar desta forma. Os brinquedos do Mário são as palavras, que, para ele, são coisas e não o que elas representam. Esta característica mostra que há uma falha evidente na formação dos símbolos.

O contar histórias para Mário penso ser também uma autocontenção patológica. O desenvolvimento de uma "segunda pele" (Bick) em que a dependência é substituída pela pseudoindependência, como na conduta do "repórter-comentarista": protege-o do desamparo, mas o mantém detido, pois obstrui o intercâmbio de projeções e introjecções para o crescimento. Nessas condições, o uso da identificação projetiva para exercer o controle onipotente é uma precondição para a relação de objeto.

Contratransferência – como continuar a relação analítica

A relação de objeto só pode se dar mantendo um *splitting* enorme entre o que ele projeta em mim e o que ele desempenha: uma parte não dialoga com outra, uma parte não se comunica com outra. Isso, porém, não estava suficientemente "assimilado" por mim. Talvez por isso mesmo eu fiz vários "movimentos exploratórios" cuja motivação principal acredito terem sido meus sentimentos contratransferências.

Um movimento, por exemplo, foi no início de 1982, quando numa sessão eu lhe disse que estava confrontada com alguém que não quer contato, que quer permanecer como está e que então ninguém tem o direito de fazer nada com isso. Sugeri que ele revisse "o que ele realmente espera ao vir para uma análise" e pedi sua colaboração, "pois de outro modo não seria possível trabalharmos juntos". Ele respondeu que gostaria de deixar para pensar sobre isso no próximo ano. Passei a trabalhar então com esse "sinal" de interesse e de disposição em todas as sessões. Trabalhei no sentido de obter espaço para mim na relação com ele e de poder ter o direito de me manifestar. Agindo deste modo, eu fui desempenhando, talvez, a parte do bebê-Mário que ele depositava em mim a cada sessão e que ele controlava e sufocava, sendo a mãe-tirana que tira o direito de existir e de se manifestar, que tira a criatividade.

Até esse momento, eu trabalhei partindo dessa "premissa": obter sala para mim e ter direito de existir, incluindo a necessidade de movimentar-me, como quando eu dramatizei que ele estava me expulsando pelo seu contínuo falar de histórias, ouvindo sem me ouvir, e me dirigi para a porta de saída. Então ele me segurou e me reconduziu para minha cadeira. E assim que me "recapturou" me deixou na cadeira e continuou com suas histórias. Quando tentei levantar-me, ele novamente me deteve e assim continuamos com os mesmos movimentos até surgir a possibilidade de falar e ouvir. Quando eu o interrompia, a reação de fúria foi se tornando menos intensa.

Um outro movimento, agora em julho de 1982, quando várias indagações me surgiram: esta relação é analítica ou eu estou sendo *baby-sitter*? Estaria eu obstinadamente tentando remediar o irremediável? Há quatro anos e meio buscando contato com ele e ele se negando? Foi então que eu lhe disse ser impossível para mim continuar sua análise porque ele recusava o contato comigo, pois não queria saber do Mário-bebê. Ele diz que não quer parar, pergunta se "eu quero me livrar dele" e conclui dizendo que o que eu lhe disse "é perfeito para um teatro". Eu lhe mostro que neste momento minha posição é evidentemente real, mas para ele eu *apenas* sou real quando atuo sua parte bebê, escutando-o ou segurando-o para não me chutar.

Na semana seguinte (5 a 8 de julho), ele evita ser o repórter. Ele entra, cumprimenta-me e se deita cobrindo sua cabeça com a almofada que habitualmente segura enquanto repórter. Ele parece bastante preocupado e seus olhos estão rasos de água. Digo-lhe que esta é sua resposta: não ser o repórter-comentarista para não ser mandado embora. Ou, dito de outro modo, ele está tentando, à sua maneira, ajudar a análise. Eu penso que ele, reconhecendo que a situação de repórter-comentarista está insuportável, tenta manter desse modo a continuidade da análise.

Esta é a sua resposta. A vontade de continuar a análise põe em evidência que está, aos poucos e silenciosamente, sendo construída uma relação entre o Mário-bebê e Marisa-mamãe, em que ele mostra seu apego e o valor que dá à minha perseverança, interesse e tolerância pela projeção de sua dor mental. Por um momento, o paciente conteve o analista. E seu insistente desejo é que eu sinta na contratransferência como é estar com uma mãe que não compactua, que não acolhe, uma mãe-rádio-TV, porque ele acredita que eu não sei como é terrível estar naquela situação! Há também sua enorme dor da qual se defende mantendo o *splitting*.

O trabalho de Bion na elaboração da compreensão do processo de identificação projetiva, descoberto por Melanie Klein, não só enfatizou a importância da capacidade do analista de conter as projeções do paciente, como a da mãe com a criança, como também resultou na atenção progressiva dada às comunicações pré-verbais muito primitivas.

Sugestão: eu não conseguia estabelecer contato por meio de minhas interpretações que ele não queria ouvir ou desprezava. Fui sentindo crescer em mim a desesperança por não ser ouvida. Quando passei a atuar na sala fazendo explorações, foi porque senti que meus recursos estavam chegando ao fim. A mãe-comentarista com a qual Mário estava identificado era um objeto que o defendia da dor que as interpretações provocavam. Essa era sua comunicação primitiva que precisava ser compreendida.

De nada adiantava acusá-lo de fazer-me sentir excluída ou então dizer que ele se sentia excluído. Era preciso achar uma maneira de comunicar-lhe, mostrar-lhe que eu compreendia como é ter uma "mãe que não leva em conta os sentimentos", que não responde, e também ter a capacidade de suportar essa experiência dele e seu ressentimento por ela. Paula Heimann mostrou isso muito bem em seu artigo "Sobre a contratransferência", de 1949, escrevendo que o objetivo da análise do próprio analista é capacitá-lo a suportar os sentimentos que são despertados nele pelo paciente para subordiná-los ao trabalho analítico.

Indagação

Na busca da compreensão sobre como Mário se tornou um autista, gostaria de fazer algumas considerações em torno da relação que ele propunha: era uma relação unidirecional dele para comigo, que para ele era o conhecido. Quando ele percebeu que propus uma relação de volta, de mim para ele, ele entrou em pânico. A relação bidirecional foi assustadora e ele se defendeu por meio de suas manobras autísticas, e o continente para ele era um objeto com função evacuatória.

A literatura a respeito das análises com crianças autistas mostra grande possibilidade de recuperação quando os tratamentos são iniciados antes dos 7-8 anos de idade. Essas crianças, durante a análise, podem passar a ter uma relação de apego ao objeto e confiar nele como um continente. Isso mostraria o potencial que essas crianças têm para estabelecer relações, potencial que foi inibido durante um "desacerto" na relação precoce mãe-criança.

Considero que o uso do termo "constitucional" pode ser um anteparo que impede que nos aproximemos mais e mais do que está envolvido nas relações mãe-bebê, inclusive desde a experiência do nascimento. O conhecimento mais íntimo de como vai se processando a relação mãe-bebê desde o início, seus "desacertos" ou "desencontros" que resultam catastróficos, poderia tanto instrumentar a abordagem analítica a crianças psicóticas e suas mães, como também teria aplicação a tudo que diz respeito a cuidar, educar e ensinar as crianças.

Talvez esteja exagerando neste momento, mas tenho como atenuante que estou partindo da minha experiência no atendimento de crianças como Mário e das vivências que tive na relação com meus bebês.

9. Relato da análise de Gianni, 1 ano e 10 meses

Neste trabalho descrevo o caso de Gianni, uma criança lutando contra o lugar psicológico a ele destinado na família, que não lhe permitia "ser". A parada de desenvolvimento que ele teve foi por mim entendida como uma recusa a aceitar as condições impostas pelo seu meio, seus pais. Era impossível para ele viver com tanta angústia. Gianni foi então desenvolvendo uma recusa alimentar a ponto de ter sido internado para receber alimentação parenteral.

Atendi o menino durante seis meses. Vivências como esta é que me levaram a pensar no diálogo constituição *versus* ambiente.

A notável resposta que Gianni teve quando lhe foi permitido "ser" foi entendida por mim como prova de uma constituição favorável para o desenvolvimento. Considerei também que foi oportuno o trabalho de análise naquele momento e pensei que se a análise tivesse chegado mais tarde, talvez o resultado não tivesse sido o mesmo.

A narrativa clínica visa descrever fenômenos que foram ocorrendo na sala de análise. Para tal, vamos expor as sessões iniciais de Gianni, aos 22 meses de idade, junto com a mãe. Gianni foi trazido ao meu consultório com uma parada de desenvolvimento: não andava, não falava, recusava toda alimentação, aceitando só a mamadeira, e, no quadro agudo, deixou de aceitar a mamadeira, tendo que ser levado ao hospital para alimentação parenteral.

Vamos apresentar também, na continuidade, as sessões somente com Gianni, mostrando a ativação progressiva de sua vida de fantasia e da formação de símbolos, com retomada de seu desenvolvimento num espaço de seis meses. Essa análise permite constatar a interação do inato e do ambiental influindo na formação e na transformação psíquica.

Veremos que Ada, a mãe de Gianni, mantém com ele uma relação em que predomina a angústia de separação e o medo da morte, que acreditamos ter sido o fator ambiental que influiu na parada do desenvolvimento do menino. Ada manifesta sua incapacidade de *rêverie* (Bion) agarrando-se a Gianni como maneira de atendê-lo em suas angústias, perpetuando, assim, um vínculo adesivo, próprio de uma indiferenciação mental. Veremos como esta carência de continente transformador, de função alfa (Bion) da mãe, manteve níveis altos de angústia na relação entre os dois, impedindo a separação e a individuação de Gianni pela impossibilidade da formação de uma mente simbólica.

O pai de Gianni – que havia idealizado (narcisisticamente) o nascimento do filho –, com as vicissitudes de sua criação, passou a hostilizar sua presença, sentindo-se prejudicado pelo espaço que Gianni passou a ocupar na vida do casal. Este foi um fator de agravamento na perturbação do vínculo Ada-Gianni.

Sem dúvida, os fatores ambientais foram marcantes no sentido de obstruir o desenvolvimento do menino, ou seja, obstruir as mudanças psíquicas iniciais. Gianni, limitado em suas oportunidades de experiências de crescimento, utilizava o vínculo adesivo para se valorizar narcisisticamente, propiciando atitudes de controle para com a mãe.

Com a oferta de um continente (analítico), Gianni retoma imediatamente seu desenvolvimento interrompido, mostrando total capacidade de usar o que necessita para seu crescimento, deixando de lado o vínculo adesivo que a mãe insistentemente lhe propõe.

Primeira sessão

Gianni chega chorando e está no colo da mãe, se debatendo, parecendo querer se soltar e escapar dela, parecendo estar enfrentando a ameaça de entrar num lugar estranho e lá ser deixado, revelando, possivelmente, a memória de separações anteriores malsucedidas. Aos poucos se acalma, à medida que a mãe vai tentando adivinhar o que ele quer. Acaba aceitando a chupeta, que ele mesmo põe na boca. Na medida em que a ameaça decresce, ele se aninha no ombro da mãe, segurando uma fralda e sugando a chupeta, e então se aquieta.

A mãe começa a falar comigo. Em dado momento Gianni vira o rosto e olha para mim e olha para a mãe, mostrando-se interessado. A mãe explica-me que ele entende estarmos falando dele e gosta disso. O menino afasta-se um pouco da mãe (os dois estão sentados no divã) e deita-se no sofá ao lado dela, bem mais tranquilo.

A mãe continua falando e, a seguir, ele a empurra. Ela senta-se num banco ao lado do divã. Gianni examina atrás do encosto do sofá e faz um vão, dentro do qual ele se aninha, mas se expressa e participa da conversa ainda que não consiga articular nenhuma palavra. A mãe conta que ele sabe pôr e tirar a tampa da mamadeira e ele imediatamente estica o braço como que pedindo a tampa da mamadeira. A mãe entende que ele quer tomar água ou mamar leite, mas parece que ele quer mesmo é mostrar que sabe fazer aquilo que a mãe acaba de dizer.

Comentário: vemos uma criança muito determinada, usando controles, interessada em ser, em ter seu lugar. Vemos que a mãe consegue acalmá-lo da angústia persecutória de estar entrando num lugar novo, desconhecido, que poderia ser prenúncio de separação. Ultrapassada essa ansiedade vemos Gianni dispensar o vínculo adesivo com a mãe, mostrando-se capaz de se interessar por significados. Quem é a analista? Como está associada à mãe? Qual é o lugar dele na conversa da mãe com a analista?

Segunda sessão

Ada e Gianni chegam cinco minutos atrasados.

Gianni está alegre no colo da mãe, que se senta com ele no divã. Ele logo faz um gesto e resmunga, indicando a sacola da mãe. Ela informa que acabou de oferecer almoço, mas que ele não aceitou. A mãe lhe dá a mamadeira, que ele segura e suga avidamente, esvaziando-a em pouco tempo.

Aninha-se um pouco no sofá, depois pede, com um sinal de mão e vários sons, uma agenda da mãe. A mãe diz que Gianni adora manusear livros. Comento que Gianni está feliz, que mamãe fala dele e ele faz "que sim" com a cabeça. Quando pega a agenda, olha para mim e faz tchau com a mão. A mãe explica que quando ele gosta de alguma coisa fica fazendo tchau. Este gesto ele repete várias vezes e, mais adiante, repete-o ao me encarar e sorrir.

Desce do sofá e se aproxima, engatinhando, da mesa onde estou. Entra embaixo dela rindo às gargalhadas enquanto desaparece e aparece para a mãe e para mim e, por fim, passa por baixo da mesa até meus pés, se detém um instante e segue até os pés da mãe.

A mãe me conta sobre a gravidez, sobre sua vida como artista plástica e suas angústias como mãe, sobre seu sentimento de ter "perdido a identidade" a partir do nascimento de Gianni e seu receio de ter perdido a capacidade de viver. Conta que no domingo, uma briga com o marido influenciou muito Gianni, que não aceitou as mamadeiras. O pai do menino diz para ela "largar este bebê que requer tanta atenção que não deixa nada para ele". Gianni, no término da sessão, se adianta à mãe engatinhando até a porta.

Comentário: vemos nesta sessão que a manobra adesiva de Gianni, de controlar a mãe no sentido do não crescimento, da não mudança, não foi bem-sucedida. A mãe usa grande parte da sessão falando em linhas gerais o que relatei, enquanto Gianni percebe o contato da mãe comigo e passa a engatinhar indo para debaixo da mesa, passando a fazer um controle do contato entre a mãe e eu. Portanto, *o controle pelo vínculo adesivo evolui para o controle por identificação projetiva.* É impressionante essa evolução em relação à primeira sessão, quando se liga à mãe de forma adesiva (estava muito angustiado com a nova situação), e a forma como prossegue depois, por ele mesmo, até sair da sala engatinhando.

Terceira sessão

Gianni vem engatinhando pelo corredor e se adianta a mim e à mãe, chegando primeiro à sala. Quando chego o vejo sentado no chão com um olhar perplexo, olhando para a porta. A mãe chega por último. Fecho a porta e ele se acomoda com a mãe, que o senta no sofá. Busca algo na sacola (chupeta?, comida?). Pega a agenda e, sentado no sofá, a manuseia, deixando-a cair "por acaso" duas ou três vezes.

Desce ao chão e, por fim, engatinha até debaixo da mesa. Fica bem sério e, de lá, me dirige sons como se fosse um discurso, mas incompreensível. Respondo-lhe dizendo que o que está me falando é coisa importante e só dele comigo. Mostro-lhe que estou recebendo o que está me dizendo.

Após isso, brinca de aparecer e se esconder da mãe, dentro e fora da mesa. Passa a circular pela sala. Busca de novo a sacola da mãe e esta lhe prepara o almoço, estendendo na mesa prato e colher. Mas ele faz que "não" com a cabeça e aponta para a mamadeira. Sentado no colo da mãe toma a mamadeira, insistindo em olhar para mim. A oferta de comida ele recusa de novo.

Desce do colo e vai explorar a sala e, diante do armário, abre e fecha as duas portas. Chora com raiva ao tentar novamente e não conseguir.

Comentário: Gianni mostra sua capacidade de separar-se da mãe e de usar o *setting* analítico, que está dando lugar para ele ser ele mesmo e isso o atrai. Ele passa, então, a explorar as qualidades desse novo continente e experimentar se presta-se a controle e limites. Quando chora, com raiva por não conseguir abrir o armário, manifesta a sua frustração por não ter controle sobre o objeto, por encontrar limites nas portas que não se abrem para ele, que não lhe permitem entrar e sair como bem entende. A conduta de Gianni na sala indica que, ao me ocupar da angústia da mãe, escutando seus relatos, ele ficou mais livre, com espaço para utilizar seu potencial para explorar o novo contexto, os novos objetos.

Quarta sessão

A mãe chega no horário. Gianni vem engatinhando até a sala. Está animado e emite sons ao se encontrar comigo.

Ao entrar na sala, primeiro faz o percurso embaixo da mesa e depois vai até o sofá. A mãe senta-o perto dela, ele mexe na sacola, tira de dentro a agenda. Senta-se, olha-a rapidamente e joga-a no chão. Em seguida vai para baixo da mesa e "fala" comigo. Sai de baixo da mesa, aparece para a mãe e volta.

Hoje, pelo fato de a mãe estar calada, posso dirigir toda a atenção a Gianni, que passa a ocupar o espaço todo. Dou-me conta da tensão da mãe e ativamente busco contato com ela. Enquanto Gianni vai dando voltas, entrando e saindo de baixo da mesa, eu pergunto à mãe como ele tem estado: "De segunda-feira para cá o mesmo, mais calmo, toma muitas mamadeiras. Hoje tomou às 7h e assim que chegou ao consultório".

Percebo nela um certo desânimo e penso que ela deve estar esperando que o menino melhore para voltar a trabalhar. Ao dizer-lhe isso, a mãe desata num choro!

Diz que está difícil o relacionamento com o pai, porque este briga muito com ela. Chama-a de inútil e chama o menino de doente, que não consegue andar. Diz que pensa em largá-lo etc.

Comentário: nesta sessão podemos acompanhar os movimentos transferenciais da mãe para com a analista. A mãe vê que é possível Gianni ter crescimento com a oferta de um continente e essa visão parece incomodá-la. Por um lado, pelo medo de perder o filho, caso ele se separe dela. Por outro, pelo fato de não ser ela quem propiciará esse crescimento. Quando fala que o marido a chama de inútil e com um filho doente, isso me sugere que ela está vivendo os resultados do trabalho que estamos fazendo como um atestado de incapacidade dela, sentindo-se em desvantagem.

Gianni pode ocupar e usar o continente analítico, explorando-o desde a hora que ele se adianta ao entrar engatinhando, curioso em relação às várias coisas da sala. Vejo-o interessado em ter seu lugar e usar o continente oferecido. Esses movimentos de Gianni provocam na mãe angústias por sentir que o filho pode sentir atração por usar novos espaços, o que aponta para a capacidade que tem de separar-se dela, de crescer.

Sessão de 14/11/1986

Vêm mãe, pai e Gianni.

Ele entra engatinhando e a mãe e o pai se acomodam. A sacola não ficou no sofá junto da mãe, como sempre, pois o pai sentou-se lá e Gianni, entre o pai e a mãe, aponta para a sacola.

A mãe se aproxima, ele quer mamadeira. "Toda vez que ele se aproxima do consultório e entra, vem a vontade de mamar" diz a mãe, lembrando que Gianni mamou às 8h e agora são apenas 10h. De fato, Gianni toma apenas 1/3 da mamadeira.

O pai se mostra carinhoso e interessado. Gianni solicita o pai e se aproxima dele várias vezes, dispensando a mãe. Ela comenta que quando o pai está presente o menino quer ficar o tempo todo com ele.

Gianni pega uma taça e uma colher, disponíveis entre alguns brinquedos da sala. Gradativamente vai se aproximando, tocando, explorando toda a sala. Olha para o teto, fala "uz" (luz). Hoje inclui em suas observações a mesa, querendo subir sobre ela e, para isso, pede ajuda ao pai.

Mantém comigo uma conversa enquanto está debaixo da mesa, com fisionomia séria. Quando me mostro atenta à sua conversa ele dá pulos alegres e voltas por trás de minha cadeira, permanecendo embaixo dela por alguns segundos. Olha para o teto, aponta a luz, examina com o olhar toda a sala e depois de ir até o interruptor para acender e apagar a luz, pede para subir na mesa.

Na segunda vez que pede para subir na mesa, de lá coloca o dedo na tomada e é repreendido e impedido pelo pai com um "não" e pela mãe, que fala "ai, ai" no dedo dele, para fazê-lo entender que vai se machucar. A mãe comenta que ontem o menino aceitou a chupeta molhada na sopa, pondo-a na boca várias vezes.

Gianni rejeita o "não" e chora, encolhendo-se na mesa, frustrado e com raiva, não aceitando que não pode fazer o que quer e, quando o pai tenta pegá-lo, ele se joga para trás, recusando-se a aceitar o gesto do pai. Acalma-se aos poucos e vai para o chão. Volta para o interruptor, acendendo e apagando, ajudado pela mãe, e fica alegre com isso.

Volta a pedir mamadeira e toma mais alguns goles, perambula pela sala e aponta a porta (faltam dez minutos); quer sair engatinhando. Abro a porta e ele vai para o corredor, alcançando a porta de saída. Acompanho-o, ele quer que eu a abra e reclama porque não o faço.

Falo-lhe que não vamos embora, mas ele insiste. Vou buscar a chave. Os pais o chamam para que ele volte para a sala, mas ele quer mesmo é sair, apontando para fora. Peço para o pai sair com ele. Eles vão e se acomodam no carro.

Comentário: com a presença do pai, Gianni sente-se capaz de "ousar", de se aproximar e tocar a taça, a tomada elétrica, e de querer subir na mesa, sugerindo que a identificação com os aspectos masculinos da mente se incrementa pela presença real do pai. Ele quer mostrar ao pai do que é capaz, e como ele pode sentir-se com poderes para controlar a mãe e a analista e afastá-las para ficar só com o pai.

Sessão de 27/01/1987

Ao voltar, após a interrupção da análise pelas férias de Natal, Gianni andava normalmente, ainda que com certa instabilidade. Mostrava-se alegre com o encontro, desejoso de explorar e conhecer, e já "brincava" de ter o controle sobre o objeto. Por exemplo: tomava mamadeira e bruscamente a tirava da boca e a jogava no chão, sugerindo que esta poderia ter sido uma vivência que ele sofrera com o objeto.

Nesse reinício, escuto Gianni na sala de espera soltando gritos de euforia; encontra então o meu olhar e, sem desgrudar um segundo dele, vem andando na minha direção, com firmeza e determinação. A mãe fica para trás, entrando depois. Ela deseja conversar, contar-me que o menino está muito peralta, que mexe em tudo, põe tudo na boca, mas não aceita a comida.

Gianni mostra autonomia na sala. O contato comigo é direto. Proponho à mãe continuar o trabalho a partir de agora só com Gianni. A mãe aceita e pede para conversar comigo no horário seguinte.

Sessão de 28/01/1986

A mãe sentiu que foi excluída da análise de Gianni e expressa esse sentimento chegando dez minutos atrasada na entrevista comigo e dizendo que o marido não acredita na análise. Conta que brigou com ele para provar-lhe a importância desse trabalho.

O fato de chegar atrasada pode ser entendido como um aspecto de Ana que ataca o vínculo de Gianni com a analista e dá um significado de separação definitiva de seu filho, significado que vem do passado, como é possível vermos na associação que ela faz em seguida.

Ela conta que quando Gianni estava com 2 meses e meio, deixou-o na creche, pois pretendia acostumá-lo, aos poucos, para poder retomar seu trabalho, a pedido do marido. Na ocasião ela sentiu que tinha abandonado o bebê e que iria morrer. Ficou dando voltas por uma hora pela rua, chorando, até voltar para buscá-lo. Isso durou quinze dias. Gianni acabou por adoecer e assim foi tirado da creche. Ana sentiu essa separação como um colapso.

Penso que ela sentiu, na transferência, esse afastamento da sessão como outros que lhe foram insuportáveis.

Ada conta sobre seu distanciamento de sua própria mãe, o que a entristece. Na transferência isso pode ser entendido como seus sentimentos com relação à analista.

Os movimentos transferenciais de Ada com a analista mostram o quanto a mãe está perturbada por deixar Gianni com a analista, sentindo esse fato como uma perda de sua função e de seu valor. Ela mostra não ter possibilidades de transformar a separação do filho em sentimentos ligados à vida, ao crescimento dele e dela, mas ela a transforma em sentimentos ligados à morte. Essa suposição a impede de colocar-se no tempo presente e de descobrir novos significados.

Este período de análise durou em torno de dois meses.

Sessão de 29/01/1987

Esta é a primeira sessão de Gianni sem a mãe, que permanece na sala de espera. Ele entra andando e sai várias vezes. Examina os objetos da sala.

Estamos um tanto perplexos frente à nova situação, ele e eu, enquanto a mãe está na sala de espera. Gianni tenta se adaptar, repetindo vários atos que já fez quando a mãe também entrava. Solicita-me a levantá-lo na mesa e na cadeira. Enfim percorre os vários espaços e planos da sala e da relação comigo.

Ele, como que aumentando o espaço do consultório, vai até o lugar em que a mãe está na sala de espera (tentando incluí-la para curá-la de seu sentimento de exclusão?). Pega um caminhão e o empurra, engatinhando até a sala de espera e de volta. Assim que volta, acende e apaga a luz, fala "uz".

Solicita-me hoje em vários momentos de suas andanças para levantá-lo na mesa – como fez no dia em que o pai esteve. De lá ele esvazia o caminhão que tem uma gavetinha com brinquedos e os joga da mesa para o chão. Nesses momentos algumas vezes fala "papai".

Sai da mesa para a minha cadeira e de lá para o chão, perambula até a mãe e lá tenta abrir a porta fazendo "tchau" por alguns minutos. Eu vou atrás dele e digo que Gianni vai ver se a mamãe está bem quando ele está com Marisa. Num momento anterior, acende e apaga as luzes e eu falo "abriu, fechou" e ele olha para a minha boca e para a luz como se estivesse fazendo ligação entre analista-boca e Gianni-dedo no interruptor. Liga e desliga a luz do corredor.

Na sala abro a torneira e ponho uma bolinha na pia, que veda o ralo. Ele entra na sala e logo percebe a água e faz sinal para que eu o levante, para alcançar a pia. Aproximo-lhe um banco no qual ele sobe e estica sua mão para tocar o jato d'água. Ficou feliz! Sua fisionomia se abre risonha! "Fala" animadamente, toca na água, lambe a mão e me olha!

"Gianni achou um mamá", digo-lhe.

Ele continua neste contato com a água e faz um esforço de fôlego como para fazer cocô, mas na verdade ele já entrou sujo e a mãe avisou que ele acabara de fazer cocô na fralda. Após esses movimentos ele lambe e passa a mão molhada no rosto como que se recobrindo de água e sugando seus dedos molhados com muita avidez. A hora termina e devagar vou guardando os brinquedos e dizendo "tchau", até que ele aceite sair, mas reclama, choramingando.

Comentário: nesta sessão, muito movimentada, Gianni está interessado em minha fala e a torneira ligada é um fluxo de continuidade que o atrai, da mesma forma que minha fala. Tenta estabelecer equações simbólicas entre o interruptor da luz que acende e apaga, a lâmpada de minha sala e a minha boca que se abre e se fecha enquanto vão saindo palavras que entram pelo seu ouvido. Parece ser fundamental o vínculo de Gianni com meus olhos-atenção, minha boca-palavras, representantes sensoriais de meu funcionamento mental, um seio-mente falante e pensante que pode alimentá-lo com significados, promovendo sua vida de fantasia e o processo de formação de símbolos.

A água da torneira, que eu chamo de "um mamá", equivalente a um seio que alimenta, ele equaciona com minha fala, que incorpora e usa imediatamente, transferindo o símbolo para a mãe. De fato, na sessão seguinte, a mãe informa que agora ele a chama de "mamãe".

Sessão de 05/02/1987

Gianni entra na sala e se dirige imediatamente à pia, fazendo um sinal para eu ajudá-lo a subir no banco e alcançar a torneira para abri-la. Contente, toca no jato d'água, lambe as mãos molhadas várias vezes e, por fim, põe o dedo dentro do grifo d'água, parecendo querer controlar a saída de água.

Numa segunda vez que se aproxima da torneira, mais para o final da sessão, usa uma taça para colocá-la em sua boca e na minha e imediatamente jogá-la ao chão com força.

Realmente Gianni ficou fascinado quando lhe providenciei um símbolo: ele tentando me falar de um seio que alimenta e eu abrindo a torneira.

O sentimento em relação à separação surge, ele querendo tapar a torneira com o dedo e mostrando, por meio da taça, uma relação abrupta e violentamente cortada, quando a joga ao chão imediatamente após levá-la à boca.

Sessão de 12/02/1987

Vemos Gianni às voltas com os sentimentos despertados pelas separações. A conduta de iniciar a sessão indo à torneira tomar água com as mãos passa a se repetir nas sessões, seguida de outra: ir à sala de espera onde está a mãe e agora tomar a água-mamãe da mamadeira que está com a mãe, trazendo-a até a sala e devolvendo-a em seguida, com tentativas frequentes de ligar a luz da sala de espera e voltar à sala de análise e ligar o interruptor da luz.

Vejo Gianni às voltas com as duas relações, Marisa e mamãe, pondo-as lado a lado, na tentativa de discriminar, de ver semelhanças e diferenças. Verifica-se como pode ficar com as duas, indo e voltando de uma para outra. Há o ressentimento pelas separações e o seu problema é como fazer nas separações.

Sessão de 15/02/1987

Gianni entra alegre, andando. Então fecha a porta com as duas mãos, querendo dizer: "a mãe fora, Gianni e a analista dentro". Vai para a pia, abre a torneira e, fazendo que sim com a cabeça, vai pegando água com as mãos e pondo-a na boca, lambendo e sugando as mãos. "Água-Marisa e boca-Gianni." Gianni põe assim um pouco de Marisa dentro dele.

Ele continua tomando água. Termina e estende os braços para que eu o tire do banquinho, onde permaneceu enquanto tomava a água, para que então o coloque em cima da mesa. De lá ele vai andando até à cadeira de braços, onde me sento habitualmente, e se senta "dentro" dela, acomodando-se como um bom receptáculo, pois é bastante franzino. Parece-me que está se sentindo bastante seguro.

Escolhe os caminhões e os lápis, uns seis, os junta e os faz rodar na minha direção e eu os devolvo um a um, ele torna a rodá-los na minha direção e assim sucessivamente. Faz o mesmo com os caminhões, três, de tamanhos diferentes, que ele enfileira e ordena. Hoje Gianni se entretém longamente enfileirando caminhões e fazendo-os andar na mesa. Também se entretém com aquilo que desaparece e pode reaparecer.

A conduta inicial de mamar avidamente a mamadeira de leite na sala de análise, a qualquer hora, está desaparecendo. Nitidamente está mais interessado em "brincar".

Consigo compreender o que fala: luz, bo (bola), mãe, tetê (mamadeira), aí (água), pai.

A mãe, na saída, me conta que está bastante angustiada com sua relação com o pai, pois diz que precisa da ajuda dele, precisa que ele participe, mas isso não está acontecendo. Está também preocupada com meu afastamento de quize dias na próxima semana. Conta que no dia em que ela e o pai brigaram, Gianni tomou só metade da mamadeira e foi só no fim do dia que ela percebeu que ele só tinha tomado isso.

Comentário: A conduta lúdica de Gianni, fechando a porta para o mundo de fora, fazendo que sim com a cabeça, sugando a água de suas mãos, faz-me pensar que ele disse "não" ao mundo externo, "não" à mãe frustradora e sim ao seio analítico, separando dentro e fora. E dentro, junto comigo, ele pode "ser", há lugar para seu mundo interno aparecer e ser compreendido e considerado. Ao estender-me os braços para que o leve até a mesa, está pedindo ajuda para deixar um objeto e ir para outro sem ter que enfrentar o vazio da passagem-separação (negar separação). Com o apoio dos meus braços e da mesa vai até minha cadeira. Esse último movimento sugere que Gianni fantasia ser como a analista, negando assim a separação, insuportável quando ela não é sentida dentro dele.

Vemos Gianni lidar com a separação inicialmente elegendo a analista como seio que alimenta, sendo a mãe o seio-toalete (Meltzer), que limpa o traseiro e recebe seu cocô. Com a analista Gianni está numa relação de fascínio: a analista é o que o alimenta de símbolos, fala com ele sobre o que ele está sentindo. Ao longo da semana a analista desaparece e reaparece; então, como substituí-la? O que fazer na sua ausência?

Sessão de 29/02/1987

Eles chegam vinte minutos atrasados e, na entrada, a mãe se desculpa. Havia avisado no gravador que perdeu a hora, mas estava a caminho. Gianni vem correndo e se põe em pé diante da mesa, mexendo nos carrinhos.

Estou apreensiva com o pouco tempo que temos. Penso que o atraso da mãe vai repercutir na experiência de Gianni comigo, levando a frustrá-lo por ter que interromper o contato após um tempo muito menor.

Pede para se sentar na cadeira habitual e movimenta carrinhos e lápis na minha direção. Eu os devolvo, até que vejo que ele não quer perto dele nem o carrinho vermelho, nem um lápis que deixa cair da mesa.

Conversa comigo e olha embaixo da mesa, como fez em sessões anteriores. Fala "mama" olhando para mim, como se certificando-se de que a mãe está lá fora, e olha para a torneira. Há um clima de certa ameaça, mas ele continua seu jogo movimentando o carro menor, depois o caminhão que ele consegue abrir e tirar de dentro dele uma bola.

Brinca, passando a bola para mim. Sentando-se à mesa, passando a bola para mim, Gianni parece viver um momento de poder, de segurança. Ele me olha e me fala "bola". E eu repito "bola". Ele torna a falar, como se eu estivesse aprendendo a falar com ele.

Digo: "Ela é Marisa e eu sou Gianni", e ao dizer isso ele ri e fala me imitando e tocando em mim.

Pede para descer da mesa e enfia o dedo na borracha da porta. Vê os interruptores, dá passos fortes como na sessão passada, e vai ver os interruptores do corredor. Vai ver sua mãe e volta para a sala, me faz um sinal para irmos até a pia. Eu aproximo o banco para ele subir e alcançar a pia, mas ele fica indeciso. Vira de costas para a pia, fala "mama", sai da sala e volta tomando o "tetê" (mamadeira).

"Gianni não pode tomar o tetê-torneira de Marisa porque é 'caca'", lhe digo. Pede-me novamente para subir na cadeira e a hora termina.

Comentário: Gianni nesta sessão retoma a conversa que iniciou no final da sessão de 29 de fevereiro, por meio do jogo do lápis que vai e volta, indicativo de que havia se estabelecido uma relação alimentar comigo. Aparecem jogos que representam ser alimentado, como lápis indo e carrinhos voltando, assim como deixar cair o carrinho e o lápis parece representar interrupção da alimentação – o mamilo saindo da boca, ou as fezes do ânus. Certifica-se de que a "mamá" e a Marisa-torneira não foram expulsas, não se tornaram fezes (a parte objeto), e com isso pode continuar a conversa comigo, puxando um novo assunto que estava escondido: "a bola dentro do caminhão", ou o pênis dentro da mãe. A conversa segue: Gianni manifestando um poder de estar com a fala, de ser o seio.

Ele está às voltas, de novo, com a necessidade de controlar a sala-analista (dedo na borracha, interruptores, passos fortes), que está em processo de se tornar má pelos sentimentos edípicos despertados. O movimento de ir e voltar da analista para a mãe continua porque ele está lidando com as ansiedades do *splitting*: seio que alimenta (a mãe lá fora) e seio-toalete e o objeto edípico pré-genital sujo (a analista na sala). Para separar-se da analista precisa certificar-se de que a conversa "lápis indo e voltando" pode continuar Então ele pode voltar, porque precisa de mim (como seio-toalete) para abrigar e conter suas dores, ameaças, desamparo.

Sessão de 16/03/1987

Gianni chega dez minutos atrasado, após duas semanas de afastamento. Muito feliz em ver-me, entra e já se acomoda na minha cadeira, pedindo ajuda para subir.

Pega os três carros e os movimenta; fala algo que não entendo o que é. Manda um carro, o grande, na minha direção – abrimos e fechamos a portinha por onde se vê uma bolinha que está guardada lá. Explora tudo, pede para descer e vai até a torneira. Conta com minha ajuda para pegar o banquinho e subir, sem tentar subir por conta própria, pondo-se em posição para ser levantado. Abre a torneira, mexe na água e torna fechá-la em seguida. Até aqui pareceu interessado na posse e na autoafirmação.

Pega então a esponja, olha-a com certo nojo e joga-a no chão. É novo este movimento. Pega o pratinho e me dá um copo, uma taça e uma colher. Eu seguro esses objetos em minhas mãos e ele sai, falando "mamá". Volta com uma mamadeira de suco de laranja.

Segura-a pelo bico. Aparentando certa displicência, passeia com ela pela sala e vai até o corredor e acende e apaga as luzes.

Digo que Gianni não tomou a água-Marisa porque é "caca". Dá-me então a mamadeira para segurar e pega os carros que estão na mesa, um por um, e os põe no divã. Brinca de fazê-los andar, um após outro, com cuidado, acomodando-os, e assim fica atento por vários minutos. Parece estar arrumando as posições e a maneira como cada um anda e quem vai antes, quem vai depois.

Num certo momento coloca o caminhão de madeira, com coisas dentro, e o caminhão que tem os lápis lado a lado e o carro menor, vermelho, na frente. Tem um estremecimento, fecha e abre os olhos. Fica cambaleante, perde o equilíbrio, fala "mamá" e sai da sala indo até a mãe.

"Gianni foi ver se mamãe estava bem, se tinha desaparecido", digo-lhe quando ele volta.

Ele então consegue subir sozinho no divã pela primeira vez e senta-se no lugar em que a mãe costumava sentar-se.

"Gianni agora é a mamãe, e a mamãe está dentro dele, não desapareceu, e assim Gianni se sente forte."

Ele desce do divã e põe de novo os carros em movimento. Ele mesmo se põe a andar de um lado para outro da sala – como o carro que ele estava movimentando antes – muito concentrado e cambaleante. Após isso ele se senta no chão e examina com os olhos a tomada e uma borracha que impede a porta de bater na parede quando aberta, que tem uma reentrância; ele põe o dedo e me olha, e continua esta ação. Com gestos, vai apontando para o bico da mamadeira.

Digo que Gianni quer ver se aí tem bico como a "tetê".

Ele fala "mamá" e, pegando a mamadeira, vai até ela, toma a mamadeira no caminho e, ao chegar de volta à sala, vê-se que mamou a metade. Ele interrompe a mamada e me dá a mamadeira para segurar. Retira os carros do divã, pondo-os um a um na mesa. Então faz sinal para eu levantá-lo. Ponho-o na mesa, ele escorrega para a cadeira e se põe a movimentar os carros.

"Está na hora do tchau. Amanhã Gianni volta", digo.

Ele não quer, faz cara de dor e espirra.

"Gianni não pode ir embora ainda?"

Gianni faz que "não" com a cabeça, pega um lápis e o faz rolar na minha direção (coisa que já fizemos outras vezes) e eu o devolvo, ele torna a mandá-lo e assim por várias vezes.

"Lápis vai e lápis volta, Gianni vai, Gianni volta."

Após um minuto dessa atividade, me levanto, falando em arrumar o material. Ele faz com a mão tchau e pede para descê-lo da mesa. Pede o "tetê" (mamadeira) e sai falando "mamãe".

Comentário: após duas semanas de afastamento, Gianni inicia a sessão "passando tudo em revista", reassegurando-se da posse, da disponibilidade do continente analítico. A seguir me mostra que há algo novo que o incomoda em seu contato comigo quando joga fora a esponja, com nojo, e a taça – que são objetos que tocou quando o pai esteve presente.

A separação "faz surgirem" vários elementos novos. Fala algo novo, que não entendo. Novos são seus movimentos de entregar-me xícara e colher, sair da sala falando "mama" e voltar segurando a mamadeira pelo bico, com displicência. Isso é sugestivo do ressentimento pela separação. Estabelece-se um clima de desconfiança do seio analítico que, embora presente, é duvidoso que seja bom e Gianni não pode incorporar, mas sim controlar e sentir-se dono para defender-se de ter que "incorporar" um seio "sujo de cocô", pela sua hostilidade.

Quando interpreto essa fantasia e a ansiedade, Gianni estende-me a mamadeira para que eu a segure e tenta agora uma ordenação para controle de ansiedade, arrumando as posições dos carrinhos. Neste momento ele tem um estremecimento, fecha e abre os olhos, fica cambaleante, fala "mamá" e sai da sala indo até a mãe. Parece-me, aí, que a defesa cedeu e apareceu a aguda ansiedade depressiva de sujar e estragar a analista.

Interrompe o contato, indo ver a mãe e certificar-se de sua existência. Precisa ter os dois seios, ir de um para outro, na tentativa de separá-los para que não se confundam. Os movimentos seguintes podem ser vistos ainda como necessidade de separar o seio que alimenta e o seio toalete que recebe as identificações projetivas de dor e desamparo.

Sessão de março de 1987

A mãe está muito angustiada, temendo a separação e a perda de sua própria idealização e também da idealização mãe-Gianni. Mas ela associa este temor como sendo originado pela presença do pai e, na transferência, pela presença da analista de Gianni. Por isso atua, impedindo o progresso da análise – chegando frequentemente muito atrasada com Gianni.

Gianni experimenta essa intrusão de angústia da mãe como ameaça de perda do seio analítico e luta para que a mãe não ocupe seu espaço na sessão. A mãe entra na sala para me falar do pai e da situação insustentável. Gianni imediatamente se aproxima de mim e pede a minha atenção, falando-me e brincando, sentado na mesa.

Sessão de 26/03/1987

A mãe e Gianni chegam bem atrasados. A mãe conta, ansiosa, que ele não aceitou tomar o leite e relaciona o fato com a viagem do pai.

Gianni tem atitude de desconfiança, chegando temeroso e se aproximando aos poucos. Abre e fecha o caminhão que contém a bola. Sai da sala. Volta com a chupeta e a fraldinha. Acho que está me experimentando como um seio mau, mas há uma parte dele ligada a mim.

A ansiedade claustrofóbica se manifesta – ficar trancado num lugar hostil, cheio de perigo. Sem dúvida a situação edípica pré-genital o está atingindo muito. Ele joga no chão a chupeta, a fralda, mais a taça e a colher que não usa. Bate com a colher na taça, no sofá, na mesa, e sai da sala.

Na sala de espera experimenta abrir e fechar a porta que a separa do corredor de acesso à sala de análise. Faz o mesmo com o armário da sala de análise, parecendo se certificar de que ele pode sair e entrar e não ficar trancado dentro da sala, dentro de mim. Sai da sala novamente e volta com a mamadeira de água. Toma um pouco, cospe um pouco e, por fim, me estende a mamadeira para que eu a segure.

Fala-me. Eu abro a torneira e ele aceita muito bem essa minha conduta, aproximando-se e tomando a água, lambendo suas mãos e manuseando o jato d'água por dez minutos.

A hora termina, Gianni sai cambaleante. Ao alcançar a sala de espera, onde a mãe está sentada, perde o equilíbrio e bate com a boca no sofá. Olha-me imediatamente, sugerindo que esta ação, com a dor que a acompanhou, veio de mim.

Está sendo muito penosa para Gianni a separação de um objeto tendo que percorrer o caminho para chegar ao outro lado e, no trajeto, tendo que contar com o objeto dentro dele e ele não o percebe nesse momento dentro dele, mas fora. Fica então cambaleante por estar vazio do objeto bom e ter perdido a sustentação externa (relação bidimensional com objeto bom).

Essa passagem de um objeto a outro, em que necessita pôr um símbolo no lugar para sentir que não perdeu o objeto, mas está transformado dentro dele, é um processo que está acontecendo.

Nos dois meses seguintes Gianni, ao terminar a sessão, pede-me para levá-lo até o umbral da porta e lá estende os braços para que eu o pegue e o entregue no colo da mãe. Reage aos sentimentos com a separação e tenta não percorrer o caminho entre os dois objetos, passando de um colo para outro.

Considerações finais

Em resumo, vimos até aqui um menino que não estava se desenvolvendo, havendo uma falha primária na relação da mãe com ele. A mãe é tão ansiosa e tão preocupada com a alimentação que não pode fazer contato verdadeiro com Gianni. Assim que alguém pôde estar com ele e se interessar por ele, sem a ansiedade da mãe e a hostilidade do pai, ele começou a se desenvolver.

A resposta dele, mostrando que queria me ter só para ele, e a informação da mãe de estar em terapia me fizeram optar por ficar na sala só com Gianni, sem a presença de Ada. Gianni estabeleceu um forte vínculo comigo quando providenciei um símbolo. Ele ficou fascinado com a atenção, a fala, enfim, a minha mente funcionando. Apareceu daí o sentimento em relação à separação, ao intervalo entre as sessões.

Ele passa a lidar com a frustração e o ressentimento pela separação usando, alternativamente, a mãe e a analista para projetar seu ressentimento. Indo e voltando da mãe para a analista, ele parece dizer à mãe que gostaria que ela tivesse as qualidades da analista e à analista que gostaria que esta tivesse as qualidades da mãe, de maneira que Gianni tivesse duas mães pensantes e falantes. Vejo-o andar de uma para outra como se fizesse uma tentativa de discriminar uma e outra, equacioná-las, ver suas diferenças.

O impulso de controlar e de possuir está na dianteira. Seu trabalho maior nas seis últimas sessões apresentadas é separar o seio-toalete do seio que alimenta, para não contaminar um com o outro. A ansiedade e a claustrofobia estão crescendo e a situação edípica pré-genital o está atingindo muito. Ele tenta evitar as "passagens" de um objeto a outro por "medo de cair", defendendo-se da ameaça de ser aniquilado e de não ter nada para pôr no lugar durante a passagem, como um símbolo, um pensamento, uma representação.

Gianni mostra isso muito bem na sessão do dia 26 de março, em que espalha tudo e faz cara de dor quando aviso o fim da hora. Depois aceita sair, mas, no umbral da porta, pede que o levante no colo e o entregue no colo da mãe!

Gianni esteve em análise por seis meses, ao fim dos quais os pais resolveram interromper o processo temporariamente, alegando dificuldades econômicas e mudança de cidade. Gianni alcançara progresso em seu desenvolvimento: andava, falava, sua capacidade simbólica tinha sido ativada pela oferta de um continente transformador de suas angústias. O alargamento progressivo de interesse e o impulso a lidar com o novo podem ser acompanhados nas sessões que descrevi, embora Gianni ainda não aceitasse alimentação sólida por ocasião da interrupção. No entanto, a configuração inicial da fantasia de precisar ser o bebê da mamãe como única maneira de existir, diante de um mundo hostil e cheio de perigos apresentados pela mãe, modificou-se.

Penso que Gianni tem uma constituição bastante favorável para a vida e para o crescimento. Gianni de imediato começa a usar o novo continente que lhe foi oferecido, adequado para seu crescimento, mostrando florescer milagrosamente.

A antiga controvérsia sobre as influências constitucional e ambiental na formação psíquica acabou sendo encaminhada para uma solução por Bion quando utilizou o conceito de Klein de identificação projetiva à relação mãe-bebê. Bion diz que não há maneira de a criança crescer mentalmente, transformando suas experiências primitivas, concretamente sensoriais, em experiências emocionais, portanto passíveis de serem simbolizadas, se não puder se identificar com um objeto capaz de exercer esta função. No desenvolvimento saudável tal transformação é conseguida pelo uso da identificação projetiva como um mecanismo normal. O que pode "dar errado" no início da vida de um bebê é ter uma mãe que não desenvolveu uma identificação com um objeto – o seio –, tornando-se incapaz de tolerar e transformar o intolerável, respondendo então às projeções de angústia do bebê não criativamente, com *rêverie*, mas acrescidas das próprias angústias. O seio para Bion é protótipo de um continente. A capacidade de transformação do seio (e da mãe) nas comunicações do bebê é tão fundamental para sua formação psíquica quanto as respostas do bebê ao continente oferecido.

O uso que o bebê faz deste para seu crescimento depende de alguns fatores considerados inatos, como tolerância à frustração, inveja, capacidade de tolerar ansiedade depressiva.

Voltando a Gianni, sua pronta resposta, usando e introjetando um continente transformador, promovendo seu crescimento, sugere-me que não havia impedimentos inatos para seu crescimento mental, mas sim os "do ambiente", ou melhor, da personalidade da mãe e do pai.

No entanto, o fator ambiental – incapacidade dos pais de serem continentes de seus próprios estados emocionais e de serem continentes do menino – novamente interferiu quando os pais interromperam o processo.

Nas sessões relatadas podemos constatar em vários momentos a intrusão angustiada da mãe e do pai. No entanto, a mãe referia estar em terapia e o pai não estava interessado em ver-se em sua função de pai, responsabilizando a mãe pelos problemas de Gianni. Na verdade, a mãe e o pai também precisavam ser atendidos, mas, precisando optar, preferiram trabalhar com Gianni dada a urgência de pôr em marcha seu desenvolvimento. Por não termos combinado um trabalho regular, houve de minha parte uma contenção apenas ocasional das ansiedades dos pais.

Conversando com o dr. Meltzer sobre esta evolução, ele externou uma opinião com a qual concordo inteiramente: teria sido preferível atender a família toda primeiramente até que se pudesse gerar uma "atmosfera familiar", para mãe e pai perceberem sua função e a realidade de Gianni, promovendo assim um *setting* continente para que essas funções fossem crescendo pouco a pouco.

Perguntei ao dr. Meltzer como ele lida com a transferência ao atender mãe e criança. Ele me respondeu que neste "atendimento de gerar atmosfera familiar" toma-se uma atitude que vem da observação da relação mãe-bebê, mas tendo uma participação, ou seja, observando e descrevendo para a mãe o que se vê da criança sem interpretar, embora saibamos que a interpretação acaba entrando na maneira como descrevemos a criança.

Perguntei ao dr. Meltzer o que ele pensava de promover a relação mãe-criança pelas visitas à família de um observador com a intenção de ser modelo continente da função materna. Ele concordou com essa alternativa. De qualquer modo, a análise estava indicada, dado o tempo que o menino perdeu do seu desenvolvimento emocional.

Anexo 1
Intervenções terapêuticas conjuntas pais-filhos[1]

A ideia de sistematizar uma abordagem para trabalhar as interações pais-filhos vem amadurecendo há anos, desde quando eu comecei a prática de supervisão da observação mãe-bebê (Esther Bick). Os relatos de cada aluno após as visitas a mãe-bebê durante 2 anos, que proporcionam uma dimensão longitudinal dos eventos observados, mostravam, com alguma frequência, que a presença do observador psicanalítico (OP)[2] podia promover na família visitada um campo de atenção e de observação. A mãe do bebê parecia usar a experiência de ser visitada pelo OP como um modelo de funcionamento, o que era constatado na evolução de algumas condutas e verbalizações dela com o bebê (Mélega, 1990).

As ulteriores experiências de aplicação do modelo de observação E. Bick em minha clínica e mais recentemente na clínica do Centro

1 Publicado anteriormente com o título "Fundamentos e metodologia das intervenções terapêuticas conjuntas pais-filhos" em *Alter – Jornal de Estudos Psicodinâmicos, XVII*(2).

2 Assim denominado pela autora a partir dos estudos desenvolvidos no CEPSI-MBF para diferenciá-lo dos observadores que usam outros métodos de observação.

de Estudos Psicanalíticos Mãe-Bebê, onde mantenho um grupo de trabalho e supervisão, geraram um material que creio suficiente para submeter a exame com o intuito de refletir mais profundamente sobre sua técnica e sua fundamentação teórica.

Ao usar o termo "aplicação do modelo de observação E. Bick", estamos nos referindo ao trabalho clínico que privilegia um conjunto de atitudes de mente para observar: ser receptivo, "estar" no clima emocional do objeto da observação, lidar com as próprias emoções despertadas pela função de observar e não intervir ativamente no objeto de observação.

Evidentemente, ao aplicar o modelo de observação E. Bick ao contexto clínico, estou introduzindo uma variável que possa me transportar da função de apenas observar para a de "promover ativamente comunicação e pensamento" entre os membros da família. E é esta aplicação que denominei "intervenções terapêuticas conjuntas pais-filhos". É evidente ao leitor que considero terapêutico promover comunicação e pensamento entre os membros do grupo familiar.

Sigo agora mencionando alguns fundamentos teórico-técnicos que penso terem sido a base para o trabalho de intervenções terapêuticas conjuntas pais-filhos. O primeiro deles vem das contribuições de Bion ao trabalho com grupos.

Bion, solicitado a ajudar grupos de tarefa que apresentavam tensões internas, primeiramente observou o comportamento de seus participantes e, usando a perspectiva analítica de observação, que leva em conta a intuição e as reações emocionais do observador, compreendeu fenômenos que aconteciam nos grupos. Ele viu que a conduta dos integrantes, suas atitudes e a escolha de métodos para conseguir o objetivo proposto eram pobres, sem racionalidade e não correspondiam à inteligência e à habilidade fora da situação grupal. A solução dos problemas não era levada à prática com métodos adequados à realidade. As emoções que emergiam eram poderosas, influenciavam e orientavam a atividade do grupo.

Usando a técnica que consistia em observar e descrever para o grupo as situações criadas pelo próprio grupo que se opunham à realização da tarefa, Bion pôde ajudar o grupo a superar seus impedimentos. Este é um dos fundamentos usados nas intervenções: observar e descrever para o grupo as situações criadas pelo próprio grupo que estejam se opondo à realização da tarefa, ou ao encaminhamento e à solução da situação-problema. No caso do grupo familiar, as tarefas são consequência do exercício das funções parentais.

Outro fundamento teórico surgiu da compreensão da relação mãe-bebê trazida por Bion. Segundo essa concepção, a mãe tem que realizar certas funções para o bebê a fim de que este consiga aprender a realizá-las. A identificação projetiva ganha com Bion a dimensão de identificação projetiva realista. Esse fenômeno diz respeito à comunicação do bebê, que projeta partes angustiadas dele na mãe e esta, ao acolhê-las e pensá-las valendo-se de sua mente simbólica, devolve-as em condições de serem sonhadas e pensadas pelo bebê, desde que este possa internalizá-las. Essa concepção ganha nova dimensão ao ser aplicada às relações pais-crianças.

A técnica de intervenções terapêuticas conjuntas pais-filhos é inspirada no modelo de observação E. Bick. Este, por sua vez, se origina da observação psicanalítica que integra a conceituação do método psicanalítico.

Em "Natureza e função da fantasia", brilhante contribuição à psicanálise, S. Isaacs descreve de que modo podemos ter acesso aos processos mentais: 1) observação do contexto em que ocorrem, 2) observação da sequência de condutas e 3) observação dos detalhes da conduta. Eu enfatizaria, passados 50 anos desse artigo e em vista dos avanços técnicos e teóricos da psicanálise (entre eles destaco os de Esther Bick), um quarto modo que sem dúvida é o principal para ter acesso aos processos mentais: a observação dos "derivados" transferenciais e contratransferenciais.

Privilegia-se a escuta, a observação, a continência emocional do profissional diante da transferência e da contratransferência, considerando serem estes os instrumentos que favorecem a aproximação à realidade psíquica e promovem um clima em que o pensar possa acontecer. Esse conjunto de atitudes de mente do terapeuta perante o grupo familiar, acrescido de suas intervenções, quando for oportuno, serve de exemplo vivo de um funcionamento mental para os membros do grupo. Algo semelhante, no contexto natural, se passa na relação mãe-bebê quando a mãe intervém dando sentido à confusão e à angústia do bebê.

O início do atendimento ao receber a família pela primeira vez informará do propósito dos primeiros encontros, que é o de avaliar as situações-problema, e o fará com a participação livre de todos. Quando houver crianças no grupo, colocam-se alguns brinquedos e material de desenho para que estas possam se expressar de acordo com sua capacidade etária.

No início do trabalho o terapeuta procurará se manter o quanto possível em atitude de observação, escutando e observando as interações dos participantes, seguindo os movimentos transferenciais e contratransferenciais, e procurando manter um clima suficientemente tolerável para que a comunicação aconteça. Intervirá quando for necessário modular ansiedades no decorrer do encontro que possam ser disruptivas e impedir a continuidade da sessão.

Tal postura terapêutica é fruto de uma visão da psicanálise como uma ciência descritiva que depende da observação dos fenômenos interacionais, que entende que a linguagem para expressar estados de mente não é apenas a verbal, mas a pré-verbal, a lúdica, a das manifestações psicossomáticas, e que a comunicação entre as pessoas por identificação projetiva (IP) é a matéria-prima do trabalho do analista.

As intervenções do analista servem para esclarecer, para motivar a pensar, e para dar continência a alguns elementos que vão adquirindo significado no grupo. Espera-se, desse modo, seguir buscando novas compreensões que serão oferecidas ao grupo como hipóteses, como "modos de ver", e os participantes manifestarão sua utilidade, sua validade, sua aceitação ou rejeição.

Dessa forma, o modelo "relação médico-paciente", relação autoritária e paternalista, segundo a qual o terapeuta interpreta quando e por que desvendou o "oculto" e o paciente escuta e "toma o remédio", aceita a interpretação para "curar-se", está totalmente distante dos ideais desse referencial de trabalho. Promove-se, com essa visão, uma redistribuição de autorias e responsabilidades entre os membros e uma conscientização de que a "situação-problema" ou o "suposto paciente" é frequentemente o emergente de um conflito ou de um desencontro interno ao grupo familiar.

Decorre dessa maneira de trabalhar, que privilegia a observação e a criação de um clima de comunicação favorável para o pensamento-sonho durante as sessões, a necessidade de um exame constante dos derivados contratransferenciais do terapeuta.

A natureza das intervenções terapêuticas conjuntas pais-filhos

Numa breve comunicação de 1990 editada em *Publicações Científicas do Centro de Estudos Psicanalíticos Mãe-Bebê-Família*, intitulada "Aplicações dos conceitos psicanalíticos ao trabalho em contextos não-clínicos", ao mencionar o trabalho possível a ser realizado com a dupla mãe-bebê, referindo-me a esse trabalho como Nova Entidade Profissional, nome provisório que depois abandonei, dizia: "A Nova Entidade Profissional usa a técnica inspirada na observação da relação mãe-bebê acrescida da possibilidade de fazer um *determinado tipo de intervenção* em que certas atitudes de mente estariam presentes para abordar o objeto a ser conhecido (escuta, observação e continência emocional)".

Um certo modo de intervir em que as intervenções da Nova Entidade Profissional seriam dirigidas ao vínculo mãe-bebê e focalizariam os impedimentos visíveis na conduta da mãe que estariam dificultando a compreensão das necessidades do bebê. As intervenções aconteceriam no trabalho do vínculo mãe-bebê, quando a mãe explicitamente desejasse ajuda para compreender uma situação que não estivesse conseguindo.

Dizia também que tais intervenções não poderiam ser chamadas de interpretações como entendemos em psicanálise, pelo fato de não estarem buscando o "latente" das comunicações, e mais que isso, por não serem intervenções transferenciais, mas sim dirigidas às interações entre os participantes do grupo familiar. Mantenho o que disse em 1990 e acrescento o seguinte: é essencial que a transferência e a contratransferência possam ser seguidas, mesmo que não utilizadas para intervir a não ser em momentos em que seu esclarecimento permitirá avançar na compreensão de um conflito.

Por enquanto nos ficou claro que as intervenções verbais do terapeuta se fazem necessárias quando: 1) a comunicação entre os membros sofre mal-entendidos visíveis ao terapeuta e que estão dificultando a continuidade do diálogo; 2) a comunicação entre os membros expressa um trabalho mental de antipensamento e mentira, e nenhum dos participantes está intervindo para denunciar tal fato; 3) a comunicação lúdica da(s) criança(s) do grupo familiar não é acessível aos pais; 4) a situação transferencial com o terapeuta está sendo atuada dentro ou fora da sala de consulta.

O terapeuta tende, nessa abordagem a fazer intervenções que possam partir da observação de condutas dos participantes durante a sessão, os quais, ao interagir, tentam esclarecer sentimentos, compreender condutas, e não conseguem.

Anexo 2
Constituição *vs.* ambiente: diálogo decisivo na formação e transformação psíquica[1]

Valendo-me de minha experiência analítica com crianças e com a observação da relação mãe-bebê, sugiro ampliar o conceito de constituição em psicanálise. Chamo a atenção para certas influências ambientais que existem mesmo antes da concepção de um novo ser, que denomino provisoriamente "lugar psicológico destinado", que viriam do meio social, cultural, familiar e principalmente da personalidade dos pais e se expressariam em condutas de cuidados e manipulações desde a vida fetal até o nascimento e o primeiro ano de vida. Expressar-se-iam também na qualidade da formação do vínculo primário (pai/mãe/criança), essencial na formação da vida psíquica.

A vontade de escrever a respeito deste tema originou-se, creio eu, da necessidade de elaborar experiências que tive na prática clínica e na observação da relação mãe-bebê e da tentativa de integrá-las aos meus conhecimentos em psicanálise. Dessas experiências, uma que me impressionou fortemente foi, ao viver mais de perto a evolução

---

1 Publicado anteriormente em: *Revista Brasileira de Psicanálise*, *27*(4), 681-705, 1993. Versão modificada.

de várias relações iniciais mãe-bebê, deparar com o interjogo entre a oferta ambiental e a capacidade da criança de enfrentar e transformar "ofertas adversas" ou então a incapacidade de usar "ofertas favoráveis".

Considero "ofertas favoráveis" ou "ofertas adversas", a partir da visão de Bion, as que promovem ou não promovem o crescimento de uma personalidade, e para discriminar essas condições necessito a apreciação pela perspectiva longitudinal. Com essa visão, o adverso e o favorável não se movimentam necessariamente no eixo bom-ruim e prazer-desprazer, mas no da frustração, da angústia e da capacidade de tolerá-la, enfrentá-la e transformá-la ou não.

Não sei há quanto tempo deixei de pensar no desenvolvimento emocional e na estruturação psíquica em termos de fases sucessivas que acontecem por deslocamento da energia libidinal pelas zonas erógenas (Freud) ou como uma programação na qual, sendo fornecido o ambiente essencial, vai desabrochando o desenvolvimento (M. Klein). As concepções de desenvolvimento e estruturação psíquica foram se expandindo para abarcar o que foi sendo observado das relações iniciais e das influências que uma personalidade tem sobre a outra no sentido de alargar ou estreitar as possibilidades de terem experiências.

O crescimento mental é um processo muito complexo que vai se estruturando passo a passo, mediante a digestão das vivências, diz Bion. O que deveria interessar ao psicanalista no que diz respeito à estruturação psíquica é muito mais o crescimento da capacidade de aprender da experiência emocional (dependendo para tanto do crescimento da capacidade simbólica), da capacidade de pensar as próprias experiências emocionais. E esta parece ser a maneira adequada e criativa de caminhar de uma "desordem" para uma certa "ordem", ou como é mais comum dizer, de estruturar o ego.

Os modelos biológicos do desenvolvimento emocional têm utilidade quando pensamos na área não simbólica da personalidade, que nós todos temos e que funciona por preconcepções, por uni- e bidimensionalidade, por tropismo e *imprinting*. Essa área, chamada de protomente, pode ser reconhecida facilmente, diz Meltzer, em sua dotação genética, força de impulso, predisposições, e seu desenvolvimento, fundamentado no filogenético, realmente é pouco influenciado por situações ambientais.

É absolutamente observável que a programação biológica do desenvolvimento humano (como nos animais) vai se realizando desde que seja fornecido um ambiente favorável para tal, ou melhor, desde que se respeitem certas necessidades primárias. Por exemplo: é absolutamente necessário que seja respeitada a necessidade de apego do bebê (Bowlby) para que o desenvolvimento progrida. Bowlby afirma que a natureza garantiu a sobrevivência do ser humano ao dotá-lo de instinto de sucção e capacidade de estabelecer fortes vínculos afetivos que se expressam na formação das relações de objeto. Na evolução do homem, o fiel da balança inclinou-se a favor da flexibilidade do comportamento e da aprendizagem.

Penso que a área da mente que interessa à psicanálise é a mente simbólica, a mente que pensa as experiências emocionais. O crescimento dessa mente depende (segundo Bion) de uma aprendizagem que vem pela aquisição dos significados fornecidos no início por outra mente e pela introjeção do modelo do funcionamento dessa mente. Isso usualmente acontece na relação da mãe com seu bebê. Depende também da capacidade do bebê de introjetar um continente adequado para o crescimento mental.

A história da controvérsia

A controvérsia entre o que é constitucional e o que é ambiental na formação de uma personalidade é bem antiga. A psicanálise veio problematizar o constitucional e alertar para a existência de um diálogo entre este e o ambiental. A descoberta do inconsciente, porém, fez com que o interesse e as investigações se voltassem, não sem razão, para o intrapsíquico, objeto de estudo novo e fascinante.

Freud, ao se referir à experiência de amamentação, afirmava: "O fundamento filogenético tem tanta importância nesta experiência pessoal, que não importa se a criança sugou realmente o seio ou se foi criada com mamadeira e nunca desfrutou o terno cuidado da mãe. O seu desenvolvimento tomará em ambos os casos o mesmo caminho e pode ser que no segundo caso o desejo de objetos ideais inalcançáveis seja ainda maior". Ele queria demonstrar o fundamento filogenético do desenvolvimento emocional e instintivo – instinto de sucção e expectativa de um seio. Entendia o desenvolvimento emocional como um conjunto de etapas que vão se sucedendo com o desenrolar da libido nas diversas zonas erógenas, sendo a força do inato determinante e absoluta para esse desenvolvimento ser levado adiante.

Klein deu ênfase à herança filogenética ao afirmar que o recém-nascido sente inconscientemente que existe um objeto de bondade sem par, o seio, pelo qual pode obter máxima gratificação e esse conhecimento inconsciente se desenvolve inclusive em bebês que não foram alimentados ao seio. Ao considerar a afirmativa de Freud, ela comenta que para ele a experiência real de amamentação se torna relativamente insignificante, mas acrescenta que se Freud acreditava que na criança criada com mamadeira o desejo de objetos inalcançáveis é ainda maior, ele supunha que teria havido uma privação ao não ser dado o seio. As descobertas de Klein vindas do trabalho de análise de crianças a fizeram acreditar na importância da presença da mãe real para ajudar o bebê a superar as ansiedades decorrentes do nascimento e a perda da situação intrauterina, particularmente a gratificação ao sugar o peito e receber alimento, calor, *holding* e compreensão por parte da mãe.

Na mesma época, Winnicott documentou provas convincentes de que um padrão básico infantil de saúde pode ser distorcido pelas falhas ou reforçado pelos acertos familiares. Eu penso que Winnicott percebia a tendência da psicanálise em valorizar mais a constituição na gênese dos distúrbios mentais e na estruturação da personalidade, embora se levassem em conta as influências do ambiente.

Foi com Bion que tal controvérsia se encaminhou para uma solução. Bion desenvolveu o conceito de identificação projetiva na relação mãe-bebê, como um mecanismo essencial para o bebê poder obter crescimento mental. Para ele, não há maneira de a criança crescer mentalmente – transformando suas experiências primitivas, que são experiências vividas concretamente, sensorialmente, em experiências emocionais – se não puder se identificar com um objeto capaz de exercer esta função. Tal identificação, no desenvolvimento saudável, é conseguida pelo uso de identificação projetiva como um mecanismo normal.

O bebê projeta elementos de experiências boas e ruins no seio – a parte-objeto – que cuida dele. Esse seio oferece uma realização que torna manejáveis e pensáveis estes elementos e os devolve, ou seja, dá a eles um significado, o que possibilita que o bebê os introjete e que se identifique com o seio em sua função – a função alfa. Bion deu o nome de *rêverie* à capacidade do objeto de receber, mesmo experimentando caos e confusão, e responder criativamente às projeções do bebê.

A capacidade do bebê de tolerar frustração é muito pequena e nessas ocasiões ele sente terrível estado de agonia e de estar morrendo. É a mãe que precisa resolvê-lo. A mãe pode reagir com ou sem *rêverie*. As experiências repetidas nas quais seja possível a *rêverie* da mãe e a transformação dos estados de agonia e morte possibilitam a introjeção dessa função com estabilidade.

O que dificulta o início da vida de um bebê é ter uma mãe que não desenvolveu uma identificação com um seio que pode tolerar e transformar o intolerável; desse modo ela não pode responder às projeções de angústia do bebê criativamente com *rêverie*, mas as devolve acrescidas da própria angústia, resultando no que Bion denominou terror sem nome. Na comunicação da mãe com seu bebê são veiculados não só seus aspectos conscientes, mas também os inconscientes, que o bebê capta.

O seio para Bion é o protótipo de um continente. A relação com o seio e a mãe é tão fundamental para a formação psíquica do bebê quanto as respostas do bebê ao continente oferecido. O uso do continente oferecido para desenvolver sua mente simbólica vai depender da qualidade desse continente e da capacidade do bebê para o crescimento simbólico. A introjeção de um continente adequado para o crescimento mental vai depender tanto de a mãe ser capaz de oferecer tal continente como de certas características inatas do bebê, como tolerância à frustração, inveja, crença na própria onipotência e capacidade de tolerar a ansiedade depressiva, que vão possibilitar ou impedir o uso de um continente adequado.

O constitucional

As ciências biológicas nos informam que constituição é um conjunto de disposições universais do ser humano que incluem seu potencial genético mais as experiências intrauterinas mais as experiências de parto, sendo o nascimento o marco final do que é considerado como constituição. A partir do nascimento, o constitucional vai revelando seu patrimônio pela interação com o ambiente.

Em se tratando de aparelho psíquico, o constitucional é o id. O ambiente é, antes de tudo, a personalidade dos pais em seus aspectos conscientes e inconscientes e sua dotação para estabelecer uma relação com o novo ser. Assim, constituição em psicanálise é o inconsciente filogenético formado pelas preconcepções mais os inconscientes dinâmicos a partir do recalcamento primário das primeiras relações objetais.

Investigações usando diferentes abordagens, inclusive se beneficiando da compreensão que a psicanálise tem fornecido a respeito do funcionamento mental e das relações humanas, têm mostrado que é necessário e natural que a mulher que engravida vá desenvolvendo dentro de sua mente uma ligação com o futuro bebê, sendo capaz de ter uma representação dele como um ser todo. Esse fato pode ser observado, por exemplo, na escolha antecipada de um nome, ou na aposta de que seja menino ou menina, ou de que vai ser parecido com o pai, ou de que será uma grande personalidade etc... Embora essas manifestações atestem também expectativas e fantasias sobre o ser desconhecido que vai nascer, que, se forem mantidas rigidamente após o nascimento, interferirão na relação com o bebê, elas também, sem dúvida, atestam a necessidade, sobretudo da mãe, de tornar familiar, por meio da atribuição de significados, o ser novo e estranho que está crescendo dentro de si.

Trabalhos já demonstram que várias mães de crianças psicóticas nunca tinham podido configurar um bebê completo durante a gestação, mas apenas algumas partes dele. Trabalhos também descreveram fenomenologias interessantes, como a crescente ligação das mães grávidas com seus fetos, mães que cantavam e conversavam com eles, construindo assim espontaneamente uma nova ligação a ser posta em prática assim que a criança viesse a nascer, para ir substituindo a ligação intrauterina. Parece-nos muito importante que a mãe tenha "um projeto" em sua mente, um conjunto de significados do que virá a ser o bebê – "o bebê de sua fantasia" –, e a capacidade de sonhar e vincular-se ao bebê antes do nascimento.

Com o nascimento, a mãe entrará em contato com o "bebê real", que vai manifestar suas características, suas potencialidades, sua constituição. No começo, o "diálogo" que ela é capaz de estabelecer entre o bebê de sua fantasia e o bebê que ela realmente tem nos braços vai depender a todo momento de suas condições de *rêverie* (Bion) e do contato com a realidade.

Tais "acontecimentos emocionais" presentes num tempo que vai da concepção de um novo ser até o seu nascimento e logo após, e especialmente aqueles vindos da personalidade dos pais – as expectativas e significados que darão (ou não) ao novo ser em formação –, constituem como que um lugar para abrigar a nova personalidade. Tal lugar – que denominei lugar psicológico destinado – é o fruto das expectativas e dos significados que o bebê terá para os pais. É o fruto das identificações projetivas deles e toma expressão em práticas, cuidados e disposições para com o bebê. (É sabido que a personalidade da mãe tem influência nas experiências intrauterinas, nas condições de parto e perinatais.)

Esse conjunto de experiências mais o lugar psicológico destinado ao bebê, no meu ponto de vista, configurariam parte das influências ambientais que dificilmente poderão ser discriminadas no todo da constituição da criança.

O ambiental

No início da estruturação psíquica, o ambiente é fundamentalmente a personalidade dos pais, a capacidade de desenvolverem suas funções parentais, os cuidados físicos, o *holding*, e de se oferecerem como modelo de funcionamento mental que possa ser introjetado, ou seja, a mente que acolhe e dá significado à experiência emocional do bebê.

Vários psicanalistas, entre outros Greenacre, Elmhirst, Winnicott e Meltzer, têm levantado questões quanto ao que é constitucional e ao que não é. Penso que tais autores, a partir de diferentes pontos de vista, estão em contato com a infância, o ambiente e o desenvolvimento e acreditam que há mais influências ambientais no que se denomina constitucional do que se supõe.

Greenacre, por exemplo, discutiu a organização do narcisismo pré-natal e imediatamente pós-natal, a influência do nascimento e a predisposição para a ansiedade, sugerindo que as experiências dos primeiros dias de vida deixam traços de memória somáticos.

Os achados de observação e clínicos permitem-me sugerir que, para a psicanálise, o conceito de constitucional poderia incluir certas influências ambientais que já estão existindo desde antes da concepção de um novo ser e que dizem respeito ao meio social, familiar e principalmente à personalidade dos pais. Tais influências ambientais são inevitáveis para a criança que vai nascer, o que chamei de lugar psicológico destinado àquele ser na família, e a resposta da criança vai depender de sua constituição biológica. É de se pensar que tais influências, por agirem primitivamente, determinarão a escolha de certos padrões possíveis àquela personalidade, deixando outros padrões potenciais de fora, talvez para sempre.

O lugar psicológico destinado a um bebê na mente da mãe e do pai influirá em sua vida fetal, seu nascimento, na maneira pela qual nascerá, e na capacidade de formar vínculo após o nascimento, vínculo dentro do qual se movimentará em direção à estruturação da sua vida mental.

Observações de crianças têm sido feitas em psicanálise com diversas abordagens, desde a observação de Freud do menino do carretel. Para citar as principais, M. Klein (1952) fez observações em bebês, Winnicott estudou o comportamento de bebês em uma situação estabelecida para avaliar a resposta ao sentimento de perda e a ansiedade depressiva, e Margareth Mahler fez observações de crianças estudando o processo de separação-individuação.

Esther Bick introduziu em 1949 a observação da relação mãe-bebê na família. Segundo este método, a permanência do observador no campo emocional onde ocorre a relação mãe-bebê permite fazer observações numa dimensão transversal, entrando na intimidade da relação mãe-bebê e acompanhando seus passos, e numa dimensão longitudinal, por meio do acompanhamento de uma hora semanal durante um ano pelo menos. Os dados que surgem dessa dupla visão têm trazido aspectos interessantes e até surpreendentes sobre a história natural de uma relação objetal.

A experiência de proximidade da história natural da relação objetal vai fazendo emergir no observador pensamentos que apontam para a necessidade de redimensionar a conhecida interação. Por exemplo, a intolerância de um bebê à frustração permite, durante a observação, verificar se aquela frustração não estaria sendo impossível de tolerar dadas as condições reais do desenvolvimento daquela criança (ou se tal frustração teria sido possível de tolerar se a idade da criança correspondesse ao desenvolvimento do equipamento para lidar com tal frustração).

Frequentemente o acompanhamento longitudinal mostra que a relação que se estabeleceu entre a mãe e o bebê pouco contribui para o crescimento da capacidade de tolerar frustação. O caso Gianni que foi relatado, seria, por sua vez, um exemplo de insuficiência do ambiente para promover seu desenvolvimento emocional.

Reflexões e constatações como estas parecem-me ser de valor para a clínica e instigam novas investigações. Observar o que se passa nas relações iniciais e, quando possível, dimensionar responsabilidades tem valor tanto para prognóstico quanto para utilização psicoprofilática.

Referências

Bick, E. (1967/1987). The experience of the skin in early object relation. In M. H. Williams (Ed.), *Collected Papers of Martha Harris and Esther Bick*. Clunie Press.

Bick, E. (1970). La experiencia de la piel em las relaciones de objeto tempranas. *Revista de Psicoanálisis*, *XXVII*(1).

Bion, W. R. (1962). *Learning from Experience*. William Heinemann Medical Books.

Bion, W. R. (1962/1967). Una teoría del pensamiento. In W. R. Bion, *Volviendo a pensar*. Paidós.

Bion, W. R. (1962/1991). Uma teoria do pensar. In E. B. Spillius (Ed.), *Melanie Klein Hoje*. Imago.

Bion, W. R. (1963). *Transformations: Change from Learning to Growth*. William Heinemann Medical Books.

Bion, W. R. (1967). *Second Thoughts*. William Heinemann Medical Books.

Bion, W. R. (1992). *Cogitations*. Karnac.

Elmhirst, S. I. (1981). Bion and Babies. In J. S. Grotstein (Ed.), *Do I Dare Disturb the Universe?* (pp. 83-92). Caesura Press.

Heimann, P. (1949). On Countertransference. *International Journal of Psychoanalysis, 31*(1), 81-84.

Klein, M. (1921/1970). A importância da formação de símbolos em desenvolvimento do ego. In M. Klein, *Contribuições à psicanálise*. Mestre Jou.

Klein, Melanie. (1927/1970). Simpósio sobre a análise infantil. In M. Klein, *Contribuições à psicanálise*. Mestre Jou.

Klein, M. (1932/1964). *El psicoanálisis de niños*. Paidós.

Klein, M. (1946/1971). Notas sobre alguns mecanismos esquizóides. In M. Klein, *Desarrollos in Psicoanálisis*. Paidós.

Klein, M. (1949). *The Psychoanalysis of Children*. Hogarth Press.

Klein, M. (1952). On observing the behaviour of the young infants. In M. Klein, *Developments in Psychoanalysis* (pp. 237-270). Hogarth Press.

Mélega, M. P. (1979). Relato da análise de um latente. *Jornal de Psicanálise, II*(28-29).

Mélega, M. P. (1984). Um jovem psicanalista trabalhando. *Revista Brasileira de Psicanálise, XVIII*(3).

Mélega, M. P. (1985). Observação da relação mãe-bebê: instrumento de ensino em psicanálise. *Jornal de Psicanálise, 18*(36).

Mélega, M. P. (1990). The Psychoanalytical Observer as a Container Model of the Maternal Function: Movements within Transference and Countertransference. In *Anais da Tavistock*.

Mélega, M. P. (1993). Constituição x ambiente: um diálogo decisivo na formação e transformação psíquica. *Revista Brasileira de Psicanálise, 27*(4), 681-705.

Mélega, M. P. (1996a). Imagens durante a experiência analítica. In *II Congresso Latino-Americano de Psicanálise de Crianças e Adolescentes*, São Paulo.

Mélega, M. P. (1996b). Reflexões em torno de uma supervisão com W. Bion. *Revista Brasileira de Psicanálise*, *30*(1), 157-168.

Mélega, M. P. (1996c). Aspectos clínicos del análisis de Anna en la niñez y en la adolescencia. In *V Encuentro Latinoamericano*, Lima.

Mélega, M. P. (1998). Intervenções terapêuticas conjuntas pais-filhos. *Alter – Jornal de Estudos Psicodinâmicos*, *XVII*(2).

Mélega, M. P. (1999). *Pós-autismo: uma narrativa psicanalítica*. Imago.

Meltzer, D. (1967/1971). *O processo psicanalítico*. Imago.

Meltzer D. et al. (1975/1979a). La dimensionalidad como un parámetro del funcionamiento mental: su relación con la organización narcisista. In *Exploración del autismo: un estudio psicoanalítico* (pp. 197-209). Paidós.

Meltzer, D et al. (1975/1979b). La relación del autismo con los mecanismos obsesivos en general. In *Exploración del autismo: un estudio psicoanalítico*. Paidós.

Meltzer, D. (1984/2022). Vida onírica: uma revisão da teoria e da técnica psicanalítica. Blucher.

Meltzer, D. (1985). Um bebê de um ano vai à creche: uma parábola de tempos confusos. *Revista Brasileira de Psicanálise*, 19-381.

Meltzer, D. (1988/1990). *La aprehensión de la belleza*. Spatia.

Meltzer, D. (1991). Comunicação pessoal.

Meltzer, D. (1992/1994). *Claustrum: una investigación sobre los fenómenos claustrofóbicos*. Spatia.

Pick, I. (1982). Comunicação pessoal.

Pick, I. (1986). Comunicação pessoal.

Prego, V. M. (1978). Comunicação pessoal.

Segal, H. (1981). Phantasy and Other Mental Processes. In H. Segal, *The Work of Hanna Segal: A Kleinian Approach to Clinical Practice*. Jason Aronson.

Tustin, F. (1972). *Autism and Childhood Psychosis*. Hogarth Press.

Williams, A. H. (1983). Comunicação pessoal.

Winnicott, D. W. (1956/1978). *Da pediatria à psicanálise*. Francisco Alves.